万历传

樊树志 著

中华书局

图书在版编目(CIP)数据

万历传/樊树志著. —北京:中华书局,2020.11
(2023.11 重印)
ISBN 978-7-101-14730-8

Ⅰ.万… Ⅱ.樊… Ⅲ.明神宗(1563~1620)-传记
Ⅳ.K827＝48

中国版本图书馆 CIP 数据核字(2020)第 166250 号

书 名	万历传	
著 者	樊树志	
责任编辑	吴艳红	
封面设计	刘 丽	
责任印制	陈丽娜	
出版发行	中华书局	
	(北京市丰台区太平桥西里 38 号 100073)	
	http://www.zhbc.com.cn	
	E-mail:zhbc@zhbc.com.cn	
印 刷	北京盛通印刷股份有限公司	
版 次	2020 年 11 月第 1 版	
	2023 年 11 月第 4 次印刷	
规 格	开本/920×1250 毫米 1/32	
	印张 17⅛ 字数 380 千字	
印 数	16001—19000 册	
国际书号	ISBN 978-7-101-14730-8	
定 价	68.00 元	

樊树志 复旦大学教授。代表著作有：《重写晚明史：王朝的末路》（2019）、《重写晚明史：内忧与外患》（2019）、《重写晚明史：新政与盛世》（2018）、《重写晚明史：朝廷与党争》（2018）、《晚明大变局》（2015）、《明代文人的命运》（2013）、《明史讲稿》（2012）、《张居正与万历皇帝》（2008）、《大明王朝的最后十七年》（2007）、《国史十六讲》（2006）、《江南市镇：传统的变革》（2005）、《权与血：明帝国官场政治》（2004）、《晚明史（1573—1644年）》（2003）、《国史概要》（1998）、《崇祯传》（1997）、《万历传》（1993）、《明清江南市镇探微》（1990）、《中国封建土地关系发展史》（1988）等。其中，《晚明史（1573—1644年）》获第十四届"中国图书奖"；《晚明大变局》入选《人民日报》、《光明日报》、《中华读书报》、新华网、新浪网等二十余家媒体2015年度好书。

序　言

　　历史著作的不景气,已引起有识之士的感慨。然而,历史人物传记却受到读者的普遍欢迎。这种充满矛盾的现象表明,在一个有着悠久历史的国度里,人们对历史的关注热情并未衰退,甚至恰恰相反,存在着巨大的潜在能量。在快节奏的现代社会中,人们并不仅仅注视眼前方寸之地,更着眼于未来,而历史的回顾,有助于人们理解现实,展望未来。人们要求于历史学家的是,必须雅俗共赏,以引人入胜的手法表述历史,把丰富多彩的有血有肉的历史生动而形象地再现在读者面前,切忌高头讲章式的、经院学究式的八股文章。

　　"一切历史都是当代史",此话于偏激之中蕴含着一种颠扑不破的哲理。任何历史作品,都是当代人以当代意识写出来给当代人看的。再现历史,不可能重复历史,而且再现的视角、方法,由于历史学家所处时代的不同也会有所不同。即使是同一题材,在不同时代的历史学家笔下,也不会是一模一样的,历史学家所要阐明的思想,强调的侧重点,给予读者的启示,势必有所不同。然而,历史还是历史。

　　在中国的传统文化中,帝王被神圣化,号称真龙天子。御用文人们又给他们涂上光怪陆离的油彩,罩上神秘莫测、令人眩目的光环。于是,帝王便成了神坛上的偶像。对于老百姓而言,"天高皇帝远",仰头望去,只见一片混沌迷离,难识庐山真面目。这就给撰写帝王传记增添了难度。近几十年来,把帝王将相赶下历史舞台,这使得人们对他们的研究与了解,反倒比前辈更生疏了。在人们脑海中的帝王,几乎都是一幅幅脸谱化的漫画,都是一副副骷髅般的骨架,毫无个性可言。

诚然,帝王是一种制度或一个时代的象征,但他首先是一个人,一个活生生的人,一个有血有肉的人。写帝王传记,既不能神圣化,也不能脸谱化,而要还他一个凡人的本来面目。我写这本书,试图把万历皇帝这个人的真实而全面的形象,活生生地再现于读者面前,并且透过万历皇帝这个人,复原一幕幕早已逝去了的历史场景。

要把早已消失得无影无踪的历史加以复原,谈何容易! 一位西方哲人说,人不可能两次涉过同一条河流。对于历史长河而言,何尝不是如此? 从这个意义上讲,复原历史,几乎是不可能的。但是,历史学家应该向这个方向努力。为此,必须博览群书,做到言必有据,虽然不能说无一字无来处,但至少要做到书中所有的人和事,所有的情节、对话,都有根有据,有案可查。这大概是历史传记和文学传记的区别所在吧。一言以蔽之,真实性压倒一切。它与虚构、杜撰、想象之类无缘。历史传记要写得生动活泼,向文学传记借鉴一些方法是可取的,但一切都必须在保持真实性的前提下,才有意义,否则就不成其为历史了。

人们阅读帝王传记,最有兴趣的莫过于那个专制时代神秘而森严的宫廷。在这个狭小而又无限的天地中,帝王有时能在一定程度上掌握、操纵、玩弄芸芸众生的命运,演化、改变时代前进的步伐。人们不一定对这一时代发生的一切事件感兴趣,却有理由要求历史学家提供帝王的政治色彩、权力欲望、个人素质以及宫闱生活,帝王的内廷与外朝大臣的微妙关系,当时最为敏感的政治事件的幕后活动。而这恰恰是一般通史、断代史、专题史著作所难以做到的。帝王传记的魅力就在于,以个案分析的方法,从微观研究着手,反映出宏观的视野,给读者以深沉的历史启示。因此帝王传记切忌写成某个帝王在位时期的断代史,即政治、军事、经济、文化无所不包的历史切片。否则,传主就将被淹没于历史的汪洋大海中,帝王传记也就丧失其存在价值了。

本书的传主明神宗朱翊钧,人们习惯于用他的年号称他为万历皇帝。他是明朝第十三代皇帝,既没有明太祖朱元璋、明成祖朱棣的雄才大略、叱咤风云的事迹,又因他的后半生疾病缠身,长期难于视朝,导致颇多非议。如果据此断定他是一个平庸之辈,是一个昏君,那也未免太过于简单粗暴了。其实,他在位的万历一朝四十八年,在明代历史上乃至在中国历史上都是很辉煌的一段,令世人瞩目:经济迅猛发展,商品经济高度发达,人文蔚起,能人辈出。仅就这一点看,万历皇帝就是一个值得研究的人物。

对万历皇帝进行深入研究,便会发现许多难解之谜。在他即位的第十一年,对之前尊崇备至、言听计从的顾命大臣内阁元辅张居正,以及另一名顾命大臣司礼监掌印太监冯保,居然一下子翻脸,不但政治上予以否定,而且抄了他们的家。这是为什么?他是一个权力欲极强的人,亲政以后,独断专行,到了晚年却怠于临朝。这又是为什么?他本人是宫女所生,却瞧不起宫女所生的长子,迟迟不愿册立他为皇太子。这又是为什么?他的臣下直言不讳地批评他迷恋于酒、色、财、气。这种个人的秉性素质,对于一个皇帝有什么影响?这些都值得细细地加以讨论。

本书除了常规分析之外,还仰赖了心理分析。把心理分析用于历史研究,始于二十世纪五十年代的美国。到了六七十年代,几乎成了国际学术界的一种时髦风尚,人们甚至称此为心理历史学。现在回过头去审视,这种时髦的全盛时期也许已经过去。但它毕竟给历史学家开启了一条新思路,借助心理学来扩大历史解释的范围和途径。美国历史学家奥托·弗兰茨对俾斯麦的心理分析便是一个颇具影响的例子。我在写作本书时,借鉴了这种方法,尝试对万历皇帝作些心理分析,把他的内心活动展示出来,力图对一系列现象作出合理的解释。

史无定法,历史传记的写法是多样化的:有的重思辨,有的重实证;有的以生动取胜,有的以严谨见长;有的是年谱式的,有的是叙事式的。我则倾向于以白描的笔法,把传主的形象立体化地再现出来,至于功过是非,全可由读者去评判。在我看来,既然是传记,就应该尽量客观地把传主介绍给读者,避免把空洞的说教强加于人。

本书的谋篇布局颇费心思,在不太长的篇幅中,要把传主五十多年的生涯再现出来,是相当难的。这就需要由作者加以剪裁取舍,把作者认为最值得写、最应该写的东西写出来,把一些重要而精彩的场景细腻地展现出来。这要比面面俱到的平铺直叙好得多。

　　关于书名，我要作一点说明。本拟题作《明神宗传》，但他毕竟不像秦始皇、汉武帝、唐太宗、宋太祖那样声名显赫，人们会感到陌生；如果直呼其名，题写为《朱翊钧传》，就像吴晗先生的《朱元璋传》那样，人们会感到更加陌生，不知其何许人也。因此，采用《万历传》。

目　录

第一章
十岁登极的小皇帝

一、短暂的皇太子生涯

本书的传主,姓朱,名翊钧,登极后,改年号为万历,人称万历皇帝;死后,庙号神宗,史称明神宗。他出生的时候,祖父朱厚熜当朝,即嘉靖帝(明世宗);父亲朱载垕,当时还是一个亲王——裕王。据说,嘉靖十八年(1539年)二月,嘉靖帝册立二子载壑为皇太子,三子载垕为裕王,四子载圳为景王。大礼举行完毕,太监各持所赐册宝归府,误将皇太子册宝与裕王册宝调错,太子拿到的是裕王册宝,而太子册宝却到了裕王府。其时太子已身患绝症,不久夭折,年仅十四岁。这一差错引起朝廷内外官僚骇怪。因为裕王与景王虽分别排行第三、第四,其实同岁,大臣们颇以为皇上有所偏袒。景王于册封四年之后去世,人们纷纷议论,以为册宝之兆久定于冥冥之中。终嘉靖帝一朝,太子死后,未再建储位,但皇位继承人已非裕王莫属了。[①]

嘉靖四十五年十二月十四日,朱厚熜死。十二月二十六日,朱载垕即位,改明年为隆庆元年,死后庙号穆宗。

隆庆帝继承的是他父亲世宗留下的烂摊子,所幸的是内阁元辅徐阶拨乱反正,召用建言得罪诸臣,死者恤录,将方士付诸法司论罪,罢除斋醮工作及政令不便者。朝野为之号恸感激。

隆庆帝朱载垕共生育四个儿子,长子、次子先后夭折,仅存三

---

① 沈德符:《万历野获编》卷四《太子册宝》。

子翊钧、四子翊镠。

朱载垕身为裕王时,娶昌平人李铭之女李氏为妃,生长子翊钛,五岁时夭折,赠号裕世子,隆庆元年(1567 年)追谥为宪怀太子。李妃短命,嘉靖三十七年(1558 年)四月十三日死,葬于金山,隆庆元年正月二十九日谥为孝懿皇后,封其父为德平伯。隆庆六年(1572 年)九月十九日,将隆庆帝与李皇后合葬于昭陵。①

嘉靖三十七年九月,朱载垕又选通州陈氏为裕王妃。当他即位后,于隆庆元年将陈氏册为皇后(孝安皇后)。朱载垕是个耽于声色之徒,对皇后颇为冷落。陈皇后略微有所劝谏,朱载垕索性借口她"无子多病",把她移居别宫。不料外间传言蜂起,以为皇后左右无侍者,病日甚一日。外廷大臣对如此大事——母仪天下的人遭到冷遇,莫不忧心忡忡,又不敢犯颜直谏。这种沉闷的空气被勇敢的试御史詹仰庇(字汝钦,号咫亭,福建安溪人)打破了。某日,詹仰庇上朝,遇见太医,便急切地询问皇后近况,得知皇后病情危笃,便奋笔疾书了一道奏疏,犯颜直谏。他在奏疏中写道:"近闻(孝安皇后)久离坤宁宫,置之别宫,寝食起居,左右无侍,以致抑郁成疾。陛下略无眷顾,中外忧患。万一不起,如圣德何!"

詹仰庇自知作为一个御史上疏批评皇上,又议论宫闱之事,是大忌讳,所以是冒死进谏。他说:"人臣之义,知而不言当死,言而触讳亦当死。臣今日固不惜死,愿陛下采听臣言,立复皇后中宫,时加慰问。"措词是尖锐的,态度是真诚的,朱载垕看了无可挑剔,拿起笔来在上面亲笔批答道:"后无子多病,近移居别宫,冀稍安

---

① 郑汝璧:《皇明帝后纪略》。张廷玉等:《明史》卷一二〇《诸王传》。《明史》卷一一四《后妃传》。

适,或可畅意。尔不晓内廷事,乃妄言。"①

看来,帝后之间的关系相处得并不好,但也不像外间传闻的那么坏。朱载垕并没有因此事严惩詹仰庇,便是明证。本来詹仰庇上疏后思忖,此番必遭重谴,同僚们也为他捏一把汗。待到圣旨下,竟如此淡然地申斥几句了事,令詹仰庇惊喜过望。

朱载垕的次子翊铃,生下来还不到一年,就夭折,赠号蓝田王,隆庆元年追加封谥靖悼王。奇怪的是,《明史》说这个皇子,"母氏无考"②。这显然是朱载垕在裕王府耽于声色的结果。所谓母氏无考,并非不知下落,有不得已的苦衷而隐讳不言,亦未可知。

朱载垕第三子、第四子均为李氏所生。李氏,顺天府漷县人。其父李伟,字世奇,为避乱,携家迁居京师。不久,李氏被选入裕王府,作为宫人,侍候裕王朱载垕。嘉靖四十二年(1563年)生朱翊钧。朱载垕即帝位后,于隆庆元年册封李氏为贵妃。③隆庆二年,李贵妃又生朱翊镠,四岁时册封为潞王。④

朱翊钧生于嘉靖四十二年(1563年)八月十七日酉时。那时,他的两位兄长早已死去,而弟翊镠还未出世,是独子,深得父亲喜爱,父亲意欲册立他为皇太子。

隆庆二年(1568年)春,张居正以内阁辅臣身份,向隆庆帝上《请册立东宫疏》,建议及早册立朱翊钧为皇太子。他向皇上指出,太子是国之大本、君之储贰,从来圣明帝王莫不预定储位,表示对

---

① 何乔远:《名山藏》卷三〇《坤则纪》。张廷玉等:《明史》卷二一五《詹仰庇传》。
② 张廷玉等:《明史》卷一二〇《诸王传》。
③ 张廷玉等:《明史》卷三〇〇《外戚传》。《明史》卷一一四《后妃传》。
④ 张廷玉等:《明史》卷一二〇《诸王传》。

宗庙、社稷的尊重。张居正说,当初他在裕王府邸时,就知道皇子聪明岐嶷,睿质夙成。去年皇上登极之初,礼部官员就曾疏请册立皇太子,而皇上以为皇子年幼,拟先赐名而后再册立。本朝早立皇太子不乏先例,宣宗于宣德三年(1428年)立英宗为皇太子,时年二岁;宪宗于成化十一年(1475年)立孝宗为皇太子,时年六岁;孝宗于弘治五年(1492年)立武宗为皇太子,时尚未满岁。现在皇子已六岁,伏望皇上于今春吉旦,早立储宫之位,以定国本,以慰群情。①

这一建议被隆庆帝采纳。隆庆二年三月初八日,为了册立皇太子,隆庆帝亲自告于奉天殿。奉天殿即皇极殿,俗称金銮殿,在皇极门内,居中向南,金砖玉瓦,巍然屹立于须弥座台基上,九间,是紫禁城内最大的建筑物。殿中设宝座,四周环绕六根沥粉金漆巨大蟠龙柱,顶上罩蟠龙井。这个庄严肃穆的宫殿是皇帝举行隆重仪式的场所。② 尔后,隆庆帝派遣英国公张溶、镇远侯顾寰、驸马都尉邬景和、安乡伯张鋐等祭告郊庙社稷。③

三月初九日,隆庆帝在皇极殿传制:册立皇子(翊钧)为皇太子。命成国公朱希忠为正使持节,大学士徐阶为副使,捧册宝诣文华殿行礼。朱希忠,字贞卿,凤阳怀远人。嘉靖十五年(1536年)承袭父亲朱凤的爵位成国公,其后又掌五军都督府事,是当朝的一位元老重臣。④ 徐阶,字子升,号少湖,一号存斋,松江华亭人,嘉靖二年(1523年)进士,历礼部尚书、东阁大学士,嘉靖四十二年取

---

① 张居正:《张文忠公全集》卷一《奏疏一·请册立东宫疏》。
② 刘若愚:《酌中志》卷一七《大内规制纪略》。
③ 《明穆宗实录》卷一八,隆庆二年三月庚申。
④ 张廷玉等:《明史》卷一四五《朱希忠传》。

代严嵩为内阁元辅。嘉靖帝卒，隆庆帝立，他以顾命大臣仍为元辅。[①] 由他们二人作为正副使节，主持皇太子册立典礼，显示了隆庆帝对太子的珍爱。

　　册立皇太子的册文，是一篇典型的官样文章，它以皇帝的口气写道：

　　　　盖闻万国之本，属在元良；主器之重，归于长子。朕恭膺景命，嗣抚丕图，远惟古昔早建之文，近考祖宗相承之典，爰遵天序，式正储闱。咨尔元子（翊钧），日表粹和，天姿颖异。诞祥虹渚，凤彰出震之符；毓德龙楼，允协继离之望。是用授尔册宝，立为皇太子，正位东宫。……[②]

　　这一天，隆庆帝还颁诏天下。诏书中重申"预定储贰，所以隆国本而系人心"的道理，表彰朱翊钧"英姿岐嶷，睿质温文，仁孝之德夙成，中外之情元属"。还向臣民们表白，册立皇太子实在是出于群臣的再三恳请："昨朕嗣登大宝，文武群臣即以建储为请。朕以子年方在幼冲，未之许也。兹者礼官复稽先朝彝典，疏恳至于再三。询谋金同，理难终拒，爰诹吉日，祗告于天地、宗庙、社稷，授册宝立（翊钧）为皇太子。"为了普天同庆，皇帝特地颁布"宽恤事宜"，除了对宗室子女、亲王郡王及其他皇室亲戚，还有两京文官、在外文武官员、各边将领及各处军职人员，给予优惠外，还申明了对臣

---

① 王世贞：《嘉靖以来首辅传》卷五《徐阶传》。
② 《明穆宗实录》卷一八，隆庆二年三月辛酉。

民们的皇恩：

隆庆二年三月十一日以前，凡官吏军民犯法，除真犯死罪，及驱骗侵欺钱粮等，罪在不赦外，其余不论已发觉未发觉、已结正未结正，一概赦免。

浙江等处布政司，并南直隶、北直隶府州县，隆庆二年份秋粮（农业税），除漕运四百万石外，其余各存留地方者，减免十分之三。

南直隶、浙江原派蓝靛、槐花、乌梅、栀子、红花等染料，今后都准予免派，由工部召商买送织染局应用。

各处逃亡人户，愿复业者，免除差役二年。山东、淮扬、凤阳等处抛荒田土，许诸人告官承种，免除粮差（赋税徭役）五年。①

三月初十日，册立东宫礼成，隆庆帝在皇极殿接受群臣上表称贺；六岁的皇太子朱翊钧则在文华殿东廊，接受群臣上笺行礼。②

这一切，对于一个娃娃来说，似乎是一场儿戏。然而在他的父皇看来，却是非同小可的头等大事，皇太子是他的"储贰"（接班人），非得着力调教不可。于是，到了隆庆六年二月，当皇太子十岁的时候，隆庆帝亲自为他选择了教官，即东宫辅导。皇太子的老师，都是当时声名显赫的高级官僚：高仪、张四维、余有丁、陈栋、马自强、陶大临、陈经邦、何雒文、沈鲤、张秩、沈渊、许国、马继文、徐继申。到了三月，皇太子就正式"出阁就学"，开始接受传统文化

---

① 《明穆宗实录》卷一八，隆庆二年三月辛西。
② 《明穆宗实录》卷一八，隆庆二年三月壬戌。

与伦理道德的训练,以便有朝一日能成为一个称职的皇帝。

一天,朱翊钧在御道西侧遇见内阁辅臣,客气地说:"先生良苦翊赞。"辅臣顿首答谢说:"愿殿下勤学。"朱翊钧回答:"方读《三字经》。"少顷,又说:"先生且休矣。"①

朱翊钧孝顺而聪明过人。某日,隆庆帝在宫中骑马奔驰,他见了便劝谏道:"陛下天下主,独骑而骋,宁无衔橛忧!"那意思是,你一个人骑马驰骋,不怕摔下来吗? 儿子天真无邪的爱,让隆庆帝感到说不出的欣慰,立即下马,爱抚慰劳了一番。朱翊钧对陈皇后也很孝敬。陈皇后不是他的生母,而是嫡母,又居于别宫。他每天早晨起床后,必定要随生母李贵妃到别宫去请安,称为"候起居"。陈皇后无子,很喜欢翊钧,每天早晨听到太子与贵妃的脚步声,心情就特别欢快兴奋。见到翊钧,便拿出经书,询问他就学的近况。翊钧无不响亮地对答如流,在旁的李贵妃心中也窃窃自喜。由于翊钧的沟通,两宫日益和睦。②

然而,这个准备时间委实太短暂了。朱翊钧出阁就学仅两个月,父皇就驾崩了。

二、十岁登极的小皇帝

隆庆六年(1572 年)正月下旬,隆庆帝患病,且伴有热疮。在宫中调理一个多月后,稍有好转。闰二月十二日,病后首次视朝。

---

① 吕毖:《明朝小史》卷一四《万历纪》。
② 张廷玉等:《明史》卷二〇《神宗本纪》。

森严的紫禁城内响起了沉闷的钟声，文武百官闻声入班。内阁元辅高拱与次辅张居正从内阁出来，徐徐北上，过会极门①，抬眼望去，御路中央隆庆帝的轿子已经在那里等候了，但见隆庆帝并不乘轿，却径自向文华殿②走去。高拱心中颇为疑惑："上不御座，竟往文华殿耶！"③立即趋步向前迎去，几个内使也急急赶来传呼："宣阁下！"高拱、张居正听召后，赶忙走向隆庆帝坐轿停放的地方。隆庆帝走下金台，面带愠色，向前走去，内使们环跪于轿子两旁。这时，隆庆帝见到了高拱，脸色平缓了些，走上前去拉住高拱的衣服，还颇为用力，似乎在暗示对方，有话要说。

高拱早在隆庆帝还是裕王时，就在他身边讲授儒家经典，关系很融洽。此时皇上这一举动，他当然心领神会，便问道："皇上为何发怒，今将何往？"

隆庆帝答道："吾不还宫矣。"

高拱劝解道："皇上不还宫，当何之？望皇上还宫为是。"

隆庆帝稍作沉思，表示同意："你送我。"

高拱赶紧答道："臣送皇上。"④

这时，隆庆帝那紧紧抓住高拱衣服的手松开了，去握高拱的手，一面露出腕上的疮，说："看，吾疮尚未落痂也。"高拱随隆庆帝走上金台，隆庆帝愤恨地连声说："祖宗二百年天下，以至今日。国有长君，社稷之福。争奈东宫小哩！"一语一顿足，连说了几遍。他

---

① 《酌中志》卷十七《大内规制纪略》："过皇极门再东，曰会极门。凡京官上本接本俱于此，各项本奉旨发抄，亦必由此处。会极门里，向东南入，曰内阁，辅臣票本清禁处也。"
② 文华殿在会极门东向南，是皇帝与大臣商议国事的地方。
③ 高拱：《病榻遗言》卷一《顾命纪事》（载《高文襄公集》卷四三）。
④ 高拱：《病榻遗言》卷一《顾命纪事》。何乔远：《名山藏》卷二九《典谟纪·穆宗庄皇帝》。对话均引原文，以下同。

自知不久于人世,而太子(即东宫)还小,令他担忧。

高拱问道:"皇上万寿无疆,何为出此言?"

隆庆帝说:"有人欺负我。"

高拱说:"是何人无礼,祖宗自有重法。皇上说与臣,当依法处治。皇上病新愈,何乃发怒,恐伤圣怀。"

隆庆帝沉默良久,深深地叹了口气,说:"甚事? 不是内官坏了,先生怎知道?"①究竟是什么事,高拱漏记了关键的一句。据何乔远的记载,这段话是:"非内官辈,先生安得知? 盖宫中事也。"②宫中事,即皇上的宫闱生活,臣下当然不便细问,皇上也不便明说。两人手拉着手一同默然前行,进入皇极门(金水桥北,前朝三大殿正门),走下丹墀,隆庆帝向内侍要茶。内侍搬来椅子朝北放下,隆庆帝不坐,移为南向后,才坐下,用左手拿起茶杯,连饮数口。他的右手仍握住高拱的手不放,抬眼望去,说了声:"我心稍宁。"便在高拱陪同下由东角门入内,一直走到乾清门。乾清门位于建极殿后的云台左右门东侧,夹于景远门、隆宗门之间,是内廷三大殿的正门。再往里是乾清宫大殿,是皇帝的寝殿。高拱礼貌地停止了脚步。隆庆帝意犹未尽,牵着高拱的手说:"送我!"话中显然带有命令的意思。高拱不敢抗旨,便随同进入寝殿。隆庆帝登上御榻坐定,右手还握住高拱的手不放。从御路一直到寝殿,隆庆帝始终握住高拱的手,时时颜色相顾,眷恋之情蔼然,言谈间还流下眼泪。③

这时,内阁次辅张居正、成国公朱希忠都已进入寝殿,在御榻

① 高拱:《病榻遗言》卷一《顾命纪事》。
② 何乔远:《名山藏》卷二九《典谟纪·穆宗庄皇帝》。
③ 高拱:《病榻遗言》卷一《顾命纪事》。

前向皇上请安。站在皇上身边的高拱一手被皇上握住，只能鞠躬，不能屈膝叩头，面对同僚的叩拜颇为尴尬。隆庆帝也看出了元辅局促不安之状，得体地松开了手。高拱赶紧走到御榻下，向皇上叩头，并与张居正、朱希忠一行辞出宫门外候旨。

须臾，隆庆帝遣内侍将高拱等人召入。高、张、朱站立于丹墀，恭候圣旨纶音。隆庆帝却命他们再上前，待三人在御榻前立定，他从容说："朕一时恍惚。自古帝王后事……卿等详虑而行。"[①]三人叩头后，退出乾清门外候旨。少顷，内侍高声传旨："着高阁老在宫门外，莫去！"高拱随即对张居正说："我留，公出，形迹轻重唯为公矣。公当同留，吾为奏之。"便对内侍说："奏知圣上，二臣都不敢去。"[②]

到薄暮时分，内侍传旨："高阁老宿宫门！"高拱碍于宫内礼仪，回奏道："祖宗法度甚严，乾清宫系大内，外臣不得入，昼且不可，况夜宿乎！臣等不敢宿此，然不敢去，当出端门，宿于西阙内臣房。有召即至，有传示，即以上对，举足便到，非远也。"显然，隆庆帝从正月大病后，心有余悸，已经在考虑后事了，今日召见三位亲信大臣时，就流露了"后事卿等详虑而行"的心思。自知去日无多，不知哪一天逝去，应预作安排，所以才命阁老在宫内过夜。高拱不愧足智多谋，想出了两全其美的方法，在离乾清宫咫尺之遥的西阙太监直庐过夜，静候传唤。既然内阁辅臣留宿西阙，那班五府六部大臣也都不敢回家，只得留宿朝内，谓之"朝宿"。以后几天亦复如此。不久，内侍传来消息："圣体稍安。"高拱兴奋得马上写了一个札子

① 高拱：《病榻遗言》卷一《顾命纪事》。省略号处，系高拱自注："下此二句听不真，意是预备后事。"
② 高拱：《病榻遗言》卷一《顾命纪事》。何乔远：《名山藏》卷二九《典谟纪·穆宗庄皇帝》。

呈上："臣闻圣体稍安，不胜庆幸。今府部大臣皆尚朝宿不散，宜降旨，令各回办事，以安人心。而臣等仍昼夜在内，不敢去。"隆庆帝以为然，即时降旨，命百官散去。而高拱、张居正仍每日问安如初。过了四天，隆庆帝觉得身体"益平愈"，便遣内侍慰劳高、张，命他们回家，一场虚惊才算过去。①

　　有一天，隆庆帝兴致较好，乘坐轿子来到内阁，高拱、张居正大吃一惊，急忙出迎，俯伏在地。隆庆帝将二人扶起，搀着高拱的手臂，仰望天空良久，欲语还休。高拱搀扶隆庆帝行至乾清门，隆庆帝才说了一句："第还阁，别有论。"到了第二天，又寂然无声息。善于机变的张居正从旁细细观察了皇上的脸色，"色若黄叶，而骨立神朽"，已经病入膏肓，虑有不测，便暗自写了关于皇上后事的处分十余条，密封后派小吏送给司礼监秉笔太监冯保。

　　五月二十二日，宫中传出"上不豫增剧"的消息，五月二十五日又传出"上疾大渐"的消息。② 这一天，隆庆帝召见内阁辅臣高拱、张居正、高仪，到乾清宫受顾命。高拱等急急忙忙进入寝殿东偏室，但见隆庆帝倚坐在御榻上，皇后、皇贵妃隔着帷帘坐在御榻边，皇太子朱翊钧立在御榻右面。③

　　此时坐在御榻边的皇后，即孝安皇后陈氏。陈皇后无子，因被隆庆帝移居别宫，抑郁而病。外廷传闻此事，议论纷纷。不久，陈

---

① 高拱：《病榻遗言》卷一《顾命纪事》。何乔远：《名山藏》卷二九《典谟纪·穆宗庄皇帝》。

② 何乔远：《名山藏》卷二九《典谟纪·穆宗庄皇帝》。《明穆宗实录》卷七〇，隆庆六年五月己酉。

③ 《明实录》载："中宫及皇贵妃咸在御榻边，东宫立于左。"《病榻遗言》载："皇后、皇贵妃拥于榻，皇太子立榻右。"一说左，一说右，此据《病榻遗言》。按：高拱为顾命大臣，亲眼目睹，当不至于左右不分。

皇后还是回到了坤宁宫。坐在皇后身边的皇贵妃李氏,即皇太子朱翊钧的生母。站在隆庆帝御榻右边的,即皇太子朱翊钧。

当时的情景颇有一点凄凉之感。高拱等跪在御榻下,倚坐在御榻上的隆庆帝命高拱伸手上来,自己的手靠着榻上的矮几伸过去,抓住高拱的手,一面望着身边的后妃,一面对高拱托孤,断断续续地说:"以天下累先生。""事与冯保商榷而行。"①尔后便命司礼监太监冯保宣读遗嘱。遗嘱有两道,一道是给皇太子的,一道是给顾命大臣的。

给皇太子的遗嘱写道:

> 遗诏,与皇太子。朕不豫,皇帝你做,一应礼仪自有该部题请而行。你要依三辅臣,并司礼监辅导,进学修德,用贤使能,无事荒怠,保守帝业。②

给顾命大臣的遗嘱写道:

> 朕嗣祖宗大统,今方六年。偶得此疾,遽不能起,有负先皇付托。东宫幼小,朕今付之卿等三臣,同司礼监协心辅佐,遵守祖制,保固皇图。卿等功在社稷,万世不泯。③

---

① 王世贞:《嘉靖以来首辅传》卷六《高拱传》。高拱为了强调隆庆帝遗诏系冯保、张居正专擅,对隆庆帝执手嘱托之事,只字不提,反而说,当时"上已昏沉不省"。同时接受顾命的张居正事后回忆此事说:"先帝临终,亲执臣手,以皇上见托。"(张居正:《张文忠公全集》卷八《奏疏八·乞鉴别忠邪以定国事疏》)可见当时隆庆帝并未昏迷。

② 高拱:《病榻遗言》卷一《顾命纪事》。

③ 高拱:《病榻遗言》卷一《顾命纪事》。何乔远:《名山藏》卷二九《典谟纪·穆宗庄皇帝》。

　　这个遗嘱，引起外廷大臣的议论。高拱极力扬言是张居正与冯保所拟，并非皇上本意，尤其对于其中"卿等三臣，同司礼监协心辅佐"一句，攻击最力。这不免有点过分，且不说隆庆帝托孤时曾亲口对他说的"事与冯保商榷而行"可以为证，而且当时在场的皇贵妃即后来的慈圣皇太后，万历六年（1578 年）二月在一道慈谕中说"司礼冯保，尔等亲受顾命"云云，更是确证。① 由此可见，遗嘱虽为张居正与冯保所拟，但并未违背隆庆帝原意。

　　《明实录》纂修官在修史时疏于考订，为调和矛盾，竟将遗嘱中"同司礼监协心辅佐"一句删除。见于《明实录》的遗嘱是这样的："朕嗣祖宗大统，今方六年。偶得此疾，遽不能起，有负先皇付托。东宫幼小，朕今付之卿等三臣，宜协心辅佐，遵守祖制，保固皇图。卿等功在社稷，万世不泯。"②高拱亲受顾命，他又从冯保手中领受了遗嘱文本，在回忆录《病榻遗言》中抄录了遗嘱的全文，明白写有"同司礼监协心辅佐"一句。他事后还多次对这一句话发表议论，以为："自古有国以来，未曾有宦官受顾命之事。"③《明实录》的这种删削，为了某种政治意图，掩盖史事真相，实在不足为训。

　　高拱等听完隆庆帝顾命之辞，大为悲恸，不能自胜，边哭边奏说："臣受皇上厚恩，誓以死报。东宫虽幼，祖宗法度有在，臣务竭尽忠力辅佐。东宫如有不得行者，臣不敢爱其死。望皇上无以后事为忧。"且奏且哭，奏完便大恸长号不止。在旁的皇后、贵妃也失声痛哭。少顷，两名内侍扶起高拱等，三人长号而出。

---

① 《明神宗实录》卷七二，万历六年二月壬午。
② 《明穆宗实录》卷七〇，隆庆六年五月己酉。
③ 高拱：《病榻遗言》卷一《顾命纪事》。

第二天,即五月二十六日,隆庆帝死于乾清宫。他生于嘉靖十六年(1537年)正月二十三日,卒于隆庆六年(1572年)五月二十六日,终年三十六岁(虚岁),在位仅六年。次日发丧,向全国颁布遗诏。遗诏中写道:

> 朕以凉德,缵奉丕图,君主万方,于兹六载,夙夜兢兢,图惟化理,惟恐有辜先帝付托。乃今遘疾弥笃,殆不能兴。
>
> 夫生之有死,如昼之有夜,自古圣贤,其孰能免?惟是维体得人,神器有主,朕即弃世,亦复何憾?皇太子聪明仁孝,令德天成,宜嗣皇帝位。其恪守祖宗成宪,讲学亲贤,节用爱人,以绵宗社无疆之祚。内外文武群臣协心辅佐,共保灵长,斯朕志毕矣。
>
> 其葬礼悉遵先帝遗制,以日易月,二十七日释服,毋禁音乐嫁娶。宗室亲王,藩屏是寄,不可辄离本国。各处镇守、巡抚、总兵等官,及都、布、按三司官员,严固封疆,安抚军民,不许擅[离]职守。闻丧之日,止于本处朝夕哭临三日,进香遣官代行。广东东西、四川、云南、贵州及各布政司,七品以下衙门,俱免进香。
>
> 诏谕中外,咸使闻之。①

一切都有条不紊地按照遗诏的规定在进行着。从遗诏也可以看出隆庆帝的秉性与风格,他不要大事声张,不让宗室亲王来京治丧,不许封疆大吏擅离职守。他是明朝历代皇帝中最不显眼的一

---

① 《明穆宗实录》卷七〇,隆庆六年五月庚戌。

个,在位仅六年,只比惠帝(建文)、仁宗(洪熙)稍长一点,而无法与其他诸帝相比拟。他虽是一个平庸的皇帝,却也有自己的特色:清静、宽仁,所谓"清静合轨汉帝,宽仁比迹宋宗"①。将他与汉文帝、宋仁宗相提并论,未免有点溢美,不过清静、宽仁倒是事实。他一上台,就一改先皇(明世宗)的苛政,"黜不经之祀,罢无用之作,蠲非艺之征,绝无名之献,除烦苛,节浮冗,恤困穷,理冤滞,崇奖遗逸,汰斥憸邪"②。

据说,他在裕王府时,厨师常烩制一道名菜——驴肠,令他爱不释口。即位以后,问明左右侍从,才知道是烩驴肠,颇为于心不忍,便下令光禄寺停止制作此菜。并对左右说明道理:"若尔,则光禄寺必日杀一驴,以备宣索,吾不忍也。"③每逢岁时游娱行幸,光禄寺为供膳煞费苦心,必提前将各种菜单呈上,请旨裁定。他总是选取最简单的方案,以示节俭。他是一个刚德内用、柔道外理型的帝王。在宫闱掖庭,他极严格,"周防慎察,严肃整齐,无敢出声";而临朝理政,与大臣接触,则施以宽仁柔道,"臣庶廷谒,小不如仪,常假借宽宥;左右近侍,未尝轻降词色"④。

隆庆帝死后的第二天,礼部左侍郎王希烈前往天寿山相度陵墓。⑤九月十一日,隆庆帝的梓宫(棺材)起程运往昭陵。十七日,张居正前往昭陵,题写神主牌位。据张居正事后的报告,昭陵的玄宫精固完美,有同神造,山川形势结聚环抱。九月十九日辰时,迁梓宫入皇堂,行题神主礼毕,隆庆帝遗体即奉安于献殿。未时,掩

---

① 何乔远:《名山藏》卷二九《典谟纪·穆宗庄皇帝》。
② 《明穆宗实录》卷七〇,隆庆六年九月壬寅。
③ 《明穆宗实录》卷七〇,隆庆六年九月壬寅。
④ 《明穆宗实录》卷七〇,隆庆六年九月壬寅。
⑤ 《明神宗实录》卷一,隆庆六年五月辛亥。

闭玄宫,葬礼完成。①

　　国不可一日无君。既有先帝付托,隆庆帝死后的第三天,即五月二十八日,内阁元辅高拱等就上了《劝进仪注》,希望皇太子早日即帝位,并拟就了登极的仪注,也就是隆庆帝临终前所说的"一应礼仪"。

　　五月三十日,文武百官军民人等在会极门上表劝进。这个劝进表是"一应礼仪"的第一步。表文空洞却通篇充斥莫明其妙的深奥感,什么"伏以三灵协祐,衍历祚以弥昌;四海宅心,仰圣神之继作。传序所属,推戴均钦";什么"龙髯已堕,徒瞻恋于臣民;燕翼惟勤,诞敩遗于后嗣";什么"敬惟皇太子殿下,徇齐岐嶷,恭敬温文,日就月将,睿学聿隆","惟以承祧为重,固宗庙社稷之攸赖"云云。朱翊钧接到劝进表后,为了表示某种姿态,遵从某种礼仪,没有立即同意所请。他谕答道:"览所进笺,具见卿等忧国至意,顾于哀痛方切,维统之事,岂忍遽闻,所请不准。"②

　　六月初一日,天刚亮,有日蚀。百官们忙于穆宗丧事,哭临于思善门;哭临毕,又赴礼部行护日礼。官员们一律丧服:青服角带,停止鼓乐。礼毕后,仍各就各位,素经办事。③

　　少顷,朱翊钧身穿缞服来到文华殿。文华殿在会极门东侧,是皇帝与大臣商讨国家大事的地方,前殿匾额写道"绳愆纠谬"。他在这块匾下再次受到百官上表劝进。劝进表重复了上次的语句以

① 《明神宗实录》卷五,隆庆六年九月庚子。张居正:《张文忠公全集》卷二《山陵礼成奉慰疏》。
② 《明神宗实录》卷一,隆庆六年五月甲寅。
③ 谈迁:《国榷》卷六八,隆庆六年六月乙卯。

外,强调"神器不可以无主,天位岂容于久虚"①。朱翊钧看完后,召内阁辅臣入内,交谈片刻,即传谕:"卿等为宗社至计,言益谆切,披览之余,愈增哀痛,岂忍遽即大位,所请不允。"②

六月二日,朱翊钧着缞服至文华殿,百官第三次劝进。这次,他不再推辞了。阅毕笺文,召见内阁、五府、六部等官僚,稍作商议,传出谕旨:"卿等合词陈请至再至三,已悉忠恳。天位至重,诚难久虚,况遗命在躬,不敢固逊,勉从所请。"③

六月初三日,礼部遵旨呈上登极仪注。六月初十日,皇太子朱翊钧正式举行即位典礼,宣布改明年为万历元年。这样,他就成了明朝第十三代皇帝,即万历帝。

朱翊钧即位后的第一件事,便是按照惯例颁发大赦诏书,开列了十几条大赦事宜。诸如:

> 自隆庆六年六月初十日昧爽以前,官吏军民人等所犯,除死罪恶极情真……者俱不赦外,若窃盗、逃军、三犯匿名文书、未及害人谋杀人伤而不死并人命延至辜限外,身死审有别因者,悉免处死……至于犯该死罪,监禁十五年以上,笃疾者免死释放。
>
> 宗室节年因事减革禄粮者,除败伦伤化奸盗人命重情外,其余诏书到日,全革者准支三分,减去一分二分者准全支。
>
> 宗室子女奏请名封选婚者……即题覆施行。

---

① 《明神宗实录》卷二,隆庆六年六月乙卯。
② 《明神宗实录》卷二,隆庆六年六月乙卯。
③ 《明神宗实录》卷二,隆庆六年六月丙辰。

　　凡在凤阳高墙内禁锢的宗室,本人已故,所遗子孙妻妾无罪拘系,未及放回者,奏请释放。

　　自嘉靖四十三年至隆庆元年拖欠钱粮(赋税),除金花银外,悉从减免;隆庆二年至四年拖欠钱粮,减免十分之三。

　　陕西、苏州、杭州、嘉兴、湖州、应天等处,差人坐守织造之丝绸等项,悉皆停免。

　　自嘉靖四十五年十二月以后至隆庆六年五月以前,因上疏建言获罪诸臣,如果情非挟私,才力堪用者,议拟具奏起用。[①]

这些,表明了他力图振兴朝政的决心。

三、冯保与高拱斗法:顾命大臣内讧

　　朱翊钧即皇帝位,顾命大臣们本当协心辅佐,才不辜负先皇付托。然而就在此时此际,顾命大臣之间却为了权力而明争暗斗起来。内阁元辅与司礼监太监冯保的矛盾逐渐明朗化了。

　　在这场较量中,小皇帝朱翊钧站在"大伴"冯保一边。当朱翊钧还是皇太子的时候,冯保就伴随着他,提携掖抱,悉心照料,几乎形影不离。朱翊钧把他称为"大伴"或"冯伴伴",视为亲信。

　　冯保,号双林,真定府深州人。此人知书达礼,又喜爱琴棋书画,颇有一点儒者风度。[②]由于他的学识涵养在宦官中出类拔萃,

---

① 《明神宗实录》卷二,隆庆六年六月甲子。
② 刘若愚:《酌中志》卷五《三朝典礼之臣纪略》。

官运十分亨通,嘉靖年间就当上了司礼监秉笔太监。

明代宦官不但权重,而且机构庞大,号称"内府",共有二十四衙门,即十二监四司八局。

十二监:司礼监、内官监、御用监、司设监、御马监、神宫监、尚膳监、尚宝监、印绶监、直殿监、尚衣监、都知监。

四司:惜薪司、钟鼓司、宝钞司、混堂司。

八局:兵仗局、银作局、浣衣局、巾帽局、针工局、内织染局、酒醋面局、司苑局。①

这个内府,实际就是宫内的小政府,几乎可与宫外的大政府相抗衡。其中尤以司礼监的权力最大,它设掌印太监一员,秉笔太监、随堂太监四五员或八九员。地位最高的是掌印太监,人称"内相",视若外廷的内阁元辅;其次是秉笔兼掌东厂太监,视若总宪兼次辅;再次是秉笔太监、随堂太监,犹如众辅臣。司礼监的职责是代皇帝批阅公文,凡每日奏进文书,除皇上御笔亲批数本外,都由众太监分批。司礼监太监们遵照内阁所票拟字样,用朱笔楷书批在公文上。他们是皇帝的机要秘书,也是耳目喉舌。司礼监太监每人都有一套工作班子,即所谓"各家私臣":有掌家,职掌一家之事;有管家,办理食物,出纳银两;有上房,职掌箱柜锁钥;有掌班、领班,钤束两班答应宦官;有司房,打发批文书、誊写应奏文书;还有一些看管琐屑事务的宦官。②

隆庆元年,冯保作为司礼监秉笔太监,又兼任提督东厂太监。东厂设于永乐十八年(1420年),与先前设立的锦衣卫(掌侍卫、缉

---

① 张廷玉等:《明史》卷七四《职官三·宦官》。
② 刘若愚:《酌中志》卷一六《内臣职掌纪略》。

捕、刑狱之事)相倚,并称厂卫,是直接听命于皇帝的特务机构。其外署设于东安门外以北,内署在宫内东上北门之北街东、混堂司之南,是冯保为扩张权力,于万历元年建立的。为区别起见,前者称为外厂,后者称为内厂。[①]

此时的冯保,权势已日趋显赫,还想上升一步,成为司礼监掌印太监。而当时掌印太监恰巧空缺,按照惯例,冯保以秉笔太监升为掌印太监是名正言顺的。事不凑巧,冯保以小事冒犯隆庆帝,内阁元辅高拱一向畏忌冯保权力过于膨胀,便推荐御用监太监陈洪代理。按宫中规矩,掌御用监的太监不能掌管司礼监,高拱这种不合常例的推荐显然意在钳制冯保,由此遭致冯保的忌恨。陈洪受此推荐,对高拱感恩戴德,极力为高拱"内主",互相策应。只是由于此人是个大老粗,没有文化,不久因忤旨而罢官外出。高拱一不做二不休,还是不推荐冯保,而推荐掌尚膳监的孟冲。孟冲因主管皇上伙食而深得宠信,破例滥竽充数,当上了司礼监掌印太监。[②]

冯保此时对高拱恨之入骨,寻找机会报复。隆庆帝一死,冯保就活动于皇后、皇贵妃处,斥逐孟冲,由自己取而代之,而且是作为隆庆帝的遗旨当众宣布的:"着冯保掌司礼监印。"[③]尽管高拱百般怀疑,为何不在隆庆帝生前宣布而要在死后宣布,其中颇有矫诏成分,但冯保毕竟一跃而成为司礼监掌印太监了。

有明一代,司礼监掌印太监与掌东厂太监,必定由两人分别担任。原因很简单,这两个职位权势太大,不宜集于一人。东厂太监领敕给关防(大印),其关防上刻十四字:"钦差总督东厂官校办事

① 刘若愚:《酌中志》卷一六《内臣职掌纪略》。张廷玉等:《明史》卷九五《刑法志三》。
② 王世贞:《嘉靖以来首辅传》卷六《高拱传》。
③ 高拱:《病榻遗言》卷一《顾命纪事》。

太监关防。"受皇帝钦差提督官校,气焰已极嚣张,不宜兼司礼监掌印太监,控制枢密大权。只在世宗朝,太监麦福、黄锦始得兼领二职,此后大多分开。而冯保居然以印带厂,不可一世。[1] 冯保与高拱的矛盾终于激化了。

高拱,字肃卿,河南新郑人。嘉靖二十年(1541 年)进士,四十五年拜文渊阁大学士,与郭朴同时进入内阁。隆庆帝即位后,高拱更负气,自以为是皇帝旧臣,不把他的引荐者内阁元辅徐阶放在眼里,常与之相抗衡,迫使徐阶不安其位,不得不"乞归"。他一向以精明强干自诩,傲视同僚,先后赶走阁臣陈以勤、李春芳、赵贞吉、殷士儋。他对于冯保与张居正的密切关系,早有所知。他后来在回忆录中写道:

> 荆人(张居正)卖众,别走路径,专交通内臣,阴行事于内。而司礼太监冯保者,狡黠阴狠,敢于为恶而不顾者也。荆人倾身结之,拜为兄弟,谄事无所不至。保有慧仆徐爵,极所信任,即阴事无不与谋。荆人深结之,每招致于家,引入书房,共桌而食,啖以重利。惟其所为皆倾意为之成就。爵深德之,为之斡旋于内,益固其交。于是,三人者遂成一人,而爵无日不在荆人所,喘息相通。荆人每有意指,即捏旨付保,从中批出,以为出自上意,而荆人袖手旁观,佯为不知。此事已久,予甚患之,而莫可奈何。[2]

隆庆五年(1571 年)十一月,殷士儋(字正甫,号文通,山东历

---

[1] 沈德符:《万历野获编》卷六《东厂》《东厂印》。
[2] 高拱:《病榻遗言》卷一《矛盾原由》。

城人）致仕，内阁辅臣只剩下高、张二人。高拱为了约束张居正，便上疏请内阁添人，张居正即拟旨交付冯保，以隆庆帝名义批出："卿二人同心辅政，不必添人。"这使高拱感到进退两难：一方面，朝中大臣都以为皇上信任内阁辅臣高、张二人，不必添人，足可胜任；另一方面，张与冯正在算计自己，唆使言官攻击自己，假如有别的阁臣在旁，可作见证，现在只有二人在内阁中，自己一遭弹劾，就要回避，独剩张居正一人，便可与冯保内外为计，置自己于死地。①

隆庆六年（1572 年）三月初，皇太子朱翊钧出阁就学。按历朝旧制，阁臣只看视三日，以后便不复入视。高拱以为皇太子年幼，讲官又是新人，阁臣不在旁有点于心不安，便上疏指出这点，建议阁臣改为五日一叩讲筵看视。不料冯保在旁与高拱唱反调，启奏道："东宫幼小，还着阁臣每日轮流一员看视才好。"隆庆帝以为言之有理，表示同意。冯保便将"着阁臣每日轮流一员看视"的旨意传出。高拱原本想讨好皇上，反而落得个疏慢的嫌疑。而且，阁臣每日轮流到文华殿关注皇太子的学习，提供了冯保与张居正交往的机会。高拱后来回忆道：凡轮到张居正"看视"皇太子讲学的日子，冯保必定到文华殿东小房，两人屏退左右，秘密交谈，直到太子讲学完毕，方才分手。②

经过这种策划，隆庆六年三月下旬，张居正的幕僚曾省吾（字三省，号确庵，湖广钟祥人）向门生户科给事中曹大埜（字仲平，号荔溪，四川巴县人）授意：皇上（隆庆帝）病重，凡事都由冯太监主行，而冯太监与张相公实为一人，你此时弹劾高阁老，必定成功。

① 高拱：《病榻遗言》卷一《矛盾原由》。
② 高拱：《病榻遗言》卷一《矛盾原由》。

张相公一旦秉政，一定大力提拔你。① 曹大埜心领神会，立即上疏弹劾高拱"大不忠"十事：

一、皇上圣体违和，群臣寝食不宁，而高拱谈笑自若，还到姻亲刑部侍郎曹金家饮酒作乐，把皇上疾病置若罔闻。

二、太子出阁讲学，是国家重务，高拱不能日侍左右，只逢三、八日叩见一下，不把太子与陛下同等对待。

三、从高拱复出后，专门从事报复，凡昔日直言高拱过错的官员如岑用宾等二三十人，全部降斥。

四、高拱掌管吏部，凡越级提拔的都是亲信门生，如副使曹金是姻亲，超擢为刑部侍郎，给事中韩楫是门生，超擢为右通政使。

五、高拱为了蔽塞言路，每次选授科道官，必预先在吏部训诫，不许擅言大臣过失。

六、科道官中大多是高拱的心腹，对于高拱的罪恶，都隐讳不言。

七、昔日权臣严嵩并不兼掌吏部之权，今高拱久掌吏部，官员的用舍予夺，都在他掌握之中，权重于严嵩。

八、高拱亲开贿赂之门，受副使董文寀贿六百两银子，即授予东宫侍班之职。

九、高拱以私恨黜吴时来，害徐阶，党庇太监陈洪。

十、擅自把俺答汗归顺之功居为己有。②

① 高拱：《病榻遗言》卷一《矛盾原由》。
② 谈迁：《国榷》卷六七，隆庆六年三月己酉。

应该说,这"大不忠"十事并非不实之词,但这一奏疏上得不是时候。当时隆庆帝对高拱正有所依赖,视为股肱,不可或缺,加之重病缠身,心境不畅,看了此疏立即大怒,下令处治曹大埜。司礼监冯保不得不按皇上意思拟旨:"曹大埜这厮,排陷辅臣,着降调外任。"拟旨后,赶紧趁还未发下之机,与张居正商量。张居正看了冯保所拟的圣旨,稍作修改,抹去"这厮排陷辅臣"及"降"字,改成:"曹大埜妄言,调外任。"冯保再送给皇上过目,然后发出执行。

高拱受曹大埜弹劾,知道后面有人指使,立即作出反击。一面上疏"乞休",引来兵部尚书杨博、给事中雒遵、御史唐炼等人上疏请求皇上挽留,造成声势。一面策动言官攻击曹大埜,其中御史张集的奏疏,以含沙射影的语句暗指冯保、张居正。疏内写道:"昔赵高矫杀李斯,而贻秦祸甚烈。又先帝时,严嵩纳天下之贿,厚结中官为心腹,俾彰己之忠,而媒蘖夏言之傲,遂使夏言受诛,而己独蒙眷中外,蒙蔽离间者二十余年。而后事发,则天下困穷已甚。"

张居正见了这一奏疏,顿时脸红气急。良久,揪住疏中的"辫子",奋起大喊:"这御史如何比皇上为秦二世!予遂拟票该衙门知道以上。"冯保则把此疏收留不发,以杜后继者,并派散本太监到内阁传言:"万岁爷爷说:张集如何比我为秦二世。"同时又公开扬言:"上怒,本(指张集奏疏)在御前,意叵测,将欲廷杖为民矣。""廷杖时,我便问他:今日谁是赵高?"[1]

这些消息不胫而走,张集早已吓得魂不附体,每日在朝房听拿,以为必遭廷杖,便买了南蛇胆、棺木,吩咐家人预备后事。张居

---

[1] 高拱:《病榻遗言》卷一《矛盾原由》。

正的门客见状,询问道:"这事如何了?"张居正轻描淡写地说:"再困他几日,使他尝此滋味也。"冯保将张集奏疏留中不发,但其揭帖(抄本)已流传各衙门,加上曹大埜事件,言官们都攘臂切齿要弹劾张居正。张居正的密友、郎中王篆对张居正说:"张集事一日不了,则添一日说话。见今人情如此,而尚可激之乎?"张居正当即派王篆到朝房对张集说:"张相公致意,君第归家,本已不下,无事矣。"张集虽然从朝房回到家里,但此事已闹得沸沸扬扬。①

高拱也不想把事情闹大,以免影响病中的皇上,便在朝房约见吴文佳、周良臣、刘浑成、王璇等科道官,劝他们以君父为重,不必上疏再提此事。张居正不知此事已经平息,专程赴高府向高拱致歉。

高拱问:"公何言?"

张居正嗫嚅再三,才说:"曹大埜事,谓我不与知,亦不敢如此说。今事已如此,愿公赦吾之罪。"

高拱举手指天说:"天地、鬼神、祖宗、先帝之灵在上,我平日如何厚公,公今日乃如此,如何负心如此!"

张居正说:"以此责我,我将何辞?但愿公赦吾之罪,吾必痛自惩改,若再敢负心,吾有七子,当一日而死!"

高拱便乘机问道:"昨姚旷封送密帖与冯保,不图吾见之。问之,则曰遗诏耳。我当国,事当我行,公奈何瞒我而自送遗诏与保乎?且封帖厚且半寸,皆何所言?安知非谋我之事乎?"

张居正低头说:"公以此责我,我何地自容?今但愿赦罪,容改过耳。"

---

① 高拱:《病榻遗言》卷一《矛盾原由》。

　　高拱见张已悔过,便不再追究,淡然地说:"公不须困心,兹科道啧啧有言,吾已托四科官遍告,力止之矣。"①一场风波总算暂时平息。

　　在高拱看来,事情既已败露,总有再发之时。隆庆帝死后,冯保与张居正的交结愈益加甚,彼此间或遣使往来,或密帖相传,一日数次,旁若无人。高拱不能容忍自己大权落旁,决定拿冯保开刀。

　　高拱见主少国疑,多次向小皇帝表示:"老臣谬膺托孤之任,不敢不竭股肱之力。"因此,他向皇上请求,今后凡有内降命令、府部章奏,都应公听并观,博咨详核,而一切都必须自己决断。② 意图显而易见,他要扩大内阁权力,抑制司礼监太监冯保,不让他过多干预朝政。高拱唯恐冯保凭借内府大权疏通皇后、贵妃门路,难以收拾,决定先下手为强。

　　他首先与由他引荐入阁的高仪相商,对他说,现在新主年幼,冯、张二人所作所为,必成社稷之忧。要想去掉此二人,有碍于先皇之托。委而不顾,不忠;依违取容,则有负于先皇之托,更不忠。怎么办呢?

　　高仪(字子象,号南宇,浙江钱塘人)隆庆六年四月以礼部尚书兼文渊阁大学士入阁办事,人微言轻,不愿卷入这场政治搏斗,便泛泛而谈:"天道六十年一周。昔正德初,刘瑾弄权,其时内阁刘晦庵(刘健),河南人;谢木斋(谢迁),浙人;李西涯(李东阳),楚人。乃西涯通瑾取容,而二公遂去。今六十年矣,事又相符,岂非

---

① 高拱:《病榻遗言》卷一《矛盾原由》。
② 文秉:《定陵注略》卷一《逼逐新郑》。

天哉!"

高拱不以为然:"吾安得为刘晦庵!彼时武庙(即明武宗)已十有五,西涯只暗通瑾取容,尚顾忌形迹,故晦庵止于去。今上才十龄,荆人(张居正)阴狠更甚,而不止与保交通,不顾形迹,凡吾一言,当即报保知,行一事,即为计授保,使从中假旨梗我,而彼袖手旁观,佯为不知。凡荆人之谋,皆保为之也;凡保之为,皆荆人为之谋也。明欺主幼,以为得计。如此,吾尚可以济国家之事哉!"

高仪不表态,只是反问:"然则何如?"

高拱说:"昨受顾命时,公不听吾奏言乎?其曰誓死者,盖已见势不可为,业以死许先皇,不复有其身也。今惟有死而已。吾只据正理、正法而行。其济,国之福也;不济,则得正而毙,犹可以见先皇于地下。且上登极后,即当行事,彼朋谋从中相左,则争之费力,不如预以言之。吾今即于登极日,且先疏上五事,明正事体,使君父作主,政有所归,盖不惟止权阉之假者,而亦以防彼之串通,捏上假内批,以行私害人也。若得行,则再陈致治保邦之策;若不得行,则任彼朋谋倾陷,死生不复顾矣。"[①]

显然,高拱早就有所谋划。在官场,在内阁,他奋斗了多年,虽也遭受过挫折,但最终还是胜利了,排斥了他的对手。他最不能容忍大权旁落,听人摆布,如果落到这一地步,还不如斗个鱼死网破。所以他已经拟好了《陈五事疏》,准备在新皇上登极时,立即呈上,攻倒冯保,然后钳制张居正。对于这种近于赌博的政治较量,高仪感到没有把握,便不置可否地对高拱说:"公言允当,自是大丈夫

---

① 高拱:《病榻遗言》卷一《矛盾原由》。

事。然祸福未可逆视,吾固不敢赞公行,亦不敢劝公止也。"①他采取明哲保身的超然态度。

　　高拱自视甚高,对事情的复杂性估计过低。他决定《陈五事疏》采用阁臣联名的方式递上,高仪那边已打过招呼,当然还得征求张居正的意见。他便派心腹韩楫(字伯通,号元川,山西蒲州人)将此事通报张居正:"行且建不世功,与公共之。"张居正当面一口答应,还佯笑道:"去此阉(指冯保)若腐鼠耳。即功,胡百世也!"等韩楫一走,张居正立即派人告诉冯保,要他早作准备,二人合力斥逐高拱。②

　　果然,六月初十日,高拱上疏陈新政所急五事,题目是《特陈紧切事宜以仰裨新政事》。关于这事,《明史·高拱传》只写了一句话:"拱以主上幼冲,惩中官专政,条请黜司礼,权还之内阁。"《嘉靖以来首辅传》也是一笔带过:"大指使政归内阁而不旁落。"不过都点到了高拱上疏的用意所在。《明实录》关于此疏,也只是一个摘要,大大冲淡了高拱意在"惩中官专政"的微言大义。高拱自己写的《病榻遗言》所载此疏,是全文,从中可以窥知高拱写此疏的良苦用心。他所要说的新政所急五事,大体如下:

　　　　一、今后令司礼监每日将该衙门应奏事件,开一小揭帖,写明某件不该答,某件该答,某件该衙门知道,及是、知道了之类。皇上御门时收拾袖中,待各官奏事,取出一览,照件亲答。至于临时裁决,如朝官数少,奏请查究,则答曰:着该衙门查

---

① 高拱:《病榻遗言》卷一《矛盾原由》。
② 王世贞:《嘉靖以来首辅传》卷七《张居正传》。

点。其纠奏失仪者，重则锦衣卫拿了，次则法司提了问，轻则饶他，亦须亲答。

二、今后乞命该监官查复旧规，将内外一应章奏，除通政司民本外，其余尽数呈览，览毕送票，票后再行呈览，果系停当，然后发行。庶下情得通，奸弊可烛，而皇上亦得以晓天下之事。

三、伏望于每二七日临朝之后，御文华殿，令臣等随入叩见，有当奏者就便陈奏，无则叩头而出。此外若有紧切事情，容臣等不时请见。其开讲之时，臣皆日侍左右，有当奏者即于讲后奏之。

四、今后伏乞皇上，一应章奏俱发内阁看详，拟票上进。若不当上意，仍发内阁再详拟上。若或有未经发拟径自内批者，容臣等执奏明白，方可施行。

五、今后伏望皇上，于凡一切本辞，尽行发下，倘有未下者，容原具本之人仍具原本，请乞明旨。①

一看便知，高拱此疏表面上是以顾命大臣、内阁元辅的身份，在辅导小皇帝如何处理朝政，连细节也一一交代清楚。而隐含于内的深层用意，就在于"条请黜司礼，权还之内阁"②。但此疏由高拱、张居正、高仪联名，具有三位顾命大臣按照先皇付托，悉心辅佐之意，给人的印象并非专为冯保而发。用心可谓良苦。高拱的本意，是想当然的：万历帝阅后，转发内阁拟票，然后由万历帝照准，

① 高拱：《病榻遗言》卷一《矛盾原由》。并参《明神宗实录》卷二，隆庆六年六月丁卯。
　　按：高拱此疏于六月初十日（甲子）上，《明实录》系于六月十三日（丁卯）。
② 张廷玉等：《明史》卷二一三《高拱传》。

便可将大权收归内阁,再发动言官弹劾冯保,由内阁票拟罢黜,便水到渠成。

然而,冯保毕竟不是等闲之辈,接到高拱的上疏后,并不转送内阁,而由他自己代皇上拟票曰:"知道了,遵祖制。"短短六字,高拱一看便知,这是皇上不予理会的委婉表达方式。于是,他再上第二疏,强调了"本月初十日恭上紧切事宜五件"的重要性,指出:"臣等第一条奏未发票,即未蒙明白允行,恐失人心之望。""伏望皇上鉴察,发下臣等拟票。"冯保无可奈何,于第四天,将高拱奏疏发下内阁拟票。高拱便草拟皇上批语:"览卿等所奏,甚于新政有裨,具见忠荩,俱依拟行。"①

高拱以为时机成熟,便要他的门生故吏,现任给事中、御史们上疏弹劾冯保。② 高拱自恃与言官们关系不错,召之即来,发动一场舆论攻势,迫使冯保下台是有把握的。

按照高拱的部署,首先发难的是以工科都给事中程文(字载道,号碧川,江西东乡人)为首的一批言官。他们弹劾冯保"四逆六罪""三大奸",罪名都骇人听闻,而且措词毫不掩饰,直截了当,欲置冯保于死地。比如,"不可赦"罪状第一条,便是"冯保平日造进诲淫之器,以荡圣心;私进邪燥之药,以损圣体。先帝因以成疾,遂至弥留"。显然指冯保为害死隆庆帝的元凶。第二条是冯保玩弄"矫诏"手段,升任司礼监掌印太监。第三条是将隆庆帝遗嘱在隆庆帝死后以邸报方式公布,内中有要皇太子"依三阁臣并司礼监辅导"字句,一时人皆传抄,传遍四方。第四条是万历帝登极典礼时,

---

① 《明神宗实录》卷二,隆庆六年六月丁卯。
② 王世贞:《嘉靖以来首辅传》卷六《高拱传》。

冯保在皇帝御座旁站立,是逼挟天子而共受文武百官之朝拜。其他还有耗国不仁、窃盗名器、贩鬻弄权、贪纵不法、荼毒凌虐之类罪状。这些给事中们要皇上"敕下三法司,亟将冯保拿问,明正典刑。如有巧进邪说、曲为保救者,亦望圣明察之"①。这前一句,不仅要把冯保罢官,而且要他的性命;这后一句,含沙射影指向张居正,不使冯保有回旋的余地。

接着,便是吏科都给事中雒遵(字道行,号泾坡,雒于仁之父,陕西泾阳人)的弹劾,直斥冯保为"僭横":"方今司礼太监冯保,僭窃横肆,坏乱朝纲,若不明法大斥其罪,则祸本未除,其何以号令天下而保社稷哉?"他愤然指责冯保"不过一侍从之仆臣",竟敢在皇上即位之日,立于御座之上,"文武百官果敬拜皇上耶,抑拜冯保耶?"因此,要皇上将冯保付之法司,究其僭横情罪,大置法典。②

礼科都给事中陆树德(字与成,号阜南,松江华亭人)等也在弹劾疏中谴责冯保"刚愎自用,险恶不悛,机巧善于逢迎,变诈熟于窥伺,暴虐久著,贿赂彰闻"。他特别指出冯保成为司礼监掌印太监是个阴谋:"五月二十六日卯时,先帝崩逝;辰时,忽传冯保掌司礼监。大小臣工无不失色,始而骇,既而疑。骇者骇祸机之隐伏,疑者疑传奏之不真。举相谓曰:果先帝意乎? 则数日之前何不传示,而乃传示于弥留之后? 是可疑也。"因此,他主张将冯保及其所引用亲信全部罢黜。③

广西道试御史胡涍(字原荆,号莲渠,常州无锡人)也上疏弹劾冯保窥伺名器,原先掌司礼监印务的孟冲未闻革某用某令旨即被

---

① 高拱:《病榻遗言》卷一《矛盾原由》。萧彦等:《掖垣人鉴》卷一五。
② 张廷玉等:《明史》卷二三四《雒于仁传》。高拱:《病榻遗言》卷一《矛盾原由》。
③ 高拱:《病榻遗言》卷一《矛盾原由》。张廷玉等:《明史》卷二二七《陆树德传》。

冯保取代。所传令旨出自冯保,臣等相顾骇愕。请皇上严驭近习,
毋惑诡谀。①

高拱为预防冯保将奏疏留中不发,事先要弹劾者上疏时,将副
本以揭帖形式送至内阁,一方面造成倒冯舆论,另一方面高拱正好
"从中拟旨",驱逐冯保。②

冯保虽然老谋深算,对嘉靖中叶以来朝中的权力争斗司空见
惯,但如今自己挨整,毕竟有点手足无措。他唯恐百官面奏皇上,
局面难以收拾,便派亲信徐爵向张居正请教对策。张居正说:"勿
惧,便好将计就计为之。"张居正不是高仪之辈,他精通申不害、韩
非的权谋术数,深知协助高拱逐去冯保对自己并无好处,反之,协
助冯保逐去高拱,自己便可升为元辅。他不愧是"深中多谋"之人,
"耻居拱下,阴与保结为生死交,方思所以倾拱"③,现在时机到了,
于是献计,要冯保饰词激怒皇后、皇贵妃,借刀杀人。张、冯秘密策
划,双方的亲信姚旷、徐爵连夜开东华门,三番五次往来定计。冯
保终于抓住了高拱在隆庆帝死后对内阁同僚说的"十岁太子如何
治天下"一句话,到皇后、皇贵妃面前攻击高拱,说:"拱斥太子十岁
孩子如何作人主。"后、妃听了大惊,朱翊钧听了面色立即大变。④

六月十六日早朝,宫中传出话来:"有旨,召内阁、五府、六部众
皆至!"高拱满心以为是皇上要下令斥革冯保,颇为兴高采烈。高
仪因惧祸,卧病在家。张居正前几天在天寿山覆视穆宗陵地,返归
途中中暑,呕吐不止,正在家中调理,经多次催促,才姗姗来迟,扶

① 《明神宗实录》卷二,隆庆六年六月己巳。张廷玉等:《明史》卷二一五《胡涍传》。
② 张廷玉等:《明史》卷二一三《高拱传》。
③ 文秉:《定陵注略》卷一《逼逐新郑》。
④ 张廷玉等:《明史》卷三〇五《冯保传》。

曳而入。高拱见了他，难以抑制兴奋的情绪，连声说："今日之事，必是为昨科道本。有问，我当对，我必以正理正法为言，言必忤意，公可就此处，我去则无事矣。"张居正心中有数，表面上不置可否地敷衍了一句："公只是这样说。"①

高、张一行来到会极门时，太监王蓁已捧圣旨出，文武百官下跪接旨。只听得王蓁说："张老先生接旨！"接下去，王蓁念道："皇后懿旨、皇贵妃令旨、皇帝圣旨：说与内阁、五府、六部等衙门官员，我大行皇帝宾天先一日，召内阁三臣在御榻前，同我母子三人亲受遗嘱。说：东宫年小，要你们辅佐。今有大学士高拱专权擅政，把朝廷威福都强夺自专，通不许皇帝主管。不知他要何为？我母子三人惊惧不宁。高拱便着回籍闲住，不许停留。你每大臣受国家厚恩，当思竭忠报主，如何只阿附权臣，蔑视幼主，姑且不究。今后都要洗心涤虑，用心办事。如再有这等的，处以典刑。钦此。"②

今日之事大大出乎高拱的预料。先是王太监所说"张老先生接旨"一句，便大有蹊跷，他是元辅，为何不说"高老先生接旨"而说"张老先生接旨"？高拱已经感到大事不妙。愈往下听，愈觉得不对劲，想不到遭斥逐的不是冯保，而是他自己，顿时浑身瘫软，直冒冷汗。据王世贞的描述，高拱"面色如死灰，汗陡下如雨，伏地不能起"，在一旁的张居正"掖之起"，又"使两吏扶携出"。③ 不过，高拱毕竟是政治斗争中的一员老将，对此多少也作过一些考虑，在上五

① 高拱：《病榻遗言》卷一《矛盾原由》。
② 高拱：《病榻遗言》卷一《矛盾原由》。《名山藏》《明实录》字句大同小异，如"东宫年少，要你们辅佐"一句，《明实录》作"东宫年少，要他每辅佐"；《名山藏》作"东宫年少，赖尔辅导"。
③ 王世贞：《嘉靖以来首辅传》卷六《高拱传》。《明史·高拱传》也说："拱伏地不能起，居正掖之出。"

事疏之前,就曾与高仪提及"若不得行,则任彼朋辈倾陷,死生不复顾矣";此次奉旨前,又与张居正说起"言必忤意,公可就此处,我去则无事矣"。只是结局来得太突然,而且已经无法挽回,当他接到"回籍闲住,不许停留"的旨意后,便准备次日即离京返乡。

张居正为了避嫌,与高仪联名上疏,请皇后、皇贵妃、皇帝收回成命,挽留高拱。张居正的这篇奏疏写得颇为情真意切,丝毫没有落井下石的意味。张居正说:"臣不胜战惧,不胜惶忧。臣等看得高拱历事三朝三十余年,小心谨慎,未尝有过。虽其议论侃直,外貌威严,而中实过于谨畏,临事兢慎如恐弗胜。……每惟先帝付托之重,国家忧患之殷,日夜兢兢,惟以不克负荷为惧,岂敢有一毫专权之心哉!"他还为高拱的《陈五事疏》辩解:"其意盖欲复祖制,明职掌,以仰裨新政于万一。词虽少直,意实无他。又与臣等彼此商榷,连名同上,亦非独拱意也。若皇上以此罪拱,则臣等之罪亦何所逃!"他希望皇上能考虑到高拱是顾命大臣,"未有显过,遂被罢斥,传之四方,殊骇观听,亦非先帝所以付托之意也","如以申明职掌为阁臣之罪,则乞将臣等与拱一体罢斥"。[1] 在不明真相的人看来,张居正果然君子坦荡荡,挺身与高拱分担责任,百端为高拱评功摆好,希望皇上予以挽留。然而联系到他连日来与冯保密谋策划如何斥逐高拱的活动,人们不禁对张居正的虚情假意感到愕然。

张居正的奏疏呈上后,得到皇上的圣旨:"卿等不可党护负国。"[2]显然不同意让高拱继续留任。

第二天一早,高拱赶去辞朝。张居正对高拱说:"我为公乞恩

① 高拱:《病榻遗言》卷一《矛盾原由》。《明神宗实录》卷二,隆庆六年六月庚午。
② 《明神宗实录》卷二,隆庆六年六月庚午。

驰驿行。"所谓驰驿行，即高级官僚外出享受公家驿站交通的优惠特权。张居正的意思是让高拱离京时体面一点，高拱却不领这个情，回绝道："行则行矣，何驰驿为！"还顺便挖苦他一句："公必不可如此，独不畏'党护负国'之旨再出耶！"张居正尴尬地应了一句："公到底只是如此。"①

高拱辞朝后，仓促乘一骡车离开京城，出宣武门踏上返乡的归途。张居正所说为高拱"乞恩驰驿行"，倒并非敷衍之词，果然在高拱辞朝后上疏，说高拱原籍河南，去京师一千五百余里，长途跋涉，实为苦难，伏望皇上垂念旧劳，特赐驰驿回籍。这一点，得到了恩准。②

据说，高拱出京途中十分狼狈，"缇骑兵番，踉跄逼逐"，"囊筐攘夺无遗"，"仆婢多逃，资斧尽丧"，"出都门二十余里，馁甚，止野店为食"。③ 高拱一行来到良乡真空寺，有亲朋故友前来接风送饭。高拱刚下车，便见一吏手持文书随入寺中，问明后，才知是张居正差来的何文书。何文书把驰驿勘合交给高拱，并转告道："此老爷驰驿勘合也。张爷已票旨准驰驿矣。本部即写勘合伺候，待旨下，即送上也。"到了此时此地，高拱仍耿耿于怀，始终认为他的下台是张、冯串通一气的阴谋，上疏挽留、请驰驿都是张居正做给别人看的政治手腕。高拱那傲视一切的习性压抑不住地流露出来，不无讥刺地对何文书说："安知上之必准乎？安知再无'党护'之说乎？而预写勘合以来，则其理可知矣。夫欲上本救我，则上本救我；欲言党护负国，则言党护负国；欲乞驰驿，则乞驰驿；欲准驰

① 高拱：《病榻遗言》卷一《矛盾原由》。
② 高拱：《病榻遗言》卷一《矛盾原由》。《明神宗实录》卷二，隆庆六年六月壬申。
③ 文秉：《定陵注略》卷一《逼逐新郑》。

驿,则准驰驿……"说得激动,河南老家人形容两面三刀的民间俗语竟脱口而出:"俗言云:'又做师婆又做鬼。''吹笛捏眼,打鼓弄琵琶,三起三落。'"意在讽刺张居正任意播弄皇上于股掌之中。饭毕,高拱负气不愿乘驿而行,仍想上骡车,送行的亲朋故友再三相劝,他自己思忖:虽是张居正的安排,但既称君命,安敢不受,于是便弃骡车,改乘驿而行。①

卧病在家的高仪,听到高拱"回籍闲住"的消息后,大惊失色,担心牵连到自己,忧心忡忡,病情加剧,呕血三日而死。② 高仪入阁办事仅一个多月,隆庆帝死,与高、张一起为顾命大臣,在两位铁腕人物的倾轧之间,虚与委蛇,在权力争斗达到白热化状态时,他卧病不出,避免了麻烦。他为人简静寡欲,旧庐焚毁后并未再建,一直寄居于他人篱下。他一生秉礼循法,过着清贫生活,死后差点无以殡殓。③

三位顾命阁臣,一逐,一死,剩下张居正一人,理所当然地成为内阁元辅,一人独当辅佐皇帝的重任。

高拱被逐,内阁次辅张居正理所当然地成了内阁元辅。六月十九日,万历帝朱翊钧在平台单独召见张居正。与乾清宫相对的云台门,两旁向后,东曰后左门,西曰后右门,也称云台左右门,这就是平台,是皇帝召见阁臣等官僚的地方。

张居正因为覆视穆宗陵墓,中暑致病,在家调理。十九日清晨,接到宫中内侍传达圣旨,宣召入宫。他立刻赶来,见皇上早已

---

① 王世贞:《嘉靖以来首辅传》卷六《高拱传》。
② 高拱:《病榻遗言》卷一《矛盾原由》。
③ 张廷玉等:《明史》卷一九三《高仪传》。

在平台宝座上等候了。

朱翊钧命张居正到宝座前,对他慰劳了一番:"先生为父皇陵寝,辛苦受热。"又说:"国家事重,先生只在阁调理,不必给假。"

张居正叩头承旨后,朱翊钧说:"凡事要先生尽心辅佐。"并追述先皇之言说:"先生忠臣。"张居正听了再三顿首谢恩,感激得不能仰视,索性伏地启奏道:"臣叨受先帝厚恩,亲承顾命,敢不竭力尽忠,以图报称。方今国家要务,惟在遵守祖制,不必纷纷更改。至于讲学亲贤,爱民节用,又君道所当先者,伏望圣明留意。"①这是张居正作为元辅第一次向皇上陈明施政纲领及辅佐宗旨,这个极力主张扫除廓清弊政的人,此时只字不提改革,而强调遵守祖制,不必纷纷更改,用心颇为良苦,非不为也,实不能也。地位尚未稳固,时机还不成熟。他是个沉深有城府,人莫能测②的政治家。

朱翊钧望着这位身材硕长,眉目媚秀,长须至腹③的长者,说道:"先生说的是。"

张居正又叮嘱皇上:"目今天气盛暑,望皇上在宫中,慎起居,节饮食,以保养圣躬,茂膺万福。"

朱翊钧答道:"知道了。"即吩咐左右内侍:"与先生酒饭吃!"还颁赐白银五十两,纻丝四表里(即衣料面子、里子各四套),内中有蟒龙、斗牛各一匹。④

这次平台召见,是朱翊钧即位后第一次单独与内阁元辅张居正对话。在朱翊钧方面,一则表示感谢他为父皇陵寝奔波的辛苦;

① 《明神宗实录》卷二,隆庆六年六月癸酉。
② 傅维鳞:《明书》卷一五〇《张居正传》。
③ 傅维鳞:《明书》卷一五〇《张居正传》。
④ 召见对话均见:《明神宗实录》卷二,隆庆六年六月癸酉;以及张居正:《张文忠公全集》卷二《奏疏二·谢召见疏》。

二则在高拱被逐的情况下,要张先生尽心辅佐。在张居正方面,一则以顾命大臣、内阁元辅的身份告诫皇上,遵守祖制、讲学亲贤、爱民节用;二则对皇上的厚爱表示感谢。

　　张居正叩头谢恩退出后,觉得意犹未尽,立即写了《谢召见疏》,呈给小皇帝。这是他十年辅佐生涯中向万历帝上的第一份奏疏。除了表示谢意的客套话,他着重表达了秉公为国的思想:"人臣之道,必秉公为国,不恤其私,乃谓之忠。臣少受父师之训,于此一字,讲明甚熟。迨登仕籍以来,业业操持,未尝有坠。今伏荷皇上天语谆谆,恩若父子,自非木石,能不奋励!臣之区区,但当矢坚素履,馨竭献为。为祖宗谨守成宪,不敢以臆见纷更;为国家爱养人才,不敢以私意用舍。"此外,他还希望皇上"思祖宗缔造之艰,念皇考顾遗之重,继今益讲学勤政,亲贤远奸,使宫府一体,上下一心,以成雍熙悠久之治"①。

　　一般大臣对皇帝奉承献媚,是不可避免的。自诩磊落奇伟之士的张居正在奏疏中,竟然说"今伏荷皇上天语谆谆,恩若父子"。张居正当然不敢把万历帝比作儿子,而是比喻万历帝为父、自己为子。所谓"恩若父子",对于一个十岁的小皇帝和四十几岁的元辅而言,未免太过于肉麻了。不过,他所提出的几条原则,诸如"为祖宗谨守成宪,不敢以臆见纷更;为国家爱养人才,不敢以私意用舍""讲学勤政,亲贤远奸""宫府一体,上下一心",等等,颇真切地反映了他要有所作为的心态。小皇帝出于对元辅张先生的信赖,毫无保留地予以支持,期待开创一个新局面。

---

① 张居正:《张文忠公全集》卷二《奏疏二·谢召见疏》。

四、王大臣案——内讧的延续

高拱回籍闲住，冯保胜利了。但冯保心里还不踏实，提防高拱东山再起。事实上，高拱前几年曾下台，以后又再起，可能性是存在的。于是冯保紧接着策划了一起诬陷高拱的"王大臣案"。

万历元年正月十九日，小皇帝朱翊钧按例出宫视朝。清早，皇帝的轿子刚出乾清门，晨霭迷濛中，有一男子着内使巾服，由西阶下直趋而前，被守卫人员抓住。查得该人衣中藏有刀、剑各一把，缚于两腋下。初步审讯后，知道此人名叫王大臣，是常州府武进县人，其余一概不说。司礼监掌印太监冯保将此事奏告皇上，皇上下旨："王大臣拿送东厂究问，还差的当办事校尉着实缉访来说。"[1]

正月二十二日，张居正向朱翊钧奏称："适见司礼监太监冯保奏称：十九日圣驾出宫视朝，有一男子身挟二刃，直上宫门礓磋，当即拿获。臣等不胜惊惧震骇……虽其人当即擒获，逆谋未成，然未然之防尤宜加慎。臣等窃详，宫廷之内侍卫严谨，若非平昔曾行之人，则道路生疏，岂能一径便到！观其挟刃直上，则其造蓄逆谋殆非一日。中间又必有主使勾引之人。据其所供姓名、籍贯，恐亦非真。伏乞敕下缉事问刑衙门，仔细究问，多方缉访，务得下落，永绝祸本。"张居正的意思十分明显，要顺藤摸瓜，查出

---

[1]《万历起居注》（北京大学出版社影印本），万历元年正月十九日庚子。

王大臣的幕后主使人与宫内勾引人。皇上当即批复："卿等说的是。这逆犯挟刃入内，蓄谋非小。着问刑缉事衙门，仔细研访主逆勾引之人，务究的实。该日守门内官，着司礼监拿来打问具奏，守卫法司提了问。"①

在官样文章的掩盖下，一场政治阴谋正在悄悄地酝酿、发作。因为皇帝有旨，王大臣拿送东厂究问，而东厂正是冯保主管的部门，一切便按冯保的谋划在进行着。

《万历邸钞》在记述此事时，补写了一句："此即冯珰所为不道，而欲诛之，以灭其迹者。时章龙（王大臣本名章龙）狱兴，诬连高拱。居正密为书，令拱切勿惊死。已，又为私书安之云。"②《嘉靖以来首辅传》也有此一说："（冯）保先使四缇骑诣新郑，颐指县官备拱之逸，县官即发卒围拱第。家人悉窃其金宝鸟兽窜。拱欲自经不得，乃出见缇骑，问：'将何为？'缇骑曰：'非有逮也，恐惊公，而使慰之耳。'拱乃稍稍自安。"③

因为高拱是受害者，而且是完全无辜的，所以他后来的回忆录中对此案的始末记述得特别详细。根据他的描述，事情的经过是这样的：

万历元年正月十九日早朝，皇上出乾清门，见一内使（宦官）行走慌张，左右上前捕获，搜查后得知，此人是无须男子，穿内使巾服冒充内使。审讯后，知其本名章龙，从总兵戚继光处来。

张居正听说后，急忙派人对冯保说："奈何称戚总兵，禁勿复

---

① 《万历起居注》，万历元年正月二十二日癸卯。《明神宗实录》卷九，万历元年正月癸卯。

② 钱一本：《万历邸钞》，万历元年癸酉卷。

③ 王世贞：《嘉靖以来首辅传》卷六《高拱传》。

言。此自有作用，可借以诛高氏灭口。"①随即票拟谕旨一道："着冯保鞫问，追究主使之人。"冯保于是亲自去东厂审问，关闭门窗，屏退左右，密语王大臣（章龙）道："汝只说是高阁老使汝来刺朝廷，我当与汝官做，永享富贵。"随后嘱咐心腹伙长（家奴）辛儒，赏银二十两，要他与王大臣朝夕同处，教他诬陷高阁老指使行刺的口供。待审讯时，又教他诬称："高阁老家人李宝、高本、高来，与同谋。"冯保当即差东厂小校五名飞驰河南新郑县，捉拿高拱的家人，以定高拱之罪。

张居正则向皇上奏请追查主使者。一时间，朝廷内外，京城闾巷小民，莫不汹汹骇愕，不知所措。张居正与吏部尚书杨博（字维约，号虞坡，山西蒲州人）商量，问道："此事当何如处？"杨博说："此事关系重大，若果为之，恐惹事端，且大臣人人自危，似乎不可。"张居正颇为沮丧不快。

杨博与都察院左都御史葛守礼（字与立，号与川，山东德平人）同年，关系相当深厚，便将此事透露给葛守礼。葛又把这一消息告诉了同僚、右都御史陈省（字孔震，号约斋，福建长乐人）。陈省原是张居正的幕僚，当即向张打小报告。但消息已不胫而走。太仆卿李幼滋（字元树，号义河，湖广应城人）是张居正同乡，一听此事，不顾疾病缠身，支撑起身体赶往张府，对张居正说："公奈何为此事？"张居正说："何谓我为？"李幼滋说："朝廷拿得外人，而公即令追究主使之人。今厂中（东厂）称主使者即是高老。万代恶名必归于公，将何以自解？"张居正矢口否认："我为此事忧，不如死，奈何

---

① 此说与《名山藏》所记略同："……冯保鞫之，曰：'南兵王大臣。''奚自？'曰：'自戚总兵。'保使密报居正，而居正令保附耳曰：'戚公方握南北军，据危疑地。且禁毋妄指。此中自有用，可借以除高氏。'"（见该书《臣林记·隆庆臣一·高拱传》）

谓我为之!"

当时科道各官颇为不平,欲上疏陈明此事,又畏惧张居正,不敢贸然上奏。而刑科诸给事中互相议论:"此事关我刑科,若无一言,遂使国家有此一事,吾辈何以见人!"于是写好奏疏,建议将王大臣从东厂送出,由法司审理。为取得张居正的首肯,这些刑科给事中赴朝房向张居正作了解释。张居正竭力阻止他们上奏,告诉他们"事已成矣"。科道官们连等五日,从朝至暮,不见张居正的踪影。御史钟继英(字乐华,广东东莞人)按捺不住,便上疏暗指此事。张居正虽然票拟谕旨"令回话",但唯恐更多的科道官上疏言事,不好收拾。颇怀筹虑之时,便去午门关圣庙中求签,但见那签文写道:

> 才发君心天已知,何须问我决嫌疑。
> 愿子改图从孝弟,不愁家室不相宜。

签文的注解是这样写的:"所谋不善,何必祷神,宜决于心,改过自新。"

然而张居正意已决,不想中途变卦,便令锦衣卫左都督朱希孝(字纯卿,凤阳怀远人)等官员去东厂,会同冯保一起审讯。

二月十九日,原本风和日丽,朱希孝一行来到东厂,忽然风沙大作,黑雾弥漫,不一会,又雨雹不止。东厂理刑官白一清对两个问官千户说:"天意若此,可不畏乎!高老系顾命元老,此事本无影响,而强以诬之。我辈皆有身家妻子,他日能免诛夷之祸耶?二君受冯公公厚恩,当进一忠言为是。况王大臣言语不一,而二君所取招由,乃言历历有据,是何所据?"这两个问官千户回答道:"此四字(按:指'历历有据')是张阁老亲笔改的。"白一清又说:"汝当死矣。东厂机密狱情,安得送阁下改乎!汝若言此,则其说长矣。"

等了些时辰,天色稍稍开朗,便提出王大臣会审。按照惯例,厂卫审讯犯人必先加刑。于是,将王大臣打十五板。王大臣大叫:"原说与我官做,永享富贵。如何打我?"

冯保打断他的话,问道:"是谁主使你来?"

王大臣瞪目仰面说:"是你使我来,你岂不知?却又问我。"

冯保气得面色如土,又强问:"你昨日说是高阁老使你来刺朝廷,如何今日不说?"

王大臣答:"你教我说来,我何曾认得高阁老?"

朱希孝见状不妙,恐怕王大臣把隐情和盘托出,便厉声喝道:"这奴才,连问官也攀扯,一片胡说,只该打死。"又对冯保说:"冯公公,不必问他。"会审到此草草收场。

冯保还不罢休,进宫后还是以"高老行刺"奏明皇上。皇帝身边一个年逾七旬的殷太监听后,跪下启奏:"万岁爷爷,不要听他。那高阁老是个忠臣,他如何干这等事!他是臣下,来行刺,将何为?必无此事,不要听他。"随后又对冯保说:"冯家(原注:宫内宦官同行列者相互称呼以姓,曰某家),万岁爷爷年幼,你当干些好事,扶助万岁爷爷。如何干这等事!那高胡子是正直忠臣,受顾命的,谁不知道?那张蛮子夺他首相,故要杀他灭口。你我是内官,又不做他首相,你只替张蛮子出力为何?你若干了此事,我辈内官必然受祸,不知死多少哩!使不得,使不得。"冯保听了,大为沮丧,又无言以对。出去后,又有太监张宏也对他说此事不可。冯保才省悟到此事难行,即差人报告张居正:"内边有人说话,事不谐矣。"张居正知道事已不济,便对科道官们说:"此事我当为处,只不妨碍高老便了,你每不必上本罢!"

到了第二天(二月二十日)夜里,把王大臣送法司审讯时,王大臣已中毒而哑,不能说话了。二十一日,三法司同审,并不提问,当即宣判处决,匆匆了事。①

这是高拱回忆录《病榻遗言》关于王大臣案的追述,细节颇为具体,读来不由人不信其为真。参阅其他文献,如《名山藏》《国榷》《涌幢小品》《万历野获编》及《明史》,便知高拱所说大体可信,而且另有一些细节还可与其相互佐证。

其一,关于杨博。《名山藏》说,张居正与杨博商量王大臣案如何处理时,杨博说:"事大,迫之恐起大狱。抑上神圣英锐,待公平察。高公虽粗暴,天日在上,万无此事。"②当葛守礼与杨博劝张居正时,杨博说:"愿相公持公议,扶元气。厂中(按:指掌东厂太监冯保)宁有良心?倘株连者众,事更有不可知者。"当张居正表示愿意挽回,但不知后局如何了结时,杨博为他出了个主意:"相公患不任耳,任何难结,须得一有力世家与国休戚者,乃可委按。"张居正领悟,便松口说:"上前度处之。"③这就是朱希孝出面会审的由来。在会审前,杨博还为朱希孝、葛守礼策划一计,派锦衣卫校尉透风给王大臣,令其翻供,同时又命高拱家人(仆人)夹杂于众人之中,要王大臣辨认同谋者。这是很关键的一着,王大臣案由此得以澄清,舆论盛赞杨博有长者之风。④

① 以上三页引文均见高拱:《病榻遗言》卷一《毒害深谋》。
② 何乔远:《名山藏》卷□□(原文如此)《臣林记·隆庆臣一·高拱传》。
③ 何乔远:《名山藏》卷□□(原文如此)《臣林记·隆庆臣一·高拱传》。
④ 张廷玉等:《明史》卷二一四《杨博传》。

其二,关于葛守礼。《国榷》说,左都御史葛守礼获悉王大臣案发,拉着吏部尚书杨博去见张居正,于是展开了一场唇枪舌剑的交锋。

张居正说:"东厂狱具矣。同谋人至,即疏处之。"

葛守礼说:"守礼敢附乱臣党耶?愿以百口保高拱。"张居正沉默不语。葛守礼又说:"先时如贵溪(夏言)、分宜(严嵩)、华亭(徐阶)、新郑(高拱),递相倾轧,相名坐损,可鉴也。"

张居正愤愤地说:"二公意我甘心高公耶?"奋起入内,取出一份东厂揭帖给二人看,意思是此案系东厂所为,与己无关。而揭帖中张居正亲笔加了四字"历历有据",自己忘记了。葛守礼识得张居正笔迹,便笑而把揭帖藏入袖中。张居正此时才省悟,便讪讪地说:"彼法理不谙,我为易数字耳。"

葛守礼乘机规劝道:"此事密,不即上闻,先政府耶? 吾两人非谓公甘心新郑(高拱),以回天非公不能。"张居正领悟后作揖谢道:"苟可效,敢不任,第后局何以结?"

杨博说:"公患不任耳,任何难任,须世臣乃可共。"[1]

张居正遂上奏皇上,命冯保与左都御史葛守礼、锦衣卫左都督朱希孝会审。朱希孝知道此事棘手,受命后恐惧而哭,急忙找张居正。张居正要他去见杨博。杨博对朱希孝说:"欲借公全朝廷宰相体耳,何忍陷公!"[2]

其三,关于朱希孝。《万历野获编》说:"时掌锦衣卫为太傅朱希孝,虽江陵幕客,故与新郑厚,心怜而力救之。且行数千金于诸大珰。而诸珰中亦有善新郑者,力解于慈圣(太后)之前。"[3]朱希

---

[1] 谈迁:《国榷》卷六八,万历元年正月庚子。
[2] 谈迁:《国榷》卷六八,万历元年正月庚子。
[3] **沈德符**:《万历野获编》卷一八《王大臣》。王世贞:《嘉靖以来首辅传》卷六《高拱传》也说:"希孝行数万金以贿保用事者,且略三宫左右。"

孝在会审前，派锦衣卫校尉秘密提审王大臣，问："何自来?"答："来自(冯)保所。语尽出保口。"校尉对王大臣说："入宫谋逆者法族，奈何甘此? 若吐实，或免罪。"王大臣茫然而哭："始绐我，主使者罪大辟，自首无恙，官且赏。岂知此，当实言。"及至会审，朱希孝令高府家奴混杂于诸校尉之中，要王大臣辨认谁是同谋人，王大臣无法辨认(根本无此事，当然无从辨认)。朱希孝又诘问王大臣，刀剑从何而来? 王大臣答："冯家奴辛儒所予。"冯保恐事情败露，便让王大臣饮生漆酒，使之咽喉变哑。①

高拱毕竟是当事人，谈及此事，不免有点感情用事，这也容易引起人们怀疑。参证了上述一些文献记载后，此事真相便不容置疑了。天启初年拜礼部尚书兼文渊阁大学士的朱国祯(字文宁，浙江乌程人，万历十七年进士)曾耳闻目睹此事，他的说法或许较为客观："王大臣一事，高中玄(拱)谓张太岳(居正)欲借此陷害灭族，太岳又自鸣其救解之功。看来张欲杀高甚的。张不如是之痴，或中有小人，窥而欲做，则不可知。一曰，冯保之意，庶几得之。"②

经过以上这些幕后活动，王大臣匆匆处死，此案不了了之。

后来，事隔十年，到了万历十一年(1583 年)，张居正已死，冯保已下台，皇帝朱翊钧忽然对当年的王大臣案发生疑问，命刑部录进王大臣招供，详加审阅，然后发出谕旨："此事如何这每就了? 查问官与冯保质对!"当时的内阁元辅张四维(字子维，号凤磐，山西蒲州人)是了解内情的，知道追查下去伊于胡底? 便委婉地劝告皇上："事经十年，原问官，厂即冯保，卫乃朱希孝。今罪犯已决，希孝

① 谈迁：《国榷》卷六八，万历元年正月庚子。
② 朱国祯：《涌幢小品》卷九《阁臣相构》。

又死。"那意思是说,此案已死无对证,追查不清了。另一大臣也奏:"王大臣系冯保潜引,亦无的据。若复加根究,恐骇观听。"于是朱翊钧才放弃了重新追根刨底的念头。①

在朱翊钧即位时,冯保联合张居正,借助皇后、皇贵妃之手,把高拱赶走,只是在权力争夺中玩弄政治手腕而已。因为当时高拱突然袭击在先,企图趁冯保立足未稳之机,把他一举击倒。而冯保为了巩固已经到手的权力与地位,以迅雷不及掩耳之势,打得高拱措手不及,败下阵来。这场龙虎斗,不过是有明一代最高权力层面的明争暗斗的另一幕而已,不足为奇。但是王大臣案则不同。那时高拱已经下野,难以构成对冯保的威胁,冯保却无中生有地借王大臣案诬陷株连,无所不用其极,企图置高氏一门于灭族的境地。政治斗争的险恶,实在令人毛骨悚然。

透过王大臣案,冯保和张居正向人们显示了他们的默契配合,也显示了他们无可置疑的权力、地位,为他们辅佐幼主,推行新政,创造了一个较理想的政治氛围。

五、小皇帝视朝

斥逐内阁元辅高拱,令其回籍闲住,这是朱翊钧即位后的第一件事。此事虽然是冯保与张居正一手策划的,但是,如果没有皇后、皇贵妃与他本人的同意,决不可能采取如此断然的措施。几年

---

① 《明神宗实录》卷一三四,万历十一年闰二月乙卯。

以后,朱翊钧对高拱的怨恨之情依然未消。当万历六年九月高拱死时,高拱夫人张氏上疏陈乞恤典,朱翊钧看了奏疏后愤愤地说:"高拱不忠,欺侮朕躬,他妻还来乞恩,不该准他!"还是张居正说情,一再提及"拱向待先帝潜邸有旧劳,宜与恤典"之后,才同意高拱复原职、与祭葬的政治待遇。①

作为一个皇帝,尽管年幼,还是拥有至高无上权力的。况且朱翊钧与乃父颇异,有点类似其祖父,是一个有头脑有才能的人。他的视朝,有些是纯粹的礼仪举动,但也不尽然,在视朝时也常常就朝政大事有所指示。如果以为内有两宫皇太后"垂帘听政",司礼监太监冯保扶掖,外有张居正统揽大权,朱翊钧仅仅是一个任人摆布的玩偶,显然失之偏颇了。

朱翊钧是一个颇有政治见解的皇帝。父皇临终前再三叮嘱,要他依毗内阁辅臣及司礼监太监,因而他对张居正、冯保备极尊重,视为左右手,日常政务大多由他们二人处理。他对于张居正的革新主张持积极支持的态度,在很多问题上所见略同。他力图振兴朝政,一改先朝萎靡不振的状况。从以下一些零星事例,人们大略可以看到他在处理朝政时所显示出来的励精图治愿望。

其一,他主张简才图治。即位伊始,吏部送上来一个考察条规,谈的是官吏考察事宜,涉及吏治整顿,着重议论裁汰冗官问题。指出,各衙门事有繁简,人有纯驳,难以一律,有则汰黜数人亦不为多,无则不黜一人亦不为少。这是朱翊钧即位后要面对的一大难题,他的批覆是这样的:"卿等务要尽心甄别,毋纵匪人,毋枉善类,

---

① 文秉:《定陵注略》卷一《逼逐新郑》。

以称朕简才图治之意。"①

他所说的"毋纵匪人",不是浮泛套话。隆庆六年十月二十三日,朱翊钧视朝时,以湖广随州知州周行贪墨太甚,革职为民,交巡按御史审讯,并就此事发诏书给吏部,以严厉的口气指出:"近来查勘官员久不奏报,贪吏无所惩戒,亏枉久不获伸,抚按官所干何事?便令上章完报,不得推诿故纵!"②

其二,他是一个颇有主见的人,对臣下妄言极反感。隆庆六年十月二十四日,他看了广西道御史胡涍的奏疏。胡涍有点迂腐,借"妖星见懿庆宫"为事由,认定这次星变应在宫妾无疑,便信口议论嘉靖、隆庆两朝宫妾闭塞后廷,老者不知所终,少者实怀怨望,寡妇旷女愁苦万状。由此,他提出要消弭星变,当务之急是释放宫女,建议皇上遍察掖廷中未曾蒙先帝宠信的宫女,无论老少,一概放遣出宫。为了增强说服力,此公还不伦不类地引经据典,说什么"唐高不君,则天为虐,几危社稷。此不足为皇上言,然往古覆辙亦当为鉴"云云。③

原来十月初三夜有星象之变,到十九日夜晚,原先如弹丸般的星变成了大如灯盏,赤黄色光芒四射。对于崇敬天变的朱翊钧及其臣子们,这是非同小可的事。朱翊钧儆惧得连夜在室外祈祷。第二天,张居正对皇上说:"君臣一体,请行内外诸司痛加修省,仍请奏两宫圣母,宫闱之内同加修省。"朱翊钧表示赞同,便给礼部写去一道谕旨,要他们查一下旧例。礼部查了旧例后立即奏报,请如

① 《明神宗实录》卷二,隆庆六年六月癸未。
② 《明神宗实录》卷六,隆庆六年十月丙子。
③ 《明神宗实录》卷六,隆庆六年十月丁丑。张廷玉等:《明史》卷二一五《胡涍传》。谈迁:《国榷》卷六八,隆庆六年十月丁丑。

嘉靖四十二年火星迭行之例,百官青衣角带办事五日。朱翊钧当即批示:"你每为臣的都要体朕敬畏天戒之意,着实尽心修举职业,共图消弭,毋徒为修省虚文。"①

朱翊钧要臣下体会他"敬畏天戒之意","毋徒为修省虚文"。偏偏来了个胡涍,把天变归咎于后廷,要皇上释放宫女,无疑把偌大的天戒的起因归到皇帝身上,显然是大胆妄言。这个胡涍,在朱翊钧即位六日后,曾上疏对冯保代孟冲掌司礼监,召用南京守备太监张宏,有所微词,奏请皇上严驭近习,毋惑谄谀,亏损圣德。② 引起朱翊钧与冯保的不满。此时他又上疏要遣放宫人,朱翊钧忍无可忍。第二天,文华殿讲读刚完,朱翊钧便拿出胡涍的奏本,指着其中"唐高不君,则天为虐"二句,叫张居正看,接着责问:"所指为谁?"

张居正淡淡地解释道:"涍疏本为放宫女尔,乃漫及此言! 虽狂谬,心似无他。"

朱翊钧怒气未消,便降旨诘责胡涍。胡涍接旨后,诚惶诚恐地上疏引罪,终于落个革职为民的处分。③

两天后,兵科都给事中李己(字子复,号月滨,河南磁州人)上疏为胡涍求情,说:"人君善政不一,莫大于赏谏臣;疵政不一,莫大于黜谏臣。""胡涍官居御史,补过拾遗,绳愆纠谬,乃职分所宜。今一语有违,即行遣斥,恐自今以后,阿言顺旨者多,犯颜触忌者少。"希望皇上或加薄惩,或令复职。李己的话不无道理,但朱翊钧决不收回成命。④

---

① 《明神宗实录》卷六,隆庆六年十月丙辰。
② 张廷玉等:《明史》卷二一五《胡涍传》。
③ 《明神宗实录》卷六,隆庆六年十月戊寅。
④ 《明神宗实录》卷六,隆庆六年十月庚辰。

　　到了万历元年正月十二日，户科左给事中冯时雨（字化之，号昆峰，苏州长洲人）上疏重提此事。他条陈六事，其第五事是"释幽怨"，与胡涍一样，主张将掖廷宫女逐一查阅，凡未经先帝幸御者，全部放出。其第六事是"宥罪言"，为胡涍求情，量行起用。朱翊钧此时心境早已平静，对他所陈前四事——"笃孝恩""广延纳""重题覆""革传奉"表示赞许，对后二事（释放宫女、起用胡涍）不予考虑。① 他在奏疏上批示："本朝事体，与前代不同。今在宫妇女，不过千数，侍奉两宫，执事六局，尚不够用。又多衰老，出无所归。胡涍狂悖诬上，朕念系言官，姑从轻处，如何与他饰词求用！ 这两件不准行。"②

　　关于宫女，他有自己的看法，用以侍奉两宫皇太后，并执事宫中六局，还不够用，怎么谈得上遣散！ 因此，不容他人说三道四。对于宫女失职，则处罚极严。万历元年十一月某天，张居正在文华殿与皇上谈及宫女张秋菊逸火事件。

　　朱翊钧说："此人系先帝潜邸旧人，素放肆。圣母止欲笞五十，朕曰：'此人罪大，不可宥。杖之三十，发安乐堂煎药矣。'"

　　张居正附和道："圣母慈仁，不忍伤物。皇上君主天下，若舍有罪而不惩，何以统驭万民！"

　　朱翊钧说："然。法固有可宽者，亦有不当宽者。"

　　张居正说："诚如圣谕。昔诸葛亮言，宫中府中俱为一体，陟罚臧否不宜异同。正此之谓。"③

　　朱翊钧与张居正是颇有共同语言的——"法固有可宽者，亦有

① 《明神宗实录》卷九，万历元年正月癸巳。
② 钱一本：《万历邸钞》，万历元年癸酉卷。
③ 《明神宗实录》卷一九，万历元年十一月辛巳。

不当宽者。"日后他支持张居正按"综核名实,信赏必罚"原则实施
新政,是有思想基础的。

其三,小皇帝对于那些把上朝当作儿戏,想来就来,不想来就
不来的大臣,不能容忍。隆庆六年十二月初六日,他按例视朝,命
人检查了一下,竟有抚宁侯朱冈等一百七十三名文武官员不来上
朝。他便传旨:"各罚禄俸三月!"①万历元年正月十九日,他视朝
时,纠仪御史面奏:查点文武官员失朝者,新宁伯谭国佐等一百一
十九员。他还是下令,各罚禄俸三月。② 万历二年二月二十三日,
他视朝时又命御史纠查文武官失朝者,一查,数目惊人,竟有抚宁
侯朱冈等二百七十四人不来上朝。于是传旨:各夺俸一月。③ 既
然皇上如此顶真,以后失朝者便明显减少。这就是他所谓"法有不
当宽者"的显例。

其四,对于抓住别人小节,随意弹劾的言官,他决不宽恕。万
历元年二月春分,他派遣成国公朱希忠代祭大明于朝日坛,兵部尚
书谭纶(字子理,号二华,湖广宜黄人)陪祭。谭纶近日身体小恙,
陪祭时咳嗽之声连连不已。此事被言官景嵩(福建道御史)、雒遵
(吏科都给事中)、韩必显(山西道御史)抓住,小题大作,弹劾谭纶
"大不敬",说什么"岂不能将祀事于一时者,能寄万乘于有事"。言
下之意,谭纶如此表现,不配当兵部尚书。

朱翊钧接到这个弹劾奏疏,颇不以为然,便不无讽喻地批复:
"咳嗽小疾易愈,本兵(兵部尚书)难于得人。这所奏,着吏部看了,
就问景嵩等要用何人,会同吏科推举来看。"④吏部没有领会这道

---

① 《明神宗实录》卷八,隆庆六年十二月戊午。
② 《万历起居注》,万历元年正月十九日庚子。
③ 《明神宗实录》卷二二,万历二年二月戊辰。
④ 《明神宗实录》卷一〇,万历元年二月癸亥。

上谕所包含的讥刺意味,认真地向皇上题覆谭纶失仪事,指出:"抡选本兵委难得人,进退大臣当处以礼,若以一嗽之故,敕令致仕,非惟不近人情,亦且有失国礼。"这正中朱翊钧下怀,立即批示:"咳嗽小失,何至去一大臣!这厮每一经论劾,即百计搜求,阴唆党排,不胜不止。若用舍予夺不由朝廷,朕将何以治天下?"①于是降旨:雒遵、景嵩、韩必显各降三级,调外任。对于谭纶,只是稍加警告而已:以陪祀失仪,罚俸一月,着照旧供职。这种处理方式,比那些言官要高明多了。

不过,小皇帝毕竟初视朝政,一切都感到陌生,因而对于辅臣张居正是事事仰赖的,对他尊崇备至,开口即称"元辅张先生",总是以"先生"相待。张居正也尽心尽责地辅导小皇帝处理朝政,大至朝廷用人之事,小至宫中节俭之事,无不一一关照。朱翊钧总是一一听从、采纳。

隆庆六年十二月,接近年关了。张居正在讲读后向皇上启奏,以先帝服制未过,春节期间,请宫中勿设宴,并免去元宵灯火。

朱翊钧以为然,说:"烟火灯架,昨已谕免办。"又说:"宫中侍圣母膳甚简,每斋素食。或遇佳节小坐,但增甜食果品一桌,亦不用乐。"

张居正说:"如此,不但见陛下追思先帝之孝,且节财俭用,自是人主美德,愿陛下常持此心。"

朱翊钧表示嘉纳,便传谕光禄寺:"节间宫中酒饭桌俱免办。"据称,仅此一举,节约银子七百余两。②

---

① 钱一本:《万历邸钞》,万历元年癸酉卷。《明神宗实录》卷一〇,万历元年二月戊辰。
②《明神宗实录》卷八,隆庆六年十二月甲戌。

　　到了万历二年又近年关时,朱翊钧又问张居正:"元夕(按:即正月十五元宵夜)鳌山烟火祖制乎?"这意思是,前年、去年元宵烟火都已停办,今年总可以不停了吧!何况又是祖宗之制,年年如此的。

　　张居正当然知道此意,便答道:"非也。始成化间,以奉母后,然当时谏者不独言官,即如翰林亦有三四人上疏。嘉靖中,尝间举,亦以奉神,非为游观。隆庆以来,乃岁供元夕之娱,糜费无益,是在新政所当节省。"

　　朱翊钧还是个孩子,当然想搞一下元宵灯火,尽兴玩玩,听了张居正的话,只得更改初衷,接口道:"然。夫鳌山者聚灯为棚耳,第悬灯殿上,亦自足观,安用此!"

　　在一旁伺候的太监冯保,深知皇上心意,为了不致太扫兴,便插话道:"他日治平久,或可间一举,以彰盛事。"

　　毕竟是从小形影不离的"大伴",道出了皇上的心思。朱翊钧一听,高兴地说:"朕观一度,即与千百观同。"

　　张居正却不让步,严肃地说:"明岁虽禫(丧服之祭)终,继此,皇上大婚,潞王出阁……大事尚多。每事率费数十万金。天下民力殚诎,有司计无所出。及今无事,时加意撙节,稍蓄以待用。"那意思还是要皇上注意节俭。

　　朱翊钧知趣地说:"朕极知民穷,如先生言。"

　　张居正紧追不放:"即如圣节元旦,明例赏赐各十余万,无名之费太多,其他纵不得已,亦当量省。"

　　朱翊钧对张先生的意见表示全部接受,决定明年元夕停止烟火鳌山活动。[1] 张居正巧妙地把节省宫廷开支的思想化作了朱翊

---

① 《明神宗实录》卷三三,万历二年闰十二月庚寅。谈迁:《国榷》卷六九,万历二年闰十二月庚寅。

钧的行动。朱翊钧即位伊始,宫廷内部就出现了一番新气象。

为了使小皇帝知人善任,万历二年十二月,张居正与吏部尚书张瀚(字子文,号元洲,杭州仁和人)、兵部尚书谭纶,特制御屏(职官书屏)一座,绘全国疆域,登录知府以上官员姓名籍贯,以供皇上省览。张居正为此作了说明,强调了以下几点:

> "安民之要,在于知人;辨论官材,必考其素。顾人主尊居九重,坐运四海,于臣下之姓名贯址,尚不能知,又安能一一别其能否而黜陟之乎"。
>
> "考之前史,唐太宗以天下刺史姓名,书于御座屏风,坐卧观览";"成祖文皇帝尝书中外官姓名于武英殿南廊"。
>
> "仰惟皇上天挺睿明,励精图治。今春朝觐考察,亲奖廉能。顷者吏部奏除,躬临铨选。其加意于吏治人才如此。顾今天下疆里尚未悉知,诸司职务尚未尽熟,虽欲审别,其道无由"。①

在接到张居正的奏疏后,朱翊钧表示嘉悦,当即同意将屏风收进,设于文华殿后殿。次日,讲读毕,朱翊钧将屏风细看了一遍。张居正在一旁解释道:天下幅员广阔,皇上一举目便可坐照山川地理形胜,以及文武职官,希望皇上于用人名实时加留意。朱翊钧说:"先生费心,朕知道了。"②这道"职官书屏",对初理朝政的朱翊

---

① 张居正:《张文忠公全集》卷三《进职官书屏疏》。《明神宗实录》卷三一,万历二年十二月壬子。
② 《明神宗实录》卷三一,万历二年十二月壬子。

钧,起到了很好的启蒙作用。

朱翊钧深知元辅张先生的用心良苦,为了表示他的积极态度,特命太监在宫中赶制牙牌一块,亲笔手书十二事,要工匠镂刻在牙牌上。这十二事是:谨天成、任贤能、亲贤臣、远嬖佞、明赏罚、谨出入、慎起居、节饮食、收放心、存敬畏、纳忠言、节财用。他以此作为自己的座右铭,用以自警。万历三年四月初四日在文华殿讲读毕,他拿出牙牌给张居正、吕调阳过目。张居正颇为称赞,说这些话把修身齐家治国平天下之道全包括在里面了,可以终身奉行。今后皇上所行与所写如有不合的地方,左右臣下得执牌以谏。[①] 朱翊钧欣然同意。

皇帝与元辅之间政见如此一致,关系如此融洽,为历朝所罕见。以下几件事,更进一步显示他们之间君臣关系确实非同一般。

万历二年五月八日,朱翊钧在文华殿讲读毕,听说元辅张先生偶患腹痛,便亲手调制辣汤一碗,并赐镶金象牙筷二双,要次辅吕调阳陪张先生一起吃。其意图是要以辣热攻治腹痛[②],从中可以看到君臣之间充满人情味的一面。

过了些时日,朱翊钧在宫中传皇太后旨意,询问近侍太监:"元辅张先生父母存乎?"左右回答:"先生父母俱存,年俱七十,甚康健。"

到了五月十九日视朝的日子,朱翊钧给张居正写了手谕:"闻先生父母俱存,年各古稀,康健荣享,朕心嘉悦。特赐大红蟒衣一袭,银钱二十两,又玉花坠七件、彩衣纱六匹,乃奉圣母恩赐。咸宜

---

① 《明神宗实录》卷三七,万历三年四月壬申。
② 《明神宗实录》卷二五,万历二年五月辛巳。

钦承,着家僮往赍之。外银钱二十两,是先生的。"命文书官刘东把手谕及赏物送至内阁,张居正叩头祗领后,感激涕零,立即写了谢恩疏给皇上,说:"恩出非常,感同罔极。""士而知己,许身尚不为难;臣之受恩,捐躯岂足云报。"并且表示,立即派遣僮仆星夜兼程赶往江陵老家,归奉亲欢,传子孙为世宝。① 张居正对于皇太后和皇帝亲如家人般的关怀,充满了感激之情。

万历三年七月十七日,朱翊钧至文华殿讲读,得知张居正患病不能侍读,立即遣太监前往张府探问病情,并命太医院使徐伟随同前去诊视,又手封药一囊,命太监守候服毕复命。②

七月十九日,张居正病愈入阁办事。消息传进宫内,有顷,太监邱得用传皇太后及皇帝旨意,对张居正慰劳再三,并赐银八宝二十两。③

从中可以窥知,在朱翊钧心目中,元辅张先生是须臾不可或缺的,许多朝廷大事都要与他商量。

万历三年四月某天,朱翊钧讲读刚完,张居正拿了陆炳之子陆绎的奏疏,请皇上裁定。陆炳,字文孚,浙江平湖人,母为世宗乳媪,炳从入宫,历任锦衣卫副千户。嘉靖十八年(1539年)随帝南巡至河南卫辉,半夜行宫起火,陆炳冒死救出皇上。从此深受宠幸,官至左都督,掌锦衣卫事,权势倾天下。隆庆年间被弹劾,隆庆帝下法司究治,抄了他的家,并追赃数十万两银子。④ 过了五年,陆家资财罄竭,已无可追,陆绎便上疏乞求免予追赃。

朱翊钧看了奏疏,问张居正:"此事先生以为何如?"

---

① 张居正:《张文忠公全集》卷三《谢恩赍父母疏》。
② 《明神宗实录》卷四〇,万历三年七月癸丑。
③ 《明神宗实录》卷四〇,万历三年七月乙卯。
④ 张廷玉等:《明史》卷三〇七《陆炳传》。徐阶:《世经堂集》卷十七《陆公墓志铭》。

张居正回答:"陆炳功罪自不相掩……论炳之罪,未与反逆同科,而翊主保驾之功不能庇一孤子,世祖在天之灵必不安于心者矣。"

朱翊钧说:"既如此,先生宜为一处。"

张居正说:"事关重大,臣等岂敢擅专。"

朱翊钧说:"不然。国家之事,孰不赖先生辅理,何嫌之有!"

张居正叩头承旨出。次日,朱翊钧传旨:"陆炳生前功罪及家产果否尽绝,着法司从公勘议。"于是,法司奏复,陆炳家产已勘明尽绝,朱翊钧同意宥其余赃,此事便圆满了结。①

朱翊钧待两宫皇太后极孝,唯唯诺诺,从不违抗。他的生母慈圣太后信奉佛教,很是虔诚。她要在京师附近的涿州建造一座娘娘庙,祭祀碧霞元君。司礼监太监为讨好太后,竭力促成其事。万历二年四月,冯保传慈圣太后谕:"圣母发银三千两,与工部修建涿州娘娘庙。"这件事可难为了工部。在此之前,工部已奉太后谕,由圣母赐银五万两在涿州修建胡良河及北关外桥梁,为此工部还补添了二万两银子。② 现在又要修建庙宇,三千两银子何济于事!于是工部奏复皇上:此端一开,渐不可长,伏乞皇上劝回成命。工科给事中吴文佳(字士美,号凤泉,湖广景陵人)也上疏表示此事不妥:"娘娘庙不知所由起,窃闻畿辅众庶奔走崇奉,风俗日非,犹望皇上下禁止之令。"户科给事中赵参鲁(字宗传,号心堂,浙江鄞县人)也说:"发银建庙以奉佛祈福,尽皆诞妄。""若以大赈穷民,其于祈福禳灾多矣。"③朱翊钧统统不予理睬。

---

① 《明神宗实录》卷三七,万历三年四月壬戌。谈迁:《国榷》卷六九,万历三年四月壬午。
② 《明神宗实录》卷二八,万历三年八月癸丑。
③ 《明神宗实录》卷二四,万历二年四月戊午、壬戌。李维桢:《大泌山房集》卷七九《吴公墓志铭》。张廷玉等:《明史》卷二二一《赵参鲁传》。

　　但是,在太后意见与张居正意见不一致时,他还是听张居正的。万历二年(1574年)九月,刑部奏请处决在押囚犯,慈圣太后听说后,借口皇上冲年,仍宜停刑。朱翊钧把太后这一懿旨转告张居正,希望能获得谅解。张居正是主张法治的,对于停刑很不赞成,便解释道:"圣母好生之心敢不将顺?但上即位以来停刑者再矣。春生秋杀,天道不偏废,恐稂莠不除,反害嘉谷。"朱翊钧觉得有理,说:"然。朕徐为圣母言之。"在征得太后同意后,便下令照例行刑。①

　　到了这年十月,法司奏审录罪囚,太后听说后又主张停刑。张居正向皇上开导说:"皇上奉若天道,乃天虽好生,然春夏与秋冬并运,雨露与霜雪互施……今看审录揭帖,各囚所犯皆情罪深重,概加怜悯,则被其杀害者独何辜,而不为偿抵乎?"

　　朱翊钧说:"圣母崇奉佛教,故不忍动刑耳。"

　　张居正说:"佛氏虽慈悲为教,然其徒常言:地狱有刀山、剑树、碓舂、炮烙等刑,比之王法万分惨刻,安在其为不杀乎?"

　　朱翊钧听了大笑。张居正进而说:"嘉靖初年,法司奏应决犯囚,不过七八十人。……至中年后,世宗奉玄,又好祥瑞,每逢有吉祥事,即停止刑。故今审录重囚至四百余人,盖积岁免刑之故也。……臣窃以为,宜如祖宗旧制,每岁一行为便。"

　　朱翊钧深以为然,返宫向太后奏明后,第二天便降旨处决死囚三十余人。② 这事既反映了皇太后的开明豁达,也反映了朱翊钧的冷静理智,不以母子亲情影响朝廷大政方针。

---

① 《明神宗实录》卷二九,万历二年九月辛巳。
② 《明神宗实录》卷三○,万历二年十月癸丑。

更为难能可贵的是，小皇帝每次视朝，都亲览奏章，十分认真。万历三年十月某天，直隶巡按御史暴孟奇、张宪翔各有一题本奏报审决重囚事，是万历二年十一月奏进的。他看了以后，感到奇怪："今此直隶巡按非孟奇、宪翔矣，何奏本仍是二臣名，又中间月日差谬，何也？"便命文书官持疏到内阁问明所以然。

少顷，张居正来了。朱翊钧当面质询："今年已有旨免刑，何真定巡按又报决囚？且本后称万历二年十一月，何也？"

张居正回答："臣等通阅所奏，乃去年差刑部主事刘体道会同关内关外巡按御史暴孟奇、张宪翔处决囚犯，事完即具本，付刘体道亲赍复命，非二臣差人来奏者。"

朱翊钧又问："即如是，何故至今始封进？"

张居正答："旧时刑部司属多借审决差便道回籍，科臣于精微批定限，率优假一年，所乃相沿宿弊。此奏该去年二御史付之刘体道亲赍，而体道持疏回籍，今已限满复命，至始封进耳。"

朱翊钧听了大为不满："岂有北直隶地方去年处囚，今年始复命者！宜令该科参看。"那意思是要刑科予以查处。第二天，他便下旨："刘体道着都察院提了问。差官审决限期，着法司定拟来说。"都察院遵旨提问后，将刘体道谪为外任官。①

这一事件使大臣们大吃一惊，感叹皇上于章奏无不亲览，其精察一至于此。这位十岁登极的小皇帝颇有一点励精图治之意，力图一改祖父、父亲当朝时期的政局弊端，有所作为。正是基于这种考虑，他放手让张居正总揽朝政，而自己则潜心于日讲与经筵，为日后亲政做好准备。

_____

① 《明神宗实录》卷四三，万历三年十月癸未。

六、日讲与经筵

前面说过,朱翊钧在太子时代,已开始出阁就学。

皇太子出阁讲学,是太祖朱元璋定下的祖制。当时,朱元璋命学士宋濂(字景濂,号潜溪,又号玄真子,浙江金华人)在大本堂向皇太子、诸王讲授儒家经典。后又改至文华殿,嘉靖帝时改至便殿。天顺二年(1458年)制定了皇太子出阁讲学礼仪。讲学的内容,先读"四书",次读经或史。讲毕,侍书官侍习写字;写毕,各官叩头退出。读书三月后,有一次温习背诵,读成熟,温书之日不授新书。写字,春夏秋日百字,冬日五十字。凡节假日或大风雨雪、隆寒盛暑,暂停。朱翊钧作为皇太子出阁讲学,也按部就班进行。隆庆六年,改设皇太子座于文华殿之东厢房。每日讲读各官先诣文华门外东西向序立,候隆庆帝御日讲、经筵毕,皇太子出阁升座。凡太子初讲时,阁臣连侍五日,以后每逢三、八日一至,拜出后,各讲官再进入开讲。①

朱翊钧即位后,虽身为皇帝,但讲学仍不停辍。因为先皇有遗言在先,要他"进学修德""用贤使能"。作为顾命大臣的张居正,对此更是顶真。

隆庆六年六月,张居正上疏,请皇帝在秋凉之际开始日讲。他在疏文中说,帝王虽具神圣之资,仍须以务学为急,而辅弼大臣的第一要务,便是培养君德,开导圣学。更何况亲受先帝顾托,当时

---

① 张廷玉等:《明史》卷五五《礼志九》。

惓惓以讲学亲贤为嘱的遗言,还在耳边。鉴于先皇丧事还未过去,张居正便援引弘治朝的先例①,定于八月中旬择日,于文华殿先行日讲,至于经筵会讲俟明年春天再举行。对于这种合乎祖宗成宪的安排,朱翊钧是必须接受的,他立即批复同意:"览卿等奏,具见忠爱,八月择吉先御日讲,经筵候明春举行。"②日讲与经筵就这样定下来了。

　　第二天,张居正便为皇上初步排定了视朝与讲读的日程表。在张居正看来,对于一个十岁的小皇帝,每日既要视朝理政,退朝后又要讲读,太过于疲劳。从有益于身心,有裨于治道而言,"视朝又不如勤学为实务",所以在处理视朝与讲读的关系时,把讲读放在第一位。具体日程安排是:每月逢三、六、九日(含十三、十六、十九与二十三、二十六、二十九日)视朝,其余日子都到文华殿讲读。凡视朝之日即免讲读,讲读之日即免视朝。这就是说,一旬之中,三天视朝,七天讲读,除了大寒大暑,一概不得停辍讲习之功。

　　对于这个日程表,朱翊钧是能够接受的。他批复道:"今后除大礼大节,并朔望升殿,及遇有大事不时宣召大臣咨问外,每月定以三、六、九日御门听政,余日俱免朝参,只御文华殿讲读。"③

　　既然定了,朱翊钧就照着执行。八月十三日,恰巧是三、六、九中之三,他来到宣治门④视朝。张居正不愧是一个讲究综核名实

---

① 弘治十八年大学士刘健以孝宗皇帝山陵甫毕,题请先行日讲,至次年二月始开经筵。
② 张居正:《张文忠公全集》卷二《奏疏二·乞崇圣学以隆圣治疏》。《明神宗实录》卷四,隆庆六年八月辛酉。
③ 张居正:《张文忠公全集》卷二《奏疏二·请酌定朝讲日期疏》。《明神宗实录》卷四,隆庆六年八月壬戌。
④ 宣治门在皇极门(奉天门)之右,也叫西角门,与它相对称的是宏政门(即东角门)。见刘若愚:《酌中志》卷一七《大内规制纪略》。

的人,作风雷厉风行,在上朝时递上了《日讲仪注》八条,把日前议定的日讲事宜具体化:

　　一、皇上在东宫讲读《大学》《尚书》,今各于每日接续讲读,先读《大学》十遍,次读《尚书》十遍,讲官随即进讲。

　　二、讲读毕,皇上进暖阁少憩。司礼监将各衙门章奏进上御览。臣等退在西厢房伺候,皇上若有所咨询,即召臣等至御前,将本中事情一一明白敷奏。

　　三、览本后,臣等率正字官①恭候皇上进字毕。若皇上欲再进暖阁少憩,臣等仍退至西厢房伺候。若皇上不进暖阁,臣等即率讲官再进午讲。

　　四、近午初时,进讲《通鉴》节要,讲官务将前代兴亡事实,直讲明白。讲毕各退,皇上还宫。

　　五、每日各官讲毕,皇上有疑,乞即下问。臣等再用俗语讲解,务求明白。

　　六、每月三、六、九视朝之日,暂免讲读。仍望皇上于宫中有暇,将讲读过经书从容温习,或看字体法帖,随意写字一幅,不拘多少,工夫不致间断。

　　七、每日定以日出时,请皇上早膳毕,出御讲读。午膳毕,还宫。

　　八、非遇大寒大暑,不辍讲读。本日若遇风雨,传旨暂免。②

————————————

① 正字官,从九品,掌缮写装潢。
② 张居正:《张文忠公全集》卷二《奏疏二·拟日讲仪注疏》。《明神宗实录》卷四,隆庆六年八月丙寅。

　　张居正考虑到原有的日讲官人数不够,讲读后又要写字,须配备侍书恭伺左右,开说笔法,于是便命东宫讲读官马自强、陶大临、陈经邦、何雒文、沈鲤,侍班官丁士美,并为日讲官,马继文、徐继申仍为侍书官。①

　　自此以后,朱翊钧的讲读、视朝便按部就班地进行,每逢三、六、九日视朝,一、二、四、五、七、八、十日赴文华殿讲读。

　　隆庆六年十二月十七日,朱翊钧在文华殿讲读毕,张居正率讲官向他呈上一部《帝鉴图说》。这是张居正要马自强等讲官考究历代帝王事迹编写的,选取"善可为德者"八十一事,"恶可为戒者"三十六事,每一事绘一图,后面附以传记本文,图文并茂,因而称为图说;又取唐太宗以史为鉴之意,题名为《帝鉴图说》。张居正为此写了《进〈帝鉴图说〉疏》,阐明了编书的旨意是让皇上"视其善者,取以为师,从之如不及;视其恶者,用以为戒,畏之如探汤。每兴一念、行一事,即稽古以验今,因人而自考"。张居正将奏疏面呈皇上,朱翊钧随手翻阅,朗诵了几句,便抬眼对张先生等说:"先生每起!"于是张居正走近御案,把奏疏接着读完,又捧出《帝鉴图说》呈上。朱翊钧起立,翻阅图说。张居正一一指陈,朱翊钧也应声说出一些大意,其中不待指陈能自言其义者,十居四五。② 此后,朱翊钧一直把《帝鉴图说》置于座右,每逢讲读之日,便叫张居正解说,习以为常。

---

① 《明神宗实录》卷四,隆庆六年八月丁卯。
② 《明神宗实录》卷八,隆庆六年十二月己巳。张居正:《张文忠公全集》卷六《奏疏六·进〈帝鉴图说〉疏》。

转眼间,到了万历元年新年伊始。这是朱翊钧即位改元后的第一个春节,正月初一日,他驾临皇极殿,在金碧辉煌的宝殿里,接受百官朝贺。[1] 正月初五日,他传谕内阁:"初七日开日讲。"其实,作为皇帝也有讲读的节假日,按常例要到正月二十一日。大臣及讲官对皇上节假还未结束就开始讲读,十分钦佩,交口称赞他"好学之笃"[2]。到了初七那天,朱翊钧果然到文华殿讲读。

正月初十日,张居正遵照祖宗成宪,上疏请开经筵。[3] 自宋以来,为皇帝讲解经传史鉴特设的讲席,称为经筵。明初沿袭此举,无定日,亦无定所。英宗即位后,始著为常仪,以每月逢二日,皇帝御文华殿进讲,月凡三次(初二、十二、二十二),寒暑及有故暂免。其仪制比日讲隆重得多,由勋臣一人知经筵事,内阁辅臣或知经筵事,或同知经筵事,尚书、都御史、通政使、大理卿及学士等侍班,翰林院、春坊官及国子监祭酒二员进讲,春坊官二员展书,给事中、御史二员侍仪,鸿胪寺、锦衣卫堂上官各一员供事鸣赞。礼部择请先期设御座于文华殿。文华殿虽比诸殿规模小,但特别精致,用绿色琉璃瓦盖成,左右为两春坊,也就是皇帝的便殿,经筵就在这里举行。中间设御座,龙屏南向,又设御案于御座之东,设讲案于御座之南。是日,司礼监太监先陈所讲"四书"经、史各一册于御案,另一册置于讲官之讲案,讲官各撰讲章(讲义),置于册内。皇帝升座,知经筵及侍班等官于丹陛上五拜三叩头,然后开讲。[4]

正月十六日,朱翊钧给知经筵官朱希忠、张居正及同知经筵官

---

① 《明神宗实录》卷九,万历元年正月壬午。
② 《万历起居注》,万历元年正月五日丙戌。《明神宗实录》卷九,万历元年正月戊子。
③ 《万历起居注》,万历元年正月十日辛卯。张居正:《张文忠公全集》卷三《奏疏三·请开经筵疏》。
④ 朱国祯:《涌幢小品》卷二《经筵词》。张廷玉等:《明史》卷五五《礼志九》。

吕调阳三人各一道敕谕,宣布定于二月初二日举行经筵,命朱希忠、张居正、吕调阳分直侍讲,张居正、吕调阳及陶大临、丁士美、陈经邦、何雒文、沈鲤、许国,日侍讲读,要他们在讲解中明白敷陈,委曲开导,着重阐明理欲消长之端、政治得失之故、人才忠邪之辨、统业兴替之由。[①]

二月初二日,朱翊钧如期开经筵。

经筵仪式十分隆重繁琐。从陆深(初名荣,字子渊,号俨山,松江上海人)所撰《经筵词》记述嘉靖朝情况,可窥其一斑。仪式由鸿胪寺官员主持,当他宣布进讲后,一名讲官从东班出,另一名讲官从西班出,到讲案前北向并立,鞠躬、叩头。展书官上前展书,东班讲官至讲案前报告今日讲“四书”中的某一部,西班讲官报告今日讲经史中的某一部。这是遵照祖制:先“四书”而后经史,“四书”东而经史西。经筵官员们分东西两班侍立,都身穿大红袍,讲官的品级不齐,也一律穿大红袍,而展书官以下官员则穿青绿锦绣服。给事中、御史与侍仪官,东西各三人,站立一旁,以备观察。然后进讲。进讲完毕,鸿胪寺官员出班中跪,赞礼华,两班官员俱转身北向,拱听皇上吩咐:“官人每吃酒饭!”全体下跪承旨。于是,光禄寺便在奉天门之东庑设宴款待参加经筵的官员们。按照惯例,皇帝赐宴以经筵最为精美,而且还允许各官带随从人员、堂吏及家僮,拿了饭盒框篮之类,收拾吃不完的酒菜,然后分班北向叩头谢恩而退。逢经筵之日,讲官们都事先在家中将衣冠带履熏香,回家后即将衣冠带履脱下贮存,以示不敢亵渎之意。而且前一天必须斋戒

---

① 《明神宗实录》卷九,万历元年正月丁未。

沐浴,演习讲章至能背诵如流。①

讲课之后可以在筵席上大吃一顿,把"经"与"筵"连在一起,称为"经筵",其初衷大概就在于此吧!恭恭敬敬地向皇帝讲解"四书五经"之后,大家便退到一旁自由自在地饱尝皇上赏赐的美酒佳肴,吃不完还可带着走。与前一日斋戒沐浴的虔诚可掬的样子一对照,实在滑稽得很。

明末时曾任经筵展书官的杨士聪,关于经筵有一则趣闻,颇能反映当事者对经筵的看法。他说,崇祯九年(1636年)二月二十二日,"经筵届期,诸臣候于文华门外,大雪不止。至午后,上不出,传免。午门外设宴已久,遂撤去。余时当展书,颇惮其难,戏语同官曰:'经筵进讲,不过老生常谈,何如将此宴便赐诸人,岂不省事。'旁一内珰赞曰:'此位老先生讲的是,大雪如此,只是赐宴,即与经了筵的一样。'同官皆笑。余因述今早来时,遇一宿科省员于长安门,彼此班役相问,其人曰:'怪得雪中如此早来,原来今日该吃经筵。'且说经筵如何可吃,与'经了筵'之云正相类也"②。真是绝妙佳语,"吃经筵""经了筵",这正是对经筵的极大讽刺。

年仅十岁的小皇帝,对于深奥难懂而又枯燥乏味的"四书五经",居然端拱倾听,目不旁询,十分认真。第二天视朝完毕后,他来到文华殿,突然对张居正说:"昨日经筵讲《大学》的讲官,差了一字,朕欲面正之,恐惧惭。"可见他听得多么仔细、顶真,连一个错字都没有逃过他的耳朵。这也难怪,那些讲官虽然连夜备课,背诵得滚瓜烂熟,但一上场,不免心慌紧张。张居正只好代讲官们请求宽

① 朱国祯:《涌幢小品》卷二《经筵词》。
② 杨士聪:《玉堂荟记》(不分卷)。

恕："讲官密迩天威，小有差错，伏望圣慈包容。"又说："人有罪过，若出于无心之失，虽大，亦可宽容。"朱翊钧回答道："然。"①

五月初二日，朱翊钧参加经筵完毕，对礼部下了一道谕旨："天气炎热，经筵暂免，日讲照常进行。以后经筵，春讲，二月十二日起，至五月初二日免；秋讲，八月十二日起，至十月初二日免。永为定例，不必一一题请。"②以后的日讲与经筵便照此规定进行。

对于日讲与经筵，朱翊钧是认真对待的，讲读完毕常向阁臣提出一些疑问。

一次在文华殿讲读毕，他来到左室，观看孔子像，对阁臣提了一些问题。谈到周文王称事时，他问："安视膳？"阁臣肃然以对。谈到周公、孔子时，他又问："何以旁列？"阁臣答："二圣人皆人臣。"③他是一个善于思考、勤奋好学的孩子。

有一次，张居正向他进讲《帝鉴图说》，谈到宋仁宗不喜珠粉之事，他说："国之所宝，在于贤臣；珠玉之类，宝之何益！"张居正见他说得很有道理，便因势利导说："明君贵五谷而贱金玉。五谷养人，故圣王贵之；金玉虽贵，饥不可食，寒不可衣，铢两之间为价不资，徒费民财，不适于用。故《书》曰：'不作无益害有益，不贵异物贱用物。'良以此耳。"

朱翊钧说："然！宫中妇女只好妆饰，朕于岁时赏赐，每每节省，宫人皆以为言。朕云：今库中所积几何？"

张居正感动得顿首说："皇上言及此，社稷神灵之福也。"

①《万历起居注》，万历元年二月三日甲申。
②《明神宗实录》卷一三，万历元年五月辛巳。
③《明神宗实录》卷六，隆庆六年十月乙卯。

朱翊钧又谈及日前讲官所说秦始皇销毁兵器事,说:"木棍岂不能伤人,何以销兵为?"

张居正答:"为治惟在布德修政,以固结民心。天下之患,每有出于所防之外者。秦后来只因几个戍卒倡乱,斩木为兵,揭竿为旗,于是豪杰并起,遂以亡秦。所以说天时不如地利,地利不如人和。唯圣明留意。"

朱翊钧说:"然。"①

张居正见皇上睿智日开,学业有所上进,便趁热打铁上《进讲章疏》,要皇上明白,义理必时习而后能悦,学问必温故而后知新,要他将平日讲过经书,再加寻绎,融会悟入。张居正还将今年所进讲章重复校阅,编成《大学》一本,《虞书》一本,《通鉴》一本,装潢进呈,希望皇上时加温习,以达到旧闻不至遗忘,新知日益开豁的目的。朱翊钧留下备览,仍命接续编进,刊版流传。② 万历二年正月初四日,张居正又向皇上提出:以后日讲经书,比以前量增数句,诵读生书,必须五遍,温习旧书照旧三遍。③

万历二年四月,朱翊钧开始学习属对。属对即对课,是塾师教学生作诗的一种方法。教师出上句,学生作虚实平仄对应的下句,以练习对仗。这种文字音韵的基本训练,当时颇为文人所重视,皇帝也不例外。他每天要辅臣拟对句呈上,由他对下句,然后交辅臣修改。四月初九日,辅臣拟上联:"天地泰。"他对下联:"日月明。"张居正高兴地引述前朝故事说:宣宗皇帝曾随成祖皇帝巡幸北京,端午节在御苑中练习射柳,宣宗连发三箭皆中,成祖大喜。骑

---

① 《明神宗实录》卷一八,万历元年十月乙卯。
② 《明神宗实录》卷二〇,万历元年十二月乙丑。
③ 《明神宗实录》卷二一,万历二年正月庚辰。

射毕,成祖又出对:"万方玉帛风云会。"宣宗应声对云:"一统江山日月明。"成祖大喜,赏给孙子名马一匹,及纻丝纱布若干,还命随行儒臣赋诗以纪其事。当时,宣宗还仅十五岁,真所谓天纵聪明。张居正由此联系到朱翊钧第一次所作对联,适与宣宗所对相合,表示不胜庆忭。①

朱翊钧即位伊始,曾下诏在建文朝尽节诸臣家乡建告祠庙祭祀,并颁布《苗裔恤录》,对他们的后裔给予抚恤;又在南京建表忠祠,祭祀徐辉祖、方孝孺等人。② 看来,他对被明成祖朱棣赶下台的建文帝颇有一点追怀景仰之情。万历二年十月十七日,讲读完毕后,他在文华殿与辅臣从容谈起建文帝的事,提出了一个思虑已久的问题:"闻建文当时逃免,果否?"寥寥数语,却揭示了明代历史上一桩搞不清楚的无头公案。

张居正对此也不甚了了,既然皇上问起,便如实回答:"国史不载此事,但先朝故老相传,言建文当靖难师入城,即削发披缁从间道走出。后云游四方,人无知者。至正统间,忽于云南邮壁上题诗一首,有'沦落江湖数十秋'之句。有一御史觉其有异,召而问之,老僧坐地不跪,曰:'吾欲归骨故园。'乃验知为建文也。御史以闻,遂驿召来京,入宫验之,良是。是年已七八十矣。莫知其所终。"③

关于建文帝的下落,众说纷纭,莫衷一是。这桩公案,当时人

① 《明神宗实录》卷二四,万历二年四月癸丑。
② 建文元年(1399 年)燕王朱棣以"清君侧"为名,发动靖难之役。建文四年(1402 年)攻破首都南京,建文帝朱允炆下落不明(一说焚死,一说潜逃)。朱棣取而代之,是为明成祖。建文帝的旧臣齐泰、黄子澄、方孝孺及其家族,或被杀,或发遣为奴,罪人转相牵连,称为"瓜蔓抄"。
③ 《明神宗实录》卷三〇,万历二年十月戊午。祝允明《野记》(《历代小史》卷七九)谈及建文帝传闻,与张居正所说大体相近。

已搞不清楚,张居正当然只能姑妄言之。但朱翊钧并不把它当作传闻,姑妄听之完事。他兴致十足地必欲追根究底,竟要张居正把建文帝题壁诗全章,统统背诵给他听。听罢慨然兴叹,又命张居正抄写进览。全诗如下:

> 沦落江湖数十秋,归来白发已盈头。
> 乾坤有恨家何在,江汉无情水自流。
> 长乐宫中云气散,朝元阁上雨声愁。
> 新蒲细柳年年绿,野老吞声哭未休。[①]

张居正遵命录其诗以进,但以为是萎靡之音,规劝皇上:"此亡国之事,失位之辞,但可为戒,不足观也。臣谨录圣祖皇陵碑及御制文集进览,以见创业之艰难,圣谟之弘远。"[②]他不愿意小皇帝纠缠于建文帝这个不幸的人物,力图把他的注意力引开。

张居正所谓皇陵碑,就是开国皇帝太祖朱元璋所写的自传体碑文。这篇碑文,十分率直真切,毫不避讳,叙述了他的家世及开国经过,用近乎口语的韵文写出,读来朗朗上口。

碑文中写到朱元璋家贫穷得父母病死无法安葬的事:"殡无棺椁,被体恶裳。浮掩三尺,奠何肴浆。"写到他在皇觉寺当和尚,四方云游的生涯:"众各为计,云水飘扬。我何作为,百无所长。依亲自辱,仰天茫茫。既非可倚,侣影相将。突朝烟而急进,暮投古寺以趋跄。仰穹崖崔嵬而倚碧,听猿啼夜月而凄凉。魂悠悠而觅父

---

① 孙承泽:《春明梦余录》卷七〇《陵园》。按:首句作"沦落江湖四十秋"。
② 《明神宗实录》卷三〇,万历二年十月戊午。

母无有,志落魄而侁伴。西风鹤唳,俄淅沥以飞霜。身如蓬逐风而不止,心滚滚乎沸扬。"写到小时放牛的伙伴汤和劝他投奔红巾军而踌躇再三的事:"住方三载,而又雄者跳梁。初起汝颍,次及凤阳之南厢。未几陷城,深高城隍。拒守不去,号令彰彰。友人寄书,云及趋降。既忧且惧,无可筹详。傍有觉者,将欲声扬。当此之际,逼迫而无已,试与知者相商。乃告之曰:果束手以待罪,亦奋臂而相戕。知者为我画计,且默祷以阴阳。如其言往卜,去守之何祥?神乃阴阴乎有警,其气郁郁乎洋洋。卜逃卜守则不吉,将就凶而不妨。"①碑文写得颇具个性,读来如见其人,如闻其声,确实是一篇不可多得的奇文。

朱翊钧读了他的老祖宗写的《皇陵碑》,感慨系之。第二天在文华殿对张居正谈了他的读后感:"先生,《皇陵碑》朕览之数遍,不胜感痛。"

张居正乘势引导:"自古圣人受艰辛苦楚,未有如我圣祖者也。当此流离转徙,至无以糊口,仁祖、文淳皇后(按:指朱元璋的父母)去世时,皆不能具棺敛,藁葬而已。盖天将命我圣祖拯溺亨屯,故先使备尝艰苦。正孟子所谓动心忍性增益其所不能者也。故我圣祖自淮右起义师,即以伐暴救民为心。既登大宝,衣浣濯之衣,所得元人水晶宫漏,立命碎之;有以陈友谅所用镂金床者,即投于火。孝慈皇后(按:指朱元璋发妻马氏)亲为将士补缝衣鞋。在位三十余年,克勤克俭,犹如一日。及将仙逝之年,犹下令劝课农桑,各处里老、粮长至京者,皆召见赐官,问以民间疾苦。臣窃以为我圣祖以天之心为心,故能创造洪业,传之皇上。在皇上今以圣祖之

---

① 朱元璋:《太祖文集》卷一四《御制皇陵碑》。

心为心,乃能永保洪业,传之无疆。"张居正滔滔不绝地向小皇帝讲述这些,无非要他明白祖宗创业艰难,子孙守成不易。

朱翊钧虽是孩子,但长期在群臣熏陶下,似乎已经早熟,对此当然心领神会,便答应道:"朕不敢不勉行法祖,尚赖先生辅导。"①

朱翊钧已日渐明白读书的好处。十月二十二日,当他赴文华殿讲读完毕,便对辅臣说:"今宫中宫女、内官,俱令读书。"这比他的老祖宗朱元璋要高明多了。朱元璋即位后,为了防止宦官干政,不准他们读书识字,这其实是一种愚民政策。朱元璋根本不曾料到,在他的子孙后代当政时,宦官势力日趋嚣张。问题不在于是否读书识字,关键在于皇帝自身。张居正深明个中利害关系,听了皇上的这一主张,立即表示赞同:"读书最好,人能通古今,知义理,自然不越于规矩。但此中须有激劝之方,访其肯读书学者,遇有差遣,或各衙门有管事缺,即拔用之,则人知奋励,他日人才亦如此出矣。"②

对于读书,朱翊钧是认真而用心的。有一天,讲读完毕,宦官拿了一本《尚书》,走近辅臣身边,翻开《微子之命》篇,指着黄纸条插入处,对辅臣说:"上于宫中读书,日夕有程,常二四遍覆背,须精熟乃已。"辅臣及讲官听后,相顾嗟异不已,连声称赞:"上好学如此,儒生家所不及也。"③

有明一代列朝皇帝,大多对日讲、经筵很马虎,敷衍了事。经筵有固定日期,而日讲则不拘日期,一切礼仪比经筵简单得多,仅

---

① 《明神宗实录》卷三〇,万历二年十月戊午。
② 《明神宗实录》卷三〇,万历二年十月癸亥。
③ 《明神宗实录》卷四〇,万历三年七月丁未。

侍班阁部大臣与词林讲官、侍书等供事。皇帝常借口身体不适，宣布暂停，值日词臣照例送上讲章，仅备皇上一览而已。而且，究竟"览"了没有，只有天晓得。朱翊钧则不然，一登极，就根据张居正的安排，每天天刚亮就到文华殿听儒臣讲读经书，少憩片刻，又御讲筵，再读史书，直至午膳后才返回大内。只有每逢三、六、九常朝之日才暂停，此外即使隆冬盛暑也不间断。如此坚持达十年之久，因而学问日新月异，成为明代诸帝中的佼佼者。时人惊叹道："主上早岁励精，真可只千古矣。"①此话并非阿谀之词。他写过一首《咏月诗》：

> 团圆一轮月，清光何皎洁。
> 惟有圣人心，可以喻澄澈。②

此诗颇见文字功力，对于当时的朱翊钧来说，是很了不起的。

　　朱翊钧的聪明好学，还表现在他酷爱书法，写得一手好字。他的书法，初摹赵孟頫，后好章草。③ 因为他的字写得好，因此后人传言，文华殿的匾额"学二帝三王治天下大经大法"，是朱翊钧御笔。《定陵注略》这么说，《明实录》也这么说。一个十岁少年能写如此擘窠大字，实属不易。不过，据在内廷当太监多年的刘若愚说，文华殿后殿匾额"学二帝三王治天下大经大法"十二字，"乃慈圣老娘娘御书，后人以为神宗御书"。据他说，文华殿前殿匾额"绳

① 沈德符：《万历野获编》卷二《冲圣日讲》。史玄：《旧京遗事》。
② 文秉：《定陵注略》卷一《圣明天纵》。
③ 文秉：《定陵注略》卷一《圣明天纵》。

惩纠谬"也是慈圣老娘娘御书。① 刘说似较为可信。慈圣老娘娘即朱翊钧的生母慈圣皇太后。即便如此,这一传闻本身已经说明朱翊钧的精于书法殆非虚言。

隆庆六年十一月十日,朱翊钧在文华殿讲读毕,突发兴致,当场提笔写了几幅盈尺大字,赏赐给辅臣,给张居正的是"元辅"及"良臣",给吕调阳的是"辅政"。② 张居正接到皇上的宸翰,激动不已,特地上疏称赞他字写得好,"笔意遒劲飞动,有鸾翔凤翥之形","究其精微,穷其墨妙,一点一画,动以古人为法",对皇上的天纵睿资表示钦佩。③

过了几天,朱翊钧又引用《尚书·说命》篇赞美宰辅大臣功业的词句,写了"尔惟盐梅""汝作舟楫"大字二幅,命文书房宦官王宦送到内阁,赐给张居正。张居正再次上疏称赞皇上"墨宝淋漓","琼章灿烂"。④

万历二年三月某天,朱翊钧当面对张居正说:"朕欲赐先生等及九卿掌印官并日讲官,各大书一幅,以寓期勉之意。先生可于二十五日来看朕写。"到了二十五日,讲读完毕,张居正等一行来到文华殿,但见太监捧泥金彩笺数十幅,朱翊钧纵笔如飞,大书"宅揆保衡""同心夹辅"各一幅,"正己率属"九幅,"责难陈善"五幅,"敬畏"二幅,字皆逾尺,顷刻即就。⑤ 次日(二十六日),是视朝的日子,早朝后,朱翊钧郑重其事地命司礼监太监曹宪在会极门颁发御书,把"宅揆保衡"一幅赐给张居正,"同心夹辅"一幅赐给吕调阳,"正己

① 刘若愚:《酌中志》卷一七《大内规制纪略》。
②《明神宗实录》卷七,隆庆六年十一月壬辰。
③ 张居正:《张文忠公全集》卷二《谢御笔大书疏》。
④ 张居正:《张文忠公全集》卷二《再谢御书疏》。
⑤《明神宗实录》卷二三,万历二年三月庚子。文秉:《定陵注略》卷一《圣明天纵》。

率属"九幅赐给六部、都察院、通政司、大理寺掌印官,"责难陈善"五幅赐给日讲官,"敬畏"二幅赐给正字官。① 张居正事后称颂皇上"翰墨之微","臻夫佳妙","二十余纸,八十余字,咄嗟之间,摇笔立就。初若不经意,而锋颖所落,奇秀天成"。②

朱翊钧毕竟是个孩子,字写得好,未免沾沾自喜。万历二年闰十二月十七日,朱翊钧讲读毕,召张居正至暖阁,又挥笔写了"弼予一人,永保天命"八字,赐给张居正。次日,张居正上疏委婉地批评皇上,不必过分花费精力于书法。他先是肯定皇上数年以来留心翰墨,现已笔力遒劲,体格庄严,虽前代人主善书者无以复逾。接下来话锋一转,说"帝王之学,当务其大者",便举汉成帝知音律能吹箫度曲,六朝梁元帝、陈后主,隋炀帝,宋徽宗、宁宗,皆能文章善画,然无救于乱亡。于是,他规劝皇上,"宜及时讲求治理,以圣帝明王为法。若写字一事,不过假此以收放心,虽直逼钟、王,亦有何益?"③话说得直截了当,也很不客气,显示了这位权臣的铁腕性格。诚然,话是不错的,作为皇帝应该把精力放在大事上,书法再好,对于治国平天下毕竟无所裨益。何况有前车之鉴,汉成帝、梁元帝、陈后主、隋炀帝、宋徽宗、宋宁宗之流,莫不小有才华,却于朝政无补,朱翊钧当然不能陶醉于书法。不过,这对于一个正在求学的孩子而言,未免过于苛求。然而,皇帝终究是皇帝,未可与常人一般顺其天性行事。尽管皇帝权大无边,却受着无形的拘束。此后,朱翊钧便不敢再向群臣炫耀他的书法了。

不过他的书法却日臻完美。晚明人沈德符(字景倩,又字虎

---

① 《明神宗实录》卷二三,万历二年三月辛丑。
② 张居正:《张文忠公全集》卷二《谢御笔大书疏》。
③ 《明神宗实录》卷三三,万历二年闰十二月丁亥。

臣,号邠子,浙江嘉兴人)是万历年间的举人,对"今上御笔"推崇备至。他说:"今上自髫年即工八法,如赐江陵(张居正)、吴门(申时行)诸公堂匾,已极伟丽,其后渐入神化。幼时曾见中贵手中所捧御书金扇,龙翔凤翥,令人惊羡。嗣后,又从太仓相公(王锡爵)家,尽得拜观批答诸诏旨,其中亦间有改窜,运笔之妙,有颜柳所不逮者。真可谓天纵多能矣。"① 由此一斑也可窥见朱翊钧并非一般王孙公子饱食终日无所事事之辈,英年才华横溢,实非列祖列宗所可比拟。万历二十一年(1593 年),元辅王锡爵仰慕皇上书法精妙,敦请赐字,有幸得到皇上御笔大字。此后,朱翊钧再不轻易以书法赏赐大臣。② 令人遗憾的是,这位书法奇才的墨宝,流传至今极为罕见,人们难以一睹风采。世人仅知宋徽宗善书,而不知明神宗也是一位书法大家。

---

① 沈德符:《万历野获编》卷二《今上御笔》。
② 沈德符:《万历野获编》卷二《今上待冯保》。

第二章
万历新政的展开

一、"元辅张先生"

朱翊钧对张居正敬重备至,待之以师臣之礼,口口声声称"先生"或"张先生",在下御札时,从不直呼其名,只称先生或元辅。以后传旨批奏时,也多不提其名,只写"谕元辅"。上有倡导,下必效焉。群臣阿谀附和,在奏章疏本中,也多不敢直呼其名,只称元辅而已。张居正死后,余威尚存,言官奏事,欲仍称元辅,则碍于新执政,便称先太师之类。[①]

张居正,字叔大,号太岳,荆州江陵人,人称张江陵。嘉靖二十六年(1547 年)进士,被选为庶吉士。当时的进士多沉迷于谈诗写古文,而张居正独蒙然不屑,潜求国家典故与政务之要。[②] 在翰林院工作时,为严嵩起草过一些歌功颂德的文章,和严嵩的关系处得还不错。内阁诸大老,如徐阶等,都很器重他,竞相推许。嘉靖二十八年(1549 年),作为翰林院编修的他,上了《论时政疏》,首次展现了他企求改革的思想。疏中指出当时政治弊端五条,即宗室骄恣、庶官瘝旷、吏治因循、边备不修、财用大匮。他在疏中向嘉靖帝陈述了上疏的缘起:"臣闻明主不恶危切之言以立名,志士不避犯颜之诛以直谏,是以事无遗策,功流万世。"[③]

嘉靖帝是最不喜欢臣下向他谏诤的,听不得半点批评意见。

---

① 王世贞:《嘉靖以来首辅传》卷七《张居正传》。王世贞:《瓠不瓠录》。
② 傅维鳞:《明书》卷一五〇《张居正传》。
③ 张居正:《张文公忠全集》卷一二《论时政疏》。

小小的翰林院编修的上疏，当然不在他的眼里，一如石沉大海，毫无回音。但也没有因上疏而带来政治麻烦，和此后的杨继盛、海瑞以上疏致祸相比，要幸运多了。

嘉靖三十二年（1553 年），刑部员外郎杨继盛（字仲芳，号椒山，保定容城人）上疏，弹劾内阁元辅严嵩十大罪：坏祖宗之成法、窃君上之大权、掩君上之治功、纵奸子之僭窃、冒朝廷之军功、引背逆之奸臣、误国家之军机、专黜陟之大柄、失天下之人心、敝天下之风俗。以其中任何一条，即可致严嵩于死地。但当时嘉靖帝宠信严嵩，他自己则清虚学道，不御万机，严嵩得以擅权乱政。杨继盛的上疏是明知山有虎，偏向虎山行，他自知触怒嘉靖帝与严嵩必死无疑，还是冒死谏诤，无非是造成一种舆论。嘉靖帝当然不能容忍，将杨继盛下狱处死。杨继盛身上有着传统士大夫那种引以自傲的名节正气，临刑前还赋诗一首：

> 浩气还太虚，丹心照万古。
> 生前未了事，留与后人补。①

至死仍对处死他的皇上赤胆忠心，毫无怨言，而嘉靖帝却视他为草芥。这也是杨继盛的悲剧。

嘉靖四十五年（1566 年），户部主事海瑞（字汝贤，一字应麟，号刚峰，琼山人）仿效贾谊向汉文帝痛哭流涕上《治安策》的先例，向嘉靖帝上《治安疏》，引起朝野轰动，一天之间直声震天下。他以

---

① 张廷玉等：《明史》卷二〇九《杨继盛传》。杨继盛：《杨忠愍公集》卷三《临刑诗》。

极其激烈的言词,向嘉靖帝提出警告,要嘉靖帝"幡然悔悟,日视正朝,与宰辅、九卿、侍从、言官讲求天下利害,洗数十年君道之误"。他毫不掩饰地指出"君道之误","大端在修醮",即清虚学道,以致"二十余年不视朝,纲纪弛矣;数行推广事例,名爵滥矣";"天下吏贪将弱,民不聊生,水旱靡时,盗贼滋炽"。他在奏疏中甚至写下了这样锋芒毕露的词句:今赋役增常,万方则效。陛下破产礼佛日甚,室如悬磬,十余年来极矣。天下因即陛下改元之号,而臆之曰:"嘉靖者,言家家皆净而无财用也。"

真是嬉笑怒骂,无所顾忌。海瑞之所以敢于这样直言不讳地批评皇帝,因为他早已把生死置之度外。上疏前,他买了棺材,诀别了妻子,把后事托付给同乡庶吉士王弘诲。他十分感慨于"今之医国者只一味甘草,处世者只两字乡愿。古治之盛,何由而见?"他痛恨滑头官僚为保乌纱帽的乡愿哲学,反对以甘草医国,他要用重剂猛药,所以他上疏不怕生怨取祸。

嘉靖帝看了这个奏疏,大发雷霆,气得掷到地上,过了一会,又拿来再三阅读,为之感动叹息:"此人可方比干。"过后,又密谕内阁首辅徐阶:"今人心之恨不新其政,此物可见也,他说的都是。"由此可见,上疏的意图还是明白的,但嘉靖帝为了自己的面子、威望,虽未把他处死,仍将他打入牢中监禁。后来,嘉靖帝驾崩。海瑞在狱中听得噩耗,悲痛欲绝,竟五体投地,呕吐得狼藉一片,继而昏厥过去。苏醒后,终夜痛哭不停,次日披麻戴孝,呼天抢地,如丧考妣。[①]

杨继盛与海瑞有很多相似之处,都因上疏遭祸。反观张居正

---

① 张廷玉等:《明史》卷二二六《海瑞传》。焦竑:《国朝献征录》卷六四,王弘诲《海忠介公传》。海瑞:《海忠介公文集》卷首,黄秉石《海忠介公传》。

的上疏,或许由于措词巧妙,或许嘉靖帝以为是老生常谈而不屑一顾,亦未可知,总之是杳无声息,也未加惩处。平心而论,张居正奏疏中所列举的五大政治弊端,确是当时的大事,如能针对性地做些改革,那么政局必定大有改观。但是,嘉靖帝昏庸,严嵩擅权,这是根本不可能的。张居正在写给友人的书信中,不无感慨地说:"长安棋局屡变,江南羽檄旁午,京师十里之外,大盗十百为群,贪风不止,民怨日深。倘有奸人乘一时之衅,则不可胜讳矣。"因此,他以为当此危难时期,"非得磊落奇伟之士,大破常格,扫除廓清,不足以弭天下之大患"。① 毫无疑问,张居正是以磊落奇伟之士自诩的,一旦得志,便要大破常格,扫除廓清,有一番大动作。他在等待时机。

继杨继盛之后,刑科给事中吴时来上疏弹劾严嵩,被遣戍边地。前后弹劾严嵩父子的官员,均无一幸免于难,不是发配充军,就是借故处死。严嵩年八十,嘉靖帝特许他以肩舆(轿子)入禁苑。其子严世蕃代父行使首辅职权,卖官鬻爵,门庭若市,朝政腐败透顶。

嘉靖四十一年(1562年)某日,御史邹应龙因避雨进入太监房中,攀谈中听说皇上请方士蓝道行扶乩,得到这样几个字:"贤不竞用,不肖不退耳。""贤如徐阶、杨博,不肖如嵩。"嘉靖帝沉迷于道教,对蓝道行的扶乩深信不疑,有意罢去严嵩。"帝有意去嵩",这是一个政治信息,也是一个机密情报。邹应龙连夜赶写奏疏,极论严嵩、严世蕃父子不法之事,振振有词地说:"臣言不实,乞斩首以

---

① 张居正:《张文忠公全集》卷二八《答耿楚侗》。

谢嵩、世蕃。"①疏上，正中嘉靖帝下怀，遂勒令严嵩致仕，下世蕃等诏狱，擢邹应龙为通政司参议。嘉靖帝虽然罢了严嵩的官，每每念及其赞修之功，竟忽忽不乐，便以手札谕元辅徐阶："嵩已退，其子已伏辜，敢再言者，当并应龙斩之。"邹应龙的上疏弹劾严氏父子，本带有政治投机的心理，知道了这一内情后，深深自危，不敢履新任。后来在徐阶的调护下，才惴惴不安地赴任视事。② 世人常把邹应龙视作攻倒严嵩的英雄，殊不知此人其实是一个机会主义者。

严世蕃遣戍雷州，中途而归，威风依旧。御史林润（字若雨，号念堂，福建莆田人）因曾弹劾严党鄢懋卿，害怕遭严世蕃报复，与言官一起上疏揭发其罪状，为杨继盛翻案。徐阶见嘉靖帝对严嵩仍有好感，必欲置严氏父子于死地而后安，便以他混迹朝中多年从事政治斗争的经验，老谋深算地向林润等人出谋画策，如果此疏牵及杨继盛，必定触怒皇上，是"彰上过"，效果将适得其反，不但不能置严氏父子于死地，反而会激怒皇上而祸及自身。于是修改了疏文，无中生有地揭发严世蕃"外投日本"之类与皇上毫无关涉的罪状。这不是真正意义上的弹劾，而是在搞阴谋，耍权术。不过目的毕竟达到，嘉靖帝降旨，严世蕃斩首，抄家，黜严嵩及其孙子为平民。③ 严氏父子恶贯满盈，咎由自取。不过透过弹劾严氏父子的面面观，折射出官僚群体中各色人等的复杂心态，显然邹应龙、林润之流是不能与杨继盛同日而语的。

徐阶终于如愿以偿地成为内阁元辅。徐阶生得短小白皙，秀

① 张廷玉等：《明史》卷二一〇《邹应龙传》。《明史》卷三〇八《严嵩传》。
② 张廷玉等：《明史》卷三〇八《严嵩传》。《明史》卷二一〇《邹应龙传》。
③ 张廷玉等：《明史》卷二一〇《林润传》。《明史》卷三〇八《严嵩传》。

眉目,善容止。① 为人能屈能伸,随机应变,不露声色,精于权术。在嘉靖朝后期严嵩擅权跋扈的情势下,在内阁中共事多年,竟得安然无恙,充分显示了他智谋与诡谲兼而有之的秉性,不仅保全了自身,而且潜移帝意,终于拔去大奸,拨乱反正。他取严嵩而代之出任内阁元辅,在直庐朝房墙壁上写了一个条幅:"以威福还主上,以政务还诸司,以用舍刑赏还公论。"②以此相标榜。其实企图独揽内阁大权,操纵朝政。他引用门人张居正入裕王府讲学,嘉靖帝临终,又连夜召张居正共谋,起草遗诏,次日晨,当朝宣布,朝野比为杨廷和(字介夫,号石斋,四川新都人,正德末年、嘉靖初年总揽朝政)再世。

　　内阁中,徐阶是元老耆宿,李春芳折节好士,郭朴、陈以勤忠厚长者,唯独高拱最不安分,躁率而又不得志于言路。高拱对徐阶引用门生,瞒过同僚,起草遗诏,耿耿于怀,遂在外散布流言,怂恿御史弹劾徐阶,言其二子多干请,家人横行乡里。徐阶上疏辩解,并向隆庆帝请求退休,故作姿态。朝中官僚交章弹劾高拱,称誉徐阶,高拱被迫引疾而归,郭朴也因言官论及,辞官而去。但是,徐阶好景不长,不久又遭言官弹劾,乞求辞职,隆庆帝同意,举朝挽留不成。李春芳进而为元辅,此公不以势凌人,持论平允,不事操切,只是抱负、才力不及徐、高远甚。内阁中还有陈以勤、张居正。陈为人端谨,张则恃才凌物,非常蔑视李春芳。徐阶罢官后,李春芳叹道:"徐公尚尔,我安能久,容旦夕乞身耳。"张居正竟当着面说:"如此,庶保令名。"李春芳为之愕然。③

---

①　王世贞:《嘉靖以来首辅传》卷五《徐阶传》。
②　王世贞:《嘉靖以来首辅传》卷五《徐阶传》。
③　张廷玉等:《明史》卷一九三《李春芳传》。

　　还在隆庆二年，与李春芳、陈以勤在内阁共事时，张居正向隆庆帝上了《陈六事疏》，全面地阐述了他的治国主张与改革思想。他在这篇著名的奏疏开头就直率而深刻地指出："近来风俗人情积习生弊，有颓靡不振之渐，有积重难返之几。若不稍加改易，恐无以新天下之耳目，一天下之心志。"所谓必须"稍加改易"的有以下六事：

　　一、省议论："天下之事，虑之贵详，行之贵力，谋在于众，断在于独"；"今后各宜仰体朝廷省事尚实之意，一切章奏务从简切，是非可否，明白直谏，毋得彼此推诿，徒托空言"。

　　二、振纪纲："近年以来，纪纲不肃，法度不行，上下务为姑息，百事悉从委徇，以模棱两可谓之调停，以委曲迁就谓之善处"；必须"张法纪以肃群工，揽权纲而贞百度。刑赏予夺，一归之公道，而不必曲徇乎私情；政教号令，必断于宸衷，而毋纷更于浮议。法所当加，虽贵近不宥；事有所枉，虽疏贱必申"。

　　三、重诏令："近日以来，朝廷诏旨，多废格不行，抄到各部，概从停阁。或已题'奉钦依'，一切视为故纸，禁之不止，令之不从"；今后，"凡大小事务，既奉明旨，数日之内即行题覆"。

　　四、核名实："欲用舍赏罚之当，在于综核名实而已"；"惟名实之不核，拣择之不精，所用非其所急，所取非其所求，则上之爵赏不重，而人怀侥幸之心"；必须严考课之法，"用舍进退，一以功实为准。毋徒眩于声名，毋尽拘于资格，毋摇之以毁誉，毋杂之以爱憎，毋以一事概其平生，毋以一眚掩其大节"。

　　五、固邦本："欲攘外者必先安内"，"民安邦固"；"矫枉者必过其正,当民穷财尽之时,若不痛加省节,恐不能救也"。

六、饬武备:"当今之事,其可虑者莫重于边防",应"申严军政,设法训练"。①

《陈六事疏》充分体现了张居正所崇信的申不害、韩非的法治思想。他虽以儒术起家,但深知当时政治弊病深重,以儒术不足以矫正,非用申韩法治不可。所陈六事,大多切中时弊,而且切实可行。如果认真照此办事,朝政必可改观。此疏一上,隆庆帝颇为称赞,批示道:"览卿奏,皆深切时务,具见谋国忠悃,所司详议以闻。"于是,都御史王廷(字子正,号南岷,四川南充人)议复振纪纲、重诏令二事,析为八则,呈进后获准推行。兵部也议复饬武备事宜,一议兵,二议将,三议团练乡兵,四议守城堡,五议整饬京营,也获准推行。户部议复固邦本,提出财用应予整顿经理者十事,也获准推行。② 但元辅李春芳务以安静称帝意,不想有所作为;次辅陈以勤则不置可否。这使张居正明白,只有在自己掌握大权后,方可施展抱负。

元辅李春芳遭到张居正的蔑视,也是有缘由的。李春芳过于圆滑世故,正如编撰《世穆两朝编年史》的支大纶(字心易,号华平,浙江嘉善人)所说,李春芳"圆滑善宦,骫骳易容。政在徐阶则媚徐,政在高拱则让高。宦官纵横而不能救,中宫失位而不敢言"③。无怪乎张居正以为此人不足与有为。不久,赵贞吉(字孟静,号大洲,四川内江人)入阁,其位虽居张居正之下,却以长辈自负,直呼

---

① 张居正:《张文忠公全集》卷一《陈六事疏》。
② 谷应泰:《明史纪事本末》卷六一《江陵柄政》。
③ 邹迪光:《始青阁稿》卷一一《支华平先生集序》。谈迁:《国榷》卷六七,隆庆五年五月戊寅。

张居正为"张子"，议论朝廷大事，动辄倚老卖老地训斥说："唉！非尔少年辈所解。"①张居正对李、赵二人颇为不满，暗中与司礼监太监李芳等人谋划，召用高拱使之兼吏部，以扼制赵贞吉，而夺李春芳政柄。

隆庆三年，隆庆帝果然召回高拱。张与高原是裕王府的同事，关系很融洽，至此关系更深一层。高拱是官场争斗的老手，入阁后，先后逐去陈以勤、赵贞吉、李春芳、殷士儋。殷士儋，字正甫，号文通，山东历城人。此人虽一介文士，却有着山东大汉刚烈的秉性，遭言官弹劾，以为高拱在后面捣鬼，而刑科都给事中韩楫（字伯通，号元川，山西蒲州人）又公然以威胁口吻要他辞官归乡。殷士儋怒不可遏，当科道官进谒内阁时，便对韩楫说："闻科长（按：对六科都给事中的一种俗称）欲有憾于我，憾则可耳，毋为人使！"这话显然是指桑骂槐，说给在旁的高拱听。高拱心中有数，阴阳怪气地应了一句："非故事也。"这一下殷士儋火冒三丈，勃然起座，指着高拱大骂："若为张少宰（即张四维，由高拱提拔为吏部左侍郎）抑我，我不敢怒。今者又逐我以登少宰。若逐陈公（以勤），再逐赵公（贞吉），又再逐李公（春芳），次逐我。若能长有此座耶！"愈说愈怒气冲冲，竟然不顾宰辅气度，挥拳向高拱打去。幸亏高拱灵活，闪让及时，一拳未中，打到了桌子上，发出轰然巨响。张居正赶忙挺身劝开，才未酿成两位高级官僚的全武行。第二天，殷士儋一气之下辞官而去。②

---

① 王世贞：《嘉靖以来首辅传》卷七《张居正传》。
② 谈迁：《国榷》卷六七，隆庆五年十一月己巳。焦竑：《国朝献征录》卷一七《殷公行状》。张廷玉等：《明史》卷一九三《殷士儋传》。

　　内阁中只剩下高拱与张居正二人,表面关系不错,暗中却在较量:一山容不得二虎。高拱企图仰赖司礼监太监陈洪、孟冲等扼制冯保,进而排挤张居正;张居正则巧妙地利用冯保,攻倒高拱。结果,老谋深算、久经沙场的高拱居然败在冯保、张居正手下。此事前面已经详述。

二、万历新政的展开

　　高拱被逐后,张居正成为内阁元辅。从隆庆六年六月到万历三年八月,同在内阁与张居正共事的,仅吕调阳一人。其后,阁臣虽先后增加了张四维、申时行、马自强,但是,迄万历十年六月张居正死,朝廷大事无一不取决于张居正一人,其他阁臣皆无实权。

　　两宫皇太后与皇帝放手让张居正理政,所谓"中外大柄悉以委之"。张居正当仁不让,"既得国,亦慨然以天下为己任"。[1] 正如王世贞所说,"居正之为政,大约以尊主权、明赏罚、一号令,万里之外,朝下而夕奉行,如疾雷迅风,无所不披靡"[2]。万历五年(1577年)八月,张居正曾向皇上表白他为了新政不惜鞠躬尽瘁的内心世界,他说:先帝"临终亲握臣手,嘱以大事","用是盟心自矢,虽才薄力屡,无能树植鸿巨,以答殊眷。惟国家之事,不论大小,不择闲剧,凡力所能为,分所当为者,咸愿毕智竭力以图之。嫌怨有所弗避,劳瘁有所弗辞,惟务程功集事,而不敢有一毫觊

① 张廷玉等:《明史》卷二一三《张居正传》。
② 王世贞:《嘉靖以来首辅传》卷七《张居正传》。

恩谋利之心"。① 为了贯彻自己在《陈六事疏》中所勾画的新政主张,他不遗余力,遵循申、韩法治思想,综核名实,信赏必罚,雷厉风行,大刀阔斧,"扫除廊清,大破常格",无所顾忌。其一往无前的政治家魄力,不尚空谈、躬行实践的施政绩效,在明代历史上罕见其匹。

在朱翊钧的大力支持下,新政从以下几个方面渐次展开。

首先,集中精力整饬政治,改变颓风。

隆庆六年(1572 年)七月,张居正代朱翊钧拟写了对文武群臣的戒谕。他在向皇上说明其宗旨时,这样写道:"人心陷溺已久,宿垢未能尽除,若不特行戒谕,明示以正大光明之路,则众心无所适从,化理何由而致?"七月十六日早朝,朱翊钧特召吏部官捧出宣读。群臣们侧耳静听皇上对目前吏治败坏的批评:

> 乃自近岁以来,士习浇漓,官方刓缺,钻窥隙窦,巧为猎取之谋;鼓煽朋俦,公肆挤排之术;诋老成廉退为无用,谓谗佞便捷为有才。爱恶横生,恩仇交错,遂使朝廷威福之柄,徒为人臣酬报之资。

接下来,又听到皇上准备大事廊清的决心:

> 朕初承大统,深烛弊源,亟欲大事芟除,用以廊清氛浊。……

---

① 张居正:《张文忠公全集》卷五《纂修书成辞恩命疏》。

　　自今以后，其尚精白乃心，恪恭乃职，毋怀私以罔上，毋持
禄以养交，毋依阿淟涊以随时，毋嚣呇奞訾以乱政。……

　　当虚心鉴物，毋任情于好恶，以开邪枉之门；职能部门，或
内或外，各宜分猷念以济艰难；监察部门，公是公非，各宜奋谠
直以资听纳。①

　　张居正凭借内阁元辅代帝拟旨的职权，把自己"大事芟除，廓
清氛浊"的思想变成了皇帝的旨意，告诫各级官员崇养德望，砥砺
廉隅。在造成了整饬的气氛以后，张居正在万历元年六月正式提
出整顿吏治的有力措施——考成法。

　　在传统的官僚政治时代，政府职能的运作，很大程度上仰赖于
公文的传递与处理，一言以蔽之，那是一种公文政治，极易孳生官
僚主义、文牍主义、形式主义之类弊端。例如：六部、都察院有覆
奏，而发至地方巡抚、巡按覆勘时，地方官或是考虑到事情不易行，
或是有所按核，或是两方各执一词要加以对质，大多以私相轧，扣
押公文，拖延至数十年而不决，终于不了了之，搁置起来成为一堆
废纸。②

　　有鉴于此，张居正检讨了近年来各级衙门章奏中反映出来的
种种积弊："章奏虽多，各衙门题覆，殆无虚日，然敷奏虽勤，而实效
盖鲜。"例如，"言官议建一法，朝廷曰可，置邮而传之四方，则言官
之责已矣，不必其法之果便否也"；"部臣议厘一弊，朝廷曰可，置邮
而传之四方，则部臣之责已矣，不必其弊之果厘否也"。又如，"某

---

① 《明神宗实录》卷三，隆庆六年七月己亥。张居正：《张文忠公全集》卷二《请戒谕群
　　臣疏》。
② 王世贞：《嘉靖以来首辅传》卷七《张居正传》。

罪当提问矣,或碍于请托之私,概从延缓";"某事当议处矣,或牵于可否之说,难于报闻";"征发期会,动经岁月。催督稽验,取具空文。虽屡奉明旨,不曰'着实举行',必曰'该科记着'"。因此之故,"上之督之者虽谆谆,而下之听之者恒藐藐"。张居正对此大为不满,他甚至引用民间鄙谚加以比喻:"姑口顽而妇耳顺。""今之从政者殆类于此。"①萎靡不振到这种地步,不整顿还当了得!

张居正提及隆庆年间他写的《陈六事疏》,内有"重诏令"一款,曾对此有所议论。随后吏部发文,欲各衙门皆立勘合文簿,下达各地巡抚、巡按官,公文处理明立程限。但是,没有听说各衙门有如期执行者,仍寝格如初。对于这种积重难返的官场积弊,他忍无可忍,认为是违反《大明会典》所规定的祖宗成宪的。因此,必须制订一种明确可行又易于检查监督的制度,这就是他的考成法。

考成法规定,凡六部、都察院将各类章奏及圣旨,转行给各该衙门,都事先酌量路程远近、事情缓急,规定处理程期,并置立文簿存照,每月底予以注销。除通行章奏不必查考者之外,其他转行覆勘、提问议处、催督查核等公文,另造处理文册两本,注明公文内容提要及规定处理程限,一式二份,一份送六科注销,一份送内阁查考。六科据此逐一候查,下月陆续完销。上下半年各总结汇查一次,分类检查簿内事件有无违限、未予注销。如有耽搁拖延,即开列上报,并下各衙门诘问,责令其讲明原委。次年春夏季再次通查上年未处理完的事件,秋冬二季也照此进行,直到查明完销为止。如有不照此规定执行的衙门、官员,必加追究。巡抚、巡按拖延耽搁,由六部举报;六部、都察院在注销文册时容隐欺蔽,由六科举

———————
① 张居正:《张文忠公全集》卷三《请稽查章奏随事考成以修实政疏》。

报;六科缴本具奏时容隐欺蔽,由内阁举报。如此,月有考,岁有稽,使声必中实,事可责成。①

　　这样就形成了一个考成系统:以内阁稽查六科,六科稽查六部、都察院,六部、都察院稽查巡抚、巡按,确立起一个健全的行政及公文运作系统。在这个系统中最关键的是六科。所谓六科,是指设立于洪武六年(1373 年)的吏、户、礼、兵、刑、工六科,各设给事中,辅助皇帝处理章奏,稽察驳正六部之违误。六部尚书是二品衔,六科都给事中仅七品衔,但对六部的封驳、纠劾权却操在六科手中,以小官钳制大官,以六科监察六部,这是明朝的创制。张居正则把六科的这种职能予以扩大,并且直接向内阁负责,成为内阁控制政府各部门的重要助手。

　　朱翊钧完全支持考成法的推行,他在张居正的奏疏上批示道:“卿等说的是。事不考成,何由底绩? 这所奏都依议行。其节年未完事件系紧要的,着该部院另立期限,责令完报;若不系紧要及年远难完的,明白奏请开除,毋费文移烦扰。”②皇帝批准后,大权集于内阁,政令必责实效,从六部到地方政府,办理公文必须按时查考,所谓月有考,岁有稽,以求法之必行,言之必效,朝下令而夕奉行,政体为之肃清。

　　考成法推行的效果究竟如何? 据万历六年正月户科给事中石应岳(字钟质,号介峰,福建龙岩人)等的报告,“自考成之法一立,数十年废弛丛积之政渐次修举。今逾岁终,例当纠举。臣等节据吏部等衙门开报……逐款稽查,共一百三十七事,计抚按诸臣胡执礼、郑国仕等七十六员,完报属愆期,法当参奏。但其中接管有先

────────────

① 张居正:《张文忠公全集》卷三《请稽查章奏随事考成以修实政疏》。
② 张居正:《张文忠公全集》卷三《请稽查章奏随事考成以修实政疏》。

后,历任有深浅,伏乞圣明区别多寡,量加罚治一二"。朱翊钧批复:"这各官且饶这遭。今后查参考成,还要分别在任久近议罚。"①可见考成法的实施是认真的,有成效的。

不过也可以看到,在一百三十七件中有七十六人愆期,比例超过一半,说明积重难返,骤然绳之以法,谈何容易！在传统政治中,官僚主义、文牍主义、形式主义是顽固而保守的陈年积习,或许是官僚政治运作中不可或缺的伴生物、润滑剂吧。只能限制,难以铲除。无论监察部门议建一法,抑或行政部门议厘一弊,习惯程序是:写一公文,上报朝廷,获得批准后,通过邮递部门传之四方,便算大功告成。至于各衙门是否照办,办得成效如何,根本不闻不问。于是,一批批公文从京师发出,经过长途跋涉的公文旅行,进入各级衙门以后,便束之高阁,一一归档,并不着实奉行。因循,积习,年久日深。张居正偏要扫除廓清,严加整顿,给各级官僚施加压力,不得再像往昔那样混日子,其阻力之大固不待言。

从宏观视角来看,考成法只是张居正整顿吏治的一个方面。他按照综核名实、信赏必罚原则,强调公铨选、专责成、行久任、严考察。所谓公铨选,是官员的用舍进退,一以功实为准,不徒眩虚名,不尽拘资格,不摇之毁誉,不杂之爱憎,不以一事概生平,不以一眚掩大节。这是功利主义的用人标准。他用人先求其平淡,而后求其聪明,以能办事为主,不计较其他,故才路大开,不觉人才匮乏。事实上万历初期,无论文臣还是武将,都是人才辈出,硕果累累。所谓专责成,是既用一人,便假以事权,俾得展布;勤加指导,俾可成就;笃于信任,俾免沮丧。人臣能具诚担任,是国家之宝,能

———————————————
① 《明神宗实录》卷七一,万历六年正月乙巳。

够荐达、保护，即使蒙嫌树怨，亦所不避。所谓行久任，是官员必须久任，才能熟习事理，善于行政，否则，事之成效难见，贤否难分，无从综核名实。他反对官不久任，事不责成，更调太繁，迁转太骤，资格太拘，毁誉失实。所谓严考察，是定期考察或随事考成或探访告诫。定期考察，即一定期限届满时，考察官员政绩，以定升降去留。京官六年一考察，外官三年一考察，谓之京察、外察。随事考成，即对于每件公事要限期办完，不得拖延推诿。探访告诫，即对中外大臣之奏报是否符合事实，必加以探访，以减少官样文章，隐瞒不报，或奏报不实，严加惩处。在他的扫除廓清、大破常格的政治革新中，造成了一种雷厉风行的氛围，大小臣工，鳃鳃奉职，中外淬砺，莫敢有偷心。这应该说是了不起的成功。

其次，为了革新政治，培养人才，万历三年五月，张居正向万历帝朱翊钧提出饬学政以振兴人才的奏疏，阐述了整顿教育的主张。

张居正批评了近年以来，轻视督学之臣的风气，而身负此责的官员，也罕能有以自重。这些官员，既无卓行实学，以压服士人之心，又务为虚谈，沽名钓誉，卖法养交。更有甚者，公开幸门，明招请托。这批人养尊处优，惮于巡历各地，苦于校阅书卷，高坐会城，计日等待升官。因此，士习日敝，民伪日滋，以驰骛奔趋为良图，以剽窃渔猎为捷径，平常没有德业，当官没有功能。冰冻三尺，非一日之寒。有些是传统旧习，有些是时代熏陶，要想凭一时之努力，扫除廓清，是很难的。不过张居正却想有所厘革，有所整顿。当然，他也深知其难："良以积习日久，振蛊为艰；冷面难施，浮言可畏。奉公守法者，上未必即知，而已被伤于众口；因循颓靡者，上未必即黜，而且博誉于一时。故宁抗朝廷之明诏，而不敢挂流俗之谤议；宁坏公家之法纪，而不敢违私门之请托。"张居正感慨系之地一言以蔽之："盖今之从政者，大抵皆然，又不独学校一事而已。"①对今之从政者作如此这般估价，洞察力是深刻的，鞭辟入里，惊世骇俗。这是他实施新政的出发点，无怪乎他一再强调要矫枉过正，实在是积习太深，不过正就不能矫枉。

为此，他制订了十八条规章。其中最主要的内容如下：

　　——今后各提学官督率教官、生儒，务将平日所习经书义理，着实讲求，躬行实践，以需他日之用。不许别创书院，群聚徒党，及号招他方游食无行之徒，空谈废业，因而启奔竞之门，开请托之路。

　　——若有平日不务学业，嘱托公事，或捏造歌谣，兴灭词讼，及败伦伤化，过恶彰著者，体访得实，不必品其文艺，即行革退。

　　——天下利病，诸人皆许直言，惟生员不许。

　　——各省提学官奉敕专督学校，不许借事枉道，奔趋抚按官，干求荐举。

　　——该管地方，每年务要巡视考校一遍，不许移文代委。

　　——今后岁考，务要严加校阅。如有荒疏庸耄，不堪作养者，即行黜退，不许姑息。有捏造流言，思逞报复者，访实拿问，照例问遣。

　　——生员考试，不谙文理者，廪膳十年以上，发附近去处充吏；六年以上，发本处充吏。增广十年以上，发本处充吏；六

_____

① 张居正：《张文忠公全集》卷四《请申旧章饬学政以振兴人才疏》。

年以上,罢黜为民。①

朱翊钧接到此疏,于同年五月初三日批复,表示赞同,他指出:"学校,人才所系。近来各提学官不能饬躬端范,精勤考阅,只虚谈要誉,卖法市恩,殊失祖宗专官造士之意。卿等所奏,俱深切时弊,依拟再行申饬。所开条件,一一备载敕内,着各官着实遵行。有仍前违怠旷职的,吏部、都察院务要指实考察奏黜,不许徇情。"②

张居正所提出的第一条最为厉害,为了制止空谈废业,堵塞奔竞之门,杜绝请托之路,竟然明令规定"不许别创书院,群聚徒党"。而且说干就干,万历七年(1579年)正月,朱翊钧发布诏令:毁天下书院。这个诏令,以一个叫施观民的人私创书院赃私狼藉为口实,不仅将他所创书院捣毁,而且明确宣布,各地方凡是私建书院,遵照皇祖明旨,都改为公廨衙门,书院的田粮查归里甲。此后,再不许聚徒游食,扰害地方。同年七月、十月,又重申此禁,明令不许创立书院,以杜绝聚徒讲授、奔竞嘱托之弊。③ 从中不难看出,"不许别创书院,群聚徒党"的规定,并非官样文章。根据朱翊钧诏令,毁了应天等府书院六十四处,一律改为公廨衙门。这一措施当然是矫枉过正的,激起了众多儒生士人的反感。著名的何心隐事件便是一例。

何心隐,本名梁汝元,号夫山,江西永丰人。闻泰州学派王艮

① 张居正:《张文忠公全集》卷四《请申旧章饬学政以振兴人才疏》。
② 《明神宗实录》卷三八,万历三年五月庚子。张居正:《张文忠公全集》卷四《请申旧章饬学政以振兴人才疏》。
③ 钱一本:《万历邸钞》,万历七年己卯卷。

（字敬止，江西吉水人）讲学，慨然以传道自任，师事颜钧（一名铎，字山农，江西永新人），倡建聚和堂，延聘塾师教育乡族子弟。后更名为何心隐，游学南北，到处聚徒讲学。这本已触犯了当时的规定，何况他还率性而行，在讲学时讥议朝政，更加违反了生员不许议论天下利病的规定，遂由此被湖广巡抚逮捕。《明实录》记载此事说："江西永丰人梁汝元，聚徒讲学，讥议朝政。吉水人罗巽亦与之游。汝元扬言，江陵首辅专制朝政，必当入都，冒言逐之。首辅微闻其语，露意有司，令简押之。有司承风旨，毙之狱。"①关于他的死，《万历野获编》说得更具体："时有江西永丰人梁汝元，以讲学为名，鸠聚徒众，讥切时政。……江陵恚怒，示意地方官物色之。诸官方居为奇货。适曾光起事（按：指曾光散布妖言惑众事），遂窜入二人姓名，谓且从光反。汝元先逮至，拷死。"②

当时著名的离经叛道思想家李贽为此写了一篇纪念文章，对何心隐赞扬备至，对张居正颇多指责。他说："人莫不畏死，公（何心隐）独不畏，而直欲博一死以成名。""公今已死矣，吾恐一死而遂湮灭无闻也。今观其时武昌上下，人几数万，无一人识公者，无不知公之为冤也。方其揭榜通衢，列公罪状，聚而观者咸指其诬。……非惟得罪于张相者，有所憾于张相而云然。……而咸谓杀公以媚张相者之为非人也。"③何心隐之死是否冤屈，姑且不论。其实聚徒讲学、讥议朝政，便是他致死的根本原因。不过，这一事件从侧面反映，张居正为了贯彻他的主张，严禁聚众讲学、空谈废业，是不遗余力的。而朱翊钧的大力支持，更使他无所顾忌。

---

① 《明神宗实录》卷九五，万历八年正月己未。
② 沈德符：《万历野获编》卷一八《大侠遁免》。
③ 李贽：《焚书》卷三《何心隐论》。

三、击退逆流

如上所述,万历新政取得了明显的成效。但是,因为过于严厉,过于操切,引来诸多怨声,反对的声浪一时甚嚣尘上。

中国的帝制时代,传统的保守势力异常顽固,习惯于因循守旧,习惯于祖宗成法,对于革故鼎新十分反感。在这种政治氛围中,要进行改革,推行新政,阻力之大是可以想见的。因此,万历新政从一开始就遭到守旧势力猛烈的反抗。鉴于新政切中时弊,成效卓著,反对者难以抓住把柄,便从攻击张居正个人品行、离间万历帝与张居正关系下手,以达到迫使张居正下台、中断新政的目的。

金无足赤,人无完人,要攻击张居正找一些话题,其实是并不太难的。譬如,有的下属见张居正权势显赫,争相拍马奉承,阿谀献媚。有人为了升官,向张居正赠送黄金制成的对联,上面写道:

日月并明,万国仰大明天子;
丘山为岳,四方颂太岳相公。①

这是颇有点僭妄嫌疑的。

又譬如,皇太后、皇帝把朝廷大权全都委托给张居正,而他本

---

① 吕毖:《明朝小史》卷一四《万历纪》。

人又独断专行,对言官议论纷纷极为反感。尤其是对于那些握有
"尚方宝剑"的御史们,在外骄傲,往往凌驾于巡抚之上的气势,常
痛加挫折。正如王世贞所说,"一事小不合,诘责随下,敕令其长加
考察。以故御史、给事中虽畏居正,然中多不平"①。这些御史、给
事中又偏偏有不少耿介之士,喜欢撄逆鳞,把对新政的不满与对张
居正本人的非议,纠缠在一起。

再譬如,人们对张居正显赫之后善于敛财,议论纷起。有的
说,严嵩被抄家,十分之九的财产进入宫中,后又佚出,大半落入宗
室朱忠僖家,"而其最精者十二归江陵(张居正)","江陵受他馈遗
亦如之,然不能当分宜(严嵩)之半计"。② 但也相当可观了。

张居正忙于营建自己的安乐窝,也引起了人们的注目。万历
元年,他在江陵城东建造张太师府第,万历帝不但为他亲笔书写了
堂匾、楼匾、对联,而且还拿出了一大笔内帑作为建造资金。上行
下效,于是全楚官员纷纷出资纳贿。这座豪华的府第,历时三年才
建成,耗资达二十万两银子,而张居正自己拿出来的钱,还不到十
分之一。③ 他还在京师建造了一座同样豪华的官邸,据目击者说,
"其壮丽不减王公"。他死后,这座建筑改为京师全楚会馆。④ 由
此推知,其规模之大非一般住宅可比。这很容易引起人们的非议。

平心而论,这些事情在当时的上层官僚中并非罕见。如果张
居正是一个平庸之辈,人们也许置若罔闻。然而,张居正偏偏是一
个大破常格之人,正在推行的新政遭来了一些人的不满,于是人们

---

① 王世贞:《嘉靖以来首辅传》卷七《张居正传》。
② 王世贞:《觚不觚录》。
③ 王世贞:《嘉靖以来首辅传》卷七《张居正传》。光绪《重修荆州府志》卷七《地理志·
　古迹》,引《江陵志余》。
④ 光绪《顺天府志》卷七〇《故事志·杂事》。

由此入手,掀起了反对新政的逆流,并把万历帝也牵连了进去。正所谓醉翁之意不在酒,在乎山水之间也。

第一个出来弹劾张居正的,是人称"抗劲喜事者"的南京户科给事中余懋学。余懋学,字行之,徽州婺源人,隆庆二年进士,万历初擢为南京户科给事中。万历二年五月,翰林院有白燕,内阁有碧莲花早开,张居正把它们当作祥瑞献给皇上。此事遭到冯保的当面批评:"主上冲年,不可以异物启玩好。"① 碍于冯保的特殊地位,张居正没有话好说。不料余懋学也抓住此事大做文章,上疏论劾张居正,大意是说,帝方忧旱,下诏罪己,与百官图修攘,而张居正却献祥瑞,非大臣应有之谊。② 小小的给事中也敢借此为口实,对元辅说三道四,张居正心中十分忌恨,只是不便发作。

到了万历三年二月,余懋学再次上疏言五事:崇惇大、亲謇愕、慎名器、戒纷更、防谀佞,从对张居正的个人攻击扩展到对新政的讥议。在"崇惇大"中,非议考成法,说:"陛下临御以来,立考成之典,复久任之规,申考宪之条,严迟限之罚。大小臣工,鳃鳃奉职。然臣所过虑者,政严则苛,法密则扰,非所以培元气存大体也。"希望皇上"本之和平","依于忠厚",不要"数下切责之旨","专尚刻核之实",应"宽严相济","政是以和"。③ 这显然是与新政唱反调④,反映了一般官员对考成法过于严厉的不满情绪。考成法原本仰赖六科控制六部,不料六科官员却出来反对考成法,张居正

---

① 张廷玉等:《明史》卷三〇五《冯保传》。
② 张廷玉等:《明史》卷二三五《余懋学传》。《皇明文海》四一九,焦竑《大司空余公传》。
③ 钱一本:《万历邸钞》,万历三年乙亥卷。吴亮辑:《万历疏钞》卷一,余懋学《陈五议以襄化理疏》。
④ 《明史·余懋学传》:"时居正方务综核,而懋学疏与之忤。"

岂能容忍！更不能容忍的是,余懋学在"防谀佞"中竟暗指张居正、冯保为谀佞之臣。他说:"至涿州桥工告完,天下明知为圣母济人利物之仁,而该部议功,乃至夸述阁臣、司礼之绩,例虽沿旧,词涉献谀。"[1]含沙射影,指桑骂槐,一向是言官们常用的笔法,张居正岂有不知,他看了此疏,勃然大怒。[2]

万历帝对于余懋学的搅乱新政极为不满,下旨切责:"余懋学职居言责,不思体朝廷励精图治之意,乃假借惇大之说邀买人心,此必得受赃官富豪贿赂,为之游说。似这等乱政险人,本当依律论治,念系言官,姑从宽革职为民,永不叙用。"[3]

余懋学反对新政,反对考成法,是毋庸置疑的,至于说他"受赃官富豪贿赂,为之游说",则未必。此人还是清正廉洁的,在罢官回乡途中,路过徽州府城,适逢歙县、休宁、婺源等五县民众争议丝绢不妥,他又上了《豁释丝绢大辟疏》。[4]此时他已无官一身轻了,却还要上疏言事,其忠心忧民之情也可见一斑。

如果说余懋学的上疏只不过是反对新政逆流的序幕,那么万历三年年底至万历四年年初,傅应祯与刘台的上疏便是重头戏。

万历三年十二月二十一日,河南道试御史傅应祯以尖刻的措词上疏言三事:存敬畏以纯君德、蠲租税以苏民困、叙言官以疏忠说。傅应祯,字公善,号慎所,江西安福人,隆庆五年进士,曾任零陵知县,万历初出任御史。这篇奏疏名为言三事,实为弹劾张居正

---

[1] 吴亮辑:《万历疏钞》卷一,余懋学《陈五议以襄化理疏》。
[2] 钱一本:《万历邸钞》:"懋学疏陈五事……居正怒。"
[3] 钱一本:《万历邸钞》,万历三年乙亥卷。《明神宗实录》卷三五,万历三年二月庚辰。
[4] 康熙《婺源县志》卷一二《艺文志》。参看小野和子:《东林党和张居正》,载小野和子编:《明清时代的政治和社会》(京都大学人文科学研究所,昭和五十八年)。

误国、讽谏万历帝失德,写得毫无顾忌。

其第一事要皇上常"存敬畏以纯君德",是批评万历帝的。他写道:"臣闻今岁雷震端门兽吻,地震于京师直省,不下数次……虽由大小臣工失职,曾未见(皇上)下修省一语,以回天意,晏然而遽无事。岂真以天变不足畏乎!""遣太监往真定府抽扣,原非国初令典,事创于正统间也。先朝用李芳之言,停止前差,地方稍稍苏息。今不能纳科臣之谏,必欲差往,奈何甘心效中朝失德之故事。岂真以祖制不足法乎!""臣又近闻户科给事中朱东光陈言保治,不过一二语直切时事,犹未若古人臣之解衣危论,折槛抗疏也。几于触犯雷霆,本又留中。岂真以人言不足恤乎!""此'三不足'之说,王安石所以误神宗,陛下肯自误耶?"①

文章写得漂亮,思想却颇为迂腐。所谓"三不足",即天变不足畏、祖宗不足法、人言不足恤,是王安石变法的精神支柱,难能可贵,无可非议。任何改革者,如果没有这"三不足"思想,势必一事无成。傅应祯却以此指责万历帝朱翊钧"自误",实际是在攻击元辅张居正以"三不足"误皇上,也是对新政的变革祖宗成法有所不满。

其第三事"叙言官以疏忠说",是为余懋学翻案。他说:"余懋学条陈五事,直切时弊,其间不无指摘太过。皇上将余懋学禁锢终身,不复再用。无非寓仁恕于惩戒之内,使言官慎重而不敢轻也。远近臣民不悟,遂谓朝廷之讳直言如此,其逐谏官又如此。相与思,相感叹,凡事之有关于朝政者,皆畏缩不敢陈矣。"希望皇上重新起用余懋学。②

① 吴亮辑:《万历疏钞》卷一,傅应祯《披血诚陈肤议以光圣治疏》。钱一本:《万历邸钞》,万历四年丙子卷。
② 吴亮辑:《万历疏钞》卷一,傅应祯《披血诚陈肤议以光圣治疏》。钱一本:《万历邸钞》,万历四年丙子卷。

这是不可能的。万历帝支持张居正实施新政,岂能半途而废,又岂能有人反对便改弦更张。尤其使他不能容忍的是,傅应祯竟敢以"三不足"对他进行诬蔑,他愤愤然写了一道圣旨:"朕以冲昧为君,朝夕兢兢……傅应祯无端以'三不足'诬朕,又自甘欲与余懋学同罪。这厮每必然阴构党与,欲以威胁朝廷,摇乱国是。着锦衣卫拿送镇抚司,好生打着问了来说!"①

傅应祯的下场比余懋学惨多了。在镇抚司诏狱中,受到严刑拷打。因为皇上圣旨明言"好生打着问",要追究"阴构党与"之事,傅应祯一点也不招认。② 傅应祯被打成重伤,给事中徐贞明(字伯继,号孺东,江西贵溪人)赤脚潜入狱中,为他送药粥;御史李祯(字维卿,陕西安化人)与同官乔岩等也相继入狱抚慰。③ 十二月二十三日,傅应祯被押发浙江定海充军。④

到了万历四年正月,万历帝在文华殿讲读完毕,对张居正谈起傅应祯,仍心有余恨。

万历帝问:"昨傅应祯以'三不足'之说讪朕,朕欲廷杖之,先生不肯,何也?"

张居正答:"此无知小人,若论其罪,死有余辜。但皇上即位以来,圣德宽厚,海内共仰,此何足以介圣怀。且昨旨一出,人心亦当儆惧,无敢有妄言者矣。国家政事或宽或严,行仁行义,惟皇上主之。"

---

① 《明神宗实录》卷四五,万历三年十二月乙酉。
② 《皇明文海》九一一,邹元标《南大理寺丞慎所傅公状》。张廷玉等:《明史》卷二二九《傅应祯传》。
③ 康熙《安福县志》卷三《傅应祯传》。张廷玉等:《明史》卷二二一《李祯传》。
④ 《明神宗实录》卷四五,万历三年十二月丁亥。康熙《安福县志》卷三《傅应祯传》。

万历帝说："前有救应祯者，既疏称其母老。朕查应祯止有父在，而顾言母，欺朕如是！"

张居正说："言官不暇致详，何足深罪！"

万历帝对在旁的阁臣吕调阳、张四维问道："昨文书房持应祯疏到阁，二先生何故不出一语？须同心报国，不得避忽。"

吕调阳、张四维听到皇上如此责问，赶忙表态："臣等敢不同心！"①

这场君臣对话，反映了万历帝与张居正步调的完全一致，对反对新政者显示了毫不退让的强硬态度。看来万历帝对傅应祯的痛恨比张居正还要更深一层，竟然打算廷杖，若不是张居正出面劝阻，傅应祯此番不是死于杖下，也要重伤残废了。

张居正以为不必廷杖，"人心亦当儆惧，无敢有妄言者矣"。其实不然。言官中颇有些不怕死的人。傅应祯的同乡、巡按辽东御史刘台居然挺身而出，写了长达五千字的奏疏，弹劾张居正，使反对新政的逆流达于顶点。

刘台，字子畏，江西安福人，隆庆五年进士，授刑部主事，万历初改御史，巡按辽东。他对于张居正钳制言论、动辄斥责言官、植党行私、动摇国是，人莫敢与之争，久已不满。他虽是张居正所选拔的士人，但不愿因此而缄口沉默。他扬言："忠臣不私，私臣不忠，终不可以荐举之私恩，忘君父之大义。"②于是他就在傅应祯充军一个月后，即万历四年正月二十三日，写了题为《恳乞圣明节辅

---

① 钱一本：《万历邸钞》，万历四年丙子卷。《明神宗实录》卷四六，万历四年正月庚子。
② 康熙《安福县志》卷三《刘台传》。按：张居正会试主考，刘台中第七，廷试时，张是读卷官，刘台中二甲第四。后刘台列部属官三年，张荐举他为辽东御史。

臣权势疏》，弹劾张居正。他不像傅应祯那样以王安石"三不足"之说影射张居正，而是直截了当地指名道姓，谴责张居正"擅作威福"，并说："畏居正者甚于畏陛下，感居正者甚于感陛下。"这种离间皇帝与元辅的手法是极易奏效的。

刘台在奏疏中首先从内阁事权谈起，意在证明张居正擅权。他说，成祖皇帝始置内阁，参与机密大事，当时拟议于内者，官阶未峻，则无专擅之萌；干理于外者，职掌素定，则无总揽之弊。二百年来，其间遵守祖宗之法者固多，而擅作威福之权者亦有。其作威作福，犹恐人议论，惴惴然避宰相之名。但是，"自内阁大学士张居正专政以来，每每自道必曰：'吾相天下，何事不可作止，何人不可进退？'大小臣工，内外远近，非畏其威，则怀其德"。他以算总账的口气，给张居正作了一个鉴定："居正自大学士高拱逐去后，擅威福者三四年矣。"

接着，刘台紧抓住张居正标榜的"吾守祖宗之法"这一挡箭牌，层层批驳，指责他根本不把祖宗之法放在眼里：

——往者王大臣狱兴，诬连高拱。夫拱擅则有矣，逆未闻也。公议籍籍不平。（居正）密为书令拱勿惊死，恐己负杀大臣名。夫逐之诬之，宰相威也；已而私书安之，宰相福也。祖宗之法若是乎？

——今诏旨一下，果严耶，居正曰：我费多少力方如此。由是人不敢不先谢之，是人畏居正甚于畏陛下矣。果温耶，居正则曰：我费多少力方如此。由是人不敢不先谢之，是人怀居正甚于怀陛下矣。……祖宗之法果如是乎？

——居正条陈章奏考成，有曰：各省抚按凡考成章奏，每二季该部各造册二本，一本送内阁，一本送科。抚按延迟，该部举之；该部隐蔽，该科举之；该科隐蔽，阁臣举之。夫部院分理邦事，举而劾之其职也；科臣封驳奏疏，举而劾之其职也。阁臣例无印信，衔列翰林，翰林之职止备顾问，不侵政事，祖宗制也。居正创为是说，不过欲制胁科臣，总听己令耳。……祖宗之法应如是耶？

接着刘台便罗列张居正作威作福的事例：

——为固宠计，献白燕、白莲，致诏旨切责，传笑天下；

——为择好田宅计，指授该府道，诬辽王以重罪。今武冈王又议罪矣；

——为子弟连中乡试，而许御史舒鳌以京堂，布政使施尧臣以巡抚。今年嫡子又起觊心矣；

——入阁未几，而富冠全楚，果何致之耶？宫室舆马，妻妾奉御，有同王侯，果何供之耶？

为了激起皇上对元辅的愤恨，刘台说："当此之时，谏人主易，言大臣难。而为大臣者，每每一闻人言，则借人主之宠，激人主之怒，或曰诽谤，或曰奸党，或曰怨望，或罪一人而畏惕乎众，或连众人以阴杜乎后……于是有一种无籍恶徒，起而附会之，言者之祸益烈，大臣之恶日滋，而天下国家之事日去矣……"[①]

万历帝看了这个奏疏大怒，以为是"诬枉忠良，肆言排击，意在

① 吴亮辑：《万历疏钞》卷一八，刘台《恳乞圣明节辅臣权势疏》。钱一本：《万历邸钞》，万历四年丙子卷。

构党植私，不顾国家成败"，下令锦衣卫将他逮捕。①

张居正对这个奏疏如此露骨的攻击，岂能容忍！更何况，刘台把前两次弹劾联系在一起，说余懋学的上疏是"隐言张居正之辅政操切"，傅应祯的上疏是"比王安石之辅政不职"。这个刘台又多次攻击他以权谋私，什么"子弟何功，而尽列巍科！"什么"家殷甲于全楚，道路喧言！"什么"居正之贪不在文吏而在武臣，不在腹里而在边鄙"，等等。② 他显得有点被动，不得不上廷向皇上当面奏辩。他向皇上说："台与傅应祯素厚，应祯之言，实有所主。彼见应祯谪戍，三御史又以连累得罪③，妄自惊疑，惧将来之不免，故无顾忌而发愤于臣。以为排击辅臣，既可免于公法，又足以沽直声而希后用。此为臣致谤之由。"他还颇带感情地对皇上慨叹：自遭刘台弹劾，"其门巷寥寂，可设雀罗"，"国朝二百余年，并未有门生排陷师长，而今有之"。④

张居正因遭弹劾，于次日（二十四日）向皇上提交了辞呈。万历帝赶紧劝慰："卿赤忠为国，不独简在朕心，实天地祖宗所共降监。彼谗邪小人，已有旨重处。卿宜以朕为念，速出辅理，勿介浮言。"⑤

二十五日，张居正再次提出辞呈。他说，现在朝廷庶事尚未尽康，海内黎元尚未咸若，确实不是言去之时。"但言者以臣为擅作威福，而臣所以代主行政者，非威也，则福也。取其近似而议之，事

① 《明神宗实录》卷四六，万历四年正月丁巳。
② 康熙《安福县志》卷三《刘台传》。
③ 指为傅应祯上疏求情的工科给事中徐贞明、广东道御史李祯、陕西道御史乔岩。
④ 钱一本：《万历邸钞》，万历四年丙子卷。
⑤ 张居正：《张文忠公全集》卷四《被言乞休疏》。

事皆可以作威，事事皆可以作福。虽皇上圣明，万万不为。投杼而以身俯谤，岂臣节所宜有乎！"

万历帝不接受他的辞职，再次劝慰道："卿精诚可贯天日，虽负重处危，鬼神犹当护佑，谗邪阴计岂能上干天道！朕亦知卿贞心不贰，决非众口所能摇惕。……卿宜即出视事，勉终先帝顾托，勿复再辞。"①

内阁次辅张四维、吏部尚书张瀚，因刘台疏中把他们列为张居正引用的亲信，也上疏请求辞职。万历帝不同意。②

据说，张居正向万历帝提交辞呈时，激动得伏地痛哭流涕，不肯起身。万历帝亲自走下御座，手掖张居正站起，对张居正说："先生起，吾为逮台，竟其狱以慰先生。"再三慰问，张居正仍不肯出朝视事。③万历帝只得于二十六日派遣司礼监太监孙隆，拿着他的亲笔手敕及赏赐物品，到张居正府第慰问。孙隆当面向张居正传达了万历帝的谕旨："先帝以朕幼小，付托先生。先生尽赤忠以辅佐朕，不辞劳，不避怨，不居功，皇天后土祖宗必共鉴知。独此畜物为党丧心，狂发悖言，动摇社稷，自有祖宗法度。先生不必介意，宜思先帝顾命，朕所倚任，保安社稷为重，即出辅理，朕实惓惓伫望。特赐烧割一份、手盒二副、长春酒十瓶，用示眷怀。先生其钦承之，慎勿再辞。"④

张居正捧读御笔宣谕后，即上疏谢恩，说：司礼监太监孙隆恭

① 张居正：《张文忠公全集》卷四《被言乞休疏》。《明神宗实录》卷四六，万历四年正月己未。

② 《明神宗实录》卷四六，万历四年正月己未。

③ 王世贞：《嘉靖以来首辅传》卷七《张居正传》。张廷玉等：《明史》卷二二九《刘台传》。

④ 张居正：《张文忠公全集》卷四《谢恩疏》。《明神宗实录》卷四六，万历四年正月庚申。

捧到臣私寓,臣焚香望阙,叩头祗领,捧诵未毕,涕泪交零。随即表示,既特孚皇上昭鉴,则呶呶之口,诚无足为重轻,虽嫌怨弗辞。万历帝看了此疏说:"览卿奏,知卿勉出辅理,朕心乃悦。"①

张居正以遭弹劾而提出辞职,足见守旧势力之强大,使他产生畏难情绪,意欲急流勇退。无奈皇上百般慰留,只得勉为其难,重新出来辅佐朝政。

几天后,刘台披枷戴铐地从辽东械送至京师,送入锦衣卫诏狱。在狱中,受尽严刑拷打的刘台,并不屈服,言词更加厉害。众人莫不为其处境危险而担忧,刘台却慷慨自若。②镇抚司审讯后,并无所得,便拟"廷杖遣戍"上报。张居正虽然对刘台恨之入骨,还是上疏请求免于廷杖。他不得不这样做,因为上次傅应祯谤讪皇上,他曾请求免予廷杖,这次刘台仅诬诋内阁辅臣,更应请求免予廷杖。所以他在奏疏中说:"前傅应祯诬损圣德,臣再三恳宥免杖,天下莫不称仁。今(刘)台所诬诋者臣,比之君父悬矣。若欲尽法,是臣所恶于天下者,事上而爱君父不如爱己,臣不敢也。"③

万历帝当然只能同意,便对张居正说:"台谗狠奸人,卿犹申救,可谓忠慈之至矣。"④于是下旨,将刘台削籍为民。

余懋学、傅应祯、刘台,掀起了不大不小的政治逆流,在万历帝与张居正通力一致的反击之下,终于被击退了。但是守旧势力对新政的反对并未停顿。

---

① 张居正:《张文忠公全集》卷四《谢恩疏》。《明神宗实录》卷四六,万历四年正月庚申。
② 康熙《安福县志》卷三《刘台传》。
③ 《明神宗实录》卷四六,万历四年正月丁巳。
④ 《明神宗实录》卷四六,万历四年正月丁巳。

四、捍卫新政的非常措施

张居正在万历帝支持下仍一如既往地实施他的新政，同时又以辅臣兼帝师的身份，时时注意对皇上进行教育、诱导。

万历四年三月初四日，万历帝至文华殿讲读，为了向元辅张先生显示他尊重师意，已将《大宝箴》背得滚瓜烂熟，便召见张先生。原先，万历帝只是把《大宝箴》作为习字影格。张先生对他说：此文于君德治理大有关切，并亲自写了一篇注解送上，以供皇上学习之用。张居正应召进来后，万历帝起立，高举起《大宝箴》，递给张先生，然后背诵《大宝箴》全文，从头至尾，不漏一字。张居正接着进讲，万历帝听了大多能洞悉其微言大义。张先生所引用的琼宫、瑶台、糟丘、酒池等典故，他也都能道出其由来、始末。

当张先生讲到"周文王小心"时，万历帝说："小心当是兢兢业业之意。"

当张先生讲到"纵心乎湛然之域"时，万历帝说："此不过言人当虚心虚事耳。"

张居正举手表示赞扬，并说："只虚心二字足蔽此条之议矣。夫人心之所以不虚者，私意混杂故耳。诚能涵养此心，除去私欲，如明镜止水，则好恶刑赏无不公平，而万事理矣。"

万历帝说："然。"当下命内侍特赐张先生银八宝二十两，并赐辅臣吕调阳、张四维各十两。[1]

---

[1]《明神宗实录》卷四八，万历四年三月丁酉。

　　第二天,万历帝又到文华殿讲读。张居正向他进讲《帝鉴图说》。当讲到唐玄宗在勤政楼设宴宠幸安禄山之事时,万历帝看了"图说"上画有"勤政楼"三字,便说:"楼名甚佳,乃不于此勤理政事,而佚乐宴饮,何也?"

　　张四维回答:"此楼建于玄宗初年(按:即开元初年),是时方励精图治,故开元之治有三代风,至于天宝,志荒所以致播迁之祸。"

　　张居正也说:"人情靡不有初,鲜克有终。故有始治而终乱,由圣入狂者。古圣帝明王兢兢业业,日慎一日,盖虑克终之难也。玄宗不能常持此心,故及于乱。当时张九龄在开元中,知禄山有反相,欲因事诛之,以绝祸本。玄宗不用其言,及乘舆幸蜀,乃思九龄先见,遣人至岭南祭之。"

　　万历帝说:"即如此,亦悔无及矣。"

　　张居正又联系到本朝之事说:"无论往代,即我世宗皇帝嘉靖初年,于西苑建无逸殿,省耕劝农,欲以知王业艰难。又命儒臣讲《周书·无逸篇》,讲毕,宴文武大臣于殿中。至其末年,崇尚焚修,圣驾不复临御殿中,徒用以誊写科书、裱褙玄像而已。昔时勤民务本气象不复再见,而治平之业亦寝,不如初。夫以世宗之明犹然有此,以是知克终之难也。昨讲《大宝箴》云'民怀其始,未保其终',亦是此义。"①

　　张居正循循善诱,希望皇上不要像唐玄宗、明世宗那样,"靡不有初,鲜克有终"。万历帝也表示了"嘉纳"之意。不曾料到这一古训再次应验在他身上。

----

① 《明神宗实录》卷四八,万历四年三月戊戌。

这年十月，少师兼太子太师、吏部尚书、中极殿大学士张居正九年考满。十九日，万历帝对这位元辅以一品九年考满，向吏部下了一条圣旨："元辅受命皇考，匡弼朕躬，勋德茂著。兹一品九年考绩，恩礼宜隆。着加进左柱国，升太傅，支伯爵俸，兼官照旧，给与应得诰命，还写敕奖励，赐宴礼部，荫一子尚宝司司丞，以称朕褒答忠劳至意。"并命文书房宦官前往张府，赐银五十两，纻丝四表里，其中大红织金胸背斗牛一表里，羊三只，茶饭五桌，酒三十瓶，新钞五千贯。①

面对如此皇恩隆遇，张居正不免有点诚惶诚恐，立即上疏辞免恩命，说自己"学术迂疏，行能浅薄，朝夕献纳，不过口耳章句之粗；手足拮据，率皆法制品式之末。心力徒竭，绩效罔闻"。面对非常之赏，不胜感激惶惧之至。②

第二天，万历帝又特遣司礼监随堂太监孙秀，带着他的亲笔手谕，前往张府，再次表示恩赏之意，请勿再辞。尔后，又命文书房太监孙得胜带去奖励敕书一道。张居正再次上疏表示感谢和辞免之意。③

次日，万历帝再下圣旨，说张先生忠劳独茂，功在社稷，泽被生民，所加之恩犹未惬于朕志，卿宜勉尊成命，副朕眷怀，所辞不允。张居正还是上疏辞免，情辞颇为恳切，大意是：人之受享，各有分量，受过其量，鲜不为灾；早夜思惟，如负芒刺。又说："朕以卿精忠大勋，经邦论道，厥惟其人，特晋崇阶，允孚公论……安得以盛满为嫌，过执谦逊。"张居正接旨后，还是辞免。万历帝不得已，准予辞去太傅衔及伯爵禄，以遂其劳谦之意。④

---

① 《明神宗实录》卷五五，万历四年十月丙子。
② 张居正：《张文忠公全集》卷五《考满辞免恩命疏》。
③ 张居正：《张文忠公全集》卷五《考满谢手敕加恩疏》。
④ 张居正：《张文忠公全集》卷五《再辞恩命疏》、《三辞恩命疏》。《明神宗实录》卷五五，万历四年十月丙子。

父荣子亦随之而贵。万历五年(1577 年)二月,张居正次子嗣修会试中式。三月,张居正因其子将预殿试,请求回避读卷。万历帝不允,说:"读卷重要,卿为元辅,秉公进贤,不必回避。"次辅吕调阳也有儿子(吕兴周)与试,同样上疏乞求引避,也不准。① 这场殿试不过是形式而已,结果当然是在意料之中的:张嗣修进士及第,张居正少不得谢恩一番。适逢万历帝讲读毕,张居正便向皇上说:"臣男嗣修,钦蒙圣恩,赐进士及第。"万历帝回答得很直爽:"先生大功,朕说不尽,只看顾先生的子孙。"②很明显,万历帝是以如此"看顾先生的子孙"作为报答的。如果说有什么科场舞弊的话,这算得上最大的舞弊。这年五月,万历帝又下旨,荫张居正次子张嗣修为锦衣卫正千户,世袭补隆庆朝所敕荫。③

正当张居正志得意满之时,噩耗传来:父亲病故。对于一般人而言,老父的去世,不过是家庭的私事。然而,对于张居正这样众目睽睽的元辅大臣而言,如何处理亡父的丧事,竟蒙上了一层浓烈的政治色彩。人言可畏,终于酿成了轰动一时的"夺情"风波,使已经平息的反对新政的逆流重新出现。

张居正的父亲张文明,字治卿,号观澜,在科举仕途上一直困顿得很,连考七次乡试都名落孙山。在二十岁那年补了个府学生,一直到死,还是个府学生。

父以子贵,子既为内阁元辅,父就非同一般了。皇恩浩荡之下,张文明飘飘然了。张居正在给湖广地方官的信中不得不承认:

---

① 《明神宗实录》卷五九,万历五年二月乙丑。
② 钱一本:《万历邸钞》,万历五年丁丑卷。
③ 《明神宗实录》卷六二,万历五年五月辛丑。

"老父年高,素怀坦率,家人仆辈,颇闻有凭势凌轹乡里,混扰有司者,皆不能制。"①

万历五年(1577 年),七十四岁的张文明患病,张居正本想请假省亲。恰逢宫中筹备皇上大婚,作为元辅,他是无法脱身的,只得定在大婚以后再告假。

原本想在万历六年(1578 年)夏初回江陵探望老父,不料,万历五年九月十三日父亲遽尔病逝。二十五日,噩耗传到北京。次日,张居正的同僚、内阁辅臣吕调阳、张四维上疏奏明皇上,引用先朝杨溥、金幼孜、李贤"夺情"起复故事,请求皇上谕留张居正。

按照当时官僚的丁忧制度,承重祖父母及嫡亲父母丧事,以闻丧月日为始,不计闰,二十七月,服满起复。② 期满后,再出来视事,谓之起复。但也有特例,宣德元年(1426 年)正月,礼部尚书兼武英殿大学士金幼孜(名善,以字行,号退庵,江西新淦人),母死丁忧,宣宗下诏起复。宣德四年(1429 年)八月,内阁大学士杨溥(字弘济,湖广石首人)以母丧丁忧去,随即起复。成化二年(1466 年)三月,内阁大学士李贤(字原德,河南邓州人)遭父丧,宪宗诏起复,三辞不许,遣中官护行营葬,还至京又辞,帝遣使宣意,遂视事。③ 这些都是丁忧"夺情"的先例。

但是,这样做并不符合明代的典制。"国初令,百官闻丧,不待报即去官。后京官有勘合,在外官有引,起复有程限,夺丧、短丧、匿丧有禁,视昔加严云。"对于官吏匿丧者,正统七年(1442 年)有令:"俱发原籍为民。"正统十二年(1447 年)又有令:"内外大小官

---

① 张居正:《张文忠公全集》卷二五《与楚抚赵汝泉言严家范禁请托》。
② 《大明会典》卷一一《吏部一〇·丁忧》。
③ 张廷玉等:《明史》卷一四七《金幼孜传》。《明史》卷一四八《杨溥传》。《明史》卷一七六《李贤传》。

员丁忧者，不许保奏夺情起复。"①可见按照祖宗旧制，官员丁忧不许夺情起复，所以吕调阳、张四维要援引前朝金幼孜、李贤、杨溥的特例，希望皇上"夺情"。当时内阁虽有三位辅臣，但大权集中在张居正一人手中，一旦他丁忧离职二十七个月，吕调阳、张四维唯恐难以承受如此大的压力。

　　万历帝本人深感不可一日无元辅张先生，不愿他丁忧归里，更不愿新政中途遭到挫折。所以他接到吕调阳、张四维的奏疏后，随即下旨："元辅张先生亲受先帝付托，佐朕冲年，安定社稷，关系至重。况有往例，卿等亟当为朕劝勉，毋事过恸。"他还写了手札给张居正："朕今览二辅所奏，得知先生之父弃世十余日了，痛悼良久。先生哀痛之心，当不知如何哩！然天降先生，非寻常者比。亲承先帝付托，辅朕冲幼，社稷奠安，天下太平。莫大之忠，自古罕有。先生父灵，必是欢妥。今宜以朕为念，勉抑哀情，以成大孝。朕幸甚，天下幸甚。"②接着，万历帝又谕吏部："元辅朕切倚赖，岂可一日离朕！父制当守，君父尤重，准过七七，照旧入阁办事，侍讲侍读，期满日随朝。该部即往谕朕意。"③次日，万历帝又赏赐张居正银两等，以供丧事之用。④

　　至于张居正，按人之常情及祖宗旧制，必须丁忧守制。但他不是一个按常规办事的人，常说，有非常之人，然后有非常之事，何惜訾议！况且大权在握，新政正在展开，他不愿因丁忧而离任二十七

① 《大明会典》卷一一《吏部一〇·丁忧》。
② 张居正：《张文忠公全集》卷六《闻忧谢降谕宣慰疏》。
③ 《明神宗实录》卷六七，万历五年九月己卯。
④ 《明神宗实录》卷六七，万历五年九月庚辰。

个月。碍于祖宗旧制与舆论压力，必须妥善策划一个两全之计。
就在吕调阳、张四维上疏请皇上"夺情"之前，他与司礼监掌印太监
冯保即作了一番谋划，竭力促成皇上"夺情"之局。文秉在《定陵注
略》中，写到"万历五年九月，大学士张居正丁父艰，上命夺情视事"
之后，透露了其中的内情：

> 大珰冯保，挟冲主，操重柄，江陵（张居正）素卑事之。
> 新郑（高拱）既逐，保德江陵甚，凡事无不相呼应如桴鼓。江
> 陵闻父讣，念事权在握，势不可已，密与保谋夺情之局已定，
> 然后报讣。次辅蒲州（张四维）进揭，即微露其一斑……疏
> 入，漏下已二鼓。昧爽，特旨从中出，留之。香币油蜡之赐
> 以千百计。内阁将司礼之命络绎而至，附耳蹑踵。江陵时作
> 擎曲状，令小厮扶掖内阁，乃叩头谢，强之立而受，云："此头寄
> 上冯公公也。"①

由此可见，"夺情"虽出于皇上旨意，却是张居正与冯保事前谋
划好的。这一点，万历帝并不知情。冯保要皇上一而再、再而三地
降旨挽留元辅张先生。而张居正为遮人耳目，也一而再、再而三地
上疏乞求归里守制。

九月二十六日，当张居正在私寓接到皇上派司礼监太监李佑
送来的御札后，立即上疏说："本月二十五日，得臣原籍家书，知臣
父张文明以九月十五日病故。臣一闻讣音，五内崩裂。兹者，伏蒙
皇上亲洒宸翰，颁赐御札……臣不忠不孝，祸延臣父，乃蒙圣慈曲

① 文秉：《定陵注略》卷一《江陵夺情》。钱一本：《万历邸钞》所记略同。

轸,哀怜犬马余生,慰谕优渥。臣哀毁昏迷,不能措词,惟有痛哭泣血而已。"[1]

次日,张居正又对皇上派司礼监随堂太监魏朝将太后与皇上赏赐的香烛布匹等物恭捧到私第,表示感谢:"臣一家父子,殁者衔环结草,存者碎首捐躯,犹不足以仰报圣恩于万一也。"[2]

为了应付舆论,张居正不得不做一点表面文章。九月底,他正式向皇上上疏乞恩守制,以表示他对皇上"夺情"的反应:

> 臣在忧苦之中,一闻命下,惊惶无措。臣闻受非常之恩者,宜有非常之报。夫非常者,非常理之所能拘也。

这其中,话里有话,他强调了"非常"一语,"非常理之所能拘"一句,用在此处委实有点牵强附会,只是为下文作铺垫罢了:

> 如皇上之于臣,若是之恩笃者,此所谓非常之恩也。臣于此时,举其草芥贱躯,摩顶放踵,粉为微尘,犹不足以仰答于万一;又何暇顾旁人之非议,徇匹夫之小节,而拘拘于常理之内乎![3]

由于张居正的本意是希望皇上"夺情",但是又不得不按惯例向皇上乞恩"守制",所以这篇《乞恩守制疏》写得颇费周章。一方面乞恩守制,另一方面却强调"非常理之所能拘","何暇顾旁人之非议,徇匹夫之小节"。这分明是在向皇上表明他的决心,如果皇

---

① 张居正:《张文忠公全集》卷六《闻忧谢降谕宣慰疏》。
② 张居正:《张文忠公全集》卷六《谢遣官赐赙疏》。
③ 张居正:《张文忠公全集》卷六《乞恩守制疏》。

上为了继续推行新政,坚持"夺情",他可以置常理、小节于不顾,以反潮流的姿态坚守岗位。《明实录》的编纂者在记述张居正的《乞恩守制疏》时,也看出了这层意思,写下了这样的按语:"观此,而夺情之本谋尽露矣。"①可谓一语道尽其中奥秘。"夺情"本是皇帝以强制手段剥夺大臣的丁忧服丧之情,一般大臣大多不愿意接受"夺情"。张居正则不然,他以新政大局为重,可以不择手段,更无暇顾及旁人的非议。为此他与冯保策划了"夺情"之局,但又不能公开上疏提请皇上"夺情"。实在是用心良苦之极。

万历帝从一开始就坚定不移地主张"夺情",不愿意张居正因丁忧守制,离他而去,致使新政停顿。因此,对张居正的《乞恩守制疏》,他的批示是很明确的:"朕冲年垂拱仰成,顷刻离卿不得,安能远待三年!且卿身系社稷安危,又岂金革之事可比!其强抑哀情,勉遵前旨,以副我皇考委托之重,勿得固辞。"②

十月初五日,张居正再次上疏乞恩守制:"臣于国家,粪土草芥之臣耳。先帝不知臣不肖,临终托臣以大事,叮咛付嘱,言犹在耳。中道而背之,虽施于交友,然且不可,乃敢以此事吾君父,而自蹈于诛夷之罪乎!"③言外仍有不忍遽尔离去之意。万历帝当天批复,仍坚持成命:"……连日不得卿面,朕心如有所失。七七之期犹以为远,矧曰三年!卿平日所言,朕无一不从,今日此事,却望卿从朕,毋得再有所陈。"④

---

① 《明神宗实录》卷六八,万历五年十月丙戌。
② 张居正:《张文忠公全集》卷六《乞恩守制疏》。
③ 张居正:《张文忠公全集》卷六《再乞守制疏》。
④ 张居正:《张文忠公全集》卷六《三乞守制疏》。《明神宗实录》卷六八,万历五年十月戊子。

十月初八日,张居正三疏乞恩守制。万历帝仍不同意,当天下旨:"朕为天下留卿,岂不轸卿迫切至情,忍相违拒?但今日卿实不可离朕左右。着司礼监差随堂官一员,同卿子编修嗣修驰驿前去,营葬卿父,完日即迎卿母来京侍养,用全孝思。卿宜体朕至意,弗再辞。"①同时又派司礼监太监何进带去亲笔敕谕一道,除了重申挽留之意,还转告他,已决定差司礼监随堂太监同张居正的儿子一起赴江陵安排丧事,并迎接张母来京云云。②

既然万历帝再三慰留,并作了妥善安排,命司礼监随堂太监偕张居正次子嗣修前往江陵营葬,张居正便顺水推舟,不再坚持乞归守制,向皇上提出"在官守制"的折衷方案。他在奏疏中强调了皇上大婚之期迫近,"乃一旦委而去之,不思效一手一足之力,虽居田里,于心宁安?"因此不再坚持前请,谨当恪遵前旨,在家中服丧七七四十九天,"候七七满日,不随朝,赴阁办事,且侍讲读。……容令在官守制,所有应支薪俸,准令尽数辞免;一应祭祀吉礼,俱不敢与;入侍讲读及在阁办事,俱容青衣角带;出归私第,仍以缞服居丧;凡章奏应具衔者,仍容加'守制'二字。使执事不废于公朝,下情得展于私室"。③万历帝除了对他所提明春允假归葬之事不同意外,其他一概允准。

这就是张居正的在官守制。为了表明他的虔诚之心,特地辞去俸禄。万历帝过意不去,向内府及各衙门降旨:"元辅张先生俸薪都辞了,他平素清廉,恐用度不足,着光禄寺每日送酒饭一桌,各

---

① 张居正:《张文忠公全集》卷六《三乞守制疏》。《明神宗实录》卷六八,万历五年十月辛卯。
② 张居正:《张文忠公全集》卷六《谢降谕慰留疏》。《明神宗实录》卷六八,万历五年十月辛卯。
③ 张居正:《张文忠公全集》卷六《乞暂遵谕旨辞俸守制预允归葬疏》。《明神宗实录》卷六八,万历五年十月丙申。

该衙门每月送米十石、香油二百斤、茶叶三十斤、盐一百斤、黄白蜡烛一百支、柴二十扛、炭三十包，服满日止。"①所得之数，超过了他的俸禄。② 如果计及"不可胜记"的"其余横赐"③，那就更可观了。万历帝以这种方式表明了他对元辅张先生在官守制的全力支持。

　　经过半月有余的公文往返，夺情起复之局，终于定了下来。张居正以"在官守制"的形式，于"七七"之后，仍入阁办事，大权在握。岂料，这一安排竟然激起了守旧官僚的一片反对声浪，其气势之咄咄逼人，实为万历帝与张居正始料不及。在这个关键时刻，万历帝自始至终站在张居正一边，从捍卫新政的大局出发，坚持夺情起复之局，使新政得以顺利继续，其手段之果断，措施之严厉，令人望而生畏。

　　反对得最为激烈的是，翰林院编修吴中行（字子道，常州武进人）、检讨赵用贤（字汝师，苏州常熟人）、刑部员外郎艾穆（字和父，湖广平江人）、主事沈思孝（字纯父，浙江嘉兴人）。他们分别写了措词严厉的奏疏，弹劾张居正。

　　十月十八日，吴中行首先上疏。疏文写得颇有几分感染力："元辅夙夜在公，勤劳最久。谓父子相别十九年矣，则子之由壮至强，由强至艾；与其父之从衰得白，从白得老，音容相睽，彼此未睹。而今长逝于数千里外，遂成永诀。乃不得匍匐苫块，一凭棺临穴，其情有弗堪者。"接下来，笔锋一转，点到了"夺情"的焦点不在于丁忧本身，而在于政治："今皇上之所以必留，与元辅之所以不容不留

---

① 张居正：《张文忠公全集》卷六《谢内府供给疏》。
②《明神宗实录》卷六九，万历五年十月己未条称："直逾俸赐。"
③ 朱国祯：《涌幢小品》卷九《张太岳》。

者,其微权深意,非圆神通方者,未可告语。彼遐观逖听之夫,拘曲守常之士,或因其不去之迹,而归以不韪之名,安能家喻户晓,而使之无里谈巷议。"①吴中行呈上奏疏后,将副本送给张居正过目,张居正愕然问道:"疏进耶?"吴中行答:"未进,不敢白也。"②

十月十九日,赵用贤上疏。他谴责张居正"能以君臣之义为效忠于数年,不能以父子之情少尽于一日";要求皇上"莫若如先朝杨溥、李贤故事,听其暂还守制,刻期赴阙。庶父子音容乖暌阻绝于十有九年者,得区区稍伸其痛于临穴凭棺之一恸也"。③ 接着也把笔锋转到了朝政上:"陛下所以不允辅臣之请者,岂非谓朝廷政令赖以参决,四海人心赖以观法者乎。"④这种话语带有明显的讥讽意味。

十月二十日,艾穆、沈思孝联名上疏。疏文的措词是很不客气的:"居正今以例留,而厚颜就列,为异时国家有大庆贺、大祭祀,为元辅大臣者,若云避之,则于君臣大义为不可;欲出,则于父子至情又不安。臣不知斯时陛下何以处居正,居正何以自处?""陛下之留居正也,动曰为社稷故。夫社稷所重,莫如纲常。而元辅大臣者,纲常之表也。纲常不顾,何社稷之能安?"⑤

这些人的上疏谴责夺情,立论的出发点当然是传统的伦理纲常,未免显得迂腐。其中又夹杂着对张居正新政的不满情绪,使这种伦理纲常之争蒙上了浓厚的政治色彩。

奏疏呈进后,司礼监掌印太监冯保将它们留中数日不发,让张

① 《吴沈二公集》卷一,吴中行《因变陈言明大义以植纲常疏》。钱一本:《万历邸钞》,万历五年丁丑卷。《定陵注略》卷一《江陵夺情》。
② 张廷玉等:《明史》卷二二九《吴中行传》。
③ 张廷玉等:《明史》卷二二九《赵用贤传》。光绪《重修常昭合志》卷二五《赵用贤传》。
④ 《明神宗实录》卷六八,万历五年十月己巳。
⑤ 钱一本:《万历邸钞》,万历五年丁丑卷。张廷玉等:《明史》卷二二九《艾穆传》。

居正票拟朱旨。张居正怒不可遏,便与冯保商定,对此四人实施廷杖,以非常手段制止此风的蔓延。

礼部尚书马自强(字体乾,号乾庵,陕西同州人)料知事情不妙,出面向张居正为上疏诸人辩解。张居正一时语塞,竟把往时矜持的风度置之不顾,当着马自强下跪,一手捻着胡须,口中念念有词:"公饶我,公饶我。"①

翰林院掌院学士王锡爵(字元驭,号荆石,苏州太仓人)会集翰林、宗伯以下数十人求解于张居正,张居正拒而不见。王锡爵径直闯入张府丧次,为上疏诸人求解。张居正说:"圣怒不可测。"王锡爵说:"即圣怒,亦为老先生而怒。"张居正无言以对,勃然下跪,举手索刀作刎颈状,并说:"上强留我,而诸子力逐我,且杀我耶!"又连声喊道:"你来杀我,你来杀我。"吓得王锡爵赶忙逃出,他深知此事已不可挽回了。②

这样一来,"夺情"的幕后戏,终于闹到了台前。

十月二十二日,万历帝降旨:命锦衣卫逮吴、赵、艾、沈四人至午门前廷杖。吴、赵二人各杖六十,发回原籍为民,永不叙用;艾、沈二人各杖八十,发极边充军,遇赦不宥。③

吴中行获悉廷杖的圣旨后,显得格外镇定。向南拜其母段氏,说:"儿死矣,有子事吾母也。"然后拜夫人毛氏,说:"知子能事母抚孤,吾长逝无所恨。"说毕,准备跃马而出,锦衣卫缇骑已到了家门。吴中行回首对儿子吴亮喊道:"取酒来!"一饮而尽,才大步走

---

① 钱一本:《万历邸钞》,万历五年丁丑卷。朱国祯:《涌幢小品》卷九《张太岳》。
② 《明神宗实录》卷六八,万历五年十月乙巳。钱一本:《万历邸钞》,万历五年丁丑卷。朱国祯:《涌幢小品》卷九《张太岳》。
③ 《明神宗实录》卷六八,万历五年十月乙巳。

出去。①

据说,吴、赵、艾、沈四人被廷杖的那天,"阴云忽结,天鼓大鸣,惨黯者移时"②。艾穆事后在回忆此事时,这样描述当时那令人胆颤心寒的情景:廷杖时,长安街上聚集了数以万计的人群,羽林军环列廷中,围成几圈,手持戈戟杖木者林林而立。司礼监太监十余人捧驾帖而来,先喝一声:"带犯人上来!"千百人一起应声大喊,声震甸服。然后宣读驾帖,先杖吴、赵六十棍,后杖艾、沈八十棍。③

诸人受廷杖后,锦衣卫校尉用布条把他们曳出长安门,用门板抬走。吴中行驱出都门外,途中气息已绝,中书舍人秦柱(字汝立,号余山,常州无锡人)带了医生赶来,服药后才苏醒。故人好友间有前来探视的,巡逻士卒立即讯问记录。不久厂卫之命随至,吴中行仓促裹伤而行,彻夜呻吟不止。大腿及臀部腐肉剜去几十块,方圆盈尺,深几逾寸。④

赵用贤身体肥胖,受杖刑后,肉溃落如掌。其妻把掉落的肉咸腊之后收藏起来,留作刻骨铭心的纪念。⑤ 艾穆、沈思孝受杖后,加桎关入诏狱。三天后,用门板抬出都城,因创伤过重而不省人事。艾穆遣戍凉州卫,沈思孝遣戍神电卫。艾穆是张居正的大同乡(同是湖广人),遭如此严惩,张居正仍有点悻悻然,对人说:"昔严分宜(严嵩)未有同乡攻击者,我不得比分宜矣。"⑥

---

① 黄宗羲:《明文海》卷三九〇《传三·名臣》,赵南星:《明侍读学士复庵吴公传》。
② 《明神宗实录》卷六八,万历五年十月乙巳。赵南星所撰《吴中行传》(见《明文海》)也说,廷杖时,"天晴,阴云候起,雷隆隆动城阙"。
③ 艾穆:《艾熙亭先生文集》卷四《恩谴记》。
④ 《明神宗实录》卷六八,万历五年十月乙巳。张廷玉等:《明史》卷二二九《吴中行传》。
⑤ 张廷玉等:《明史》卷二二九《赵用贤传》。
⑥ 张廷玉等:《明史》卷二二九《艾穆传》。《明史》卷二二九《沈思孝传》。

　　用廷杖的酷刑来惩罚臣僚，是老祖宗明朝开国皇帝朱元璋的
发明。他奉"以重典驭臣下"为圭臬，务使其唯唯诺诺。否则，即施
以廷杖。永嘉侯朱亮祖父子当廷鞭死，工部尚书薛祥也毙于杖下。
朱元璋与臣下争意气，不与臣下争是非，他的子孙后代继承了这一
衣钵，廷杖之事几乎史不绝书。一些官员无罪被杖，天下以为至
荣，终身被人倾慕。病态社会所酿成的病态心理，是正常社会的正
常人难以理解的。当时的大学士许国（字维桢，徽州歙县人）对被
杖诸公倾慕之至，赠吴中行玉杯一只，上镌诗一首：

> 斑斑者何？卞生泪。
>
> 英英者何？蔺生气。
>
> 追之琢之，永成国器。

他又赠赵用贤犀杯一只，上镌一诗：

> 文羊一角，其理沉黝。
>
> 不惜割心，宁辞碎首。
>
> 黄流在中，为君子寿。①

　　当吴中行等人因上疏获罪后，翰林侍讲赵士皋、张位、于慎行、
李长春、田一儁，修撰习孔教、沈懋学等人，纷纷上疏申救。但奏疏
受阻，无法呈进。沈懋学（字君典，号少林，一号白云山樵，宁国宣
城人）写信给他的同年、张居正之子张嗣修②，请他为之疏通。日

① 钱一本：《万历邸钞》，万历五年丁丑卷。
② 《明实录》《邸钞》《国榷》作张嗣修。《明史·沈懋学传》作张嗣修。按：沈懋学万历
　 五年进士，张嗣修也于此年成进士，故为同年。据此，沈懋学贻书者应为张嗣修。

前，张嗣修曾致书沈懋学，为其父"夺情"辩解，说："今日之事，尽孝于忠，行权于经。"沈懋学复信一封，说："老师之留，为世道计。而诸子之疏，亦为世道计。独奈何视为狂童，斥为仇党乎！……人心疑则奸雄指，善言阻则佞谀从风。天下将有假豪杰非常之说，以伺其意旨，而忠言日远，富贵之徒日近。"意欲张嗣修出面劝父，稍加宽容。尔后，又发出一信，再申前信未尽之意："老师之留，原出圣明眷注。且古人豪杰为天下安危，一己之虚名弗顾也，亦安得以常行议之。顾皇上留之既恳矣，老师亦不忍恝然请归矣。而保留之疏似出逢迎，此诸君所以有激而言也……而廷杖之举，老师竟不力救，门下亦不进一言。老师不得称纯臣，门下不得称诤子矣。往者不可谏，来者犹可追，惟门下深思预图之。"①书信寄出三封，但无一回音。②

沈懋学又写信给南京都察院右都御史李幼滋（字元树，号义河，湖广应城人），说"师相之去宜决，台省之留宜止"，希望这位张居正的姻亲能出来斡旋。李幼滋回信说："以若所言，宋儒头巾语，此宋之所以终不竞也。今师相不奔丧，是圣贤之道，直接揖逊征诛而得其传者，若竖儒腐生安能知之！"③李幼滋其人以讲学博名，与张居正关系非同一般，每次会见，常晤谈竟日。对于此次张居正"夺情"，他是大力支持的，但在公开场合又故作伉直姿态，故而沈懋学写信向他求援，不料遭到如此这般训斥。沈懋学一气之下，便引疾归乡。

① 钱一本：《万历邸钞》，万历五年丁丑卷。
② 《明神宗实录》卷六八，万历五年十月乙巳。谈迁：《国榷》卷七〇，万历五年十月乙巳。
③ 钱一本：《万历邸钞》，万历五年丁丑卷。文秉：《定陵注略》卷一《江陵夺情》。《明神宗实录》卷七〇，万历五年十二月癸未。

与李幼滋相类似的是左都御史陈瓒(字廷裸,号雨亭,苏州常熟人)。此人久病休息在家,得知此事,以为机不可失,时不再来,急忙写信给礼部尚书马自强。信中说:"师相之事,公卿宜乞留,宗伯亟倡之。疏上,慎勿遗我名。"马自强接信后大为叹息,在其信后批道:"此老之病必不起,以其心先死也。"①

十月二十三日,宫中传出万历帝对群臣的敕谕:"群奸小人,藐朕冲年,忌惮元辅忠正,不便己私,乃借纲常之说,肆为挤排之计。欲使朕孤立于上,得以任意自恣。兹已薄示处分,再有党奸怀邪,欺君无上,必罪不宥。"②当时民间流言蜚语四出,正巧张居正再疏乞归那天,天上出现彗星(民间俗称扫帚星),大如灯盏,颜色苍白,长达数丈,从尾箕星座至斗牛星座,直逼女宿星座。③于是,街谈巷议,甚至有人在西长安门贴出谤书,说张居正谋反。万历帝这道敕谕传出,各种谤议才稍稍平息。④

尽管反对"夺情"的人已经受到严惩,皇帝也再三表示挽留张居正,"夺情"是皇上的旨意。但是,反对者仍大有人在。

十月二十四日,刑部办事进士邹元标(字尔瞻,号南皋,江西吉水人)再次上疏弹劾张居正"夺情"。邹元标立朝以方严见惮,这道奏疏写得比吴、赵、艾、沈更为厉害。他从否定张居正新政出发,以为此人不堪重用,批评皇上以"夺情"挽留张居正是错误的决断。他说:"皇上之留居正,岂以其有利社稷耶? 不知居正之在位也,才

① 钱一本:《万历邸钞》,万历六年戊寅卷。文秉:《定陵注略》卷一《江陵夺情》。谈迁:《国榷》卷七〇,万历五年十月辛丑。
② 《明神宗实录》卷六八,万历五年十月丙午。钱一本:《万历邸钞》,万历五年丁丑卷。
③ 谈迁:《国榷》卷七〇,万历五年十月戊子。
④ 谈迁:《国榷》卷七〇,万历五年十月丙午。

虽可为,学术则偏;志虽欲为,自用太甚。诸所施设,乖张者难以数举。"他列举了进贤未广、决囚太滥、言路未通、民隐未周等事为证。他还颇为放肆地引用皇上挽留元辅敕谕中的话"朕学尚未成,志尚未定,先生既去,前功尽隳"加以讥刺,说道:"幸而居正丁艰,犹可挽留。脱不幸遂捐馆舍(按:意即死去),陛下之学将终不成,志将终不定耶?"然后,笔锋一转,对张居正的乞归疏文进行抨击:"臣观居正疏言,是'有非常之人,然后办非常之事'。若以奔丧为常事,而不屑为者。不知人惟尽此五常之道,然后谓之人。今有人于此亲生而不顾,亲死而不奔,犹自号于世曰:我非常人也。世不以为丧心,则以为禽彘,可谓非常之人哉?""又曰:'不顾旁人之非议,徇匹夫之小节。'三年之丧,果可谓小节乎? 先朝李贤夺情起复,罗伦力排斥之。居正之不归,无情可夺,无复可起,远非贤之俦矣。"邹元标在奏疏的最后,危言耸听地写道:"居正一人不足惜,后世有揽权恋位者,辄援居正故事,甚至窥窃神器,遗祸深远,有难以尽言者矣。"①

邹元标写成此疏后,揣入怀中,入朝时,适见吴中行等人受廷杖。邹元标在一旁发愤切齿顿足,怒不可遏。等廷杖完毕,向太监提交奏疏,谎称:"我是告假本。"又厚加贿赂,才使此疏得以呈进。这种犯颜极谏的精神确实可嘉,不过他据以立论的思想未免有点迂腐。

结局,自然是可以预料的。当天圣旨下:将邹元标廷杖八十,发谪极边远卫所充军。

据沈德符说,廷杖诸人,吴、赵稍轻,沈、艾较重,邹元标受伤最

_____

① 文秉:《定陵注略》卷一《江陵夺情》。《明神宗实录》卷六八,万历五年十月丁未。钱一本:《万历邸钞》,万历五年丁丑卷。乾隆《吉安府志》卷四〇《邹元标传》。

深。据沈思孝事后回忆当时的情景："杖之日,交右股于左足之上,以故止伤其半。出则剔去腐肉,以黑羊生割其臑,敷之尻上,用药缝裹,始得再生。"①在发配途中,血还在涔涔而下。邹元标事后对沈德符说:每遇天阴,腿骨间常隐隐作痛,因此晚年不能作深揖,留下了如此严重的后遗症。邹元标充军的地方贵州都匀卫,僻处万山丛中,他却怡然处之,静下心来研究理学。②

　　"夺情"风波至此已稍稍平息。十月二十六日,张居正向万历帝谈起他的苦衷:

　　　　今言者已诋臣为不孝矣,斥臣为贪位矣,詈臣为禽兽矣。此天下之大辱也,然臣不以为耻也。

　　　　今诸臣已被遣斥,臣不敢又救解于事后,为欺世盗名之事。前已奏称遵谕暂出,今亦不敢因人有言,又行请乞,以自背其初心。但连日触事惊心,忧深虑切。

　　万历帝当然给予安慰:"朕为卿备加恩恤,曲全父子之情;卿为朕抑情顺命,实尽君臣之义。于纲常人纪何有一毫之损!""这厮每明系藐朕冲幼,朋兴诋毁,欲动摇我君臣,倾危社稷。""于法决是难容。""卿务勉遵谕旨,以终顾托。"③

　　转瞬间,张居正父丧"七七"(共四十九天)期满。十一月初五日,万历帝命鸿胪寺少卿陈学曾传旨给张居正,以父丧七七期满,

① 沈德符:《万历野获编》卷一八《刑部·廷杖》。
② 张廷玉等:《明史》卷二四三《邹元标传》。
③ 张居正:《张文忠公全集》卷六《乞恢圣度宥愚蒙以全国体疏》。《明神宗实录》卷六八,万历五年十月己酉。

请他于初六日入阁办事。到了初六那天,万历帝特差文书官孙斌前来宣召,要张居正至平台接受召见。

这是"夺情"以来,君臣二人的首次会面。

万历帝说:"先生孝情已尽了。朕为社稷屈留先生,先生只想父皇付托的意思,成全始终,才是大忠大孝。"

张居正听了悲哀哽咽地说:"伏奉皇上前后谕旨,委曲恳切,臣愚敢不仰体? 又昔承先帝执手顾托,誓当以死图报,今日岂敢背违。但臣赋性愚直,凡事止知一心为国,不能曲徇人情,以致丛集怨仇,久妨贤路。今日若得早赐放归,不惟得尽父子微情,亦可保全晚节。"这当然是一种姿态,并非真的想就此辞官不干。

万历帝也深知其意,便好生劝慰:"先生精忠为国之心,天地祖宗知道,圣母与朕知道。那群奸人乘机排挤的,自有祖宗的法度处治他,先生不必介怀。"

少顷,万历帝又说:"今日好日子,先生可就阁办事。"说罢,赏赐银五十两、彩缎四表里,并命左右太监:"与张先生酒饭吃!"用膳毕,张居正在太监孙斌陪同下前往内阁处理公务。[①]

内阁也实在少不得张居正。他虽然居丧在家,但一应大事仍非他拍板不可。事实上,他在闻父丧一二日以后,在家办丧事的同时,从未间断公务的处理。内阁办事人员不断拿着公文到张府,请他票拟谕旨,然后禀报次辅吕调阳、张四维。有段时间,吕调阳、张四维索性每天去张府请示。司礼监掌印太监冯保也常常派人赶赴张府,请问"某人某事张先生云何"。张居正虽然居丧,但仍以政务为重,来者不拒,一一应付裕如。自从廷杖五君子后,他为了接见

---

① 张居正:《张文忠公全集》卷六《谢召见疏》。《明神宗实录》卷六九,万历五年十一月戊午。

官员方便起见,索性在丧服中穿上了官服冠裳。① 接待官员谈公事,就脱去丧服;办丧事时,套上丧服衰绖。他确实是一个不曲徇于人情世故,嫌怨有所不避的磊落奇伟之士。

从初六日开始,他登朝视事,出朝房见客,便一如往常,身穿官服,衣绯悬玉,甚至还参加一些吉庆典礼。这又引起了一些守旧官员们的非议。

"夺情"已成定局,余波仍在激荡。十一月二十四日,南京浙江道御史朱鸿谟(字文甫,号鉴塘,山东青州人)上疏为吴中行、赵用贤、艾穆、沈思孝、邹元标五人鸣冤。说此五臣"未卜生还之期","永绝国门之望",万一有什么不幸,"上伤陛下好生之仁,下沮忠臣敢言之气"。因此,他敢于违抗"不许救扰"的严旨,上疏言事。② 结果,万历帝降旨:夺职为民。

确实,"夺情"事件可算得上万历五年政坛上的一件大事,其影响之大,震动了朝野上下,民间里巷也沸沸扬扬。然而传统伦理道德力量不论多么可畏,还是敌不过强大的政权力量。在这场斗争中,万历帝胜利了,张居正胜利了。在反对"夺情"的人群中,有不少人是打着纲常伦理的幌子,对张居正其人和万历新政有所非议,企图迫使张居正离职守制,从而达到中断新政的目的。而张居正在衡量了新政与守制之间的轻重之后,毅然冒天下之大不韪,策划"夺情"之局,固执到底,毫不退让。其手段固然不足为训,其精神

---

① 钱一本:《万历邸钞》,万历五年丁丑卷。《明神宗实录》卷六九,万历五年十一月戊午。

② 钱一本:《万历邸钞》,万历五年丁丑卷。《明神宗实录》卷六九,万历五年十一月丙子。

却令人感动。这显示了他诸所谤议在所不顾的政治家风度,也透露了这个铁腕人物对权位的贪恋心态。至于万历帝,出于对元辅张先生的依赖,不可须臾或缺,新政不可半途而废,百般挽留。

事后有人以为,"江陵公之夺情,本出上意"[1]。殊不知,由万历帝出面表述的意见,其实正是张居正本人的愿望。张居正的"夺情"策划与万历帝的"夺情"决心,是如此之合拍,因而使反对者无法再在这件事情上做什么文章。从这种意义上讲,"夺情"捍卫了新政,再次击退了守旧势力对新政的反扑逆流。反观那些反对"夺情"之人,风节固然可嘉,思想之迂腐保守实在不敢恭维。

五、新政的深化

万历新政是从政治改革入手的,政治改革取得一定成效之后,转入经济改革,要面对长期积累下来的国匮民穷的老大难问题,非大动干戈不可。而这样做,必须以综核名实、信赏必罚为原则,以严厉的考成法为手段,才能有令必行,有禁必止,方可使改革不流于形式。

财政困难由来已久,远的姑且不说,嘉靖、隆庆年间国库年年亏空。据全汉昇、李龙华的研究,从嘉靖七年(1528年)到隆庆五年(1571年),太仓银库岁出入银数比较的结果,没有一年盈余,全是亏空:

---

① 赵善政:《宾退录》。

年 份	岁入银数(两)	岁出银数(两)	盈亏约数(两)
1528 年	1,300,000	2,410,000	亏 1,110,000
1548 年及以前数年	2,000,000	3,470,000	亏 1,470,000
1549 年	3,957,116	4,122,727	亏 165,611
1551 年	2,000,000	5,950,000	亏 3,950,000
1552 年	2,000,000	5,310,000	亏 3,310,000
1553 年	2,000,000	5,730,000	亏 3,730,000
1554 年	2,000,000	4,550,000	亏 2,550,000
1555 年	2,000,000	4,290,000	亏 2,290,000
1556 年	2,000,000	3,860,000	亏 1,860,000
1557 年	2,000,000	3,020,000	亏 1,020,000
1563 年	2,200,000	3,400,000	亏 1,200,000
1564 年	2,470,000	3,630,000	亏 1,160,000
1565 年	2,200,000	3,700,000	亏 1,500,000
1567 年	2,014,200	5,530,000	亏 3,515,800
1568 年	2,300,000	4,400,000	亏 2,100,000
1569 年	2,300,000	3,790,000	亏 1,149,000
1570 年	2,300,000	3,800,000	亏 1,500,000
1571 年	3,100,000	3,200,000	亏 100,000

[资料来源] 全汉昇、李龙华:《明中叶后太仓岁出银两研究》,载《香港中文大学中国文化研究所学报》第六卷第一期,第 205—206 页。

无怪乎隆庆三年隆庆帝向户部索银时,张居正对皇上大叹苦经:每岁所入不过二百五十余万两,而一岁支放之数乃至四百余万两,每年尚少银一百五十余万两,无从措处。①

————————

① 张居正:《张文忠公全集》卷一《请停取银两疏》。

为了摆脱困境,张居正理财思想的宗旨在于开源节流双管齐下。他从汉武帝时代的理财家桑弘羊"民不益赋而天下用饶"的原则出发,提出"不加赋而上用足"的理财方针,但这必须由严格的考成法予以保证。他在给地方官的信中如此说:"考成一事,行之数年,自可不加赋而上用足。"①"不加赋而上用足"是一个高招,有别于那些只会乞求加赋以足国用的庸才。张居正的"不加赋而上用足",不是一句漂亮的门面语,而是有具体措施保证的,那就是"惩贪污以足民","理逋负以足国",两手并下,整治贪官污吏化公为私和势豪奸猾拖欠赋税,以裁抑他们的非法所得为手段,增加国家财政收入。

万历四年(1576 年)七月,张居正向万历帝建议,将明年春季的例行考核官员与蠲逋赋以安民生结合起来。他阐明了这样一个道理:致理之道莫要于安民,欲安民又必加意于牧民之官。经过前几年的整顿,地方官莫不争自淬励,勉修职业。但是,虚文矫饰旧习尚存,剥下奉上以希声誉,奔走趋承以求荐举,征发期会以完簿书,苟且草率以逭罪责等情况仍未消除。因此,当明春外官考察之期,希望皇上特敕吏部,预先虚心访核各级官员贤否,以安静宜民为上考,沿袭旧套、虚心矫饰为下考。以此为标准,层层考核。如果抚按官不能悉心甄别属官贤否,而以旧套了事,那么抚按官便考定为不称职,吏部宜秉公黜革;如果吏部不能悉心精核,而以旧套了事,那么吏部官便考定为不称职,朝廷宜秉公更置。只有以这种态度,才能真正解决逋赋(拖欠赋税)问题。长期以来,势豪大户

---

① 张居正:《张文忠公全集》卷二〇《答山东抚院李渐庵言吏治河漕》。

侵欺积猾,规避赋税,地方官皆畏纵而不敢过问,反责令下户贫民包赔;另一方面,各级政府不能约己省事,无名之征求过多,以致民力殚竭,反不能完公家之赋。近几年来,因推行考成法,各级官员担心降罚,便不分缓急,一概严刑追并。更有甚者,又以资贪吏之囊橐。因此在整理逋赋的时候,还应注意减免下户贫民,以苏民困。①

万历帝对这一道理是理解的,当他在七月初六日接到张居正的奏疏时,当天就批示吏、户二部:"朕奉天子,注存邦本,欲固国安民,必得良有司加意牧养。近来各地方官虽颇知守己奉法,然虚文粉饰旧习未除。今朝觐考察在迩,吏部访察贤否,惟牧爱宜民为最,有虚文趋谒、剥下奉上,以要浮誉者,考语虽优,必置下等,并抚按官一体论黜。"关于逋赋,万历帝指出:"钱粮拖欠,原非小民,尽是势豪奸猾,影射侵欺,以致亏损常赋。今朝廷既于例外施恩,各抚按官共严督有司,详核人户等则,均数减免,务使小民得沾实惠。"②

由此可见,在理财思想方面,万历帝与张居正有相当多的共同点,使张居正的经济改革得以顺利进行。据日本学者岩井茂树的研究,这种改革可以概括为以下四方面:

　　第一,抑制国家财政和宫廷财政的支出。其中包括削减南京官员的编制,终止或削减宫廷的织造项目,节约宫廷的节庆、宴会开支,缩减大规模的工程、营造等。
　　第二,强化对于边镇的钱粮与屯田的管理工作,以减轻边

---

① 张居正:《张文忠公全集》卷五《请择有司蠲逋赋以安民生疏》。
② 《明神宗实录》卷五二,万历四年七月丁酉。

镇军饷日趋增大的财政压力。

第三,为了解决地方的"民困"与中央的"国匮"(财政困难),限制种种既得利益。诸如对于官僚利用驿站特权的限制,削减驿站开支,抑制宗藩的冒滥,削减生员的定额等。

第四,强化户部的财政事务管理机能。支持改革的户部尚书王国光(字汝观,山西阳城人)为此采取了一系列措施:对征收赋税的簿册进行大规模整理;督促户部的十三清吏司的各员外郎、主事等官员的出勤;进行边饷的实态调查,制订边饷政策;加强地方政府对户部的财政状况报告,使户部能在把握全国财政状况的基础上运营财政等。①

不过,财政经济方面最重大的改革,首推清丈田粮。

张居正对田赋的侵欺拖欠极为不满,仅仅仰赖考成的方法已难于解决,决心采取重新清丈的大动作。他对应天巡抚宋仪望(字望之,号阳山,江西永丰人)说:"来翰谓苏松田赋不均,侵欺拖欠云云,读之使人扼腕。""不于此时剔刷宿弊,为国家建经久之策,更待何人?"又对福建巡抚耿定向(字在伦,号楚侗,湖广黄安人)说:"丈田、赈饥、驿传诸议,读之再三,心快然如有所获。""丈田一事,揆之人情,必云不便。""丈地亩,清浮粮,为闽人立经久之计,须审详精核,不宜草草。"②

经过充分酝酿,终于在万历六年十一月正式以万历帝名义下

---

① 参看岩井茂树:《张居正财政的课题和方法》,载岩见宏、谷口规矩雄编:《明末清初期的研究》(京都大学出版社,1989年)。
② 见《张文忠公全集》以下各篇《答应天巡抚宋阳山论均粮足民》《答福建巡抚耿楚侗谈王霸之辨》《答福建巡抚耿楚侗》《答福建巡抚耿楚侗言理财安民》。

令在福建省首先试行清丈田粮。万历帝在谕旨中说:"以福建田粮不均,偏累小民,命抚按着实清丈。"①

万历八年(1580年)九月,福建清丈完毕,清丈出隐瞒逃税田地二千三百一十五顷,成效是显著的。于是张居正会同阁臣张四维、申时行及户部尚书张学颜等人决定,把福建丈量之法推行于全国各地。万历帝批准了这一决定,随即颁发清丈田粮八款,前五条是政策性规定:

一、清丈田粮以税粮是否漏失为前提,失者丈,全者免。

二、清丈工作由各布政司总管,分守兵备道分管,府州县专管本境。

三、区别官田、民田、屯田等类别,及上中下税粮科则,清丈时逐一查勘明白,使之不得诡混。

四、清丈后,恢复各类田地应征之税粮。

五、清丈中,有自首历年诡占及开垦未报者,免罪;首报不实者,连坐;豪右隐占者,发遣重处。

后三条是技术性规定,即关于清丈的日期、清丈田亩面积的计算方法及清丈经费等具体事项。②

万历帝在批发这一文件的同时,向全国各地下令:"各抚按(巡抚、巡按)官悉心查核,着实奉行,毋得苟且了事,反滋劳扰。"③

清丈令的颁布是十分严肃的,对敷衍塞责的地方官严惩不贷。

---

① 《明神宗实录》卷八一,万历六年十一月丙子。
② 《明神宗实录》卷一〇六,万历八年十一月丙子。
③ 《明神宗实录》卷一〇六,万历八年十一月丙子。

万历九年十二月,万历帝追究对清丈田粮持消极态度的官员,松江知府阎邦宁、池州知府郭四维、安庆知府叶梦熊、徽州府掌印官同知李好问等,受到停俸戴罪管事的处分,责令将功补过。[①] 对于阻挠丈量的豪民,万历帝也决不宽恕。他抓住建德县豪民徐宗武等阻挠丈量的事例,通令全国,一方面命令豪民徐宗武等将九年拖欠钱粮追夺还官,另一方面对包庇豪民的徽宁兵备道程拱辰,给予停俸戴罪督责丈量的处分。[②]

在朝廷的强大政治压力下,从万历八年到万历十一年(1580—1583 年),清丈工作在全国各地陆续完成。

万历清丈是继洪武清丈之后第二次全国规模的田地税粮清理工作,成效是很显著的。

第一,清丈之后,田有定数,赋有定额,部分地改变了税粮负担不均的状况。“无心差误者听改,有意裁除者必罪,尚可支持四五十年不至于大紊。”[③]“有粮无地之民得以脱虎口。”[④]

第二,清丈出不少隐匿田地,使政府所控制的承担税粮的耕地面积大幅度增加。如浙江衢州府西安县,清丈后不仅改变了原先田地缺额、税粮无着的状况,而且查出了隐匿田地,补足原额外,还多余田地一百一十三顷二十八亩。[⑤] 这种情况,似乎是全国性的通例。例如山东丈出(新增)民地三十六万三千四百八十七顷、屯地二千二百六十八顷,较原额增加百分之四十;江西丈出(新增)六

---

① 《明神宗实录》卷一一九,万历九年十二月乙未。
② 《明神宗实录》卷一一九,万历九年十二月己亥。
③ 天启《海盐县图经》卷五《食货·土田》。
④ 万历《沧州志》卷三《田赋志》。
⑤ 天启《衢州府志》卷八《国计志》。

万一千四百五十九顷,较原额增加百分之十三。①

第三,北方地区在清丈中统一亩制,改变先前存在的大亩、小亩悬殊的不合理现象,一律以二百四十步为一亩。南方地区在清丈中统一科则,改变先前存在的官田、民田税粮科则轻重悬殊的不合理现象,实行官田、民田税粮科则一元化。

尽管清丈田粮存在不少弊端,但成效毕竟是十分显著的,清查出了大量的隐匿、遗漏田地,使政府控制的纳税田地面积有大幅度增长。全国丈出(新增)田亩面积,大多数可以从各地总督、巡抚、巡按向朝廷提交的清丈报告中获得一个比较确切的统计数字。请看下表:

地　区	丈出(新增)田亩 (单位：顷)	地　区	丈出(新增)田亩 (单位：顷)
北直隶	33,255.00	河　南	64,324.55
南直隶	49,898.70	陕　西	3,988.32
浙　江	45,896.15	四　川	264,520.00
江　西	61,459.54	广　东	80,194.64
湖　广	551,903.54	广　西	768.87
福　建	2,315.00	云　南	15,084.34
山　东	365,755.00	贵　州	1,594.95
山　西	6,100.00	总　计	1,547,058.60

　　[资料来源]《明实录》有关各卷。福建、云南的数字据《福建通志》《云南通志》与万历《明会典》所载田亩数估算。

除南北直隶及十三布政司之外,边镇地区也进行了清丈,这些地区的丈出(新增)田亩也不少:

---

①《明神宗实录》卷一一六,万历九年九月乙亥,万历九年十二月己亥。

地　区	丈出(新增)田亩 (单位：顷)	地　区	丈出(新增)田亩 (单位：顷)
大　同	70,251.19	延　绥	39,753.42
辽　东	32,578.70	陕西三边	18,990.00
蓟　辽	10,817.11	甘　肃	45,993.35
宣　府	63,100.36	总　计	281,484.13

［资料来源］《明实录》有关各卷。

　　这就意味着，清丈后增加了 1,828,542.73 顷，比清丈前的原额(万历六年统计)5,182,155.01顷，增加了 35.29％。这是一个了不起的成绩。虽然其中有一些虚报数字在内，但承担赋税的耕地面积大幅度增加是毋庸置疑的事实，对于政府财政收入的增加是有积极意义的。[①]

　　财政经济改革的另一方面是推广一条鞭法。嘉靖九年(1530年)，户部尚书梁材(字大用，号俭庵，南京金吾右卫人)提出革除赋役制度弊病的方案，其原则是把一个地区的徭役折算成银两，然后按照该地区人丁与税粮的数字加以平均摊派，平均每石税粮编派役银若干，每个人丁编派役银若干。[②] 第二年，御史傅汉臣把这种"通将一省丁粮，均派一省徭役"的方法，称之为"一条编法"。[③] 按傅汉臣"顷行一条编法"的说法，当时已有一些地方在试行此法。把一切徭役折银，把役银按丁、粮加以均派，带有把赋与役简化为一次编审，即一条编审之意，故称一条编法或一条鞭编审之法、一

① 参看拙作《万历清丈述论》，载《中国社会经济史研究》一九八四年第二期。
② 《古今图书集成》之《食货典·赋役·总论》。
③ 《明世宗实录》卷一二三，嘉靖十年三月己酉。

条鞭编银之法。

嘉靖十二年(1533年)，宁国府、徽州府推行此法；嘉靖十六年(1537年)，苏州府、松江府推行此法；嘉靖二十年(1541年)，湖州府推行此法；嘉靖三十五年(1556年)，江西推行此法；嘉靖四十二年(1563年)，余姚、平湖推行此法。以后逐步由南而北地蔓延开来。

万历四年(1576年)三月，户部左侍郎李幼滋向万历帝上疏，谈及近日各地推行一条鞭法之后，各项钱粮都折银征收，与先前折银征收的金花银无甚区别，地方官不加分辨，也混行催征，造成一些不便。因此，李幼滋主张，今后推行一条鞭法时，务必将款项开明，如某户秋粮若干、本色若干、漕粮若干，等等。对此，万历帝批复道："内外诸司凡事一遵祖宗成宪，毋得妄生意见，条陈更改，反滋弊端。"①

万历五年(1577年)十一月，吏科给事中郑秉性上疏议论赋役，指出一条鞭法之好处在于革除了杂役的支应，也有不尽完善的地方，例如尽数征银、贫富无等之类。万历帝的批复是实事求是的："条鞭之法，前旨听从民便，原未欲一概通行。"②

张居正看到各地推行一条鞭法的情况，认为这是整顿赋役、改善财政的有力措施，极力督促各地方官推行此法。他对湖广巡按御史说："此法在南方颇便，既与民宜，因之可也。"又对山东巡按说："条编之法，近旨已尽事理，其中言不便者，十之一二耳。法当宜民，政以人举，民苟宜之，何分南北？"③到万历九年(1581年)，万

① 《明神宗实录》卷四八，万历四年三月壬寅。
② 《明神宗实录》卷六九，万历五年十一月甲寅。
③ 张居正：《张文忠公全集》卷二一《答楚按院向明台》；卷二二《答总宪李渐庵言驿递条编任怨》。

历帝决定把一条鞭法推广到全国各地，使之成为全国统一的新赋役制度。这就是《明史·食货志》所说的"总括一州县之赋役，量地计丁，丁粮毕输于官，一岁之役，官为金募"。把过去按照户、丁派役的方法，改变为按照丁、粮（地）派役，也就是说，把差役的一部分转移到税粮（即土地）中去。与此同时，税粮中除去漕粮、白粮必须征米外，其他实物都改为折收银两，并由官府统一征收、解运。它部分地改变了过去赋役负担不均的状况，由于一条鞭编银征收，使政府的征收简便而有所保障。

一条鞭法实施后，在江南取得了明显的效果，时人评论说："行一条鞭法，从此役无偏累，人始知有种田之利，而城中富室始肯买田，乡间贫民始不肯轻弃其田矣。至今田不荒芜，人不逃窜，钱粮不拖欠。"①

由于南北经济情况及赋役制度的差异，而一条鞭法主要是依据江南情况制订的，推广到北方之后，在短时间内必然会带来一些不便。但它在总体上符合经济发展的趋势，即使先前认为一条鞭法不便的人，也不得不承认实行一条鞭法之后，"邑士称其便"②。正是基于这一基本事实，万历以来编纂的地方志，大多称赞一条鞭法，崇祯《历乘》所列举的一条鞭法十利是有代表性的。这十利是：

一、通轻重苦乐于一邑十甲之中，则丁粮均而徭户不苦难。

二、法当优免者，不得割他地以私荫。

---

① 顾炎武：《天下郡国利病书》卷一四《江南》。
② 于慎行：《谷城山馆文集》卷三四《与抚台宋公论赋役书》。

三、钱输于官而需索不行。

四、折阅不赔累。

五、合银力二差,并公私诸费,则一人无丛役。

六、去正副二户,则贫富平。

七、承禀有制,而侵渔无所穴。

八、官给银于募人,而募人不得反复抑勒。

九、富者得弛担,而贫者无加额。

十、银有定例,则册籍清,而诡寄无所容。①

　　用历史的眼光看问题,不能否认一条鞭法是赋役发展史上的一大进步。它把各种徭役折成银两,不但与赋税的货币化步调一致,而且可以统一以银两(货币)征解,使赋役简单化、一元化。所谓通计一省丁粮、均派一省徭役,即按比例分别把役的折色银分摊在丁、地上,统征丁银、地银。比较而言,田多粮多者出银就多些,这显然相对合理化了。而赋役一律以银两(货币)作为计量单位,是符合整个社会商品经济发展趋势的。这一时期商品经济的日趋繁荣,与这一经济背景有着密切的关系。②

　　总而言之,万历新政经济改革的效果是明显的。由于开源节流双管齐下,财政赤字渐趋消失,史称:"太仓粟可支数年,囤寺积金不下四百余万。"③此话是有坚实的事实根据的。

　　户部管辖的太仓的收入,从嘉靖、隆庆年间每年二百万两白

---

① 崇祯《历乘》卷七《赋役考》。
② 参看拙作《一条鞭法的由来与发展》,载《明史研究论丛》第一辑。
③ 谈迁:《国榷》卷七一,万历十年六月丙午。《明神宗实录》卷一二五,万历十年六月丙午。

银左右,到万历初期激增至三百万两至四百万两白银之间。[1] 从隆庆六年(1572 年)到万历五年(1577 年),这一变化十分显著,根据《明实录》中"太仓银库实在银数"的记载,大致呈现以下态势[2]:

年　份	太仓银库岁入银数(两)	年　份	太仓银库岁入银数(两)
隆庆六年六月	2,525,616	万历三年四月	4,813,600
隆庆六年十月	2,833,850	万历三年六月	5,043,000
隆庆六年十一月	4,385,875	万历五年四月	4,984,160

据户部的奏报,隆庆元年(1567 年)前后,京师仓库贮存的粮食约七百万石,可支给京营各卫官军两年的消费;到了万历五年(1577 年),京师仓库贮存的粮食足可供六年的消费,增加了三倍。[3]

兵部管辖的太仆寺(即所谓园寺)的银两收入,到万历五年一举突破四百万两的大关。[4]

从隆庆元年(1567 年)到万历二十年(1592 年),太仓银库岁入银两的增长十分明显。如果把嘉靖二十七年(1548 年)太仓银库岁入银两 2,000,000 两的指数定为100.00,那么隆庆元年至万历二十年间太仓银库岁入银两及其指数,可列为下表:

---

[1] 全汉昇、李龙华:《明中叶后太仓岁入银两研究》,载《香港中文大学中国文化研究所学报》第五卷第一期。
[2] 参看岩井茂树:《张居正财政的课题和方法》,载岩见宏、谷口规矩雄编:《明末清初期的研究》(京都大学人文科学研究所,1989 年)。
[3] 参看岩井茂树前揭论文。
[4] 参看岩井茂树前揭论文。

年　份	太仓银库岁入银数（两）	指　数
隆庆元年（1567 年）	2,014,200	100.71
隆庆二年（1568 年）	2,300,000	115.00
隆庆三年（1569 年）	2,300,000	115.00
隆庆四年（1570 年）	2,300,000	115.00
隆庆五年（1571 年）	3,100,000	155.00
万历元年（1573 年）	2,819,153	140.96
万历五年（1577 年）	4,359,400	217.97
万历六年（1578 年）	3,559,800	177.99
万历八年（1580 年）	2,845,483	142.27
万历九年（1581 年）	3,704,281	185.21
万历十一年（1583 年）	3,720,000	186.00
万历十三年（1585 年）	3,700,000	185.00
万历十四年（1586 年）	3,890,000	194.50
万历十八年（1590 年）	3,270,000	163.50
万历二十年（1592 年）	4,512,000	225.60

［资料来源］全汉昇、李龙华：《明中叶后太仓岁入银两的研究》，载《香港中文大学中国文化研究所学报》第五卷第一期，第 137—138 页。

这是万历新政所带来的引人注目的变化。万历时期成为明王朝最为富庶的几十年，决不是偶然的。

第三章
大　婚

一、大婚

朱翊钧一天天长大，万历四年（1576 年）五月间，他开始束发。古代男孩成童时束发为髻，因而束发为成童的代称。对于已成为皇帝的朱翊钧而言，束发非比一般。因此，束发大礼在宫中作为一个重要礼仪举行了。接着宫中又着手为皇上大婚做筹备工作。承运库太监崔敏等人为了皇上大婚需用金珠宝石等物品，援引先例，要户部加紧采买。由于张居正推行开源节流的财政改革，主张节省宫中不必要的开支，户科都给事中光懋（字子英，号吾山，山东阳信人）上疏指出，各边军费及修河、开海、蠲赈都要大笔开支，皇上所需金珠宝石照例应由内府（按：指主管宫内财政的机构）负责，而户部是主管国家财政，供给军国之需的机构。命户部为宫内采买金珠，不合章程。户部也持这种看法，所以向皇上建议：拟如光懋所言。朱翊钧看了这一奏疏，不予批准，依旧根据承运库太监所请，命户部采买大婚需用金珠宝石。①

朱翊钧一如乃父穆宗，常常标榜自己"躬行俭约"，其实是装点门面的。万历四年十二月某天，他来到文华殿讲读，撩起身上的龙袍问张居正："此袍何色？"张居正回答说："青色。"朱翊钧立即予以纠正说，不是青色而是紫色，因为穿久了褪色成这个样子。张居正

---

① 《明神宗实录》卷五一，万历四年六月丁丑。

本来就主张节俭,听皇上如此说,便乘机规劝:既然此色易褪,请少做几件。世宗皇帝的衣服不尚华靡,只取其耐穿。每穿一袍,不穿到破旧是不更换的。而先帝(穆宗)则不然,一件新衣穿一次就不要了。希望皇上以皇祖(世宗)为榜样,如果节约一件衣服,那么民间百姓几十人可有衣穿;如果轻易丢弃一件衣服,那么民间就有几十人要挨冻。朱翊钧原本是借穿旧衣标榜自己节俭的,不料元辅张先生却发了一大通议论,他只能点头称是。[①] 但是他对大婚采买金珠宝石的巨额开支,却毫不吝啬。

后来,根据户部的报告,为了皇上大婚,采买各色珍珠重达八万两,足色金二千八百两,九成色金一百两,八成色金一百两。[②] 委实是一笔不小的开支。

大婚的准备工作已在紧锣密鼓地进行中。万历五年(1577年)正月,朱翊钧的嫡母仁圣皇太后、生母慈圣皇太后为此宣谕礼部,为皇上选婚——选择皇后。

为了迎接大婚,兴师动众地把乾清宫(皇帝寝宫)修缮一新。不久宫中传出两宫皇太后的旨意,要重修慈庆宫与慈宁宫——两宫皇太后的常御之所。表面上说是要主管衙门将慈庆、慈宁两宫"修理见新,只做迎面",实际是要重修。辅臣张居正委婉地说明,慈庆宫、慈宁宫万历二年(1574年)时曾大修过,巍崇隆固,彩绚辉煌,距今还不到三年,壮丽如故,不必重修。况且目前工部及工科屡次上疏,提及"工役繁兴,用度不给"。对此,皇上已有圣旨:"以后不急工程,一切停止。"如果现在无端又兴此役,岂不显得皇上明

---

① 《明神宗实录》卷五七,万历四年十二月庚申。
② 《明神宗实录》卷六二,万历五年五月辛丑。

旨不信于人。朱翊钧不得已，接受了这一劝谏，命文书房太监口传圣旨："先生忠言，已奏上圣母停止了。"①

万历五年（1577 年）八月初四日，仁圣皇太后、慈圣皇太后鉴于已选定锦衣卫指挥使王伟长女为皇后，传谕礼部，大婚之时一应礼仪，要该部会同翰林院议定。② 八月初六日，钦天监遵旨报告，选择大婚吉期宜用十二月。张居正以为今年十二月似嫌太早，明年十二月又太迟，于是奏请两宫皇太后准予更改。他指出："祖宗列圣婚期，多在十六岁出幼之年……今皇上圣龄方在十五，中宫（皇后）亦止十四岁。若在来年十二月，则过选婚之期一年有余，于事体未便。若即今年十二月，则又太早。"但是钦天监这个专管观察天象、推算节气历法的机构，却一口咬定："一年之间，只利十二月，余月皆有碍。"

张居正一向对天变节气之类不甚相信，对钦天监的这一推断颇不以为然。他认为，帝王之礼，与士人庶民之礼不同，"凡时日禁忌，皆民间俗尚"，不必尽拘泥于此。他说："臣居正素性愚昧，不信阴阳选择之说。凡有举动，只据事理之当为，时势之可为者，即为之，未尝拘泥时日，牵合趋避。"正巧，皇太后的意思也以为明年二三月举行大婚较妥。张居正便建议选择此时，不迟不早，最为协中。③ 当天，文书官口传皇太后谕旨："先生说的是，今定以明年三月。"次日，朱翊钧也降旨："朕奉圣母慈谕，着于明年三月内择吉行礼。"④

---

① 张居正：《张文忠公全集》卷五《请停止内工疏》。《明神宗实录》卷六二，万历五年五月戊申。
② 《明神宗实录》卷六五，万历五年八月己未。
③ 张居正：《张文忠公全集》卷五《奏请圣母裁定大婚吉期疏》。
④ 《明神宗实录》卷六五，万历五年八月辛酉。

大婚的吉期就这样定下来了：明年三月内择吉举行。

皇帝的大婚礼仪十分繁琐。先期须向皇后行纳采问名礼，而且得由元老重臣作为正副使节前往。礼部遵照皇上旨意，决定由英国公张溶为正使，大学士张居正为副使。但张居正还在服丧期间，一直是青衣角带入阁办公，不适宜参与如此吉庆大典。朱翊钧也知道张居正有所顾虑，特地差文书官邱得用向张居正口传圣旨，转告了太后的慈谕："这大礼还着元辅一行，以重其事。"又要邱得用传达他本人的旨意："忠孝难以两尽。先生一向青衣角带办事，固是尽孝。但如今吉期已近，先生还宜暂易吉服在阁办事，以应吉典。出到私宅，任行服制。"正月十七日，朱翊钧特地要文书官给张居正送去坐蟒、胸背蟒衣各一袭，说是圣母赏赐的，并要他从正月十九日起，身穿吉服入朝办事。①

不料，此事遭到户科给事中李涞（字源甫，号养愚，江西雩都人）的反对。他以为张居正丁忧守制，有丧在身，不宜任副使。他说："皇上之留居正，固以军国重事，不可无社稷臣，大婚副使与经国筹边不同。况肇举大礼，以守制者行之，将事违其宜，非所以为观。乞别荐大臣任使，以光盛典。"②这话说得并非毫无道理，只是有点不合时宜，朱翊钧当然不高兴。

于是，他命文书官拿了李涞的奏本及他的手札，送到内阁，让张先生过目。手札类似便条、信函，不比圣旨，行文较随意，充分显示了朱翊钧的个性。手札写道：

① 《万历起居注》，万历六年正月十八日。《明神宗实录》卷七一，万历六年正月庚午。
② 《明神宗实录》卷七一，万历六年正月庚午。

昨李涞说，大婚礼不宜命先生供事。这厮却不知出自圣母面谕朕，说先生尽忠尽不的孝。重其事，才命上公（即英国公）、元辅执事行礼。先生岂敢以臣下私情，违误朝廷大事！先朝夺情起复的，未闻不朝参、居官、食禄，今先生都辞了，乃这大礼亦不与，可乎？看来，今小人包藏祸心的还有，每遇一事，即借言离间。朕今已鉴明了，本要重处他，因时下喜事将近，姑且记着，从容处他。先生只遵圣母慈命要紧，明日起暂从吉服，勿得因此辄事陈辞。[①]

张居正接到圣母与皇上的谕旨、手札后，当天（正月十八日）立即上疏，请皇上另派大臣充当副使。其实这种自谦，完全是一种姿态。在他心中早已接受了这一委派，对李涞之流的议论颇不以为然。他说："圣母与皇上以腹心手足待臣，实与群臣不同。故凡国家大事，皆欲臣为之管领；而臣亦妄信其愚，不敢以群臣自处。凡可以摅忠效劳者，皆不避形迹，不拘常礼，而冒然以承之。"态度非常明朗，他将不拘常礼地参加皇上大婚的一切礼仪活动。朱翊钧再次坚持成命："只遵奉圣母慈命，勿以小人之言自阻。"[②]于是，张居正便从正月十九日起，遵旨身穿吉服入朝办公，与往昔毫无两样地参与一切吉庆大典。

随着皇帝大婚日子的临近，朱翊钧的生母慈圣皇太后向元辅张先生提出即日从乾清宫搬回慈宁宫的想法。为了表示郑重起

见，慈圣皇太后差司礼监随堂太监张鲸、慈宁宫管事太监谨柯一同到张居正私第传达她的慈谕。她在慈谕中写道：

> 皇帝大婚在迩，我当还本宫，不得如前时，常常守着看管。恐皇帝不似前向学勤政，有累圣德，为此深虑。先生亲受先帝付托，有师保之责，此别不同。今特申之，故谕。外赐坐蟒、蟒衣各一袭，彩缎八表里，银二百两，用示惓惓恳切至意。①

张居正捧读慈谕之后，不由得想起当年皇上即位时，圣母欲迁居慈宁宫的往事。当时正是他上疏劝圣母留在乾清宫的，他曾说：皇上年龄还小，圣母慈驾还是暂时居住乾清宫，与皇上朝夕相处为好，俟皇上大婚之后，再移居也来得及。圣母接受了这一建议，便与皇上同住在乾清宫暖阁。阁中两床东西相向，太后、皇上对榻而寝。太后对皇上管束极严，规定宫女三十岁以下者不许在皇上左右供事；皇上每日视朝、讲读之后，立即返回乾清宫侍奉圣母；除非得到太后许可，不得迈出殿门一步；饮食起居都有节度，小有违越，即当面谴责。因此，朱翊钧即位以来多年举动没有大的过失，仍保持着莹粹纯真的秉性，实赖母后训迪调护之功。② 耳提面命，无异于垂帘听政。一晃几年过去了，慈圣皇太后遵照前议，要搬回慈宁宫去了，希望张居正能担当起师保之责——元辅与帝师的双重职责，代她看管好皇帝。

张居正一向对慈圣皇太后极为尊重，对她的为人甚为钦佩，接到慈谕后，立即上疏，向太后致谢。在奏疏中，张居正追怀当年先

---

① 张居正：《张文忠公全集》卷六《谢皇太后慈谕疏》。
② 《万历起居注》，万历六年正月二十一日。

帝付托的情景,对太后担当起对小皇帝躬亲教育的责任,给予极高的评价。他说:"使非礼之言不得一闻于耳,邪媟之事不敢一陈于前。""凡面命耳提,谆谆教戒,不曰亲近贤辅,则曰听纳忠言;不曰怀保小民,则曰节省浮费。盖我圣母之于皇上,恩则慈母也,义则严师也。"①这些话并非吹捧,事实确实如此。因此当皇太后提出要迁回本宫时,张居正颇感踌躇,终于提出了一个折衷方案:今日暂回慈宁宫,明日仍返乾清宫,与皇上同处,待到册立皇后之后,再定居于慈宁宫。这就有了一个缓冲与过渡的时间,慈圣皇太后接受了这一建议。②

正月二十七日,朱翊钧在皇极殿十分隆重地宣布:"以都督同知王伟长女为皇后,遣英国公张溶、大学士张居正持节,行纳采问名礼。"③

纳采问名礼是古代婚礼程式的第一步。据《大唐开元礼》的规定,按照儒家"六礼"的原则,有纳采、问名、纳吉、纳征、请期、亲迎六个步骤。

纳采,原意为纳其采择,由男方派使者到女方送求婚礼物。纳采这一天,使者公服执雁来到女家门口,女方主人出迎,入门升堂,使者授雁,以雁为贽,取其顺阴阳往来之义。

问名,即纳采礼毕,使者回到门外,执雁问名——询问女方姓名。女方家长再次迎使者入内,设酒食招待。

皇帝纳后的纳采问名礼极为隆重。预先要选择日子,祭告天

① 张居正:《张文忠公全集》卷六《谢皇太后慈谕疏》。
② 《明神宗实录》卷七一,万历六年正月癸酉。
③ 《明神宗实录》卷七一,万历六年正月己卯。

地、宗庙。到了纳采问名礼的前一天,在奉天殿设皇帝御座,由鸿胪寺在皇帝御座前设置节案、制案。所谓节案,就是供置符节——使者所持凭证的几案;所谓制案,就是供置纳采问名制书(皇帝写的诏书)的几案。内官监与礼部把纳采问名的礼物陈列于文楼下,教坊司则在殿内设置中和乐的乐器、乐队。到了那天早晨,皇上头戴衮冕,身穿龙袍,来到奉天殿,按照常仪升座。文武官员一律身穿朝服,叩头完毕,分左右两班。这时由传制官宣读制书:兹选都督同知王伟长女为皇后,命卿等持节行纳采问名礼。正副使取符节、制书,放入采轿中,仪仗队、乐队前导,从中门中道前行,出大明门外。正副使换吉服,乘马前往皇后府第行礼。礼官宣布:奉制建后,遣使行纳采问名礼。正副使捧制书、符节先行,主婚人随行,在正堂放下制书、符节。然后,行礼,正副使持符节,随答问名表退出,将符节、表案放入采轿中。一行人等在正副使带领下,经大明门,进至奉天门外,把答问名表、符节交给司礼监太监,捧入复命。纳采问名礼便告结束。①

慈圣皇太后是一位负责的母亲,当她即将离开乾清宫时,特地给将要完婚的儿子发去一道慈谕。二月初二日慈圣皇太后给皇帝的慈谕写道:

> 说与皇帝知道,尔婚礼将成,我当还本宫。凡尔动静食息,俱不得如前时闻见训教,为此忧思。尔一身为天地神人之主,所系非轻。尔务要万分涵养,节饮食,慎起居,依从老成人

---

① 《大明会典》卷六七《礼部二五·婚礼一·皇帝纳后仪·纳采问名》。《明神宗实录》卷七一,万历六年正月己卯。

谏劝。不可溺爱衽席,任用非人,以贻我忧。这个便可以祈天永命,虽虞舜大孝不过如此。尔敬承之,勿违。①

朱翊钧把这一道慈谕拿给张居正看了。张居正乘机劝谏皇上,要仰体慈心,服膺明训。不但要听从母后面命,尤要重视执行。那就是说,大婚之后,皇上视朝与讲学应该比以前更加勤敏,日常生活起居要万分保爱撙节,兢兢业业,如同母后在身边监督时一样。朱翊钧自然明白,母后离开乾清宫,已将日后管教他的责任付托给了这位元辅兼帝师的张先生,所以他向张先生表示:"朕当倦倦服膺,尚赖卿等朝夕诲纳。"②

与此同时,慈圣皇太后还发出两道谕旨。一道给内夫人(乾清宫宫女领班)等:"说与夫人、牌子(乾清宫管事太监)知道,我今还宫,皇帝、皇后食息起居,俱是尔等奉侍,务要万分小心,督率答应的并执事宫人,勤谨答应,不可斯须违慢。如皇帝、皇后少违道理,亦须从容谏劝,勿得因而阿谀,以致败度败礼。亦不可造捏他人是非,暗图报复恩怨。如有所闻,罪之不恕。"

一道给司礼监太监冯保等:"说与司礼监太监冯保等知道,尔等俱以累朝耆旧老成重臣,冯保又亲受先帝顾命,中外倚毗,已非一日。但念皇帝冲年,皇后新进,我今还本宫,不得如前时照管。所赖尔等重臣,万分留心,务引君于当道,志于仁义。倘一切动静之间,不由于理,不合于义,俱要一一谏劝,务要纳之于正,勿得因而顺从,致伤圣德。尔等其敬承之勿替。"③

---

① 《万历起居注》,万历六年二月二日。《明神宗实录》卷七二,万历六年二月癸未。
② 张居正:《张文忠公全集》卷六《乞遵守慈谕疏》。
③ 以上均见:《万历起居注》,万历六年二月二日。《明神宗实录》卷七二,万历六年二月癸未。

这是慈圣皇太后在离开乾清宫、返回慈宁宫前夕,对放心不下的事情的关照。

就在这一天,朱翊钧在皇极殿宣布:聘都督同知王伟长女为皇后。并派遣定国公徐文璧、大学士吕调阳、张四维等行纳吉、纳征、告期礼。

纳吉,即男方把问名后占卜的好结果通知女方。

纳征,也称纳币,即男方将聘礼送往女方。

告期,也称请期,男方占卜得结婚的吉日,把日期通知女方。

纳吉纳征告期礼,大多与纳采问名礼相类似,所不同的是,礼物更为丰富。

二月初八日,十六岁的朱翊钧按照礼仪进行上巾礼(加冠礼),这是大婚前必不可少的一项礼仪。按照祖宗旧制,前一天,内使监太监就在奉天殿正中布置好了御冠席,又在南面设立冕服案及香案、宝案。到了这一天,举行隆重的礼仪,最后,百官拱手加额高呼:万岁!万岁!万万岁!典仪官高唱:礼毕!侍仪官入奏:礼毕!皇帝起身离开,乐声大作,百官依次退出。然后,皇帝改服通天冠、绛纱袍,入宫拜谒太后。[1]

二月十九日,朱翊钧在皇极门宣布:遣英国公张溶充正使持节,大学士张居正等捧制敕册宝,前往皇后府第,举行奉迎礼,宣读册立皇后的册书,迎皇后进入宫中。

接下来便是举行合卺礼。合卺礼是古代结婚仪式。《礼记·昏仪》说:"合卺而酳。"据孔颖达的解释,把一个瓠分为两个

[1]《大明会典》卷六三《礼部二〇·冠礼一》。张廷玉等:《明史》卷五四《礼志·皇帝加元服仪》。

瓢，称为卺，丈夫与妻子各执一瓢，舀酒漱口，就是所谓合卺。后来把婚礼雅称合卺，典出于此。不过，皇帝与皇后的合卺礼所用的瓢，要讲究多了。举行合卺礼那天，太监先在正宫殿内设皇帝座于东，皇后座于西，在帝后座位正中稍南设置酒案，上面放着四个金爵（酒器）和两个卺。待皇帝、皇后谒奉先殿之后，内侍与女官请皇帝、皇后各就更衣处，皇帝换上皮弁服，皇后也更衣，来到内殿。女官取金爵酌酒呈上，帝后饮毕；女官再送上菜肴。然后由女官以卺酌酒，帝后合和以进。礼毕，帝后再到更衣处换上便服。①

二月二十日，合卺礼的次日，帝后一起举行朝见两宫皇太后礼。二十一日早晨，皇帝穿冕服，皇后穿礼服，一起前往两宫皇太后处举行谢恩礼。谢恩礼毕，朱翊钧来到皇极殿，以册立中宫（皇后）诏告天下。② 二十二日，朱翊钧以大婚礼成，接受文武百官上朝庆贺。与此同时，传旨："册刘氏为昭妃，杨氏为宜妃，礼部具仪，择日来闻。"③三月初三日，朱翊钧在皇极殿宣布：册刘氏为昭妃，杨氏为宜妃，遣徐文璧、杨炳持节，吕调阳、张四维捧册，举行册立仪式。④ 三月初四日，以皇帝大婚礼成，礼部遵旨加两宫皇太后尊号：仁圣皇太后为仁圣懿安皇太后，慈圣皇太后为慈圣宣文皇太后，并为此祭告天地、宗庙、社稷。⑤

朱翊钧从此开始了新的宫闱生活。

---

① 《大明会典》卷六七《礼部二五·婚礼一·皇帝纳后仪》。
② 《明神宗实录》卷七二，万历六年二月辛丑，万历六年二月壬寅。
③ 《明神宗实录》卷七二，万历六年二月癸卯。
④ 《明神宗实录》卷七三，万历六年三月甲寅。
⑤ 《明神宗实录》卷七三，万历六年三月乙卯。

二、张居正归葬

万历六年（1578 年）二月二十八日，张居正因皇上大婚礼成，向皇上递上了《乞归葬疏》，要求请假回家安葬父亲。

朱翊钧不同意，回答说："卿受遗先帝，辅朕冲年，殚忠宣劳，勋猷茂著。兹朕嘉礼初成，复奉圣母慈谕，倦倦以朕属卿，养德保躬，倚毗方切，岂可朝夕离朕左右！况前已遣司礼监官营葬，今又何必亲行？宜遵先后谕旨，勉留匡弼，用安朕与圣母之心，乃为大忠至孝。所请不允。"①

二十九日，张居正再次上疏乞求归葬。疏文写得十分恳切："痛念先臣生臣兄弟三人，爱臣尤笃。自违晨夕，十有九年，一旦讣闻，遂成永诀。生不得侍养焉，殁不得视含焉，今念及此，五内崩裂。……数月以来，志意衰沮，形容憔悴，惟含恸饮泣，屈指计日，以俟嘉礼之成，冀以俯遂其初愿耳。……比得家信，言臣父葬期择于四月十六日。如蒙圣慈垂怜，早赐俞允，给臣数月之假……是今虽暂旷于数月，而后乃毕力于终身。皇上亦何惜此数月之假，而不以作臣终身之忠乎！"②

朱翊钧终于感动了，批准了他的请假，但限期返京："葬毕，就着前差太监魏朝敦趣上道，奉卿母同来，限至五月中旬到京。"③

---

① 《万历起居注》，万历六年二月二十八日。
② 张居正：《张文忠公全集》卷七《再乞归葬疏》。
③ 《万历起居注》，万历六年二月二十九日。

朱翊钧虽然批准张居正归葬,总是不放心,于三月十日派司礼监太监王臻到张居正府第,一是为了赏赐路费银五百两,二是对一些朝政大事有所关照,希望他按时返回。王臻面交了皇上的手谕,那上面写道:"朕大礼甫成,倚毗先生方切,岂可一日相离! 但先生情词迫切,不得已准暂给假襄事,以尽先生孝情。长途保重,到家少要过恸,以朕为念,方是大孝。五月中旬,就要先生同母到京,万勿迟延,致朕悬望。又,先生此行,虽非久别,然国事尚宜留心。今赐先生'帝赉忠良'银记一颗,若闻朝政有阙,可即实封奏闻。"①流露出对张居正的无限信任,要他在家中对内阁事务进行遥控。

三月十一日,是朱翊钧在文华殿讲读的日子,张居正到文华殿向皇上当面辞行。朱翊钧在文华殿西室召见了张居正,两人之间进行了一场颇动感情的对话。

张居正说:"臣仰荷天恩,准假归葬。今特降手谕,赐路费银两、表里及银记一颗。臣仰戴恩眷非常,捐躯难报。"

朱翊钧说:"先生近前来些!"

张居正走到御座前,朱翊钧望着他,关照道:"圣母与朕意,原不肯放先生回,只因先生情词恳切,恐致伤怀,特赐允行。先生到家事毕,即望速来。国家事重,先生去了,朕何所倚托?"

张居正叩头谢恩,然后说:"臣之此行,万非得已。然臣身虽暂违,犬马之心,实无时刻不在皇上左右。伏望皇上保爱圣躬,今大婚之后,起居食息,尤宜谨慎。这一件是第一紧要事,臣为此日夜

① 《万历起居注》,万历六年三月十日。《明神宗实录》卷七三,万历六年三月辛酉。

放心不下。伏望圣明万分撙节保爱。又，数年以来，事无大小，皇上悉以委之于臣，不复劳心。今后皇上却须自家留心。莫说臣数月之别，未必便有差误。古语说：'一日二日万几，一事不谨，或贻四海之忧。'自今各衙门章奏，望皇上一一省览，亲自裁决。有关系者，召内阁诸臣，与之商榷停当而行。"

朱翊钧说："先生忠爱，朕知道了。"

张居正说："臣屡荷圣母恩慈，以服色不便，不敢到宫门前叩谢，伏望皇上为臣转奏。"

朱翊钧说："知道了。长途保重，到家勿过哀。"

张居正不胜感恋，竟伏地痛哭起来。

朱翊钧劝慰道："先生少要悲痛。"话还未完，自己也哽咽流涕。张居正见此情景，赶忙叩头告退。只听得皇上对左右侍从说："我有好些话，要与先生说，见他悲伤，我亦哽咽，说不得了。"①

朱翊钧之于张居正，除了严肃的君臣关系之外，还多了一份师生亲情，成年累月在一起探讨新政，相得益彰。一旦张居正离去，朱翊钧实在舍不得。一则他身边确实少不得张先生，二则新政正在展开，张居正离开之后唯恐有变。张居正告辞后，朱翊钧依恋之情犹然，便命文书官孙斌与文华殿暖阁管事太监李忠一起前往张府，转达他的情意。

慈圣皇太后也派慈宁宫管事太监李旺前往张府，赏赐银八宝豆叶六十两，作旅途赏人之用，并口头传达她的慈谕："先生行之后，皇上无所倚托。先生既舍不得皇帝，到家事毕，早早就来，不要待人催取。"②这段话，其实道出了朱翊钧母子共同的心情，都希望

① 张居正：《张文忠公全集》卷七《召辞纪事》。《张文忠公全集》卷七《谢召见面辞疏》。
② 《明神宗实录》卷七三，万历六年三月壬戌。

张居正尽快返回,主持朝政。

三月十三日,朱翊钧照例视朝。这一天,是张居正离京的日子,他特命司礼监太监张宏到京郊为张居正饯行,张居正拜别前来送行的同僚,即启程上路。①

张居正走后,次辅吕调阳本应代理阁务。朱翊钧却于三月十五日下了一道手谕给吕调阳等人,一切国家大事不得擅作决定。他在手谕中特别强调:"一切事务都宜照旧,若各衙门有乘机变乱的,卿等宜即奏知处治。大事还待元辅来行。"②这样,一方面,显示了朱翊钧支持张居正推行新政的决心,不准各衙门乘元辅离京之机变乱新政;另一方面,也表露了他对内阁辅臣中位居第二的吕调阳的不甚信赖。

这对吕调阳而言,处境相当难堪。所以他领旨后,立即回奏:"遇有事情重大,费处分,亦先奏闻皇上,待居正至日定议请行。"③不过他内心却很苦闷。新入阁的马自强虽曾与张居正有过矛盾,但此次蒙他提携,颇为感恩戴德;张四维、申时行,都是张居正的亲信;吕调阳不过摆设而已。此时恰逢辽东捷报传来,朱翊钧不仅归功于张居正调度有方,而且撇开吕调阳,派出使者快马加鞭赶到江陵,要张居正拟订赏赐条例。此事着实让吕调阳感到内惭之极。④ 既然自己是可有可无的,况且身体又欠佳,便于四月十一日向皇上再次提出辞呈,这是他第六次上疏"乞归"了。朱翊钧不想让他在这时辞去，劝他继续留任，并派御医为他看病。吕调阳赶忙上疏致谢，"乞归"之事只好暂缓。

四月十六日，张居正之父张文明的棺材葬入了太晖山。这是皇上敕赐的坟地。既然皇太后、皇帝都如此重视元辅之父的葬礼，各级地方官员岂敢怠慢！参加葬礼的官员，有朱翊钧派来营葬的司礼监太监魏朝，工部主事徐应聘，有专程前来谕祭的礼部主事曹诰，有护送张居正的尚宝司少卿郑钦、锦衣卫指挥佥事史继书，有湖广巡抚陈瑞、抚治郧襄都御史徐学谟，以及其他地方官员。

归葬已毕，照理张居正该启程返京了。他考虑到正值酷暑，老母年迈难耐旅途炎热，便上疏皇上，请求推迟归期。大约在八九月间天气凉爽时，扶持母亲一同赴京。①

朱翊钧接到奏疏后，明确表示不得宽限，并派文书官拿了此疏到内阁传谕："朕日夜望其早来，如何又有此奏！"于是，内阁、都察院等各部门官员纷纷上疏，请皇上敦促张居正尽快返京。② 朱翊钧当即发出圣旨："朕日夜望卿至，如何却请宽限！着留先差太监魏朝，待秋凉伴送卿母北来，卿宜作速上道，务于五月终到京，以慰朕怀，方是大忠大孝。"同时又写了一道敕谕，差锦衣卫负责官员星夜赶往江陵，守催张居正，务必于五月末回京办公，允许留下太监魏朝，待秋凉后伴送张母北上。③

五月十六日，锦衣卫指挥佥事翟汝敬抵达江陵张府，开读皇帝

---

① 张居正：《张文忠公全集》卷七《请宽限疏》。《明神宗实录》卷七四，万历六年四月庚戌。
② 张廷玉等：《明史》卷二一三《张居正传》。
③ 《明神宗实录》卷七四，万历六年四月庚戌。张居正：《张文忠公全集》卷七《奉谕还朝疏》。

敕谕：

> 　　朕念卿孝心恳切，不忍固违，暂准回籍襄事，限五月中旬
> 回京，实非得已。自卿行后，朕惓惓注念，朝夕计日待旋。兹
> 览来奏，复请宽假，欲待秋凉，奉母同来，殊乖朕望。兹特命锦
> 衣卫指挥佥事翟汝敬驰驿星夜前去，守催起程。卿母既高年
> 畏热，着先差太监魏朝留待秋凉，伴送来京。卿可即日兼程就
> 道，务于五月末旬回阁办事。

为了表示对元辅张先生的尊重，朱翊钧还让翟汝敬捎去书信
一封。信中写道：

> 　　元辅张先生：自先生辞行之后，朕心日夜悬念，朝廷大政
> 俱暂停以待。今葬事既毕，即宜遵旨早来，如何又欲宽限！兹
> 特遣锦衣卫堂上官赍敕催取。敕到，即促装就道，以慰惓
> 惓……①

如此郑重其事的催促，张居正岂敢怠慢！当即于五月二十一
日起程北上。张居正所过之处，地方长官都亲自迎送，行长跪礼，
并身为前驱开道。路经襄阳，襄王也破例迎候，为张居正设宴接
风。按照当时惯例，哪怕位居公侯的元老重臣，谒见藩王（亲王）
时，也要执臣礼。张居正还不具备公侯头衔，见襄王时仅执宾主之
礼，不过作一长揖而已；宴请时，还位居上座。② 足见张居正权势

---

① 张居正：《张文忠公全集》卷七《奉谕还朝疏》。
② 张廷玉等：《明史》卷二一三《张居正传》。

显赫,连藩王也不敢轻忽。这在明代实属罕见。按照礼仪,天子出行,到藩王境内,藩王须出迎拜谒。但也有不少例外,武宗巡游频繁,均未见藩王出迎拜谒之事。只有嘉靖十八年(1539年)世宗至承天府,预先敕谕路近藩王出城候驾,于是赵王迎于磁州,汝王迎于卫辉,郑王迎于新郑,徽王迎于钧州,唐王迎于南阳。明朝旧制规定,藩王非迎驾及扫墓,不许出城一步。唯独此次张居正路过,襄王、唐王都出郊迎谒,而且主宾倒置,不是张居正行朝见伏谒之礼,而是襄王、唐王以奉迎为幸事。当时人议论纷纷,以为张居正"僭紊至此,安得不败!"①

张居正原拟五月底赶回北京,途中遇到滂沱大雨,耽搁了一些时日。

六月十五日,张居正抵达北京城郊,朱翊钧特命司礼监太监何进在真空寺设宴接风。何进还口传圣旨:"若午时分(按:中午)进城,便着张先生在朝房稍候,朕即召见于平台。若未时分(按:午后)进城,着先生迳到宅安歇,次日早,免朝召见。"②足见朱翊钧对张居正企盼之心切,也足见他对元辅张先生的尊重确实无以复加。

十六日一早,文武百官列班迎接张居正入朝。朱翊钧随即在文华殿西室召见张居正。君臣之间不过小别三月,似乎久别重逢,有许多衷肠要诉说。两人进行了多年罕见的一次长谈。

朱翊钧先开口:"先生此行,忠孝两全了。"

张居正答谢:"臣一念乌鸟私情,若非圣慈曲体,何由得遂? 感恩图报之忱,言不能宣,惟有刻之肺腑而已。"

① 沈德符:《万历野获编》卷四《亲王迎谒》。
② 张居正:《张文忠公全集》卷七《谢遣官郊迎疏》。

朱翊钧说:"暑天长路,先生远来辛苦。"

张居正叩头谢恩,并为违限超假向皇上请罪。

朱翊钧安慰道:"朕见先生来,甚喜。两宫圣母亦喜。"

张居正也表达了对皇上及太后的挂念,说:"臣违远阙庭,倏忽三月,然犬马之心,未尝一日不在皇上左右。不图今日重睹天颜,又闻圣母慈躬万福,臣不胜庆忭。"

朱翊钧说:"先生忠爱,朕知道了。"接着便转换话题,问道:"先生沿途见稼穑何如?"

张居正便报告了经过河南、畿辅(今河北)等地麦子丰收、稻苗茂盛的情形。

朱翊钧又问:"黎民安否?"

张居正答:"各处抚按有司官来见,臣必仰诵皇上奉天保民至意,谆谆告诫,令其加意爱养百姓,凡事务实,勿事虚文。臣见各官兢兢奉法,委与先年不同。以是黎民感德,皆安生乐业,实有太平之象。"

朱翊钧又问:"今边事何如?"

张居正答:"昨在途中,见山西及陕西三边督抚、总兵官,具有密报,说虏酋俺答(蒙古鞑靼部首领)西行,为挨落达子(蒙古瓦剌部)所败,损伤甚多,俺答仅以身免。此事虽未知虚实,然以臣策之,虏酋真有取败之道。夫夷狄相攻,中国之利,此皆皇上威德远播,故边境义安,四夷宾服。"说完便叩头称贺。

鞑靼、瓦剌是明朝北边大患,隆庆年间根据张居正等人的建议,对俺答实行封贡互市,封俺答为顺义王,加以笼络。朱翊钧听了说:"此先生辅佐之功。"张居正则就此事引导皇上,切不可轻视俺答,仍应封贡如初,使之感德益深,永不背离。朱翊钧听了喜孜孜的,再三首肯:"先生说的是。"

要谈的话差不多了,朱翊钧为了表示关怀,对张居正说:"先生沿途辛苦,今日见后,且在家休息十日了进阁。"还吩咐司礼监太监张宏引导张居正到慈庆宫、慈宁宫,朝谒两宫皇太后。①

到了九月十五日,张居正母赵氏在司礼监太监魏朝伴护下,抵达京郊。朱翊钧特命司礼监太监李佑到郊外慰劳,两宫皇太后也遣太监张仲举、李用前往郊外慰劳。② 稍事休息后,魏朝陪同张母进城。一路上,仪从煊赫,路人围观如堵。③

三天后,朱翊钧及两宫皇太后命太监前往张府,赏赐张母金银珠宝等大量财物。

这是何等的恩宠,何等的荣耀! 皇帝与皇太后对张居正母亲如此恩礼有加,如此亲如家人,实为君臣关系所罕见。正如《明史》所说,皇帝与皇太后对待张母,"几用家人礼"④。对待皇亲国戚的恩礼与此相比,也有所不及。处处透露了朱翊钧与元辅张先生的关系非同寻常,朱翊钧母子与张居正母子之间,既有君臣关系的一面,也有超越君臣关系的两家人之间的人情关系。帝王也是人,也有人情世故,只是很少流露罢了。

还在张居正归葬江陵时,朱翊钧收到了户部员外郎王用汲(字明受,福建晋江人)弹劾张居正专擅朝政的奏疏。这篇题为《为乞察总宪大臣欺罔以重正气以彰国事》的奏疏,从张居正归葬时官僚间的纠葛写起,名义上是弹劾都御史陈炌,实则攻击张居正喜好阿

---

① 张居正:《张文忠公全集》卷七《谢召见疏》。《明神宗实录》卷七六,万历六年六月丙申。
② 《明神宗实录》卷七九,万历六年九月癸亥。
③ 张廷玉等:《明史》卷二一三《张居正传》。
④ 张廷玉等:《明史》卷二一三《张居正传》。

谀奉承。

张居正父亲的葬礼，湖广的各级官员都到了，唯独巡按御史赵应元(字文宗，号仁斋，陕西泾阳人)不来，张居正心中有点怏怏然，只是没有明显地表露出来，但是给他的门客、现任都御史王篆察觉到了。事后，赵应元接到新任命，但托病推辞。王篆抓住此事，嘱咐都御史陈炌弹劾赵应元有意规避，使赵应元遭到朱翊钧降旨除名的处分。王用汲对此不胜愤慨，便向皇上递上了这份奏疏，以澄清事实真相。

王用汲说，臣近读邸报，内叙四月十六日张居正葬父于大晖山之原，湖广官员毕集，独巡按御史赵应元不见。数月后，赵应元因患病乞休，都御史陈炌求悦辅臣，参论赵托病欺罔。文章就由此做开去。他对皇上只知其一不知其二，有所微词，说："陛下但见炌之论劾应元，恣肆任情，巧为趋避，即罢斥之有余辜也。至其意之所从来，不为其事，而为其人；不为此事，而为他事。陛下安得而知之。"言外之意是赵应元遭罢斥，原因在于得罪了张居正。王用汲为了论证这一点，列举了近年来遭到"惩抑"的官员，大半都是"不附宰臣之人"。反之，"凡附宰臣者，亦窃得各酬其私"。下面几句话是全疏的关键，分量最重：

> 以臣观之，天下无事不私，无人不私，独陛下一人公耳。陛下又不躬自听断，而委政于众所阿奉之大臣。大臣益得成其私而无所顾忌，小臣益苦行私而无所诉告，是驱天下而使之奔走乎私门矣。①

---

① 钱一本：《万历邸钞》，万历六年戊寅卷。张廷玉等：《明史》卷二二九《王用汲传》。

这里所说"众所阿奉之大臣",与上面所说的"宰臣",都是直指张居正的。这还不算,王用汲还教训起皇上来了:"陛下何不日取庶政而勤习之,内外章奏躬自省览,先以意可否焉,然后宣付辅臣,俾之商榷。阅习既久,智虑益弘,几微隐伏之间,自无逃于天鉴。"①

这份奏疏呈进时,张居正还在江陵,吕调阳卧病在家,由张四维拟旨,将王用汲革职为民。朱翊钧对王用汲的大胆进言很恼火,同意张四维所拟的意见,亲笔写了一道谕旨:

> 都御史总司风纪,御史不法,得以指实参治,此是祖宗宪制。赵应元差回,即托疾乞休,明系蔑视法纪,岂可置之不问!朕特斥之。这厮乃敢逞肆浮词,越职妄奏,好生怀奸比党,挠乱国是。本当重治,姑从轻,着革了职为民。再有这等的,并这厮重治不饶。②

待张居正回京看到此疏时,王用汲已处分完毕。张居正以为处理太轻,迁怒于张四维,对他严词厉色,几天后才消气。③ 还在余怒未消之时,张居正意气用事地给皇上写了《乞鉴别忠邪以定国是疏》。

张居正在疏文中一语道明:"用汲之言,阳为论炌,实阴攻臣也。"然后逐条批驳。这在张居正的奏疏中实属罕见。他一向对弹

---

① 钱一本:《万历邸钞》,万历六年戊寅卷。张廷玉等:《明史》卷二二九《王用汲传》。
② 钱一本:《万历邸钞》,万历六年戊寅卷。
③ 张廷玉等:《明史》卷二二九《王用汲传》。

劾自己的奏疏以高屋建瓴的姿态予以反击,从不纠缠于细节。这次却一反常态,逐一辩解,明显使自己处于被动招架的地步。然后,他指出王用汲的用意所在:"皇上当独揽朝纲,不宜委政于众所阿附之元辅。"这是张居正最为敏感的事,于是他有点激动地写道:

> 夫国之安危,在于所任,今但当论辅臣之贤不贤耳。使以臣为不贤耶,则当亟赐罢黜,别求贤者而任之;如以臣为贤也,皇上以一身居于九重之上,视听翼为,不能独运,不委之于臣,而谁委耶? 先帝临终,亲执臣手,以皇上见托。今日之事,臣不以天下之重自任,而谁任耶?①

这些话,未免太过于自信,太过于目空一切。尽管朱翊钧对他十分信任,一切朝政都委托他全权处理。但是,朱翊钧毕竟已经完婚,已经成年。张居正再以天下舍我其谁的口气讲话,难免引起皇上的反感。这一层,张居正在得意忘形之际是不会考虑到的。不过他透过王用汲的奏疏,隐约看到了人们对新政的不满情绪,对他本人的不满情绪:由于他"搜剔隐奸,推毂善良,摧抑浮竞","以是大不便于小人,而倾危躁进之士,游谈失志之徒,又从而鼓煽其间,相与忿怼撺嗾,冒险钓奇,以觊幸于后日"。这种危险性,他是看得很透彻的,向来置之不理,这次却有点惶惶然了,要皇上出面讲几句话。

朱翊钧仍一如既往地支持他,在他的奏疏后面批示道:"……奸邪小人不得遂其徇私自便之计,假公伺隙,肆为谗谮者,累累有

---

① 张居正:《张文忠公全集》卷八《乞鉴别忠邪以定国是疏》。

之。览奏,忠义奋激,朕心深切感动。今后如再有讹言诪张,挠乱国是的,朕必遵祖宗法度,置之重典不宥。卿其勿替初心,始终辅朕,俾臻于盛治,用副虚己倚毗至怀。"①

此后,虽不再有王用汲那样的攻击,但张居正已逐渐感到压力,这位一向不屈不挠的铁腕人物,心中开始有了"乞休"的念头。只是时机还不成熟,皇上的耕藉礼、谒陵礼还未举行,怎忍言去!一旦大礼完毕,他将向皇上表明"归政""乞休"的意思。

三、耕藉礼与谒陵礼

随着朱翊钧步入成年,传统的耕藉礼提上了议事日程。

先秦时代,天子的公田称为藉田。为了表示对土地神、谷物神的崇拜,为了表示对农业生产的重视,天子常定期举行耕种藉田的礼仪。《诗经·噫嘻》篇,就是周成王举行耕藉礼仪时所唱的乐歌。在春天降临大地之际,天子在群臣陪同下,亲自到藉田上操起农具耕田,以期告诫农官要勤于王田上的农事。这种习俗代代相沿,到了明代完全成了一种虚有其名的纯粹礼仪形式。洪武二年(1369年)明太祖在祭祀先农坛后,举行耕藉礼,在太常卿引导下,手持耒耜在土地上推三下(称为"三推"),然后三公推五下(称为"五推"),尚书等官员推九下(称为"九推")。②

礼部根据祖宗旧制,题请皇上于万历七年(1579年)二月二十

① 张居正:《张文忠公全集》卷八《乞鉴别忠邪以定国是疏》。
② 《大明会典》卷五一《礼部九·耕藉》。

五日举行耕藉礼。不巧得很,十七岁的朱翊钧于同年正月出疹,视朝、讲读都暂免,在宫中服药静摄。^① 鉴于这种特殊情况,张居正向皇上提出:"出疹之后,最忌风寒。伏望善加珍摄,耕藉之礼改于明岁举行。"^②

皇帝出疹,引起皇太后的不安。笃信佛事的慈圣皇太后为此向菩萨许愿:待皇帝身体康复后,要设法会超度僧众。果然,文书官口传慈圣皇太后慈谕:"前因皇上出疹,曾许僧人于戒坛设法度众。今圣躬万安,宜酬还此愿。"张居正不信这套,也不想在宫中搞什么佛事法会,回奏太后:"窃惟戒坛一事,奉有世宗皇帝严旨禁革,彼时僧人聚集以数万众,恐有奸人乘之,致生意外之变,非独败坏风俗而已。隆庆以来僧徒无岁不冀望此事,去年四月间,游食之徒街填巷溢。及奉明旨驱逐,将妖僧如灯置之于法,然后敛戢。今岂宜又开此端!"^③既然元辅如此说,太后也只得作罢。

朱翊钧身体康复后,根据礼部的建议,于万历七年三月初九日恢复视朝。这是他病后首次视朝。前一天,他派文书官到内阁告诉张先生:"朕明日御朝,切欲与先生一见。奈先生前有旨,不在朝参之列。明日未朝之时,先于平台召见,说与先生知之。"

次日黎明,朱翊钧祭告奉先殿后,来到平台。张居正入见,首先叩头对皇上身体康复表示祝贺。

朱翊钧说:"朕久未视朝,国家事多劳先生费心。"

张居正说:"臣久不睹天颜,朝夕仰念,今蒙特赐召见,下情无任欢欣。但圣体虽安,还宜保重。至于国家事务,臣当尽忠干理,

① 《明神宗实录》卷八三,万历七年正月庚午。
② 《明神宗实录》卷八四,万历七年二月丙子。
③ 《明神宗实录》卷八四,万历七年二月癸未。

皇上免劳挂怀。"

朱翊钧说:"先生忠爱,朕知道了。"随即命近侍太监赏赐一些银两、绸缎之类,接着又说:"先生近前,看朕容色。"

张居正走到御座前跪下,朱翊钧抓住他的手,让他细看自己的脸色。然后告诉张先生:"朕日进膳四次,每次俱两碗,但不用荤。"

张居正以长者的身份叮嘱道:"病后加餐,诚为可喜。但元气初复,亦宜节调,过多恐伤脾胃。然不但饮食宜节,臣前奏,疹后最患风寒与房事,尤望圣明加慎。"

朱翊钧说:"今圣母朝夕视朕起居,未尝暂离,三宫俱未宣召。先生忠爱,朕悉知。"皇上把他的日常生活也向张先生报告了,说明他已经注意到了"疹后最患风寒与房事"。随即又关照张先生说,经筵于十二日恢复,而日讲则拖到五月上旬再开始。①

张居正叩头退出。这时,御门才传来上朝的钟声。朱翊钧来到皇极门,接受百官的称贺。视朝毕,他又匆匆起赴慈庆宫、慈宁宫,去拜见皇太后。

万历八年(1580 年)二月十八日,朱翊钧举行耕藉礼。场面极为隆重,当朝的元老重臣们都参加了。定国公徐文璧、彰武伯杨炳、大学士张居正充当三公,大学士张四维、兵部尚书方逢时、吏部尚书王国光、户部尚书汪宗伊、礼部尚书潘成、戎政兵部尚书杨兆、刑部尚书严清、都御史陈炌、吴兑充当九卿,举行五推、九推礼。② 次日,朱翊钧为耕藉礼的顺利完成,赏赐参加耕藉礼的三公

---

① 张居正:《张文忠公全集》卷八《召见纪事》。《明神宗实录》卷八五,万历七年三月甲寅。
②《明神宗实录》卷九六,万历八年二月戊子。

九卿(即徐、杨、张、张、方、王、汪、潘、杨、严、陈、吴)绸缎等物,其他执事官员人等也分别赏赐银布等物。①

耕藉礼成之后,接下来是谒陵礼。这是朱翊钧即位以来首次以皇帝身份与皇太后前往天寿山祭谒祖陵,因此十分重视。为了操办此事,他特地向光禄寺提出,要从节省的膳费中拿出十万两银子供开支。户科给事中郝维乔(字子迁,号中岩,河南扶沟人)等上奏,指出:区区十万两积余恐怕不够开支,希望能由宫中内库调拨银两,供谒陵开支。②朱翊钧不接受,下令仍从前旨。但十万两银子哪里够用!不久,朱翊钧又命太监高福传达圣旨:随驾扈卫官军所需六万两银子,要政府拨给。张居正不便反对,便委婉指出:隆庆二年先帝谒陵时,此项费用均由宫中内库提供,由政府拨给不合旧例,既然宫中内库缺乏,拟由户、兵二部从太仓折草银、太仆寺马价银这两项税收中,各动支三万两,以济急需。③朱翊钧同意了。

三月十二日,朱翊钧奉两宫皇太后并率后妃一行,在众大臣的陪同下,从京城出发,抵达巩华城行宫。蓟辽总督梁梦龙(字乾吉,号鸣泉,北直隶真定人)、昌平总兵杨四畏(字敬甫,号知庵,辽东辽阳人),以及昌平州官吏与学校师生,赶往行宫朝见皇上。

次日一早,朱翊钧一行从巩华城出发,午时驻跸感恩殿。这次谒陵,皇室人员、文武百官及扈卫官军构成一支庞大的队伍,一路浩浩荡荡,地方官迎送接待,无异一次大骚扰,对百姓更是一场大灾难。朱翊钧似乎也想到了这一层,便传谕户部:"朕兹躬谒山陵,经过地方百姓劳苦,本年分田租量与蠲免,以示优恤,尔部酌开分

---

① 《明神宗实录》卷九六,万历八年二月己丑。
② 《明神宗实录》卷九六,万历八年二月庚寅。
③ 《明神宗实录》卷九七,万历八年三月己酉。

数来看。"①那意思是要户部确定减免的比例。

三月十四日,朱翊钧一行抵达天寿山。这里是明成祖以下各代皇帝与皇后的陵墓所在地,位于昌平州的西北、八达岭的东南、居庸关的正东,现在称为"十三陵"的地方。朱翊钧与两宫皇太后率后妃,首先拜谒长陵(成祖陵)、永陵(世宗陵)、昭陵(穆宗陵),举行春祭礼。然后派徐文璧、李言恭、陈王谟、杜继宗、陈景行、李伟等勋戚贵族,分别祭扫献陵(仁宗陵)、景陵(宣宗陵)、裕陵(英宗陵)、茂陵(宪宗陵)、泰陵(孝宗陵)、康陵(武宗陵)。春祭礼完毕后,当天仍住在感恩殿。当朱翊钧与两宫皇太后听说当地供水有困难,便立即启程赶回巩华城。②

次日,朱翊钧一行从巩华城出发,途中驻跸功德寺行宫,随即乘坐龙舟返回京师。

这次谒陵之行,朱翊钧自以为节省,"往来皆乘马,诸供亿悉从省约,虽六军万乘,车徒众盛,而所过秋毫无犯"③。

耕藉礼与谒陵礼,标志着十八岁的朱翊钧已经成年,他独立治理朝政的条件成熟了。

张居正作为顾命大臣,辅佐幼帝的任务似乎可以告一段落了。他不想让人们议论自己把持朝政不放,深感"高位不可以久窃,大权不可以久居",便于三月二十二日提出"乞休"请求,意在归政于皇上。这篇奏疏写得颇有情感:

　　　臣一介草茅,行能浅薄,不自意遭际先皇,拔之侍从之班,

---

① 《明神宗实录》卷九七,万历八年三月壬子。
② 《明神宗实录》卷九七,万历八年三月癸丑。
③ 《明神宗实录》卷九七,万历八年三月甲寅。

畀以论思之任。壬申之事(即隆庆六年穆宗顾命之事)，又亲扬末命，以皇上为托。臣受事以来，夙夜兢惧，恒恐付托不效，有累先帝之明。又不自意特荷圣慈眷礼优崇，信任专笃，臣亦遂忘其愚陋，毕智竭力，图报国恩。嫌怨有所弗避，劳瘁有所弗辞，盖九年于兹矣。

这九年来，他任重力微，积劳过虑，形神顿惫，血气早衰。虽然仅年过半百，但须发变白，已呈未老先衰之态。从此以后，昔日的聪明智虑将日就昏蒙，如不早日辞去，恐将使王事不终，前功尽弃。这是他深为忧虑的。所以他又说：

> 每自思惟，高位不可以久窃，大权不可以久居。然不敢遽尔乞身者，以时未可尔。今赖天地祖宗洪佑，中外安宁。大礼大婚，耕藉陵祀，鸿仪巨典，一一修举。圣志已定，圣德日新。朝廷之上，忠贤济济。以皇上之明圣，令诸臣得佐下风，以致升平，保鸿业无难也。臣于是乃敢拜手稽首而归政焉。

有鉴于此，张居正向皇上提出请求“赐臣骸骨生还故乡，庶臣节得以终全”[①]。

这篇奏疏不加掩饰地透露了张居正辅政九年之后的真实心态。尽管他对权位是热衷的贪恋的，但也不得不作深长的计议，以免前功尽弃，中途翻车(也就是他所谓“驽力免于中蹶”)。尽管他位极人臣，功高权重，皇太后、皇帝对他尊重备至，恩礼有加，但伴

---

① 张居正：《张文忠公全集》卷九《归政乞休疏》。《明神宗实录》卷九七，万历八年三月辛酉。

君如伴虎的后果也不得不有所考虑。况且已经过了精力最旺盛的时期，繁重的政务，错综的人际关系，新政的重重阻力，都令他形神憔悴，疲惫不堪。与其中途翻车，不如急流勇退。他的归政乞休请求，既是一种政治姿态，也是一种自谋策略。

　　此时此地的张居正仿佛隐约地有一种身后必不保的预感。他在给湖广巡按朱琏的信中，谈起为他建造三诏亭的事，说："作三诏亭，意甚厚。但异日时异势殊，高台倾，曲沼平，吾居且不能有，此不过五里铺上一接官亭耳。乌睹所谓三诏哉！盖骑虎之势自难中下，所以霍光、宇文护终于不免。"①张居正归葬亡父时，一天之内接连收到皇上三道诏书，湖广地方官引为一时之盛，在江陵建造三诏亭以资纪念。此事竟使张居正联想到骑虎难下之势，联想到历史上两位与他相类似的大臣——霍光、宇文护。

　　霍光，西汉时河东平阳（今山西临汾）人，字子孟。昭帝年幼即位，他与桑弘羊等同受武帝遗诏辅政，任大司马、大将军，封博陆侯。昭帝死，他迎立昌邑王刘贺为帝，不久又废刘贺，迎立宣帝，前后执政达二十年之久。但宣帝却视霍光为芒刺在背，霍光死后，家族遭到牵连被杀。民间俗语说："威震主者不畜，霍氏之祸萌于骖乘。"②

　　宇文护，北周代郡武川（今内蒙古武川）人，一名萨保，西魏时任大将军、司空。恭帝三年（556年）继宇文泰执掌西魏朝政，次年拥立宇文觉登天王位，建立北周，自任大冢宰，专断朝政。其后废宇文觉，另立宇文毓，又杀宇文毓，另立宇文邕（周武帝）。终以专

① 沈德符：《万历野获编》卷九《三诏亭》。
② 班固：《汉书》卷六八《霍光传》。

横为宇文邕所杀。

张居正联想到霍光、宇文护的下场，不免有点惶恐，还是急流勇退吧！朱翊钧却一点也没有思想准备。这时的他，虽然已有元辅威权震主的感受，却还不曾有背负芒刺的体验。于是便毫不犹豫地下旨挽留："卿受遗先帝，为朕元辅，忠勤匪懈，勋绩日隆。朕垂拱受成，倚毗正切，岂得一日离朕！如何遽以归政乞休为请，使朕恻然不宁。卿宜思先帝叮咛顾托之意，以社稷为重，永图襄赞，用慰朕怀，慎无再辞。"①

两天后，张居正再次上疏乞休。他在疏中流露了近来惴惴不安的心情："自壬申（隆庆六年）受事，以至于今，惴惴之心无一日不临于渊谷。中遭家难，南北奔驰。神敝于思虑之烦，力疲于担负之重。以致心血耗损，筋力尫瘁（疲极而病），外若勉强支持，中实衰惫已甚。餐荼茹蘖，苦自知之。恒恐一日颠仆，有负重托。"为此，他提出了一个折衷方案：只是请假，并非辞职，不过是请长假，"数年之间，暂停鞭策，少休足力"。国家或有大事，皇上一旦召唤，朝闻命而夕就道。②

朱翊钧有点踌躇了。以他的早熟和敏感，不可能不曾意识到元辅张先生的威权震主，也并非不想早日亲操政柄，只是如此重大的人事更动，他作不了主，事情还得通过"垂帘听政"的母后才行。于是，他把元辅张先生要求请假的事，向皇太后请示。慈圣皇太后的态度很坚决，恳切挽留张先生，对儿子说："待辅尔到三十岁，那时再作商量。"朱翊钧这才拒绝了张居正的请假。他提起笔来写了

①《张文忠公全集》卷九《再乞休致疏》。
②《张文忠公全集》卷九《再乞休致疏》。

一道手谕,把慈圣皇太后的慈谕原原本本地告诉张先生。司礼监
太监孙秀、文书房太监邱得用奉旨前往张府递送皇上的手谕。张
居正叩头拜读,但见皇上如此写道:

> 谕元辅少师张先生:朕面奉圣母慈谕云:"与张先生说,各
> 大典礼虽是修举,内外一应政务,尔尚未能裁决,边事尤为紧
> 要。张先生亲受先帝付托,岂忍言去!待辅尔到三十岁,那时
> 再作商量。先生今后再不必兴此念。"朕恭录以示先生,务仰体
> 圣母与朕倦倦倚毗至意,以终先帝凭几顾命,方全节臣大义。①

显然,慈圣皇太后对朱翊钧亲政还很不放心,对张居正的信赖
仍一如既往,所以亲自定下了要张居正辅佐朱翊钧到三十岁的
规矩。

皇太后如此明白无误又毫无商量余地的表态,大大出乎朱翊钧
与张居正的预料。这一决定,使朱翊钧颇为尴尬,在母后眼里,自己
还是个孩子,"内外一应政务,尔尚未能裁决",不得不打消尽快亲政
的念头。所谓辅佐到三十岁云云,似乎意味着,张先生在世一日,亲
政便一日无望。物极必反,朱翊钧对张居正由亲至怨的转变,这是
一个很重要的契机。这样就埋伏下一旦张居正死去,必将有所发泄
的心理因素。对于张居正而言,皇太后既然说"今后再不必兴此
念",岂敢再提"乞休"之事,除了感激涕零,他还有什么话好说呢!

不久,朱翊钧派鸿胪寺官员前往张府,正式传达旨意,要张先

---

① 张居正:《张文忠公全集》卷九《谢圣谕疏》。《明神宗实录》卷九七,万历八年三月
癸亥。

生尽早赴内阁办事。张居正一面上疏致谢，一面提出再调理数日的请求。因为几天前扈驾谒陵，触冒风寒；又接到弟弟病逝的讣音，感伤致病，所以请求在家稍事调养，身体少可，即出供职。

此后，张居正不再提归政乞休的事。但他内心的两难考虑已明朗化了。他答应即日赴阁供职，却总有点如临深渊、如履薄冰的担忧。他在给亲家、刑部尚书王之诰（字告若，湖广石首人）的信中透露了这种心情："弟德薄享厚，日夕栗栗，惧颠踬之遄及耳。顷者乞归，实揣分虞危，万非得已。且欲因而启主上以新政，期君臣于有终。乃不克如愿，而委任愈笃，负载愈重，孱弱之躯终不知所税驾矣。奈何，奈何！"①在他权势最鼎盛，事业最成功的时刻，他担忧中道颠踬，当然并非杞人忧天。归政给朱翊钧，朱翊钧并非不想接受，只是皇太后发话了："待辅尔到三十岁，那时再作商量。"还有十几年的路要走。朱翊钧和张居正都感到为难，又不得不继续走下去。

张居正在家中调理数日后，即赴内阁办公，一切仍与往昔没有什么两样。只是张居正似乎有意识地逐渐"归政"于皇上，让朱翊钧直接处理政务。

在张先生的多年辅佐之下，朱翊钧对朝政已渐具定见，处理章奏及一应政务也日见老练。万历八年四月以后所处理的几件事，都透露出他的英才之气。

这年闰四月间，户部以各地方政府积谷备荒大多不到预定的数额，巡抚、巡按等封疆大吏敷衍塞责，既不举报，也无上报清册，

---

① 张居正：《张文忠公全集》卷二七《答司寇王西石》。

因而拟议了"交代盘验""蓄积划一"等规章。朱翊钧对此事的处理意见是:"积谷备荒乃有司急务……地方官若能视国如家,就中经画处置,何至窒碍难行! 但上不核实考成,下以虚文塞责,甚有仓廒朽坏,升合无储,捏报虚数。一遇灾荒,乃请别项钱粮赈济,抚按有司相率欺罔,岂朝廷设官为民之意! 今姑依议通行,查核有仍前弊,部科务从实参处。"①州县政府积谷备荒往往形同虚文,朱翊钧的批示是抓到点子上的。

巡按广东监察御史梅淳上疏,为综核吏治,必须自下而上议论,责成守令以考察其僚属,责成司道以考察其守令,责成抚按以考察其司道,务必做到"名实不混,朋比莫容"。吏部对这一奏疏的意见是:"宜如议申饬。"朱翊钧阅后表示不同意,强调指出:"抚按有徇私避怨,肆行欺罔者,即着部科体访得实,据法参奏,则人心自儆,积习可除,不必申饬。若部科知而不言,则欺罔之罪又在部科,定行一体处治。"②在他看来,只要六部、六科对巡抚、巡按官员抓得很紧,那么地方吏治积弊指日可除;反之,则唯六部、六科是问。

以上两件事,都反映了朱翊钧对六部、六科官员的严格要求,要他们按照考成法的要求,承担起责任,对地方抚按官虚文塞责、徇私避怨等弊政,严加督查,据法参奏,那么吏治状况便会好转。这与张居正整顿吏治的宗旨是一致的。

再如,对于各级官吏违例驰驿——假公济私滥用国家驿站交通,严格查处,也体现了万历新政的精神。事情是由都察院上报的,山东巡抚何起鸣(字应岐,号来山,四川内江人)、巡按钱岱(字汝瞻,苏州常熟人)弹劾江西布政使吕鸣珂、浙江按察使李承式、严

---

① 《明神宗实录》卷九九,万历八年闰四月。
② 《明神宗实录》卷九九,万历八年闰四月戊申。

州知府杨守仁、淮安知府宋伯华、宁州知州陆宗龙等人"违例驰驿"。朱翊钧对此不能容忍，立即批示："清查驿递，明旨禁敕，何啻三令五申？昨圣母特遣皇亲为朕祈嗣，亦俱给与路费，不用一夫一马。为臣者乃不体朝廷德意，抗违明旨，玩法殃民。本当重治，姑从宽处。吕鸣珂、李承式各降三级，杨守仁、宋伯华各降六级调用，陆宗龙革职为民。经过有司驿递阿奉者，抚按官提问具奏。"①对于违例驰驿的事，务必严惩，这是朱翊钧的出发点。他所说的"姑从宽处"，其实是够严厉的了——在驿站沾便宜的官员们落得个降级、革职的处分。违例驰驿的事屡禁不绝，一方面是官吏凭借特权假公济私，另一方面是驿站主管官员有意阿谀奉承，化公为私，两者一拍即合。此种积弊，倘不严惩，是难以铲除的，必令违例者视为畏途，方能奏效。

对于河南巡抚周镒的处理也是如此。周镒遇事躲闪，不肯实心办事，遭到六科给事中的弹劾。吏部对科臣弹劾周镒的疏本的题覆意见，是将周镒调往南京。朱翊钧嫌处理过宽，不同意此类庸碌之辈易地为官，直截了当地下令周镒致仕，实质是给他一个革职的处分。对此，张居正十分欣赏，在朱翊钧讲读完毕后，谈及此事时，指出："昨日吏部覆科臣论河南巡抚周镒本，原拟调南京。用蒙皇上特令致仕。臣等仰服圣断极当。近来各处抚按官实心干理者少。周镒遇事躲闪，不肯实心干理。今皇上罢此一人，则四方诸臣从此愈知警戒矣。"②可谓两人所见略同。

关于地方官员虚报邀功事例的处理，也透露出这种精神。万

---

① 《明神宗实录》卷一〇〇，万历八年五月己巳。钱谦益：《牧斋初学集》卷七六《文林郎湖广道监察御史钱府君墓表》。
② 《明神宗实录》卷一〇一，万历八年六月庚申。

历九年(1581年)六月,保定巡抚辛自修(字子吉,号慎轩,河南襄城人)奏参祁州知州李际观捏报税粮一千八百余石,请求朝廷重加罚处,作为官员们欺君罔上之戒。捏报一千八百余石税粮,原本是区区小事,何况官场上下哪里没有虚报邀功的弊端。朱翊钧却十分顶真,一面下令"李际观欺上要功,姑着以原职降三级调用";一面又指责"前屡有旨,捏报欺罔,着部、科从实参奏。今该科何独无言?"这是申斥六科给事中监察不力,于是科臣姚学闵(字汝孝,号顺山,湖广武陵人)等急忙上疏引罪,为自己辩解说:"原无本揭到科,无从稽考,乞赐矜宥。"朱翊钧对这种开脱之词很不满意,狠狠教训道:"科臣以看详章奏为职,况前屡有明旨通下,不着实遵行,修举本职,徒掇拾浮词,草率塞责,至于臣下朋比欺罔,四方幽隐情弊,却都缄默不言,岂朝廷耳目之任!这事情既无本册到科,姑免究。今后再有这等,定行重治不饶。"①对官吏虚报邀功,六科疏于职守之事,表示了不妥协的态度。

朱翊钧从少年步入成年,从幼稚走向成熟,他已经不必元辅张先生搀扶,可以独立行事了。但是他还要在强有力的元辅扶持下处理朝政,对于一个权力欲极强的皇帝而言,这种长期遭受压抑的心情,是难以承受的,总有一天要爆发出来。

---

① 《明神宗实录》卷一一三,万历九年六月癸卯。

第四章
亲操政柄

一、张居正之死

　　长期的重负，使张居正身心交瘁，体质日趋衰弱。万历九年（1581年）七月，他病倒了，一连几天不能到内阁办公。

　　万历帝朱翊钧获悉后，派遣御医四员前往张府诊视。为感谢皇恩，张居正上疏致谢，在疏文中他谈到了患病的缘由："臣自入夏以来，因体弱过劳，内伤气血，外冒盛暑，以致积热伏于肠胃，流为下部热症。又多服凉药，反令脾胃受伤，饮食减少，四肢无力，立秋以后转更增剧。"他怕惊动皇上，故而没有请假。现今皇上派了御医来诊视，便乘致谢之机，提出请假——要求"特赐旬月假限，暂解阁务"，希望皇上照准。[①]

　　万历帝对张先生的病情的严重性并不了解，以为稍加调理即可痊愈，所以命他"慎加调摄，不妨兼理阁务"[②]。这就意味着，不同意他请假，要他边治疗边处理公务。随后又命文书官孙斌前往张府探望病情，并带去赏赐的活猪、活羊各一口，甜酱瓜茄一坛，白米二石，酒十瓶。[③]

　　过了几天，万历帝又派司礼监太监张鲸赴张府，送去他的亲笔御札："张少师：朕数日不见先生，闻调理将痊可。兹赐银八十两，蟒衣一袭，用示眷念。先生其钦承之。月初新凉，可进阁矣。"张居

---

① 张居正：《张文忠公全集》卷一〇《患病谢医并乞假调理疏》。
② 《明神宗实录》卷一一四，万历九年七月戊寅。
③ 张居正：《张文忠公全集》卷一〇《谢赐粥米食品疏》。

正上疏致谢,表示:"帝星垂照,人间灾祟当不禳而自除。天语定期,凉入秋中,必勿药而有喜矣。"①不日,万历帝又派文书官邱得用去探视张先生病痊之状,催促张先生早日进见。②

八月十一日,万历帝到文华殿讲读。张居正病愈后首次入宫进见。次日,万历帝参加经筵,张居正也去了,两人谈及了宫中专选淑女之事。③

这次患病,是张居正操劳过度、身体虚弱的一个信号,幸而康复。万历帝很高兴,在十一月二十一日,张居正十二年考满,对他大加嘉奖。又特遣司礼监太监张诚带去亲笔敕谕一道:

> 卿亲受先帝遗嘱,辅朕十年,四海升平,外夷宾服。实赖卿匡弼之功,精忠大勋,朕言不能述,官不能酬。兹历十五年考绩,特于常典外,赐银一百两,坐蟒、蟒衣各一袭,岁加禄米二百石,薄示褒眷。先生其钦承之,勿辞。④

这一天,万历帝还命司礼监掌印太监冯保传谕吏、礼两部:"元辅张居正受先帝顾命,夙夜在公,任劳任怨,虽称十二年考满,实在阁办事十有五年,忠勋与常不同,恩荫例当从厚,其酌议来看。"⑤吏部议论后认为,张居正的恩数,不应拘泥于以往的杨廷和、徐阶旧例。万历帝以为然,着张居正支伯爵禄,加上柱国、太傅,兼官照旧,给与应得诰命,写敕奖励,赐宴礼部,荫一子尚宝司

---

① 《明神宗实录》卷一一四,万历九年七月丁亥。张居正:《张文忠公全集》卷一〇《谢圣谕存问并赐银两等物疏》。
② 张居正:《张文忠公全集》卷一〇《谢遣中使趣召并赐银八宝等物疏》。
③ 《明神宗实录》卷一一五,万历九年八月壬寅,八月癸卯。
④ 《明神宗实录》卷一一八,万历九年十一月辛巳。
⑤ 《明神宗实录》卷一一八,万历九年十一月辛巳。

丞。随即命司礼监造文字号太傅牙牌一面,赐给张居正。①　张居正对如此厚重的皇恩不敢承受,两次上疏辞免恩命,再三强调:"天道所最忌者,非望之福;明主所深惜者,无功之赏。""反复思惟,如坠渊谷。"②万历帝见他如此推辞,便准他辞免伯爵禄、上柱国衔及礼部宴。③

　　万历十年(1582年)二月,张居正旧病复发。他去年秋天患的"下部热症",就是痔疮,稍加调理,病根未除,缠绵至今。他这种"下部热症"的起因,据王世贞说:"病得之多御内而不给,则日饵房中药,发强阳而燥,则又饮寒剂泄之,其下成痔。而脾弱不能进食。"④因此张居正的病根不在痔疮,而在内部。此事,沈德符所见与王世贞略同,他说:"张江陵当国,以饵房中药过多,毒发于首,冬月遂不御貂帽。"⑤可见张居正的内热不仅发于下部,也发于上部,而且毒已入脑,即使治愈痔疮,也难免一死。

　　不过当时张居正还是首先根治痔疮,他访求得一位医术高明的医生,经诊治,须静养半月、二十日,才能除根。因此,张居正向万历帝请假:"俯赐宽假二旬、一月,暂免朝参侍讲。至于阁中事务,票拟题奏等项,容臣于私寓办理。"⑥到了三月九日,病患不见好转,张居正再次请假。万历帝又予照准,而且关照说:"卿其慎加调摄,不妨兼理阁务,痊可即出辅理。"⑦三月十五日,万历帝派司

① 《明神宗实录》卷一一八,万历九年十一月癸未。
② 张居正:《张文忠公全集》卷一〇《考满谢恩命疏》《再辞恩命疏》。
③ 《明神宗实录》卷一一八,万历九年十一月丁亥。
④ 王世贞:《嘉靖以来首辅传》卷八《申时行传》。
⑤ 沈德符:《万历野获编》卷九《貂帽腰舆》。
⑥ 张居正:《张文忠公全集》卷一〇《给假治疾疏》。
⑦ 《明神宗实录》卷一二二,万历十年三月丁卯。

礼监太监张鲸赴张府探视病情。当时张居正的痔疮作了割治手术，正敷药治疗，不能行动，只能伏枕叩头，以谢皇恩。① 三月二十七日，万历帝又遣文书官吴忠到张府问疾。张居正仍不能起床，伏枕叩头而已。事后上疏说："臣宿患虽除，而血气大损，数日以来，脾胃虚弱，不思饮食，四肢无力，寸步难移，须得再假二十余日。"万历帝批准了他的请求。②

张居正患病久治不愈，朝中官僚上至六部尚书、翰林、言官，下至部曹、冗散，无不设斋醮于祠庙，为之祈祷。有的人甚至丢弃本职工作，朝夕奔走，做佛事、摆道场，仲夏时节，曝身于炎阳之下。③ 究竟是诚心诚意，还是虚情假意，只有天晓得。吕毖就此事洋洋洒洒发了一大篇议论，把各级官僚的丑态暴露无遗：

> 内阁张居正久疾不愈。上时下谕问疾，大出金帛为药资。六部大臣、九卿五府、公侯伯俱为设醮祝釐。已而，翰林、科道继之。已而，吏礼二部属继之。已而，他部属、中书、行人之类继之。已而，五城兵马、七十二卫经历之类继之。于仲夏赤日，舍职业而朝夕奔走焉。其同乡、门生、故吏，有再举至三举者。每司香，宰官大僚执炉日中，当拜表章则长跪，竟疾弗起。至有赂道士，俾数更端以息膝力者。所拜章必书副，以红纸红锦幕其前后，呈江陵。江陵深居不出，厚赂其家人，以求一启齿，或见而颔之，取笔点其丽语一二。自是，争募词客，不惮金帛费，取其一颔而已。不旬日，南都（南京）仿之，尤以精诚相

---

① 张居正：《张文忠公全集》卷一〇《给假谢恩疏》。
② 《明神宗实录》卷一二二，万历十年三月乙酉。张居正：《张文忠公全集》卷一〇《恭谢赐问疏》。
③ 王世贞：《嘉靖以来首辅传》卷八《申时行传》。

尚，其厚者亦再三举。自是，山陕楚闽淮漕，巡抚巡按藩臬，无不醵者。①

　　五月初五，端阳佳节到了。万历帝照例赏赐三位辅臣上等珍品。又想到这天是元辅张先生的诞辰，便遣司礼监太监孙隆抵张府，带去银一百两、蟒衣纻丝四套、银福寿字四十两，以及食品等物。②

　　六月九日，张居正鉴于病情愈加严重，向万历帝提出退休的请求。他在奏疏中说"及今若不早求休退，必然不得生还"，希望皇上"早赐骸骨，生还乡里"。③ 万历帝当然不会同意，回答说："朕久不见卿，朝夕殊念，方计日待出，如何遽有此奏！朕览之，惕然不宁。仍准给假调理，卿宜安心静摄。痊可即出辅理，用慰朕怀。"④十一日，张居正再次上疏乞休，话说得很透彻，也很哀伤："今日精力已竭，强留于此，不过行尸走肉耳，将焉用之！"⑤万历帝仍不同意，对他说："卿受皇考顾命，夙夜勤劳，弼成治理。朕方虚己仰成，眷倚甚切，卿何忍遽欲舍朕而去！览之心动。其专心静摄，以俟辅理。"⑥为了表示慰留之心，万历帝于十四日遣司礼监太监魏朝抵张府探视，并带去亲笔手谕：

　　　　朕自冲龄登极，赖先生启沃佐理，心无不尽。迄今十

---

① 吕毖：《明朝小史》卷一四《万历纪》。
② 《明神宗实录》卷一二四，万历十年五月壬戌。
③ 张居正：《张文忠公全集》卷一〇《乞骸归里疏》。《明神宗实录》卷一二五，万历十年六月乙未。
④ 张居正：《张文忠公全集》卷一〇《再恳生还疏》。
⑤ 张居正：《张文忠公全集》卷一〇《再恳生还疏》。
⑥ 《明神宗实录》卷一二五，万历十年六月丁酉。

载，海内升平。朕垂拱受成，先生真足以光先帝顾命。朕方切永赖，乃屡以疾辞，忍离朕耶！朕知先生竭力国事，致此劳瘁。然不妨在京调理，阁务且总大纲，令次辅等办理。先生专养精神，省思虑，自然康复。庶慰朕朝夕惓惓至意。①

这些天，张居正的病情日趋恶化。六月十八日，万历帝派司礼监太监张鲸前往张府，送去亲笔手谕："太师张先生：今日闻先生病势不瘳，朕为深虑。国家大计当为朕一言之。"这显然是要张先生嘱托后事了。

张居正也自知去日无多，便勉强支撑起病体，写了一本密揭。所谓密揭，也称密奏，通常叫作揭帖。它比一般奏本狭而短，里面的字写得较大，外面用文渊阁印密封，直接送到皇帝那里，左右近侍无从窥知。② 张居正的这个密揭没有讲别的事，只是推荐两名新人入阁，一个是潘晟（字思明，号水帘，浙江新昌人），一个是余有丁（字丙仲，号同麓，浙江鄞县人）。③ 次日，万历帝视朝，当即按张先生的荐举宣布：原任太子太保、礼部尚书潘晟，着以原官兼武英殿大学士；掌詹事府事、吏部左侍郎余有丁升为礼部尚书兼文渊阁大学士，俱入阁办事。④

万历十年（1582年）六月二十日，太师兼太子太师、吏部尚书、中极殿大学士张居正病逝。

噩耗传到宫中，万历帝震悼，下令辍朝一日。次日（二十一日）

① 《明神宗实录》卷一二五，万历十年六月庚子。
② 陈继儒：《眉公见闻录》卷六。
③ 《明神宗实录》卷一二五，万历十年六月甲辰。
④ 《明神宗实录》卷一二五，万历十年六月乙巳。

遣司礼监太监张诚为张居正治丧,并赏赐治丧所用银五百两,以及
应用物品。两宫皇太后、中宫皇后也赐银两等。①

对于张居正之死,万历帝给予最为崇高的待遇。赐谥号文忠,
赠上柱国衔,荫一子为尚宝司丞,并遣官造葬。特命四品京卿、锦
衣卫堂上官、司礼监太监等护丧归葬江陵。②

七月二十九日,在司礼监太监陈政等护送下,张居正的灵柩,
张居正母赵氏一行,驰驿返回江陵。据说,张居正的灵柩及护丧人
员,共乘七十余艘船只,用船夫等三千余人,船队前后绵延十余里,
浩浩荡荡向荆州进发。③

张居正临终前,除了推荐潘晟、余有丁,还推荐户部尚书张学
颜、兵部尚书梁梦龙、礼部尚书徐学谟、工部尚书曾省吾,以及侍郎
许国、陈经邦、王篆等人,说这些人都"大可用"。万历帝把这些人
的姓名粘贴于御屏上,以备他日选用。这些人都是张居正多年来
一手提拔的亲信。梁梦龙、曾省吾是他的门生,王篆是他的长子敬
修的亲家,徐学谟则是张居正归葬老父时的抚治郧襄都御史,为张
府出力甚多。独有潘晟是冯保的老师,冯保为了在张居正死后在
内阁中安插一个亲信,极力怂恿张居正推荐潘晟。他自己则在万
历帝面前又为之美言,终于将赋闲在家的潘晟起为武英殿大学士,
派行人赶赴浙江新昌,召他驰驿来京。次辅张四维深知申时行不
愿位居潘晟之下,于是二人一起向给事中、御史们吹风,示意他们

---

① 《万历起居注》,万历十年六月二十一日丁未。
② 《明神宗实录》卷一二五,万历十年六月丙午。张廷玉等:《明史》卷二一三《张居正传》。
③ 《明神宗实录》卷一二六,万历十年七月甲申。王世贞:《嘉靖以来首辅传》卷八《申时行传》。

上疏弹劾潘晟。①

　　御史雷士祯(初名士煌,字国柱,陕西朝邑人)心领神会,上疏弹劾潘晟"清华久玷,不闻亮节异能;廉耻尽捐,但有甘言媚色"。并且揭他的老底,说他初任礼部尚书时,秽迹昭彰,先帝常加斥责;他再起之后,舆情又深恶痛绝,皇上又予以斥革。像这种鄙夫,优游林下已经过分了,现在竟然要委以重任,岂不是为贪荣竞进之徒开方便之门吗? 希望皇上收回成命,更择耆硕之人。② 万历帝考虑到潘晟是张居正临终遗疏所荐,传旨:"潘晟元辅遗疏所荐,这本如何以旧事渎扰!"不同意收回成命。无奈给事中张鼎思、王继光、孙玮、牛惟炳,御史魏允贞、王国等人接二连三地上疏弹劾潘晟,气势很盛。潘晟还有一点自知之明,立即上疏辞职,张四维迅速作出反应,代皇上拟旨:"放之归!"万历帝只得顺水推舟,着潘晟以新衔致仕。③

　　这时潘晟已在赴京途中,行至杭州,突然接到"着以新衔致仕"的圣旨,委顿丧气地折回新昌。对他来说,无异于当众出丑。冯保小病在家调理,闻讯后气愤地说:"我小病也,而遽无我!"④潘晟是冯保、张居正极力推荐的,如今遭阁臣的拒绝与言官的弹劾,终于迫使他未任而辞。这是一个政治信号:张居正已死,冯保失去了外廷的支撑;这两个人树敌众多,结怨甚深,清算的时机到了。

① 王世贞:《嘉靖以来首辅传》卷八《申时行传》。
② 《明神宗实录》卷一二五,万历十年六月乙酉。焦竑:《国朝献征录》卷六五《雷公墓志》。
③ 钱一本:《万历邸钞》,万历十年壬午卷。《明神宗实录》卷一二五,万历十年六月乙酉。
④ 王世贞:《嘉靖以来首辅传》卷八《申时行传》。

二、斥逐冯保

两宫皇太后对司礼监太监冯保一向十分信赖，还在万历帝大婚前，慈圣皇太后就特别关照冯保，要他"万分留心，引君当道，勿得顺从，致伤圣德"[①]。皇太后的意思是要冯保对皇上严加管束，不可稍有放纵。冯保当然唯太后意旨是从，寸步不离地看管小皇帝。《明史·冯保传》说："慈圣皇太后遇帝严，（冯）保倚太后势，数挟持帝，帝甚畏之。时与小内竖戏，见（冯）保入，辄正襟危坐，曰：大伴来矣！"万历帝对冯保的畏惧心理，于此可见一斑。

连皇帝也对冯保怀有畏惧之心，这使冯保得意忘形，颐指气使，俨然成了宫中炙手可热的实权人物，气焰嚣张得很。据说，万历帝的生母李太后（即慈圣皇太后）之父，也就是万历帝的外祖父、武清侯李伟见了冯保，也叩头惟谨，尊称他为"老公公"。冯保对这位当朝皇上的外公的这种恭敬礼节，居然安然受之，只是小屈膝答："皇亲免礼！"如此而已。驸马见了他叩头，他甚至倨傲得垂手小扶，根本不还礼。[②] 实在有点忘乎所以了。

乾清宫执事太监孙海、客用是万历帝的近侍宦官，关系十分亲昵。为了讨好皇上，这两个太监常以狗马拳棍，引导皇上习武。这是冯保极为反感的，他自诩知书达理，琴棋书画也略知一二，对皇

---

① 《明神宗实录》卷七二，万历六年二月癸未。
② 王世贞：《觚不觚录》。

上，"凡事导引以文"，颇以"蒙养之绩"为功。① 一天，万历帝在孙海、客用诱导下，喝醉了酒，佩剑夜游。孙海、客用因平日受冯保笞辱太甚，不堪忍受，便以言语激怒已醉的皇上，将身边两名小太监（冯保养子）打成重伤。然后骑马到冯保住所，大呼冯保之名。冯保十分恐惧，抱起巨石支撑大门。

　　第二天，冯保赶紧把昨晚的事报告了慈圣皇太后。② 慈圣皇太后一反常态，换上了青布袍，头上也不戴簪珥，怒气冲冲地扬言：欲特召阁部大臣，谒告太庙，将废万历帝，另立潞王（万历帝弟）为帝。有意让这一消息在宫中四处传播。万历帝得知后，此惊非同小可，赶忙前去向慈圣皇太后请罪。慈圣皇太后对他数落道："天下大器岂独尔可承耶？"命冯保取出《汉书·霍光传》，要他看看废立的先例，扬言要召见潞王。万历帝跪在地上哭泣多时，皇太后才肯宽恕。

　　于是，万历帝便把身边的近侍太监孙海、客用斥逐出宫，其他几个冯保看不顺眼的太监孙得秀、温祥、周海等也逐出宫去，"私家闲住"，以后又谪为净军。③ 事后，万历帝很生气，尤其是冯保从旁怂恿太后整他，从此深恨冯保。④ 但一时又无可奈何，只得宣谕司礼监冯保说："孙海、客用凡事引诱，无所不为，着降作小火者，发去（南京）孝陵种菜。尔等司礼监并管事牌子，既受朝廷爵禄，我一时昏迷，以致有错，尔等就该力谏方可，尔等图我一时欢喜不言。我今奉圣母圣谕教诲我，我今改过，奸邪已去。今后但有奸邪小人，

---

① 刘若愚：《酌中志》卷五《三朝典礼之臣纪略》。
② 钱一本：《万历邸钞》，万历八年庚辰卷。王世贞：《嘉靖以来首辅传》卷七《张居正传》。
③ 刘若愚：《酌中志》卷五《三朝典礼之臣纪略》。文秉：《定陵注略》卷一《慈圣壸范》。
④ 文秉：《定陵注略》卷一《慈圣壸范》。

尔等司礼监并管事牌子，一同举名来奏。"并命文书房官邱得用将
此旨宣示内阁。① 话中显然带有对冯保的指责意味。

　　第二天，万历帝还把怨气发泄到张居正身上，对他没有及时提
醒表示不满："昨朕有御笔帖子，先生看来未曾？孙海、客用，朕越思
越恼，这厮乱国坏法，朕今又降作小火者，发去南京孝陵种菜。先生
等既为辅臣，辅弼朕躬，宗庙社稷所系非轻，焉忍坐视不言？先生等
既知此事，就该谏朕，教朕为尧舜之君，先生也为尧舜之臣。"②
　　张居正接旨后，写了一个奏疏给万历帝，进行开导。先是夸奖
他自从即位以来，讲学勤政极为认真。寥寥数语以后，笔锋一转，
直言不讳地批评皇上，近几个月来，稍不如前，"宫中起居，颇失常
度"。但是身隔外廷，不知宫中之事，即有所闻，也不敢轻信。几天
前，曾问过文书官："近臣闻皇上夜间游行，左右近习皆持短棍兵
器，此何为者？"文书官回答说："并无此事。"便以为所闻为妄传。
直至读了御笔帖子，因而询问，才知孙海、客用二人每日引诱皇上
游宴别宫，而且身穿窄袖小衣，长街走马，挟持刀仗，沉迷于奇巧戏
玩之物。幸而圣母及时教诫，皇上幡然悔悟，屏去奸邪，引咎自责。
张居正希望皇上除恶务尽，谄佞希宠的近侍宦官不止孙海、客用二
人，如司礼监太监孙德秀、温恭、兵仗局掌印太监周海等人，罪也不
在孙海、客用之下，应该一体降黜。③
　　这一事件虽然已了结，但万历帝对冯保从此由信赖、畏惧转为

---

① 《明神宗实录》卷一〇六，万历八年十一月戊寅。张居正：《张文忠公全集》卷九《请
　处治邪佞内臣疏》。
② 张居正：《张文忠公全集》卷九《请清汰近习疏》。《明神宗实录》卷一〇六，万历八年
　十一月戊寅。
③ 钱一本：《万历邸钞》，万历八年庚寅卷。张居正：《张文忠公全集》卷九《请清汰近习
　疏》。《明神宗实录》卷一〇六，万历八年十一月戊寅。

怀疑、怨恨。孙海、客用引导万历帝夜游等事，是冯保向慈圣皇太后告密的。此事《明史·冯保传》说得最清楚："（神宗）所昵孙海、客用为乾清宫管事牌子，屡诱帝夜游别宫，小衣窄袖，走马持刀，又数进奇巧之物，帝深宠幸。保白于太后，召帝切责……"事后，冯保又要张居正代万历帝起草罪己诏，向内阁辅臣公布，实际上是向阁臣检讨认错。而张居正所写罪己诏，措词又过于抑损，十八岁的万历帝的自尊心受到极大打击。《明史·冯保传》说："帝年已十八，览之，内惭，然迫于太后，不得不下。"冯保还借张居正之手，乘机排斥了太监中的异己分子。张居正在奏疏中所开列的诌佞希宠太监名单，完全是冯保提供的。《明史·冯保传》说："居正乃上疏切谏，又缘保意，劾去司礼监秉笔孙德秀、温太及掌兵仗局周海，而令诸内侍俱自陈。由是，保所不悦者斥退殆尽。"①

　　冯保依仗太后宠幸与张居正支持，有恃无恐，对万历帝钳制过甚，必然要引起反感。一旦时机成熟，他的垮台是在意料之中的。正如《明史·冯保传》所说："后保益横肆，即帝有所赏罚，非出保口，无敢行者，帝积不能堪。而保内倚太后，外倚居正，帝不能去也。"事实确是如此。

　　某天，万历帝讲读完毕，兴致大发，书写大字赏赐辅臣及九卿等。冯保在一旁伺候。突然，万历帝以笔饱濡墨水猛地掷向冯保的大红衣衫上。顿时冯保的红衣上几乎溅满了墨渍。冯保此惊非比寻常，连张居正也面色大变，手足无措。万历帝却若无其事地书写完毕，起身返回乾清宫。后来申时行的长子对沈德符谈起这一轶闻，颇为感叹地说："此时上意已作李辅国、鱼朝恩之想，而冯珰

---

① 关于斥退太监的姓名，诸书写法不一。张居正奏疏作孙德秀、温恭、周海。《明史》作孙德秀、温太、周海。《酌中志》作孙得秀、温祥、周海。

尚以少主视之,了不悟也。"①李辅国、鱼朝恩是唐代安史之乱后两名飞扬跋扈的宦官,因权势过盛为唐代宗所杀。万历帝把冯保比喻为李辅国、鱼朝恩,久已有翦除之意。

张居正一死,冯保失去了外廷的强有力支持者,翦除他的时机成熟了。

司礼监秉笔太监张鲸为万历帝秘密策划了除去冯保的计划。张鲸原先的顶头上司张宏,是老于世故的太监,侦知了这一情况,暗中劝张鲸:"司礼冯公前辈,有骨力人,留着他好多哩!"②张鲸不予理睬,令其门客乐新声将倒冯信息传至外廷。

无独有偶。在此之前言官们上疏弹劾吏部尚书王国光,牵连到内阁元辅张四维。次辅申时行怀疑是冯保在暗中捣鬼,便对张四维说:"事迫矣!"那意思是,与冯保摊牌时机到了,先下手为强,后下手遭殃。便四下寻觅言官,揭发冯保及其亲信徐爵等人"表里奸利"的罪状。③

于是便有十二月初七日江东之弹劾徐爵,十二月初八日李植弹劾冯保的奏疏相继出现。

十二月初七日,山东道御史江东之(字长信,徽州歙县人)上疏弹劾冯保的亲信书记官、锦衣卫同知徐爵。他在疏中指责徐爵,不过是一个犯罪充军的逃犯,投靠冯保门下,混上了锦衣卫的官职,"擅入禁庭,为谋叵测。应亟行窜逐,以清宫府"。江东之还在疏中揭发吏部尚书梁梦龙用银子三万两,托徐爵贿赂冯保,谋求吏部尚

---

① 沈德符:《万历野获编》卷二《今上待冯保》。
② 刘若愚:《酌中志》卷五《三朝典礼之臣纪略》。
③ 《明神宗实录》卷一三一,万历十年十二月戊子。

书之肥缺。又将孙女许聘冯保弟为儿媳，谢恩之日往徐爵家拜谒。"受命公朝，拜恩私室，清明之世，岂容有此举动？"①万历帝下令将徐爵逮入诏狱严加审讯，送刑部拟斩。至于梁梦龙暂时没有碰他，待到御史邓练、赵楷等人分别上疏再加弹劾时，万历帝便勒令他致仕。②

十二月初八日，江西道御史李植（字汝培，山西大同人）上疏，指名道姓地弹劾冯保当诛十二罪。李植的这个奏疏终于导致权势不可一世的权阉冯保的下台。然而，不知什么缘故，《明实录》《邸钞》都未记载此疏的内容。《万历疏钞》收录了李植此疏的全文。他在疏文中说："司礼监掌印太监冯保，狠毒异常，奸贪无比，窃弄威福，包藏祸心，十年于兹矣。"接着，他揭发冯保当诛之罪十二条：

一、宦官张大受、书手徐爵都是太监李彬亲信，本该论死，逃回后，被冯保任为股肱心腹，一个升为乾清宫管事太监，一个升为锦衣卫指挥。

二、冯保掌管东厂，凡罢黜官员潜往京师者，用作私室爪牙，掌管司礼监，将有过罪宦官置于根本重地。

三、引用徐爵，参预批阅章奏。凡重大机务，紧密军情，未经皇上御览，未送内阁票拟，徐爵已事先知晓，漏泄于外。徐爵擅入宫禁，窥伺皇上起居，探察圣母动静，戏言亵语无不与闻，宣扬于外。因为这个缘故，奔竞者慕其威灵，巧宦者附其声势，其门如市，而权倾中外。

四、永宁公主选婚，冯保受贿，驸马曲庇入选。

五、皇上赐乳母戴圣夫人庄田银两，冯保先勒索二千五

① 《明神宗实录》卷一三一，万历十年十二月辛卯。
② 《明神宗实录》卷一三一，万历十年十二月辛卯。

百两。

六、宫内御用监采买珠玉珍玩等物，冯保拣低劣者呈进，贵重者尽入私囊。赃罚库历年籍没的抄家物资，冯保以赝易真，将古器重宝窃为己有。

七、二十四监宦官，凡有富名，冯保必搜求一过，吓骗其钱财；有病故者，冯保必封锁房屋而检括其家资。因此，冯保私宅所藏，可当朝廷一年贡赋之入。

八、冯保的第宅、店铺遍布京师，不能悉数。为自己造寿坟于北山口，其花园之壮丽堪与皇帝西苑媲美。又在原籍深州建造私宅，规模之华峻，不亚于藩王府邸，共五千四百八十间，名为一藏。

九、冯保擅作威福，恣意凌辱临淮侯、刘皇亲等勋戚。

十、冯保之弟冯佑在皇太后所居慈庆宫高声辱骂太监，冯保之侄冯邦宁兄弟竟在皇帝诏选九嫔之中，挑选绝色美女二人，纳为侍妾。

十一、冯保以一宦官，竟敢僭用皇上之黄帐。

十二、潞王分封，皇上令冯保先择善地。冯保开具地方，呈皇上者为此，呈圣母者为彼，欺君罔上，莫此为甚。

最后，李植请皇上将冯保、张大受、徐爵处死，将冯佑、冯邦宁等问罪。[1]

万历帝早就对这个令他畏惧的"大伴"产生了厌恶心理，必欲

---

[1] 吴亮辑：《万历疏钞》卷二〇，李植《奸险近臣久肆欺罔罪大恶极恳乞乾断亟赐重戮以彰国法以安社稷疏》。

除之而后快,接到这一奏本,立即降旨:"冯保欺君蠹国,罪恶深重,本当显戮。念系皇考付托,效劳日久,姑从宽,着降为奉御,发南京新房闲住。还赏银一千两、衣服二箱。"这还算是念在"大伴"多年掖抱陪伴的情份上,看在先帝顾命付托上,给予宽大处理,虽然革了职,剥夺了权力,却给他聊养余生的一笔财产。对冯保的弟侄就不客气了,一概革职,发原籍为民。至于张大受等,都降作小火者(专事苦役的小宦官),遣送到南京孝陵司香火。①

冯保的下场是耐人寻味的,也是他自己始料不及的。他作为宫内地位最高的太监,须臾不离地在皇上身边伺候,时刻不停地沟通宫廷与政府之间的信息,向两宫皇太后通报外廷动态,以及皇上生活起居。万历帝对他的"大伴"产生了一种矛盾的心情:作为自己的耳目喉舌,一刻也离不开他;又对他存有畏惧戒备的心理。随着岁月的流逝,这种矛盾日趋明朗化。

据说,李植弹劾冯保的奏疏呈进时,冯保正在私宅休沐。万历帝在如何处分冯保的问题上有点踌躇,张鲸等太监乘机揭发冯保的罪恶,怂恿皇上传旨"着冯保私宅闲住"云云。万历帝对冯保还有点心有余悸,担心地说:"冯伴伴来奈何?""若大伴来我不管。"张鲸为他壮胆:"既奉皇爷处分,渠怎敢来!""既有旨,冯某必不敢违。"②

冯保的命运就这样定了下来,十二月初八日皇上降旨:"发南京新房闲住。"皇上的圣旨传出,人们以为处分太轻。浙江道监察御史王国(字之桢,陕西耀州人)上疏,力言冯保罪大恶极,应按法律重处。他列举了冯保欺君误国之罪十条:

---

① 谈迁:《国榷》卷七一,万历十年十月己亥。
② 文秉:《定陵注略》卷一《江陵覆车》。刘若愚:《酌中志》卷五《三朝典礼之臣纪略》。张廷玉等:《明史》卷三〇五《冯保传》。

一、擅权肆恶,独揽朝政。潜引充军在逃人犯徐爵,结为腹心。

二、大开贿赂,勒索沿边诸将领,或二三万,或数十万两银子。

三、盗窃内府珍宝,或藏于私宅,或送于原籍。

四、聚敛天下之财物以肥身家,搜括天下之宝货以为玩好。

五、纵容其侄冯邦柱等,强梁生事,强夺京城内外平民庄田。

六、所积金玉珍宝,富过于国。至于外国奇异之物,为陛下所未有。

七、擅作威福,人人畏惧。

八、冯保称徐爵为樵野先生,徐爵称冯保为大德恩主,终日引入宫内,密谋诡计。

九、近日辅臣张居正病故,冯保令徐爵勒索其家名琴七张、夜明珠九颗、珍珠帘五副、金三万两、银十万两。

十、原任工部尚书曾省吾、现任吏部左侍郎王篆,勾结冯保,相倚为奸。曾省吾送冯保金五千两、银三万两,王篆送冯保玉带十束、银二万两,图谋升官。

有鉴于以上种种罪恶,王国希望皇上比照武宗皇帝处死权阉刘瑾的事例,如法重处冯保,以清内奸;斥革曾省吾、王篆,以清外奸。[1]

---

[1] 吴亮辑:《万历疏钞》卷二〇,王国《逆恶中珰交通内外包藏祸心恳乞圣明重加究处以正国法疏》。

　　王国所揭发的当然有根有据,无奈万历帝主意早定,并不想处死冯保,而是要他到南京养老。王国对皇上的心意揣摩未透,要求处死冯保,显然是自讨没趣——万历帝下令将他调往南京别衙门待用。不久,御史李廷彦也上疏揭冯保贪纵不法诸事,意欲重处冯保。万历帝对此人再次上疏渎扰有点光火了,下令李廷彦停职反省。①

　　万历帝对冯保的处理是手下留情的,他不忍心处死从小形影不离的"大伴",但对冯保聚敛的财富却极为关注,毫不放松。李植、王国在揭露冯保罪状时,都着力于具体列举冯保接受贿赂、搜刮财富的细节与数字,显然迎合了皇上的贪财心理。几天之后,万历帝下令籍没冯保、张大受、徐爵等人的家产,户部在抄家之后向皇上报告:抄没冯保田产变卖折银一万九千余两。工部在抄家之后向皇上报告:冯保住宅变卖折银六万九千余两。② 显然比李、王二人揭发的数字要小多了,而且没有提及金银珠宝等浮财。万历帝派司礼监太监张鲸会同锦衣卫主官刘守有等人,将冯保在京城内外的房屋全部查封,清点浮财。但报告上来的数字,仍不能令他满意。

　　其中原因不外乎两点:一是查抄官员中饱私囊,乘机大捞外快;二是冯保早已将家财作了转移隐匿。

　　据御史毛在揭发,锦衣卫掌卫事都督同知刘守有与负责抄家的一干人等,在查封冯保、徐爵、张大受、周海等人财产时,监守自盗,"搬运鼠窃,报官者十一二耳";各犯家属也买通关节,"转为方

①《明神宗实录》卷一三一,万历十年十二月甲午。
②钱一本:《万历邸钞》,万历十一年癸未卷。

便",使财产大量转移。^① 抄没的财产仅仅是原有的十分之一二，一部分由官员们据为己有，一部分由家属贿赂官员偷运出去，如此二一添作五，送进宫中的只是一小部分。刘守有等监守自盗事发，总督东厂太监张鲸奉皇上圣旨处理此事，勒令他们把贪污盗窃的金银、睛绿珠石、帽顶、玉带、书画、新旧钱币、各色蟒衣、纻丝绸绢等全部上交，甚至把他们家中的财产扫荡一空。^② 这下万历帝才稍稍满意。其实，冯保从万历帝眼皮底下堂而皇之地带走了不少价值连城的珍宝。据南京兵部郎中陈希美报告，冯保由北京抵达南京时，"犹携带佞儿数十辈，装载辎重骡车二十辆"，这其中是些什么就无从知晓了。^③

权阉冯保从此结束了他的政治生命，黯然地消失于政坛。以后又悄无声息地死去，葬于南京皇厂。^④

三、亲操政柄

张居正与冯保，一死一去，万历帝挣脱了昔日钳制他的大手，亲操政柄，可以完全按照自己的心意行事了。朝廷内外一下子失去了两个令人望而生畏的铁腕人物，长期受压制的言官们如释重负，顿时活跃非凡。政坛上乱糟糟闹哄哄，叽叽喳喳，嘈杂不堪。

---

① 《明神宗实录》卷一三二，万历十一年正月乙丑。
② 《明神宗实录》卷一三三，万历十一年二月丙戌。
③ 吴亮辑：《万历疏钞》卷二〇，陈希美《罪人既得天讨难容恳乞圣明亟加诛戮以绝乱萌以安宗社疏》。
④ 刘若愚：《酌中志》卷五《三朝典礼之臣纪略》。

政治风云的变幻令人莫测,君主专制时代,皇帝个人的是非好恶主宰一切。昔日炙手可热的冯保,一道圣旨,逐出紫禁城,发往南京闲住,似乎是一个政治信号。对于政治气候嗅觉特别灵敏,原是官僚的本性,他们中的投机分子更是急不可耐,以为大显身手的机会到了。

既然冯保可以攻倒,张居正有何不可! 言官们从中窥知皇上之意已移,便交章弹劾张居正。①

万历十年十二月十四日,善于窥伺的陕西道御史杨四知首先出马,论劾已故太师张居正十四大罪。无非是什么“贪滥僭窃,招权树党,忘亲欺君,蔽主殃民”②云云。杨四知的奏疏,与前几年傅应祯、刘台的奏疏相比,并没有多少新鲜内容,也没有惊人的说服力。但两者的命运截然不同。前者激起万历帝盛怒,对上疏者严加惩处;后者却正中下怀,欣然同意。显然是帝王独裁心理在作祟。

尽管万历帝对张居正尊重备至,言听计从,但十年来这位元辅兼帝师对他管束过严、干涉过多,甚至对他的宫闱生活也说三道四,使他由厌恶而引发出逆反心理。张居正以顾命大臣、元辅兼帝师的身份,辅政十年,将小皇帝置于严格的管束之下,使他从不敢随心所欲。张居正以严师对待学生的态度对待万历帝,一次万历帝读《论语》,误将“色勃如也”之“勃”字读作“背”音,张居正厉声纠正:“当作‘勃’字。”其声如雷鸣,万历帝“悚然而惊”,在场的同僚们无不大惊失色。③ 慈圣皇太后为配合张居正的调教,在宫中对万

---

① 沈德符:《万历野获编》卷四《废辽王》。
② 《明神宗实录》卷一三一,万历十年十二月戊戌。
③ 谷应泰:《明史纪事本末》卷六一《江陵柄政》。

历帝更是严加教训，"常常守着看管"，"使非礼之言不得一闻于耳，邪媒之事不敢一陈于前"，"帝或不读书，即召使长跪"，或有过错，也"召帝长跪，数其过，帝涕泣请改乃止"。万历帝对张居正内心极为忌惮，慈圣皇太后动辄谴责万历帝："使张先生闻，奈何！"①

尤其令他不能容忍的是，张居正威权震主。十年来，他这个皇帝所受掣肘实在太多。听命于太后犹有可言，受元辅摆布难以长期忍耐，但毕竟强制忍耐了。

内阁辅臣，其职权轻重往往因人而异。严嵩、高拱的职权已无所不统，张居正犹有过之。当时人沈德符对此洞察尤深，他说，张居正受顾命辅政，"宫府一体，百辟从风，相权之重，本朝罕俪。部臣拱手受成，比于威君严父，又有加焉"②。所谓"宫府一体"云云，即把内宫（皇帝）与外廷（政府）的事权集于一身，货真价实的威权震主！

蓄之既久，其发必速。现在既然亲操政柄，不把威权震主达十年之久的张居正的余威压下去，何以树立自己的威权！杨四知的奏疏写得不怎么样，却提供了一个极佳的时机。于是万历帝立即在奏疏上批示："居正朕虚心委任，宠待甚隆，不思尽忠报国，顾乃怙宠行私，殊负恩眷。念系皇考付托，待朕冲龄，有十年辅佐之功，今已殁，姑贷不究，以全始终。"对于他的亲信庞清、冯昕、游七之流，则严惩不贷，下令锦衣卫捉拿送镇抚司严刑审讯。不过，张居正的事情似乎很难与万历帝分割得一清二楚，其间千丝万缕的关

---

① 张居正：《张文忠公全集》卷六《谢皇太后慈谕疏》。张廷玉等：《明史》卷一一四《后妃传》。
② 沈德符：《万历野获编》卷九《阁部重轻》。

系颇难说明道清。于是，万历帝又在圣旨后面特意加了一句："仍谕大小臣工，其奉公守法，各修职业，以图自效，不必追言往事。"①所谓"不必追言往事"云云，就是不要翻陈年老账。

万历帝下令惩处的张居正亲信，以游七最为跋扈。游七名守礼，号楚滨，是张府的家人（家奴）。张居正权倾一时，他狐假虎威，作威作福，还花钱买了个幕职清衔，与士大夫往来宴会。一般无耻官僚为巴结张居正，无不买通游七的关节，拍马唯恐不及。此人可与冯保的亲信徐爵相比拟，冯保被劾，徐爵论斩；张居正被劾，游七下镇抚司狱。不久，徐爵死，而游七却幸免于死。②

但是，言官们并不满足于严惩张居正的亲信，也不愿就此缄默，他们偏偏要"追言往事"。

就在杨四知上疏四天之后（十二月十八日），四川道御史孙继先（字荫甫，一字世胤，号南川，山西盂县人）上疏，不仅弹劾张居正，而且全面地"追言往事"。要求皇上把以前因弹劾张居正而遭罢黜的官员，如吴中行、赵用贤、艾穆、沈思孝、邹元标、余懋学、傅应祯、王用汲等，一概重新起用。③

与此同时，吏科给事中陈与郊、云南道御史向日红等，也上疏翻此旧案。万历帝自感被动，为了把张居正威权震主的影响消除干净，他决心重新起用那些因反对张居正而遭惩处的官员，为此他不得不承担一点责任，检讨几句。他的圣旨是这么写的："朕一时误听奸恶小人之言，以致降罚失中。这本内有名建言得罪的，（俱）起用。王国光着复原职致仕，郭惟贤着复原职，其余有降非其罪

① 《明神宗实录》卷一三一，万历十年十二月戊戌。
② 沈德符：《万历野获编》卷九《五七九传》。
③ 《明神宗实录》卷一三一，万历十年十二月壬寅。张廷玉等：《明史》卷二二九《孙继先传》。

的,吏部都查明奏来。"①

　　万历帝既已说"不必追言往事",又向"追言往事"的言官们妥协,允许他们翻案,这是他亲操政柄后面临的一大难题。这个口子一开,引起了连锁反应,官僚间互相弹劾的奏章如雪片般飞向乾清宫。

　　山西道御史魏允贞(字懋忠,号见泉,大名府南乐人)上疏弹劾吏部历任尚书张瀚、王国光、梁梦龙阿谀张居正、冯保,在吏部会推之前,秘密受意于张居正、冯保,"名氏已定,然后会推,九卿科道徒取充数",因此,吏部选拔的官员十分之九并非凭德器才望而晋升。②

　　御史张应诏弹劾刑部尚书殷正茂(字养实,号石汀,徽州歙县人)、总督两广兵部尚书陈瑞(字孔麟,福建长乐人),以金银珠宝贿赂张居正、冯保及张居正家奴游七。万历帝当即降旨,命殷正茂、陈瑞致仕。③

　　御史黄钟(字律元,号丽江,苏州长洲人)弹劾湖广巡抚陈省为讨好张居正,重加贿赂,并派兵数百,防护江陵的张居正老家,每年为此耗费饷银数千两。又因为张居正的缘故,把荆州旧城古迹拆除,重新规划。万历帝接到这一奏疏,立即下令将陈省革职为民。④

　　万历帝每天处理这些弹劾奏章,有点不耐烦了,如此互相攻击

---

① 钱一本:《万历邸钞》,万历十年壬午卷。《明神宗实录》卷一三一,万历十年十二月壬寅。
② 《明神宗实录》卷一三一,万历十年十二月丙午。
③ 《明神宗实录》卷一三二,万历十一年正月壬戌。
④ 《明神宗实录》卷一三二,万历十一年正月戊辰。

下去,伊于胡底! 他终于光火了,愤愤然地责问这些言官:"在前权奸结党行私,科道官寂无一言,及罪人斥逐,却纷纷攻击不已,有伤国体。"这分明是在谴责这些鼓舌如簧、走笔如神的言官们,太善于见风使舵、随机应变了。年轻的万历帝对官僚们这种避祸趋利又自视甚高的卑下习气,已有所领教,所以寥寥数语便把此辈心态刻划得入木三分。这种当官的诀窍大抵也是一种顽固的传统,对此,他不能容忍。于是训斥道:"有显迹的既已处治了,其余许令省改修职,不必再行搜索。以后有怙恶怀奸,仍前恣肆的,指实参来重究!"①他的意思很明显,劣迹昭彰的主要党羽已经处治了,不必再继续株连、搜索,政局应该平静下来了。

然而,万历帝自己打开的闸门,已经难以关闭。弹劾张、冯的口子一开,岂能立时三刻堵住,官场上,人们仍在忙于"搜索"。

南京刑科给事中阮子孝弹劾张居正的三个儿子(张敬修、张嗣修、张懋修)、吏部侍郎(今闲住)王篆的两个儿子(王之鼎、王之衡),都属于"滥登科第"。万历帝毫不犹豫地令内阁拟旨,将五个"滥登科第"者予以革黜。元辅张四维并没有盲从,并未简单地照拟"革黜"之旨,因为他本人于此事也有一些干系。他上疏说明情况,主张区别对待:张居正的几个儿子按其科举学业都可录取,只是两科连中三人,又都占取高第,因此引起士论的嫉忌,谤议失实。至于王篆的两个儿子,不知学业如何,应予复试,决定是否可用。他建议,张居正的两个在翰林院供职的儿子,调至别的衙门,在部属供职的一个儿子,可以照旧;王篆的两个儿子,由吏部与都察院

①《明神宗实录》卷一三二,万历十一年正月庚午。萧彦等:《掖垣人鉴》卷一六。

在午门前出题复试。① 这其实不失为一个平息舆论的解决办法，万历帝却不满意，亲自降旨："张懋修等并王之鼎、王之衡都着革了职为民。张居正、王篆结连冯保，罔上行私，冯保弟侄及名下，已皆革职治罪了，居正、篆诸子，不论进取公私，都一体斥去。"②不分青红皂白，全部革职为民。

平心而论，张居正的三个儿子连连进士及第，并非全仗自己的真才实学，主持其事的官僚们为了阿谀张居正，做了些小动作，使他们跃登龙门。不过最后都由万历帝裁定，他心中最明白，这是他对元辅的一种报答。现在既然元辅已死，而且罪状已经揭发，这种报答当然应该取消，这完全是功利主义的处理方式。

这些天，弹劾奏章仍源源不断地送到万历帝的御案上，要他一一过目，批示处理意见。

对于这种没完没了的弹劾，万历帝再也不能容忍，如此搞下去，人人自危，还当了得！他以极其严厉的措词谴责那些尖嘴利舌的言官："言官论人，须当审究事实，参详公论，不谙事情始末，不分人品高下，辄肆诋谤，大臣将人人自危，岂成政体？""近日科道官争以奸党为言，斥退已多。今后务要体国惜才，用养和平之福。若再有违旨搜索往事的，定行重治不饶。"③

万历帝亲政后，为了树立自己的至高无上威信，打击威权震主的张居正、冯保，扫清其余党。这是他亲操政柄独自作出的最为重大的决策，正如他屡次在谕旨中申明的那样："冯保、张居正事，出

---

① 《明神宗实录》卷一三二，万历十一年正月癸酉。
② 钱一本：《万历邸钞》，万历十一年癸未卷。
③ 钱一本：《万历邸钞》，万历十一年癸未卷。

朕独断。"①但是他并不愿意把朝廷上下搞得乱七八糟,使他无法治理,所以再三强调不要违旨搜索往事,重翻旧账。这是一个两难选择。打倒张、冯,就意味着否定新政,排除张、冯政治集团。这种政争所引起的副作用,也是他始料不及的。

正如当时人陈继儒(字仲醇,号眉公,松江华亭人)所说:"属官论劾上司,时论以为快。但此端一开,其始则以廉论贪,其究必以贪论贪矣,又其究必以贪论廉矣。使主上得以贱视大臣,而宪长与郡县和同,为政可畏也。"②发展到后来,士大夫意气用事,争名逐利,互相攻击无所不用其极,乃至结党营私,是非不分。如果说,万历一朝的朋党之争,其源盖出于此,也不算过分。

四、刘台的平反

万历帝接受言官们的意见,重新起用因反对张居正新政而遭惩处的官员们,开启了平反与翻案的端倪。

在这一风潮中,纠缠得最多的莫过于刘台案。

刘台反对张居正新政,遭到惩处,可谓咎由自取。刘台既已革职为民,事情本该了结,张居正却穷追不舍。

对此,沈德符写了一篇极富洞察力的评论:"江右刘侍御(台),江陵(张居正)辛未(隆庆五年)所录士,受知甚深,以比部郎(刑部

---

① 《明神宗实录》卷一六〇,万历十三年四月戊辰。
② 陈继儒:《安得长者言》。

主事)改西台(御史),出按辽左。时方奏捷,故事,按臣主查核,不主报功。刘不谙台规,以捷上闻。江陵票旨诘责太峻,刘遂疑惧,露章数千言,劾江陵诸不法,颇中肯綮。"刘台的奏疏毕竟触到了张居正的痛处,尤其是门生弹劾座师,使他无法容忍,心中久久不快。沈德符接着说:"江陵虽盛怒,然内愧且服,止从削籍。但每对客,词色间多露愤恚不堪意。诇者因思中之,诬其在辽时婪肆,抚按从而勘实之。又令刘台乡人告刘居乡诸不法状,亦对簿追赃。"①以后刘台所遭厄运,虽出于无耻官吏向张居正献媚之举,根子却在张居正,他容不得刘台,必欲置之死地而后快。

　　刘台革职回到家乡江西安福县,地方官根据张居正的授意,怂恿刘台的仇人出来诬告。这就是康熙《安福县志》为刘台立传时所说的,"(刘台)得生还,居二年,居正嗾江西抚臣王宗载,诱其仇家诬奏他事,文致其狱"②。这个仇家就是江西安福所舍人谢燿,他上疏诬告刘台,说他"恶迹甚多",在辽东贪赃数万两银子。③僻处乡间的谢燿何由得知刘台在辽东的事情,显然是信口雌黄。万历帝却信以为真,立即下旨:命该抚按提问具疏。同时又派文书房太监邱得用到内阁传旨:"刘台这厮,先年枉害忠良,朕意要打死他。因先生论救,饶了。今却有这等暴横害人。本内说,辽东贪赃数万。着拿解来京。"张居正想得周到,拿解来京,查无实据怎么办?于是便回奏说:"若拿解本犯,不免并逮干证,宜下抚按鞫问。"④也就是说把此案交给江西巡抚王宗载、巡按陈世宝去处理,而王、陈二人早已对张居正的意图心领神会,欲加刘台之罪何患

① 沈德符:《万历野获编》卷一九《台省》。
② 康熙《安福县志》卷三《刘台传》。
③ 文秉:《定陵注略》卷一《江陵擅政》。
④ 文秉:《定陵注略》卷一《江陵擅政》。

无辞!

另一方面,刘台在巡按辽东时的同僚、辽东巡抚张学颜(字子愚,号心斋,广平肥乡人),此时已升任户部尚书,秉承张居正的旨意,诬告刘台在辽东巡按任内"私赎锾"(贪污)。张居正既已抓到把柄,便命江西巡抚王宗载(湖广京山人)搜求刘台罪证。王宗载对巡按陈世宝说:"了此狱,政府乃以巡抚处公。"此时,辽东巡抚于应昌也对刘台"捏报虚赃"。于是,陈世宝对刘台严刑逼供,使刘台"苦楚万状"。①

万历五年(1577年),江西巡抚王宗载、巡按陈世宝会奏:"刘台合门济恶,灭宗害民,应发边远充军终身。伊父刘震龙、伊弟刘国八并刘允鉴等,分别徒杖。"经都察院审定后,万历帝批准依拟执行。②

就这样,刘台被遣戍广西浔州,父亲、弟弟遭到徒刑、杖刑的处分。后来,刘台死在戍所,衣服棺材全无,十分凄凉。③ 据说,刘台的死与张居正的死是在同一天,何其巧合乃尔。④

刘台的下场实在太可悲了,身遭诬陷,死得不明不白。

万历十一年(1583年)正月,御史江东之为了某种政治目的首先弹劾陷害刘台而升官的都察院都御史王宗载、御史于应昌(陈世宝早已呕血暴死,已无法弹劾)以杀人取媚张居正。他说,刘台因弹劾张居正而罢官,仇家诬告贪赃,下江西巡抚王宗载、巡按陈世宝、辽东巡按于应昌勘问。其实,刘台在辽东"不持一钱",于应昌

---

① 《明神宗实录》卷一三二,万历十一年正月戊辰。
② 文秉:《定陵注略》卷一《江陵擅政》。
③ 《明神宗实录》卷一三二,万历十一年正月戊辰。
④ 康熙《安福县志》卷三《刘台传》。

却"捏报虚赃"。陈世宝严刑拷问,使刘台苦楚万状。遣戍浔州后,又死于戍所。王宗载、于应昌理应抵罪。[①]

这时的王宗载是江东之的顶头上司,按照都察院的惯例,御史上封事,必须以副本报告长官。江东之拿了副本进衙门,王宗载迎上去问:"江御史何言?"江东之答:"为死御史鸣冤。"王宗载问:"为谁?"江东之答:"刘台也。"王宗载顿时垂头丧气而退。[②] 王宗载看了副本后,马上写疏申辩,刑部侍郎刘一儒提请会同有关官员议拟,得到万历帝的批准。

到了二月,江西巡抚贾如式上疏弹劾诬陷刘台的谢燿等人。贾如式揭发了一些鲜为人知的内幕:刘台的同宗,原任国子监监丞刘伯朝、举人刘寿康与刘台有宿怨,欲乘机中伤刘台使之遭奇祸,以邀张居正欢心。适逢刘台买谢燿家土地,因价格不合引起谢燿仇恨。刘伯朝等唆使谢燿诬告刘台,吉安推官陈绅也极力怂恿。官府勘问时,刘伯朝出庭对质,使刘台有口难辩。至于辽东"赃银"五千两,刘台无力退赔,牵累当地富室代纳。贾如式因此建议都察院究处刘伯朝、陈绅,由江西巡抚提审刘寿康、谢燿。万历帝批复:"着抚按官提问。"[③]

经过各级衙门对刘台案的重新审理,同年九月,刑部把复核结果上报给万历帝:

> 故御史刘台戍死一事,该江西巡抚曹文野勘得,原任巡抚王宗载先以密帖示署安福县事推官陈绅,唆使谢燿诬奏台。

---

① 《明神宗实录》卷一三二,万历十一年正月戊辰。
② 张廷玉等:《明史》卷二三六《江东之传》。
③ 《明神宗实录》卷一三三,万历十一年二月戊申。此疏误将陈绅写作刘绅。

台族人博士刘伯朝、举人刘寿康合谋构陷,绅出资助煋赴京讦奏。事下宗载与巡按陈世宝审问,共相诬捏,以成其罪。

又该辽东巡抚李如松勘得,原任御史刘台各赃俱无指证。原奉勘承委各官,巡按御史于应昌勘详失于明允,分守参政张崇功、分巡副使周于德会审断案殊欠精详,管粮通判陈柱、薛思敬虚生赃私,勘报不实,均属有罪。

有鉴于此,刑部等衙门会议,分别议处如下:

一、王宗载,应照律文"官司故入人罪,全入者以全罪论",议充军。

二、于应昌,应照律文"奉制推案问事报上不以实者",拟判徒刑。

三、刘寿康,依"教唆词讼诬告人者"律,革去举人,发边卫充军终身。

四、谢煋,比依"诬告人因而致死随行有服亲属一人"律,判绞刑,仍令谢煋名下赔偿路费,又将财产一半断付刘台家供养赡费。①

万历帝看了刑部等衙门的报告,提笔批示:"这厮每挟私枉法,陷害无辜,险狠可恶。王宗载主谋杀人,律应反抵,着发边卫充军;于应昌承勘虚捏,姑依拟,与陈绅、刘伯朝都革了职为民;张崇功、周于德俱降一级调用;陈柱、薛思敬着辽东抚按官提了问;谢煋监

---

① 《明神宗实录》卷一四一,万历十一年九月壬午。

候定决。"①相比较而言,万历帝的处分比刑部要宽一些,除王宗载
依拟充军外,于应昌由徒刑改为革职,谢燿由绞刑改为监候定决。

刘台被诬陷贪赃而遭遣戍,又冤死戍所,家属也遭连累,实属
冤案一桩。至此,平反昭雪。刘台家乡安福县人士为了表彰他与
傅应祯的名节,为他们建立祠堂,寄托思念之情。②

作为一种冲击波,凡参与迫害刘台的官员都难辞其咎。言官
们当然不会轻易放过这些人。

刑科给事中刘尚志题参原任大理寺寺丞贺一桂,揭发了这样
一件事实:王宗载之所以能事先得到谢燿的奏稿,是贺一桂授意
陈绅干的。据此,贺一桂应罢斥究问。他又指出,陈世宝与王宗载
同时受理刘台案,王宗载已予处分,陈世宝虽死,不宜独免。万历
帝批示:"贺一桂黜为民,陈世宝原官诰敕俱行追夺。"③

工科给事中王毓阳(字春裕,号嶰竹,陕西绥德人)奏参原任吏
部左侍郎王篆,"假故相姻戚,引用朋党王宗载等,陷害忠良,元凶
巨蠹,不宜使优游田里"。万历帝批示:"王篆黜为民。"④

御史孙继先、曾乾亨(字于健,号健斋,江西吉水人)分别上疏
弹劾现任兵部尚书张学颜在任辽东巡抚时诬陷刘台贪赃,理应
受惩。

孙继先揭露了张学颜与刘台之间鲜为人知的纠葛:刘台巡按
辽东时,巡抚张学颜有杀降冒功、以败报捷等劣迹,日夜惴惴不安,

① 钱一本:《万历邸钞》,万历十一年癸未卷。
② 同治《安福县志》卷三《营建·祠》。
③ 《明神宗实录》卷一四一,万历十一年九月甲午。
④ 《明神宗实录》卷一四一,万历十一年九月丁酉。

唯恐刘台向朝廷举报,便派人侦伺刘台动静。当刘台起草弹劾张居正疏稿时,门下刺探偶见"张"字,误报为弹劾张学颜。张学颜茫然若失,急忙拜谒刘台,要求通融免劾。哪知刘台为人耿介迂执,全无策略,直率地回敬道:"豺狼当道,安问狐狸!台所论者,大学士张居正也。安能与你问是非哉!"张学颜听到刘台当面叱责自己是狐狸,恨之入骨。不久,张学颜升任户部尚书,便罗织刘台罪状,无中生有地诬他贪赃一万两,报告给张居正。张居正遭刘台弹劾后,心中愤闷之极,正欲借惩刘台以钳制天下舆论,得到张学颜的诬赃报告,以为奇货可居。一面发往辽东,要于应昌追查;一面发往江西,要王宗载勘问。由此孙继先断言:"是死台者,臣不敢曰他人,而曰学颜……学颜可置之不问耶!"事实表明,张学颜确实"狐媚存心,狠毒用事",是导致刘台遭戍致死的罪魁。其他陷害者已严惩,张学颜当然不能逍遥法外。①

但是,万历帝却一反常态,百般回护张学颜,不但不予处分,反而谴责揭发此事的孙继先。他的圣旨是这样写的:"刘台被诬事情,各经该官员都从重处分了,如何又捏词牵引,排诋大臣!孙继先狂躁妄言,姑降一级调外任。"②

御史曾乾亨不服,再次上疏弹劾张学颜。万历帝仍不动摇,下旨斥责道:"曾乾亨这厮,本意欲党救冯景隆,却乃捏词排陷大臣。彼刘台之事,俱已有旨处分。今后再有借言刘台之事,诬陷大臣的,必重加处治。曾乾亨姑着降一级调外任。"③

张学颜本人因遭弹劾,感到压力,上疏极力否认诬陷刘台之

---

① 钱一本:《万历邸钞》,万历十一年癸未卷。
② 钱一本:《万历邸钞》,万历十一年癸未卷。
③ 《明神宗实录》卷一四二,万历十一年十月庚戌。钱一本:《万历邸钞》,万历十一年癸未卷。

事,并表示要辞职,以明心迹。万历帝连忙好言挽留。① 看来,万
历帝鉴于辽东边事重大,将材难得,不愿意让颇有才干的张学颜辞
去兵部尚书这个要职。

　　万历帝对刘台案的处理带有明显的平反昭雪的意义,不论
动机如何,承认过去的处理错误,不再文过饰非,总是值得赞许
的。与此适成对照的是,为辽王宪㸅翻案,从而引发出对已故张
居正的追加处分,完全是意气用事,寻找事端,借题发挥,不但一
无可取之处,反而酿成此后长时期的政局混乱,可谓搬起石头砸
自己的脚。

五、辽王案与查抄张府

　　辽王朱植,是明朝开国皇帝朱元璋的第十五子,洪武十一年
(1378 年)封卫王,二十五年改封辽王,次年就藩辽东广宁,以宫室
未成,暂驻大凌河北树栅为营。燕王朱棣靖难起兵,辽王朱植与宁
王朱权奉召还京(当时都城在南京),朱植改封于湖广荆州。以后
世代相袭。嘉靖十六年(1537 年)辽王的第七代传人朱致格死,子
朱宪㸅嗣位。辽王朱宪㸅以信奉道教为世宗(嘉靖皇帝)所宠。宪
㸅是个性喜方术、秉性淫虐之徒,见皇上学道奉玄,也假装崇事道
教,以献媚于上。果然博得皇上欢欣,特赐道号"清微忠孝真人",
赐金印一枚及法衣法带等物。宪㸅在荆州街上出行,每每身穿皇

---

① 《明神宗实录》卷一四二,万历十一年十月庚戌、乙卯。

上所赐衣冠,开道者高举"诸鬼免迎"牌以及拷鬼械具之类。路人见此不伦不类模样,既可骇又可笑。更为荒唐的是,堂堂藩王竟入齐民百姓家为之斋醮,自称法术无边,索取高额酬金,无赖之极。又炫耀符咒妖术,欲得活人首级,曾割街上醉民顾长保之头,一城为之惊怪。[①]

辽王府在荆州城北,建于永乐二年(1404年),以后又不断增修,备极豪华。弘治中建宝训堂,为辽王府内堂,用以收藏列代皇帝所赐宸翰。另有味秘草堂,专门收藏图书,朱宪㸅的文集便以此为名——《味秘草堂集》。时人有诗吟味秘草堂曰:

> 秘籍当年聚草堂,朝披夕诵味偏长。
>
> 从教身作书中蠹,万卷何曾救国亡。

辽王府之外还有成趣园,位于荆州子城外西北,是辽邸的西园。另有东园,在子城外东北,引水为池,负土为阜,步檐曲阁。辽邸内园又有素香亭、听莺亭,还有曲密华房,是辽王曲宴之地;又有苏州房,为歌舞伎女所在。从时人的吟咏中可以看出辽王宪㸅的淫靡生活之一斑。《曲密华房诗》:

> 华房晏起惜春宵,曲密深沉醉西腰。
>
> 记得风流贤守句,西宫隐隐出鸾箫。

《苏州房诗》:

---

① 沈德符:《万历野获编》卷四《辽王封真人》。

湘帘尘暗锦屏空，香径年深藓迹重。

春月似怜红袖尽，乱移花影入房栊。①

　　隆庆元年，御史陈省上疏弹劾辽王朱宪㸅各种横行不法行为。次年，巡按御史郜光先（字子孝，号文川，山西长治人）又弹劾朱宪㸅十三大罪。朝廷命刑部侍郎洪朝选（字舜臣，号芳州，福建同安人）前往荆州查勘。洪朝选查得朱宪㸅"淫虐僭拟"等罪状。隆庆帝获悉后大怒，本拟处死宪㸅，念他是宗室亲戚，免于一死，废为庶人，禁锢凤阳高墙。从此辽王便成了废藩。

　　其间还有一个小插曲。副使施笃臣与朱宪㸅积怨甚深，洪朝选到荆州后，施笃臣伪造朱宪㸅书信，贿赂洪朝选。施笃臣反过来以此为把柄，要挟朱宪㸅。朱宪㸅毕竟是藩王，岂肯就范，便不管三七二十一，树起一面大白旗，上写"讼冤之纛"四个大字。这下给施笃臣揪住尾巴，一面报告辽王谋反，一面派五百兵卒团团围住辽王府邸。洪朝选返京报告查勘结果，只列举"淫虐僭拟"等罪状，只字不提"讼冤之纛"。张居正家在荆州，原先与辽王府有矛盾，嫌洪朝选没有向朝廷揭发朱宪㸅谋反情节。洪朝选一气之下，辞官回家乡同安县。张居正便嘱咐福建巡抚劳堪罗织洪朝选罪状。辽王被废后，辽府宗人全归楚王管辖，并由广元王带管辽府事宜。

　　平心而论，辽王宪㸅被废，与张居正并无直接关系，本不应牵连到他。但政治毕竟是政治，它的发展是难以逆料的。

　　在万历十年（1582年）十二月，陕西道御史杨四知弹劾张居正

① 以上均见光绪《重修荆州府志》卷七《地理志·古迹》引《江陵志余》。

十四罪的五天之后,兵科给事中孙玮(字纯玉,一字以贞,号蓝石,一作兰石,陕西渭南人)首先提出这桩公案,并把它与张居正联系起来。

原来,福建巡抚劳堪为讨好张居正,命同安知县罗织洪朝选罪状,然后由他飞章奏明朝廷。朝廷命未下,劳堪便将洪朝选逮入狱,绝其饮食三日,致其饿死狱中,还不准殓尸,任其腐烂。张居正死,洪朝选之子洪竞(都察院检校)向朝廷诉冤。劳堪此时已升官为都察院左副都御史,还未赴京,听说洪竞诉冤,立即写信给冯保,将洪竞革职廷杖,遣归乡里。[①] 孙玮揭发此事,并指责劳堪贪虐,"倚法作奸,杀人媚势,神人共愤,国法难容","希居正意,杀朝选媚之,极其惨酷。至其子洪竞赴阙控诉,堪飞书冯保,廷杖几死"。万历帝接疏后,只是罢去了劳堪的官职,并未追究张居正的责任。[②]

既然有人出面讲话,洪竞于万历十二年(1584 年)正月上疏为父伸冤,向皇上哭诉:

> 臣父子与居正初无异也。及勘辽狱,父轻罪以全朝廷亲亲之恩,而居正始憾父矣。及父辞朝一疏,有权势主使之语,而居正益怒父矣。世仇刘梦龙等乘其隙行间,父与邹进士(元标)、吴编修(中行)私通造作,言语激怒居正,居正杀父之意不可解矣。(劳)堪受居正之意,遂肆豺狼之毒。

洪竞还揭发了劳堪害死其父的经过,然后说,"父冤虽伸,元凶

---

① 张廷玉等:《明史》卷二四一《孙玮传》。
② 《明神宗实录》卷一三一,万历十年十二月癸卯。

未惩","臣区区之愚,愿与劳堪同死,不愿与劳堪同生"。①

洪竞的奏疏写得声泪俱下,读者无不为之感动,万历帝的批示却冷静得很:"这事情屡有旨处分了。曾否冤抑不明,着法司从公勘明了来说。"②

都察院左副都御史丘橓(字茂实,山东诸城人)此时上疏条陈三事,其第二事便是"请均处邪媚之臣"。他说,福建巡抚劳堪害死侍郎洪朝选,以及江西巡抚害死御史刘台,都是张居正的授意,"杀其仇以献媚,其妄杀之罪亦同。今宗载充军,而堪止罢官,是二者俱为失刑!"③不知为什么,万历帝仍不同意严惩劳堪,他说:"劳堪不必再勘,与张一鲲都着革了职为民。"④劳堪既未严惩,张居正当然也就牵连不上。

这时有一个险恶小人——云南道御史羊可立(河南汝阳人),在一份奏疏中无中生有地说:"已故大学士张居正隐占废辽府第田土,乞严行查勘。"⑤其险恶用心在于,唯有如此这般,才可以将张居正与废辽事件相联系。其实辽王被废完全是咎由自取,况且是在隆庆二年,当时张居正还是内阁第四把手,即使要追究责任,也应该算在第一把手高拱身上。万历帝对羊可立的揭发,虽然并未轻信,只是命湖广巡抚、巡按调查核实以后报告,却容忍对张居正

---

① 钱一本:《万历邸钞》,万历十二年甲申卷。《明神宗实录》卷一四五,万历十二年正月丙午。
② 钱一本:《万历邸钞》,万历十二年甲申卷。
③ 《明神宗实录》卷一四七,万历十二年三月癸巳。钱一本:《万历邸钞》,万历十二年甲申卷。
④ 钱一本:《万历邸钞》,万历十二年甲申卷。《明神宗实录》卷一四七,万历十二年三月癸未。
⑤ 《明神宗实录》卷一四一,万历十二年九月壬午。

弹劾的逐步升级。

此论一出,久欲伺机翻案的辽王家属以为时机已到。已废辽王朱宪㸂早已死亡,便由他的次妃王氏出面,向朝廷呈进《大奸巨恶丛计谋陷亲王强占钦赐祖寝霸夺产业势侵全室疏》。疏中除了为辽王辨冤,特别强调指出,已废辽王家财,"金宝万计,悉入居正府"[1]。素有聚敛财富癖好的万历帝,看了这一句话,以为由此抓住了籍没张居正家财的把柄。他早就对张居正的家财有所垂涎,抄没了冯保财产后,就想对张家动手,只是找不到合适的理由。现在终于可以如愿了,所以迅速作出反应,下了一道圣旨:

> 张居正侵盗王府金宝,伊父占葬王坟,掘毁人墓,罪犯深重。你等如何通不究拟?着司礼监张诚、刑侍丘橓、左给事杨廷相、锦衣卫都指挥曹应魁,前去会同抚按官,查照本内王府仓基房屋,并湖池洲田,及一应财产,都抄没入官,变卖解京。原占坟地归湘府军校看守,积欠税课追并完纳。还将王氏奏内金银宝玩等物,务要根查明白,一并追解。如有透漏、容藏、庇护的,拿来重治。差去官员还写敕与他,并将辽府废革情由从公勘明,上紧奏报定夺。[2]

这道圣旨,对于已死的张居正及其家属,不啻是政治上的彻底否定,是万历一朝政治生活中最令人震惊的事件,使张居正从政治

---

[1] 钱一本:《万历邸钞》,万历十二年甲申卷。《明神宗实录》卷一四八,万历十二年四月乙卯。

[2] 钱一本:《万历邸钞》,万历十二年甲申卷。《明神宗实录》卷一四八,万历十二年四月乙卯。

的峰巅一下子跌入万丈深渊。促使万历帝对"元辅张先生"如此无
情地下毒手的原因是复杂的。他亲操政柄后，必须完全肃清张居
正威权震主的影响，无疑是最主要的原因。早在一年之前，他看了
大理寺呈上的张居正亲信游七、冯昕在狱中的供词后，就下令剥夺
他亲手颁赐给张居正的上柱国、太师兼太子太师等政治荣誉，将其
子张简修等革职为民，就是为此目的采取的措施。然而人们无论
如何没有料到，事态竟会发展到查抄张府的地步。

　　此旨一出，朝野震动。许多有正义感的官员挺身而出，为已故
张居正求情，希望皇上宽恕。这与张居正在世时那些阿谀奉承之
徒有天壤之别。那时是趋炎附势，这时是逆流而动，要担风险。其
中最引人注目的是圣旨下达第二天，都察院左都御史赵锦（字元
朴，号麟阳，浙江余姚人）上疏极力谏阻。赵锦曾在万历初年对张
居正的新政颇多訾议，以为太过"操切"，张居正获悉后，授意言官
弹劾他"讲学谈禅，妄议朝政"，迫使他辞官而去。[①] 如果为泄私
忿，他完全可以乘机落井下石。然而他却仗义执言，以嘉靖朝抄没
严嵩家产连累江西百姓的教训，劝谏皇上三思而行。当时抄没严
府家产，预先估计之数过高，主持抄家的大臣与地方官员唯恐于数
不符，遭不测之祸，于是"株连影捕，旁挖远取，所籍之物强半出于
无辜之民"。

　　他分析道："居正之家，臣等不敢谓其一无所藏，然比之冯保，
万分不侔。……今居正之罪迁延日久，即有微藏，亦多散灭。况人
心愤恨，言常过当。"万一再有当年抄没严府之事，那么"流毒三楚

---

① 张廷玉等：《明史》卷二一○《赵锦传》。

更有十倍于江西之民者"。他还指出,皇上对张居正的惩罚太过于严酷,必令今后的大臣恐惧。既然已剥夺其封谥,斥其子弟为民,已是正罚。"居正生平操切,垄断富贵,决裂名教,故四方归怨,实无异志。且受先皇顾命,辅上冲龄,夙夜勤劳,中外宁谧,功安可泯!惟陛下不忘帷幄之谊,庶全国体。"①

这些话说得入情入理,无论张居正如何擅权,如何操切,毕竟功大于过,断不至于达到抄家的地步。但万历帝听不进去,居然声称:"张居正负朕恩眷,蔑法恣情,至侵占王府坟地产业,岂可姑息!尔等大臣乃辄行申救?"②

谈迁在记述赵锦的这一奏疏之后,附录了沈德符的一段言论,堪称持平之见。沈德符说:"张江陵身辅冲圣,自负不世之功,其得罪名教,特其身当之耳。江陵功罪约略相当,身后言者指为奇货。如杨御史四知追论其贪,谓银火盆三百,诸公子碎玉碗玉杯数百,此孰从而见之?又谓归葬沿途五步凿一井,十步盖一庐,则又理外之论矣。……然则杨何不明纠当事之政府,而追讨朽骨之权臣也!"③这不仅是在抨击杨四知、羊可立之流,而且是在影射讥刺翻脸不认人的万历帝。

刑部侍郎丘橓奉命前往荆州查抄张府家产的消息传出后,侍讲官于慎行(字可远,更字无垢,山东东阿人)致书丘橓,希望他奉旨办事时手下留情。于慎行实在算不上张居正的亲信,当年张居正"夺情",他偕同官上疏反对,张居正听说后,责备他说:"子吾所

① 《明神宗实录》卷一四八,万历十二年四月丙辰。谈迁:《国榷》卷七二,万历十二年四月丙辰。
② 《明神宗实录》卷一四八,万历十二年四月丙辰。
③ 谈迁:《国榷》卷七二,万历十二年四月丙辰。

厚,亦为此耶?"他从容答道:"正以公见厚故耳。"张居正怫然而去,不久,于慎行以疾辞官。① 张居正死后,他被重新起用,获悉皇上要查抄张居正家产之事,却敢于讲几句公道话,着实难能可贵。他给丘橓的信写得很有水平,对官场的人情世故、世态炎凉刻画得鞭辟入里,流露出一派凛然正气:

江陵殚精毕智,勤劳于国家,阴祸深机,结怨于上下。当其柄政,举朝争颂其功,不敢言其过。今日既败,举朝争索其罪,不敢言其功。皆非情实也。江陵平生,显为名高而阴为厚实,以法绳天下而间结以恩。其深交密戚则有赂,路人则不敢。债帅钜卿,一以当十者则有赂,小吏则不敢。得其门而入者则有赂,外望则不敢。此其所入亦有限矣。且彼以盖世之功自豪,固不甘为污鄙,而以传世之业期其子,又不使滥其交游。其所关通窃借,不过范登、冯昕二三人。而其父弟家居,或以间隙微有所网罗,则所入亦有限矣。若欲根究株连,称塞上命,恐全楚公私重受其累。江陵太夫人年八十,老矣。诸子累然,皆书生不涉世事。籍没之后,必至落魄流离,可为酸楚。望于事宁罪定之日,疏请于上,乞以聚庐之居,恤以立锥之地,使生者不为栾郤之族,死者不为若敖之馁可矣。②

在当时情况下,讲这种公道话,是要有点魄力的。正如《明

---

① 张廷玉等:《明史》卷二一七《于慎行传》。
② 谈迁:《国榷》卷七二,万历十二年四月丙寅。《明神宗实录》卷四四○,万历三十五年十一月壬申。

史·于慎行传》所说,于慎行致丘橓书,"词极恳挚,时论韪之"。

　　丘橓,字懋实,亦作茂实,号月林,其先祖山东寿光人,始祖彦成迁居山东诸城县之柴沟,传五世至橓。家贫,负笈就师。嘉靖二十二年(1543年)举乡试第二,二十九年(1550年)成进士。为官后,屡屡上疏抨击时政,言辞激切,无所顾忌[1],因此被革职为民。万历初年,言官交荐,张居正以为"此子怪行,非经德也",拒不召用。到了万历十一年(1583年)秋,才起用为左副都御史。他对张居正本有积怨,于慎行的劝谏当然充耳不闻,不但不手下留情,反而极尽勒索之能事。未抵荆州,先期命地方官登录张府人口,一些老弱妇孺躲避于空房,来不及退出,门已封闭,饿死十余人。[2]

　　地方官员奉丘橓之命查抄张府家产,锱铢必究。不日即把查抄结果上报:江陵原住宅内,金二千四百余两,银十万七千七百余两,金器三千七百一十余两,金首饰九百余两,银器五千二百余两,银首饰一万余两,玉带一十六条,蟒衣、绸缎、纱罗、珍珠、玛瑙、宝石、玳瑁尚未清点。[3] 不久,刑部主事韩济也上报,查抄张居正在京房产等物折银一万零六百两,另有御赐匾额四面,敕谕二面。[4]

　　这一结果与万历帝事先的预期相去甚远。张居正为官谈不上清廉,但与严嵩、冯保相比,毕竟要好多了。尤其在他显贵之极时,自持甚严,很少接受下属馈赠。辽帅李成梁受封伯爵,为表示感

---

① 乾隆《诸城县志》卷三一《丘橓传》。
② 张廷玉等:《明史》卷二二六《丘橓传》。谈迁:《国榷》卷七二,万历十二年四月丙寅。
③ 《明神宗实录》卷一四八,万历十二年四月乙卯。钱一本:《万历邸钞》,万历十二年甲申卷。
④ 《明神宗实录》卷一四九,万历十二年五月庚辰。

激,特遣使者赠张居正黄金千两、白银万两,遭到婉拒。张居正对来使说:"若主以血战功封一官,我若受之,是且得罪于高皇帝。其毋再渎!"[1]在荆州张府所抄没的家产,大多是其父亲、兄弟平时搜敛到手的,数目不算太多。

于是丘橓等便大加拷问,穷追硬索。张居正的三子懋修经不起拷掠,屈打成招,枉供曾向曾省吾、王篆、傅作舟、高志进各家转移藏匿财产,约值银三十余万两,其实是子虚乌有之事。[2] 长子张敬修(原任礼部主事)实在受不了如此这般折磨,自缢身亡,以一死表示无力的抗议。临终前留下了一纸绝命书,真实地记录了张府所遭抄家浩劫的情况:

> 忆自四月二十一日闻报,二十二日移居旧宅,男女惊骇之状,惨不忍言。至五月初五日,丘侍郎到府。初七日提敬修面审,其当事噂杳之形,与吏卒咆哮之景,皆平生所未经受者,而况体关三木,首戴幪巾乎!……
>
> 在敬修固不足惜,独是屈坐先公以二百万银数。不知先公自历官以来,清介之声传播海内,不惟变产竭资不能完,即粉身碎骨亦难充者! 且又要诬扳曾确庵(省吾)寄银十五万,王少方(篆)寄银十万,傅大川(作舟)寄银五万。云:"从则已,不从则奉天命行事!"恐吓之言,令人落胆……
>
> 嗟乎! 人孰不贪生畏死,而敬修遭时如此,度后日决无生路。……不得已而托之片楮,啮指以明剖心。此帖送各位当

---

① 谈迁:《国榷》卷七二,万历十二年四月丙寅。
② 谈迁:《国榷》卷七二,万历十二年五月癸卯。

道一目,勿谓敬修为匹夫小节,而甘为沟渎之行也。祖宗祭
祀,与祖母、老母馈粥,有诸弟在,足以承奉,吾死可决矣……

　　丘侍郎、任抚按,活阎王! 你也有父母妻子之念,奉天命
而来,如得其情,则哀矜勿喜可也,何忍陷人如此酷烈……①

在绝命书中,张敬修流露了面临死神时的求生欲望。五月初
十写完了这份绝命书,梦中得到吉兆,以为事情会有转机,没有自
缢。到了十二日会审时,"逼勒扳诬,慑以非刑,颐指气使,听其死
生",实在走投无路,才自缢而死。

《诸城县志》为丘橓立传时,颇多溢美之词,如"比抵荆州,张
氏筐箧所寄,惟坐王篆、曾省吾数家,余无连蔓者"②云云。看了
张敬修的绝命书对丘侍郎的控诉,便可知丘橓实在是一个惨无
人道的冷血动物,无怪乎荆州人要说他"胸次浅隘,好为名高,不
近人情"③。

张敬修自缢身亡,消息传到京城,朝廷为之震惊。万历帝认为
这是地方官疏虞、贿纵,下令逮捕荆州知府郝如松。刑科给事中刘
尚志为郝如松求情,乞求免于逮问,反而激怒万历帝,嫌其渎扰,下
令夺其俸三月。④

刑部尚书潘季驯(字时良,号印川,湖州乌程人)闻讯,仗义
执言。他上疏万历帝:"陛下闻张敬修自缢,而赫然罪其守臣,曾

① 《张文忠公全集》附录。朱东润:《张居正大传》,湖北人民出版社,1981年,第393—
395页。
② 乾隆《诸城县志》卷三一《丘橓传》。
③ 光绪《重修荆州府志》卷七八《杂记志·纪事》。
④ 《明神宗实录》卷一四九,万历十二年五月癸卯。

不齿及财物之多寡。仰见保全旧臣后裔之初心,顾诚虑严旨既下,该府防闲倍密,逾八之母,柔脆之子若媳,恐惧莫必旦暮。伏乞特降恩纶,将居正家属暂行保放。"①又上疏直言,"治居正狱太急","居正家属毙狱者已十数人"。不怕触怒皇上,为张居正讼冤。②

辅臣申时行也向万历帝提及此事:"窃见故臣居正虽以苛刻擅专,自干宪典,然天威有赫,籍没其家,则国典已正,众愤已泄矣。若其八旬老母衣食供给不周,子孙死亡相继,仰窥圣心,必有恻然不忍者。"万历帝迫于大臣压力,才降下一旨:"张居正大负恩眷,遗祸及亲。伊母垂毙失所,委为可悯,着拨与空宅一所,田地十顷,以资赡养。便马上差人传与张诚等遵旨行。"③

但对于抄没张府财产,万历帝丝毫不予放松。司礼监太监张诚多年在旁伺候,深知皇上秉性,抄没后立即奏报:"抄没故相张居正住宅、坟地、财物及诰命、牌坊等,并分路解进。"万历帝特别叮嘱:"居正太师等加官已削,原给诰命及特降谕札都追缴。石兽等物,并应拆牌坊,变价解京……隐匿收寄者勘实追并。其侵占府第、王坟等罪,及干碍人员,候勘明辽府事日,并拟奏夺。"④之后,他又命有关衙门将抄没张居正在京财产共一百十扛,全部送内库查收。⑤还要张诚把荆州张府财物,迅速押解来京,来不及变卖的,交由当地巡抚巡按官员陆续起解,不许延缓。张诚奉命于十一

① 《明神宗实录》卷一四九,万历十二年五月癸卯。
② 张廷玉等:《明史》卷二二三《潘季驯传》。黄宗羲:《明文海》卷四四八,王锡爵《印川潘公墓志铭》。
③ 《明神宗实录》卷一四九,万历十二年五月癸卯。钱一本:《万历邸钞》,万历十二年甲申卷。
④ 《明神宗实录》卷一五〇,万历十二年六月戊午。
⑤ 《明神宗实录》卷一五一,万历十二年七月戊子。

月将抄没财产一百扛,解回北京,送入内库。①

　　万历帝还不肯罢休。日前,刑部尚书潘季驯等人曾在奏疏中提及张府饿死多人。对于这一情节,他耿耿于怀,下令张诚查明回奏。张诚是此次抄家的领衔主管官员,当然以大事化小,小事化了为上策,便回奏说:缢死只二人,回避了饿死多少人这一事实。万历帝却把这两个数字混为一谈,叫文书官传旨给内阁:"张诚本说居正家属缢死止是二人,如何说饿死十余人? 着出旨查问。"辅臣申时行只得出面打圆场:"臣等前见诸大臣疏内曾有此言,问之则云:出湖广抚按承差口。彼时大臣欲仰祈圣恩宽宥罪孽,惟知模写其可怜之状,一时轻信,无所逃罪。若加追究,则必提科承差,方可质对。往返旬月之间,大臣俱当待罪,衙门事务未免耽误,伏乞宽宥。"看了申时行的奏疏,万历帝知他在回护潘季驯等大臣,余怒未消,仍令严查。事有凑巧,有一个工科给事中杨毓阳出来认罪,说他曾经讲过饿死十余人之事,不知为风闻所误。其实是代人受过,万历帝要追查的并不是他,又不能置之不理,便下令剥夺杨毓阳薪俸一年,以示惩戒。②

　　事情还未了结。江西道御史李植政治嗅觉特灵,在这次事变中表现得很活跃,这时希旨上疏,矛头直指潘季驯,通篇充斥无耻谰言:

　　　　故辅居正,挟权阉之重柄,藐皇上于冲龄,残害忠良,荼毒

---

① 《明神宗实录》卷一五三,万历十二年九月庚子。《明神宗实录》卷一五五,万历十二年十一戊寅、丙戌。
② 《明神宗实录》卷一五一,万历十二年七月己卯。

海内，即斩棺斫尸尚有余罪。夫何季驯，昔为私党，深衔卵翼
之恩；今借恤旧，甘为跖犬之吠。不曰居正之罪宜抄，而曰好
货贪财。不曰居正之罪宜诛，而曰损德伤体。奉差籍没诸臣
少加推问，季驯又倡言惑众。至谓铜楼铁夹，断肢解体，拷毙
数命，饿死十人。询之楚人，以为并无此事。季驯不惟诳皇上
于前，而且欺皇上于今日矣。若不速行斥逐，恐以下讪上，以
臣议君，相率成风，莫知底止。①

　　这些话都是顺着皇上旨意而说的，当然正中下怀。万历帝
抓住时机，责令潘季驯回话，潘季驯只得回话认罪。于是万历
帝下旨："潘季驯疏纵罪犯，纵放复拘，怀无君之心，本当重究处
治，念系大臣，着革了职为民，其诰命等项，俱着追夺入官。"②就
这样，把一个敢于在张府遭祸时挺身保护的正直官僚打了
下去。
　　万历帝决定查抄张居正家产以来，一直甚为怀疑"诸大臣党
庇"。现在李植弹劾潘季驯"党庇居正"③，深得他的欢心，便下诏
吏部，把李植连同先前弹劾有功的江东之、羊可立三人，以"尽忠言
事，揭发大奸有功"，将他们"不次擢用"。吏部遵旨，擢李植为太仆
寺少卿，江东之为光禄寺少卿，羊可立为尚宝司少卿。④ 这三个以
整人发迹的政治暴发户骤然成了皇上的红人。
　　上有所倡导，下必效尤，官场上互相怀疑攻击，一派乌烟瘴气。
明末学者文秉（字荪符，苏州吴县人，大学士文震孟之子）对此有洞

① 《明神宗实录》卷一五一，万历十二年七月己丑。
② 钱一本：《万历邸钞》，万历十二年甲申卷。
③ 张廷玉等：《明史》卷二二三《潘季驯传》。
④ 《明神宗实录》卷一五一，万历十二年七月庚子。

察入微的评判：

> 江陵在位，大小臣工咸以保留献媚为事，直谓朝无人焉可也。迨江陵殁，而后来之权势远不相及，于是气节自负者咸欲以建白自见。顾九列大老犹仍向前陋习，群指为跃冶，合喙以攻之，而大臣与小臣水火矣。辛（自修）、海（瑞）两中丞挺然独立，南北两院之席俱不暇暖，是大臣与大臣水火矣。又有奔走权门，甘心吠尧者，小臣复与小臣水火矣。[①]

翻案风刮到此时，再发展下去，必然是"废辽必复"，必然是"居正且戮尸"，舆论气势汹汹。果然不出所料，万历十二年（1584 年）八月九日，万历帝命文书官宋坤向内阁传旨，要各衙门一起议论有关辽王事宜，并且定下调子："拟复辽爵，及重论居正之罪。"[②]此事非同小可，一向胆小怕事的申时行也不敢随便附和皇上行事，他向万历帝奏明："居正罪状已著，法无可加。（辽王）觊觎之端，修废第于民穷财尽之时，复废国于宗多禄少之日，举朝无一人以为宜者。"把万历帝的旨意顶了回去。万历帝自知理亏，环顾左右，说了一句话："内阁言是。"不得不将恢复辽王原爵——替辽王翻案之议搁置起来。但重论张居正之罪仍不放过。

都察院等衙门遵旨，呈上了参劾故相张居正的奏章，万历帝在上面写了如下批示：

> 张居正诬蔑亲藩，侵夺王坟府第，钳制言官，蔽塞朕聪。

---

① 文秉：《定陵注略》卷二《大臣党比》。
② 《明神宗实录》卷一五二，万历十二年八月丙辰。

私占废辽地亩，假以丈量遮饰，骚动海内。专权乱政，罔上负恩，谋国不忠。本当斫棺戮尸，念效劳有年，姑免尽法追论。伊属张居易、张嗣修、张顺、张书，都着永戍烟瘴地面，永远充军。你都察院还将居正罪状榜示各省直地方知道。①

张居正死后竟然遭到万历帝如此无情的惩处，是他本人生前始料不及的，也是与万历帝当初尊崇备至的态度大相径庭的。帝王视臣子若草芥，可以捧上云霄，也可打入地狱，即使有盖世之功的张居正也概莫能外。时人议论道："自世庙迄今，居首揆者，大都江陵以前以攻击得之，故去位受惨祸。"②此话有一定的道理，夏言、严嵩、高拱、张居正莫不如此。但他只注意到同僚互相攻击的一面，而忽略了最为关键的皇帝本人态度的变化。

司礼监太监张诚因此次抄家有功，万历帝命荫其弟侄一人为锦衣卫百户。以后，张诚继张宏为司礼监掌印太监，并兼掌东厂及内官监，权势可与冯保相比拟。在很多方面也与冯保相似，喜爱读书，规谏万历帝每每引经据典，或暗地讥骂，无所顾忌。③

张居正的政治生涯，居然与宦官相始终，虽然纯属巧合，但也透露了那种制度的必然性。他夺得内阁元辅之位，得力于司礼监太监冯保，海内共知。他受宠于皇帝、太后，恩礼无以复加，都假手于太监。他的居丧、夺情、治丧、归葬，无不有太监参与。到他病故，皇上又派司礼监太监陈政护丧归乡。无怪乎当时人要感慨系之："一切殊典，皆出中贵人手。而最后被弹，以至籍没，亦以属司

① 钱一本：《万历邸钞》，万历十二年甲申卷。《明神宗实录》卷一五二，万历十二年八月丙辰。
② 伍袁萃：《林居漫录》（别集）卷一。
③ 刘若愚：《酌中志》卷五《三朝典礼之臣纪略》。

礼张诚。岂所谓君以此始，必以此终乎!"①

　　万历帝在平反冤狱的同时，亲手制造了一桩更大的冤案，留给
他的子孙们去平反，多么具有讽刺意味! 天启二年(1622年)，天
启帝朱由校给张居正恢复原官，给予祭葬礼仪，张府房产没有变卖
的一并发还。崇祯三年(1630年)，崇祯帝朱由检又给还张居正后
人的官荫与诰命。时人评论道：当大明王朝国将不国之时，皇上
"抚髀思江陵，而后知得庸相百，不若得救时相一也"②。人们感慨
于此，在江陵张居正故宅题诗抒怀，有两句云：

　　　　恩怨尽时方论定，封疆危日见才难。③

堪称史诗，也是张居正身后功过是非的真实写照。
　　以历史学家冷静客观的眼光看来，张居正忠心耿耿辅佐小皇
帝，为革除积弊，创建新政，呕心沥血，鞠躬尽瘁，他的功绩是不可
抹煞的。《明实录》纂修官给张居正的"盖棺论定"，写得还算平直
公允，较少意气用事的成分。一方面确认，张居正"沉深机警，多智
数……受顾命于主少国疑之际，遂去首辅，手揽大政。劝上力守祖
宗法度，上亦悉心听纳。十年海内肃清，四夷詟服，太仓粟可支数
年，阎寺积金至四百余万。成君德，抑近幸，严考成，综名实，清邮
传，核地亩，洵经济之才也"。真是功不可没。另一方面，张居正也
有过失，尽管过不掩功，但也足以使他陷入无法摆脱的困境："偏衷

① 沈德符：《万历野获编》卷九《江陵始终宦官》。
② 林潞：《张江陵论》，见《重修荆州府志》卷七九《杂记志·纪文》。
③ 朱彝尊：《静志居诗话》，见《重修荆州府志》卷七八《杂记志·纪事》。

多忌,小器易盈,钳制言官,倚信佞幸。方其怙宠夺情时,本根已断矣。威权震主,祸荫骖乘。何怪乎身死未几,而戮辱随之也。识者谓:居正功在社稷,过在身家。"①对张居正作了一个恰如其分的评价。

历任礼部尚书、东阁大学士的于慎行面对这一变故,不无感慨地说:

> 万历初年,江陵用事,与冯珰相倚,共操大权。于君德夹持,不为无益。惟凭借太后,携持人主,束缚钤制,不得伸缩。主上圣明,虽在冲龄,心已默忌。故祸机一发,遂不可救。世徒以江陵摧抑言官、操切政体为致祸之端,以夺情起复、二子及第为得罪之本,固皆有之,而非其所以败也。江陵之所以败,惟操弄之权,钤制太过耳。②

分析得不落俗套,入木三分,与《明实录》所谓"威权震主,祸荫骖乘",可以互相印证。正如海瑞所说:"居正工于谋国,拙于谋身。"③

张居正的结局,是一幕政治悲剧,是他与万历帝一起铸成的。然而,未免显得太不公平了。林潞《张江陵论》指出:张居正的新政,"奠安中夏者垂十年,至江陵殁,而享其余威,以固吾围者,又二十年"。但是,"自江陵殁后,而诋江陵者非惟自轻,而卒以误国。庙堂诸老,委蛇无建白,而使神考轻宰相,恶谏官,燕安无忌。矿使

---

① 《明神宗实录》卷一二五,万历十年六月丙午。
② 谈迁:《国榷》卷七一,万历十年六月丙午。
③ 谈迁:《国榷》卷七一,万历十年六月丙午。

四出,宫闱挟宠;九列无官,朝堂不御;封疆大患,帷幄无谋;以门户筹边,以朋党任将:一误再误。宦寺乘之,而国不可为矣"[1],可谓沉痛之极的反思。

以上连篇累牍地对张居正加以评论,并非为张居正树碑立传,只是想寻找一个评判功过是非的参照座标,从侧面反衬万历帝这个不乏英才之气的皇帝无法摆脱的唯我独尊的内在秉性。

万历帝亲政后,对功劳盖世的张居正居然如此恨之入骨,竟以为罪该断棺戮尸,给予籍没家产的极端惩处,使张居正及其家属蒙不白之冤。这显然是意气用事,是他的尚气心理作祟的大暴露,是他作为一个专制君主对辅政大臣威权震主的一种无情报复。张居正辅政十年的所作所为,都是在他的鼎力支持与参与下进行的,是得到皇太后与他本人一再认可的,何况取得了公认的成效,他从来不曾表示过异议。这一切,他全然不顾,把十年来他对张居正的推崇、褒奖言词忘得一干二净,丝毫不感到愧疚。为了宣泄他的莫名怨恨,而不择手段,不计政治后果,一意孤行,简直是为报复而报复。独裁者有时会任性到常人无法估计的程度。

六、并非庸主

万历十一年(1583年)四月初五日,元辅张四维接到父亲病逝

---

[1] 《重修荆州府志》卷七九《杂记志·纪文》。

的讣闻，向万历帝提出丁忧归葬。这次，万历帝不再"夺情"，因为他已亲政，元辅对于他不再是须臾不可离的了，况且还有次辅申时行在。

张四维丁忧归葬，正好发生籍没张居正家产、重定张居正罪状的大事件，他避开了难堪的处境。到万历十三年（1585 年）十月病故于家乡，这两年多张四维再未过问朝政。一切的矛盾都落到了申时行的身上。

申时行出任内阁元辅后，张居正的前车之鉴令他心有余悸，更加小心谨慎，一方面推行宽大之政，另一方面事事务承帝意，使万历帝的权力欲得到充分的满足。

万历十三年四月十七日①，万历帝因天旱不雨，由文武百官陪同，步行出大明门，来到南郊，进行祈祷。礼毕后，他召见辅臣及九卿，说："天时亢旱，虽由朕不德，亦因天下有司贪赃坏法，剥害小民，不肯爱养百姓，以致上干天和，今后还着该部慎加选用。"

申时行回奏："皇上为民祈祷，不惮勤劳，一念精诚，天心必然感格。其屡祷未应，皆臣等奉职无状所致。今天下有司官果然不能仰体皇上德意，着实奉行。臣等当即与该部商量申饬。"

万历帝说："还着都察院行文与他每知道，务令着实奉行，毋事虚文。"

申时行说："今后如有不着实奉行，虚文塞责者，容臣等请皇上重法惩治。"

万历帝说："先生每说的是。"

---

① 申时行《召对录》误作万历十三年五月十七日，今据《明实录》改正。

返回时,近侍太监请皇上乘轿,万历帝挥手拒绝,坚持步行。往返二十里路程,并无难色,也颇见其诚心。①

皇上前往郊坛祈雨这种迷信活动,在当时具有极浓烈的政治色彩,尤其是皇上责备百官失职,"上干天和",被一些机灵的言官抓住,乘机大做文章。李植之流近来劣迹昭彰,引起人们不满。浙江道监察御史蔡系周借皇上祈天求雨之机,上疏弹劾太仆寺少卿李植。他说:"古者朝有权臣,狱有冤囚,则旱。(李)植数为人言:'至尊呼我为儿,每观没入宝玩,则喜我。'其无忌惮如此。陛下欲雪枉,而刑部尚书(潘季驯)之枉先不得雪。今日之旱,实由于植。"②江西道御史孙愈贤等人也交章弹纠李植。

江东之、羊可立与李植同气相求同声相应,见同党遭劾,立即上疏反击,力图把水搅混,将弹劾李植的蔡系周、孙愈贤等人一律划为"怀冯保、张居正私恩"的"奸党"。③

奏疏转送到内阁,申时行看到羊可立疏中说"一时奸党怀冯保、张居正私恩者,造为无影之言"云云,特别气愤,立即奏告道:"(孙)愈贤等疏尚未处分,(羊)可立何由争之? 且问可立:奸党为谁,有何实迹?"万历帝是偏袒羊可立、江东之、李植等人的,但见申时行如此光火,只得充和事佬。不过,他第二天确实给都察院发了一个手札:"谏官务存国家大体,何得以私灭公,挑激争端,淆乱国是? 自今各修尔职,不许琐词渎扰。敢有仍前不悛,重治无贷。"这

① 《明神宗实录》卷一六〇,万历十三年四月戊午。申时行:《召对录》(《宝颜堂秘笈》本)。
② 张廷玉等:《明史》卷二三六《李植传》。《明神宗实录》卷一六〇,万历十三年四月戊辰。
③ 《明神宗实录》卷一六〇,万历十三年四月戊辰。

是在谴责御史蔡系周、孙愈贤,也是在督责都察院加紧对御史们的管束。与此同时,他又在羊可立的奏疏上批示:"冯保、张居正事出朕独断,久已处分,谁敢怀私报复,自干宪典! 以后不许借言奸党,攻讦争辩,违者罪之。"表面上是在批评羊可立等人,实际上是借此回避人们对李植等的追究。

事情趋于复杂化。几天后,京城盛传一份匿名揭帖,假借孙愈贤、蔡系周二御史之名义,说大学士许国图谋攻倒李植等人,辗转授意于二御史,让他们出面弹劾。对于这种刻印揭帖,搅乱视听的匿名者,刑科给事中刘尚志(字行甫,号景孟,安庆怀宁人)上疏予以抨击。他认为这一事件与去年涂改吏部尚书杨巍的春帖,今年又在礼部尚书沈鲤门上张贴传单等事,阴谋如出一手。字里行间流露出他对李植、江东之、羊可立的怀疑,因而锋芒一转,直言不讳地写道:"乃有一辈言事之臣,妆缀旧闻。不曰交冯保,则曰不终丧;不曰杜言官,则曰毁书院。诸如丈田、铸钱、捕盗、多杀之类,鼓已如簧之舌,而刺刺不休……岂欲将万历十年以前,凡(与)居正共事之臣皆谓之党,尽行罢斥而后已乎!"①一语道出了近年来政治斗争中一种值得注意的倾向:"欲将万历十年以前,凡居正共事之臣皆谓之党,尽行罢斥而后已。"

这种倾向虽由李植之流反映出来,但多少也透露了万历帝的意图。万历帝在批阅这一奏疏时,对于匿名揭帖,下令东厂、锦衣卫与五城兵马司严密缉拿,至于后面所讲的那种倾向,含糊其词地说:"章疏就事直陈,不得摭拾旧事,烦言渎扰。"②

由李植的事牵涉到前刑部尚书潘季驯,因为后者是遭前者弹

---

① 《明神宗实录》卷一六二,万历十三年六月丁卯。
② 《明神宗实录》卷一六二,万历十三年六月丁卯。

劾而罢官的。于是，御史董子行上疏为潘季驯申辩。他说，李植论劾潘季驯不过二罪：所谓冯邦宁之狱为无君之罪，此是大罪，并非真罪；所谓轻信人言张居正家死十数人，此虽小罪，却是真罪。"罪非真而显斥之，罪非大而重法之，陛下必有不忍于心者矣。"话说得很直率，要皇上回答众目睽睽的难题，勇气可谓不小。紧接着御史李栋上疏称颂潘季驯治理河道的功绩："两河之岸屹如长城，咸曰此潘尚书功也。"万历帝岂肯承认处分潘季驯有错，看了两本奏章后，下令将此二人剥夺俸禄一年，以示惩戒。① 丝毫不肯在李植的事情上松口。

转机终于被机敏的申时行抓住了。

万历帝为了营建自己的寿宫（即死后的陵墓），由前任礼部尚书徐学谟（字叔明，一字子言，号太室山人，苏州嘉定人）选择大峪山吉壤，申时行赞成其事。万历十三年八月初一日，万历帝决定在大峪山营建寿宫，派申时行前往视察。不料，太仆寺少卿李植、光禄寺少卿江东之、尚宝司少卿羊可立三人借题发挥，无事生非，上疏说，大峪山并非吉壤，由于申时行与徐学谟关系亲密，便同意徐学谟的选择云云，企图一举攻倒申时行。

申时行心中明白，这是皇上钦定的吉壤，他决心抓住此事，把这三个人的嚣张气焰压下去，便上疏向皇上辩解。万历帝自知这件事与申时行毫不相干，气愤地严词斥责李植等三人："阁臣职在佐理，岂责以堪舆使（风水先生）耶！"下令将李植等三人夺俸半年。又命太监传谕内阁，安慰申时行："大峪（山）佳美毓秀，出朕钦定。

---

① 《明神宗实录》卷一六三，万历十三年七月甲戌。

又奉两宫圣母阅视,原无与卿事。李植等亦在扈行,初无一言。今吉典方兴,辄敢狂肆诬构!朕志已定,不必另择,卿其安心辅理。"①

李植等人借寿宫之议攻击申时行是有预谋的,几天后,这一事件终于真相大白。他们企图借口寿宫选址不妥攻倒元辅申时行,预谋另推次辅王锡爵继任,并荐引通晓堪舆(风水)的刑部侍郎张岳(字汝宗,号龙峰,浙江余姚人)、太常寺卿何源(字仲深,号心泉,江西广昌人)入阁。这种政治阴谋难登大雅之堂,理所当然遭到王、张、何三人的拒绝,纷纷上疏明志。

王锡爵一疏写得尤为真切感人。他因遭小人利用而引咎自责,以为当辞官而去,理由有三:"大臣不能帅群臣,当去;师不能训子,当去;老成而为恶少年所推,亦当去。"他对当前政坛中不正常现象予以痛斥,写道:

> 诸臣近乃创为一种风尚,以为普天之下除却建言之臣,别无人品;建言之中除却搜刮张、冯旧事,别无同志……臣尝私譬张居正门客,如群倡之倚市,劳来送往,取适一时耳。今冰山既泮,黄犬成空,士有恸轮渍酒不忘死生之交者鲜矣。况本非(王)安石,谁为章(惇)、蔡(京)?

> 今大学士申时行泊然处中,唾面不拭,以强陪诸臣之謦笑,不过为重国体、惜人才耳。乃诸臣见其弱,则愈以为不足畏而凌之;受其容,则愈以为縻我而疑之;被言,则以为嗾人攻之;求去而票允,则以为逐之;票留,则以为苦之;或票虽留而

————————————
① 《明神宗实录》卷一六四,万历十三年八月己亥。

旨欠温,则以为阳顺上意而阴忌之。喘息纵横,千荆万棘,令
人无路可趋,无门可解。皇上试观典籍,自古及今岂有人臣操
天子之权,小臣制大臣之命,至此极而朝政不乱、国是不淆
者乎!①

　　王锡爵不因为李植等人是自己的门生而与之相呼应,也不因
为与张居正有宿怨而大张挞伐,取申时行而代之,大义凛然谴责那
批"建言之臣",令李植、江东之、羊可立辈无地自容。对此三人,万
历帝虽有所切责,却始终不肯罢斥,看了王锡爵的奏疏,才改变主
意。这时,御史韩国桢(字柱甫,号洙泉,苏州长洲人)、给事中陈与
郊(字广野,号玉阳仙史,浙江海宁人)等言官,纷纷上疏论劾李植
之流的无耻行径。万历帝批示:三人各降三级。吏部遵旨奏复:
李植降为户部员外郎,江东之降为兵部员外郎,羊可立降为大理寺
评事。②

　　就这样,李植、江东之、羊可立不但降了三级,而且还从京师谪
调外地。李植贬为绥德知州,不久引疾归乡。江东之贬为霍州知
州,不久也以病免职。羊可立贬为山东佥事。③ 这三个人以打击
别人抬高自己为能事,曾不可一世,红了三年,便纷纷落马,颇为士
论所哂笑。

　　然而万历帝并非庸碌之辈,在处理朝政时,常常流露出励精图
治的英才之气。

① 《明神宗实录》卷一六四,万历十三年八月己酉。
② 《明神宗实录》卷一六四,万历十三年八月己酉。
③ 张廷玉等:《明史》卷二三六《李植传》。《明史》卷二三六《江东之传》。

在用人方面,他强调实绩而不拘资格。万历十一年九月,吏部推升宣大总督郑洛为协理京营戎政,四川巡抚孙光裕为南京大理寺卿。郑洛(字禹秀,保定安肃人),万历二年在山西巡抚任上,万历七年在宣大总督任上,对于督责俺答贡市,确保边境安宁,运筹有方。^① 兵部以为应予提升。至于孙光裕,则因为担任巡抚多年,按资历应予升迁。

兵部的奏疏呈进后,万历帝不以为然,便召来申时行,谈了他对这次人事调动的看法。

万历帝说:"(郑)洛在边镇,节省钱粮,是好官,边上该用他。如推他京营,放在闲散。孙光裕在任未久,如何又推升?"

申时行答:"(郑)洛在边九年,劳绩已久。(孙)光裕先任应天巡抚三年,今任四川(巡抚)又一年,资俸应及。"

万历帝说:"既卿等所奏,朕已点用。今后但凡各处要紧事情重大的,不必以资格历俸为则,必须推其堪任的用。"^②

万历帝明确地表示,这次既已决定,下不为例。今后提升官员,不必拘泥于资历,而应看其能力是否堪任。这种用人原则,无疑比吏部及内阁要高明多了。以后洮河用兵,万历帝下诏,把郑洛调为陕西甘肃山西经略^③,发挥其筹边安邦的才能,再次体现他人尽其才的精神。

万历十三年五月十九日,万历帝在按例视朝之后,在平台召见内阁辅臣议论朝政,重点仍在如何用人这个问题上。万历帝把一份奏章递给元辅申时行,说:"此陕西巡按御史董子行疏也。"

---

① 张廷玉等:《明史》卷二二二《郑洛传》。
② 《明神宗实录》卷一四一,万历十一年九月乙巳。
③ 张廷玉等:《明史》卷二二二《郑洛传》。

申时行接过奏章，一边披览一边说："臣昨日见董御史揭，能知其略。其一说抚镇官当亲自巡历地方，其二说巡抚当久责成，其三……"

当申时行正在查找奏疏中的文句，还没有说出"其三"是什么时，万历帝插话予以补正："(其三)是说方面官也。"

申时行接着说："是。沿边兵备宜加优异。其四言沿边同知、通判等官宜慎选用，破格迁除。言亦多切。"

万历帝说："不然。边事重大，抚镇不亲历地方，专委小官，岂不误事！"

申时行说："诚如圣鉴，边事全赖抚镇，若每年巡历地方，下人不敢欺，自能尽心料理。巡抚迁转，昨蒙皇上以方弘静任浅，不准推升，臣等深服圣断。久任法行，不惟人才得以展布，而百姓亦得相安。"

万历帝说："然。即有年久者，宁加俸加衔，不可轻易更动。此疏先生将去看来，今日政事再与先生商之。"①

据《明实录》的编纂者说，这次平台召对辅臣，是孝宗以后的第一次。② 其实万历七年万历帝曾于平台召见张居正，不过当时只是寒暄，并未议论朝政。万历帝在平台召见辅臣，议论朝政，这确乎是第一次。万历帝居然把停止了近百年的"辅臣召对之典"予以恢复，足见他励精图治欲望之强烈。从谈话内容来看，他一如既往地强调沿边地区抚镇官员要选择得当，而且不可轻易更动，久任才能法行，不但人才得以展布，而且百姓也得相安。

万历十三年九月，有的官员提议，从朝廷大臣中荐举堪任将帅

①《明神宗实录》卷一六一，万历十三年五月己丑。
②《明神宗实录》卷一六一，万历十三年五月己丑。

的人才,以加强边防,兵部以为此议可行。万历帝却以为不妥,他正确地指出:"将才甚难,非经战阵,何缘识别?"所以他不同意在廷臣中荐举将帅,而应从在地方任职多年的总督、巡抚、巡按中访求:"果有异才,许于例荐外,特举推用。"①这是他洞察吏治和边事之后,悟出的用人之道,其英明之处固不待言。

万历帝对国计民生之事也极为关注,他委派徐贞明开发京畿附近水田,就体现了这种精神。

徐贞明万历三年(1575年)任工科给事中时,曾上疏条陈水利。他指出,神京雄据上游,兵食宜取之于附近,今皆仰食东南,军船夫役之费浩大,常以数石致一石。京师附近诸府,有支河、涧泉的地方,都可以灌溉成水田。如果仿效南方,筑圩蓄水,招徕南方农夫指导耕艺,那么北起辽海,南滨青、齐,都成良田。万历帝看了这一奏疏,把它转给有关部门研究。工部尚书郭朝宾(字尚甫,号黄涯,山东汶上人)借口"水田劳民,请俟异日",事情便被束之高阁。② 但徐贞明并不灰心,在贬官后,把他的上述主张系统化,写成《潞水客谈》一书。御史苏瓒、徐待极力推崇其说可行,给事中王敬民还特地上疏向皇上推荐。

万历十三年万历帝将徐贞明提拔为尚宝司少卿,特赐敕令,前往京师附近府县,与地方官勘议落实京畿水田开发事宜。徐贞明在京东州县踏勘之后,提出了实施方案,得到户部尚书毕锵(字廷鸣,号松坡,池州石埭人)的支持。于是,万历帝任命徐贞明兼监察御史领垦田使,地方官阻挠者可随时劾治。到次年二月,已开垦水

① 《明神宗实录》卷一六五,万历十三年九月戊子。
② 张廷玉等:《明史》卷二二三《徐贞明传》。

田三万九千余亩。由于太监勋戚们唯恐"水田兴而己失其利",纷纷在万历帝面前散布流言蜚语。① 万历帝疑惑不决,在万历十四年三月初六日视朝完毕,特地在暖阁召见内阁辅臣申时行等商议此事。

万历帝首先提及申时行昨天呈上的《安民之要疏》。申时行在那份奏疏中提到了四件事情:一、催科急迫之害;二、征派加增之害;三、刑狱繁多之害;四、用度侈靡之害。

万历帝说:"昨览所奏,深切时政,宜着实议行。"然后把话头一转,与辅臣议论京畿水田一事。他说:"近开水田,人情甚称不便,不宜强行。"

申时行附和说:"前者科道官纷纷建议,谓京东地方田地荒芜,废弃可惜,相应开垦。京南常有水患,每年大水至时,淹没民田数多,相应疏通,故有此举。昨御史既言滹沱河难治,宜且暂停。若开垦荒田,则蓟州等处开成已五六万亩,不宜遽罢。"

万历帝说:"南方地下,北方地高,南地湿润,北地碱燥。且如去岁天旱,井泉干竭,水田如何可做?"

申时行说:"臣等愚意亦只欲开垦荒田,不欲尽开水田。"

正当申时行等要叩头告退时,万历帝特意关照说:"朕居深宫,外间民情事务不能周知,赖先生每调停,可不时奏来。"②

京畿水田开发的尝试因此中途停罢。透过这一事件,不难窥见万历帝关注国计民生及外间民情事务的急切心情。

正因为万历帝不乏英才之气,亲政后逐渐独断专行,名义上要

---

① 张廷玉等:《明史》卷二二三《徐贞明传》。
② 《明神宗实录》卷一七二,万历十四年三月辛丑。

内阁拟票,实际上常常推翻重拟。万历十五年(1587年)三月关于顾宪成、王德新二人的处置便是一个突出事例。

这年三月十三日,万历帝患病初愈,多日未视朝,便把内阁辅臣召到皇极门暖阁议事。一见面,万历帝便说:"朕偶有微疾,不得出朝,先生每挂心。"不等申时行等叩头致谢完毕,就从袖中拿出两份奏疏,交给申时行。①

申时行一看,原来是前两天吏部员外郎顾宪成(字叔时,号泾阳,常州无锡人)、刑部主事王德新(字应明,江西安福人)的奏疏。顾宪成在疏中,就科道官高维嵩等四人参劾工部尚书何起鸣而遭谪之事,希望皇上无论大臣、小臣、近臣、远臣,皆视为一体。言外颇有谴责阁臣之意。王德新在疏中说,高维嵩不宜谪降,何起鸣结纳左右,以簧鼓请甘,斧钺不避,事非出于皇上宸断。②

万历帝虽然身体初安,肝火却很旺,要内阁拟票,意欲重处顾、王二臣。申时行等以为不当重处,只拟罚俸。万历帝一听,肝火又旺了起来,说:"如今用人,那一个不是朕主张,二主事肆言,却说不是朕独断,好生狂妄!"

申时行见皇上动火,忙附和说:"皇上天纵聪明,乾纲独运,即今朝廷政事,各衙门章奏,无一件不经御览,无一事不出圣裁。司属小臣不知妄言,原无损于皇上圣德。"

万历帝怒气还未消:"臣下事君上,也有个道理。他每把朕全不在意。朕非幼冲之时,如何说左右簧鼓?先生每拟的太轻,还改票来!"

---

① 申时行:《召对录》。
② 《明神宗实录》卷一八四,万历十五年三月壬寅。文秉:《定陵注略》卷二《大臣党比》。张廷玉等:《明史》卷二三一《顾宪成传》。《明史》卷二二〇《辛自修传》。

申时行还是劝慰："二臣狂妄，罪实难逭。但臣等仰见皇上明并日月，量同天地，区区小臣不足以亵雷霆之威。即谕拟及臣等，宁使臣等受诬谤，不必轻动圣怒。"

万历帝说："先生每是朕股肱，与别的不同，须要为朕任怨。若只要外边好看，难为君上。"

申时行说："臣等受皇上厚恩，虽犬马无知，也当图报，敢不任怨。"

万历帝说："他每说话，必有主使之人，着追究出来。"

申时行赶忙解释："建言的也有几样，有忠实的人，出自己见，不知忌讳者。有愚昧的人，不谙事体，道听途说者，未必出于主使……"

万历帝打断了申时行的话，反驳道："还是沽名卖直的多。若不重处，不肯休歇。前有旨各衙门戒谕司属，通不遵依，也问他！"

申时行还想申辩，万历帝突然打住话头，吩咐道："先生每便将去改票来！"申时行只得叩头告退。[①]

回到内阁，申时行立即遵旨改票，并呈上奏疏稍加说明：顾、王二臣虽同为司属官，同样属于越位上疏，但词旨各异。王德新所谓"事非宸断"，情出揣摩；顾宪成但逞浮词，意尚和缓。处理时，似当稍有分别。[②] 万历帝仍不满意，自己动笔写了处理意见：关于顾宪成，因"党护高维嵩等，肆言沽名，好生浮躁"，"着降三级调外任"；关于王德新，"朕亲览章奏，何事不由独断……如何说是左右簧鼓？王德新这厮，妄言揣疑，肆口非议，视朕为何如主？好生狂恣。这必有造言主使之人，着锦衣卫拿送镇抚司追究明白了来

① 申时行：《召对录》。
② 《明神宗实录》卷一八四，万历十五年三月壬寅。

说"。镇抚司把王德新究问以后，查不出主使之人，万历帝只得降旨："姑不再究，着革了职为民当差。"[1]

后人在评述此事时，曾提及顾宪成万历十四年秋入京补官时谒见王锡爵的一段对话。王锡爵关切地问："公家居久，知都下近来有一异事乎？"顾宪成当然不知，便请教道："愿闻之。"王锡爵妙语横生："庙堂所是，外人必以为非；庙堂所非，外人必以为是。不亦异乎？"顾宪成回答得更妙："又有一异事，外人所是，庙堂必以为非；外人所非，庙堂必以为是。"王锡爵听了大笑而起。[2] 顾、王二人洞察时政之弊，谈笑谐谑之间，把皇上偏执、大臣党比刻画得淋漓尽致。不曾料到的是，还不到一年，顾宪成竟因此而连降三级，由京官谪调外任。

万历帝是个权力欲很强的人。张居正辅政时实际是代为摄政，这种权力欲受到了压抑。张居正曾对阿谀他的下属说："我非相，乃摄也。"[3]所谓摄，即摄政，张居正摄政时，万历帝很难施展自己的权力欲。亲政以后，这种权力欲无所顾忌地得到伸张，他处理朝政的口头禅竟是："如今用人那一个不是朕主张。""朕亲览章奏，何事不由独断。"

为了满足他的权力欲，甚至派遣锦衣卫的校尉作为自己的耳目，去侦听法司的审讯工作。锦衣卫掌侍卫、缉捕、刑狱之事，由皇帝直接指挥。所隶属的镇抚司，掌刑名，设监狱。朱元璋创设这一机构，屡兴大狱，幽絷惨酷，他的继承者都依仗锦衣卫作耳目爪牙，

① 钱一本：《万历邸钞》，万历十五年丁亥卷。《明神宗实录》卷一八三，万历十五年三月壬寅。
② 文秉：《定陵注略》卷二《大臣党比》。
③ 沈德符：《万历野获编》卷九《三诏亭》。

与东厂、西厂并称厂卫，实行恐怖政治。在这一点上，万历帝酷似太祖朱元璋。

万历十五年十一月，太常寺参劾大兴县知县王偕擅责乐舞生事，下法司审讯。这种芝麻小事，照理皇帝不必过问，他却秘密派遣锦衣卫校尉二人前往侦听，并命此二人把招词听记下来奏报。刑部尚书李世达（字子成，号渐庵，陕西泾阳人）委婉地借口人犯未齐，尚未开审，希望明日来听记。到了第二天，刑部巡风主事孙承荣又推托祖宗旧制一向没有校尉在旁观察法司审理之先例，如果奉有皇上密旨，也应在密室潜听窃访。而且此二人身份真假难辨，便拒绝他们听记。校尉们碰壁后，回宫向皇上汇报，还添油加醋地描绘一番：王偕青衣乘马，随从多人，得意洋洋地进入法司云云。万历帝一听大怒，一面令文书官传谕内阁，意欲将此案移交锦衣卫镇抚司审问；一面又令文书官口传圣旨给刑部，大兴问罪之师："先年严（清）尚书在部，亦曾着人听记，如今为何不容？从公问理，没有私弊，如何怕人听记？"[1]刑部尚书李世达慌忙请罪。几天后，万历帝怒气稍解，仅对法司官员夺俸二月以示处分，审讯仍由法司进行。

刑科都给事中唐尧钦（字寅可，号韦轩，福建长泰人）等偏要争个明白，上疏就锦衣卫校尉入法司听记事为法司辩解。疏文写道：校尉专管缉访，可施行于民间，不可加于部院。而且听记法司审讯原非祖宗旧制。严清为刑部尚书时，镇抚司校尉押犯人到部，开庭时站立一旁，并非听记。何况法司审理一事须经许多官员之手，岂容纵枉，大可不必取信于校尉之口。这些话显然是在反驳皇上给

① 《明神宗实录》卷一九二，万历十五年十一月乙未。钱一本：《万历邸钞》，万历十五年丁亥卷。

刑部的口谕,但说得有根有据,万历帝无法发作,只得退一步为自己辩解:"奉旨究问人犯,皇祖时曾有听记,非自今日始。"坚持要锦衣卫校尉入法司听记。终于激起御史郭万里、文德,以及给事中和震、郭显忠、梅国楼、侯先春等人的反对,纷纷上疏力言其不可,希望皇上重体统、慎使令、停伺察,以杜作伪等事。[①] 万历帝就是不听,我行我素。

万历帝不仅独断,而且固执己见,其间也不时流露出对事情的独到见解。

万历十六年(1588年)二月初一日,经筵完毕,阁臣们起身告辞,刚走到文华门附近,被赶上来的内侍叫住。稍顷,司礼监太监张诚拿了《贞观政要》一书前来,对阁臣们说:"上问先生,魏徵何如人?"这其实是一个早已有定论的简单问题。《贞观政要》分类收录了唐太宗与魏徵、房玄龄及杜如晦等大臣关于朝政的对话,以及关于贞观之治的奏疏之类。魏徵是唐太宗时的谏议大夫,以善于进谏而著称于史,其言论大多记载于《贞观政要》。唐太宗与魏徵的关系,堪称历史上君臣关系的楷模。

对于张诚传达的万历帝提问,申时行答道:"魏徵事唐太宗,能犯颜谏诤,补过拾遗,亦贤臣也。"张诚随即把皇上对魏徵的看法转达给申时行等人:"魏徵先事李密,后事建成,又事太宗,忘君事仇之人,固非贤者。"诚然,魏徵早年追随李密,降唐后,追随太子李建成,任太子洗马,玄武门之变后,又追随唐太宗,但这并不足以否定他的贤能。所以申时行答辩道:"以大义责(魏)徵,诚如明谕。第

① 钱一本:《万历邸钞》,万历十五年丁亥卷。

其事太宗却能尽忠。即如伊尹就桀,后佐汤成代夏大功,即称元圣。管仲事纠,后佐桓公,一匡天下,孔子遂称其仁。即如我太祖开创之时,刘基、陶安、詹同辈,皆元旧臣,顾其人可用否耳。魏徵强谏如《十思》《十渐》,至今称为谠论,不可以人废言也。"

张诚听后,返回文华殿转告皇上。万历帝仍不改变自己的看法,再命张诚前去转达他关于唐太宗的评价:"唐太宗胁父弑兄,家法不正,岂为令主?"申时行说:"太宗于伦理果有亏欠,闱门亦多惭德,第纳谏一事为帝王盛美,故后世贤之。若如我太祖家法,贻之圣子神孙,真足度越千古,皇上所当遵守。其前代帝王,唯尧舜禹汤文武为可师,唐太宗何足言哉!"

张诚再次返回文华殿转述,又到文华门对阁臣传达皇上意见,在经筵中不再讲《贞观政要》,而改讲《礼记》。申时行说:"《记》中多格言正论,开讲极为有益。第宋儒云:读经则师其意,读史则师其迹。在孝宗朝,尝命阁臣纂辑《通鉴》,以备经筵,若将《通鉴》与《礼经》(《周礼》)开讲,则知今古成败得失,足为省戒之功。"

张诚入奏后,万历帝复命张诚传谕申时行等人,坚持他对魏徵的看法,认为:"魏徵忘君事仇,大节已亏,纵有善言,亦是虚饰,何足采择!"决定在经筵中停讲《贞观政要》。在旁的讲官们听了这场讨论,对于皇上留意经史、评论古今的深思熟虑,莫不叹服。①

这一场由太监来回传达的讨论,反映了申时行与万历帝对魏徵、唐太宗的不同评价。当然,申时行的见解略胜一筹。万历帝是从一个帝王的角度来看待一切的,对魏徵、唐太宗的评判标准偏重于伦理道德,以为伦理道德有亏,其他就不足称道。这未免有点以

①《明神宗实录》卷一九五,万历十六年二月乙丑。崇祯《吴县志》卷四〇《申时行传》。

偏概全之嫌。对于历史人物,道德评价与历史评价应该兼顾,而侧重于后者。万历帝当然不会这样考虑。他之所以讨厌魏徵,在于此人太能犯颜直谏,他根本不想仿效唐太宗的从谏如流,也不希望看到大臣们像魏徵那样不断谏诤。不过由此也反映了万历帝并非人云亦云的庸碌之辈,他对经史时时独立思考,敢言人所不敢言,是难能可贵的。无怪乎当时的文人学士对此给予极高评价:"今上圣学高邃。""评论魏徵、太宗,真千古斧钺。"①

正因为如此,万历帝亲政后并非一味刚愎自用,他虽严惩了张居正,但对于他所进行的吏治整顿,仍认为颇为可取,时时注意此事。这一时期官场互相攻击,吏治较前有所松弛,他不断发出谕旨,意欲加以扭转。

万历十八年(1590年)二月,都察院左副都御史陈于陛(字元忠,号玉垒,四川南充人)上疏,揭露陪祭康陵时所出现的风纪萎靡情况,引起万历帝的注意。陈于陛在奏疏中指出,户科给事中杨凤、御史杨镐、茅国缙等人,因天寒而纵酒,饮多致醉,扰乱了陪祭大礼。作为监察机构的主管官员,对于吏治风纪十分敏感,由此他加以引伸,向皇上报告自他入京以来的见闻,一言以蔽之,"缙绅失礼,有甚于醉":

如远行乘坐围轿可也,无上事而两人肩舆,交错都城。

山人奇巾异服,妇人高髻金冠,尚有明禁,而谓郎署可以僭越乎,是何详于小而略于大也。

如遇大燕会,间用唱戏可也。三五集会,唱戏错陈,惟了

① 沈德符:《万历野获编》卷二《贞观政要》。

目前之俗情，不思浮费之当节。且又岁岁条议，日日驰逐，是何阴用其实而阳去其名也。

　　布帛谷粟，经史图籍，差人贸易可也。搬弄宝玩，争致珍奇，微服灯市，公行庙会，杂沓尘嚣，摩接肩踵。①

　　万历帝阅后，颇有同感，立即批示："陵祭重典，各官如何不行敬谨，饮酒失仪！杨凤既被参，又遮饰强辩，并张班都着调外任用；杨镐等姑各罚俸半年。"他还严厉谴责官场风气不正："近来各衙门官员，乘轿宴会，入市上庙，侈费混亵，公然犯禁。且互相容隐，通不纠劾，好生蔑弃礼法！这所奏有关风纪，都察院还申明禁约，有故违的，重治不饶。"②

　　万历帝对于张居正整军经武，加强边防的主张，也是深以为然的。他虽身居内宫，对边事却十分留意。

　　万历十八年（1590年）七月二十六日，万历帝视朝完毕后，在皇极门暖阁召见阁臣申时行、许国、王家屏，讨论的中心议题便是边防事务。

　　万历帝拿出陕西巡抚赵可怀奏报边防军情的奏疏，一面递给申时行，一面说："朕近阅陕西督抚梅友松等所奏，说虏王引兵过河，侵犯内地。这事情是如何？"

　　申时行回答："近日洮州失事，杀将损军。臣等正切忧虑。"指的是，"西虏"虎落赤等四千余骑兵进犯旧洮州古尔占堡，流掠洮州、岷州，副总兵李联芳追击包家山，中伏而死，全军溃败，把总、千

---

① 钱一本：《万历邸钞》，万历十八年庚寅卷。
② 钱一本：《万历邸钞》，万历十八年庚寅卷。

总、中军等阵亡。

万历帝说："番人也是朕之赤子，番人地方都是祖宗开拓的封疆。督抚官奉有敕书，受朝廷委托，平日所干何事？既不预先整理防范，到虏酋过河侵犯，才来奏报，可见边备废弛。皇祖时，各边失事，督抚官都拿来重处，朝廷自有法度。"

申时行说："皇上责备督抚以不能修举边务，仰见圣明英断，边臣亦当心服。如今正要责成他，着他选将练兵，及时整理。"

万历帝说："近时督抚等官，平日把将官轻贱凌虐，牵制掣肘，不得展布，有事却才用他。且如今各边但有些功劳，督抚官有升有赏，都认做自己的功。及至失事，便推与将官及些小武官，虚文搪塞。"这话说得极有道理，触及明代边防的积弊：文臣出身的总督、巡抚不但轻贱凌虐武官，而且功劳据为己有，过错推给下级武官。如此，岂有不败之理？

申时行说："各边文武将吏，各有职掌，功罪须要核实。如总督、巡抚只是督率调度，若临战阵，定用武官。武官自总兵以下，有副总兵，有参将、游击、守备，各分信地。如有失事，自当论罪。"这显然在为总督、巡抚辩解，对武官加以苛求。从整军经武的视角看来，申时行的见解明显不如万历帝。

万历帝说："古时文臣如杜预，身不跨鞍，射不穿札；诸葛亮纶巾羽扇，都能将兵立功。何必定是武臣！"

申时行有点理屈，答辩道："此两人都是名臣，古来绝少人才，自是难得。臣等遵奉圣谕，即当传谕兵部，转谕督抚诸臣，尽心经理，以纾皇上宵旰之忧。"

申时行的意思是想就此结束这一话题，岂料万历帝意犹未尽，继续说道："将官也要拣选好的，必谋勇兼全，曾经战阵的才好。"

申时行说:"将才难得,如今都是选择用的。但是款贡以来,边将经战阵的也少了。"

万历帝说:"重赏之下,必有勇夫。要好的也有,只是不善用他。虽有关张之勇,也不济事。"

申时行说:"近日科道官建言,要举将才。臣等曾对兵部说,及早题覆,着九卿科道官会同推举。"

万历帝说:"前日有御史荐两个将官。"

申时行说:"荐的将官,一个是王化熙,曾提督巡捕,臣等亲见他,也是个中常之才,只宜腹里(内地)总兵。一个是尹秉衡,先年是个好将官,如今老了。"

万历帝说:"这不论他年老,赵充国也是老将,只要有谋略。"又是万历帝棋高一着。

申时行不得不说:"将在谋,不在勇。圣见高明,非臣等愚昧所及。"

万历帝最后关照说:"朕在九重之内,边上事不能悉知,卿等为朕股肱,宜常为朕用心分理。如今边备废弛,不止陕西,或差有风力的科道或九卿大臣前去,如军伍有该补足的,钱粮有该措处的,着一一整顿。《商书》云:事事有备无患。趁如今收拾还好,往后大坏,愈难收拾了。"

申时行调转话题,关心地询问皇上的身体,说:"臣等半月不睹天颜,今日视事,仰知圣体万安,不胜欣慰。"万历帝说:"朕尚头眩臂痛,下步不方便。今日特为边事,出与卿商议。"申时行告辞以后,深对皇上留意边防,明习政事,表示敬佩。①

---

① 以上对话均见:申时行《召对录》;钱一本:《万历邸钞》,万历十八年庚寅卷;文秉:《定陵注略》卷一《圣明天纵》。

从这场君臣关于边事的对话看来，申时行毕竟是一介文人，对边防军务所知甚少，所见甚浅。相比之下，万历帝的见识却非比一般，远胜阁臣一筹。谈迁在记述此事时，曾写下如此按语："上念西陲，故召谕辅臣，而辅臣故旅进退，于边事愦愦也。王化熙、尹秉衡俱未尝推毂，余无其人乎！果夙夜在公，宜立举其人以对，而茫无所应。徒为梅友松等缓颊，养交市德。……危而不持，颠而不扶，则焉用彼相为哉？嘻！假江陵而在，当不汶汶如是矣。"[①]对申时行的批评深刻而不偏激，尖锐而不苛求，确实申时行无法与张居正相比，即使与万历帝比较，某些方面也略显逊色。万历帝之并非庸主，于此也可见一斑。

七、万历三大征

万历帝亲操政柄后，花了很大的精力，改变自己以往一切听凭元辅与太后吩咐的形象，强调"事事由朕独断"，令臣下刮目相看。之后，他把相当多的关注投入到"边事"上去，力图改变祖辈们在这方面无所作为的倾向，重振天朝雄风。国力的强盛，使他有可能施展其抱负。因而，所谓"万历三大征"就成为他最受后人赞许的政绩。茅瑞徵《万历三大征考》、瞿九思《万历武功录》的出现，决非偶然。

所谓万历三大征，是指在西北、东北、西南边疆几乎同时展开

---

① 谈迁：《国榷》卷七五，万历十八年七月乙丑。

的三次军事行动：平定宁夏哱拜叛乱、东征御倭援朝，以及平定播州杨应龙叛乱。

先说平定宁夏哱拜叛乱。

明朝建立后，游牧于蒙古地区的鞑靼、瓦剌各部，与中原王朝长期对立。有明一代，北方边防一直是当务之急，东起鸭绿江，西抵嘉峪关，绵亘万里，分兵把守，有所谓九边重镇：辽东、宣府、大同、延绥、宁夏、甘肃、蓟州、固原及山西偏关。鞑靼部的俺答汗统一蒙古各部后，于隆庆五年（1571年）接受明朝皇帝的册封，称为顺义王，在沿边各地展开和平的贸易活动。

但是，"俺答封贡"实际只是一种松散的羁縻关系，随时都可能发生问题。万历帝即位后，沿边一度发生军事冲突。由于边将梁梦龙、李成梁、戚继光等人按照张居正的方略，拼力抵御，紧张关系才渐趋平静。万历十年（1582年）俺答死，万历帝还特地厚加优恤，并改封其子黄台吉为顺义王。黄台吉死，其子扯力克嗣为顺义王，然而对明朝的关系已是"顺逆不常"。[1]扯力克所部庄秃赖、卜失兔、火落赤等经常出没于塞下，多次进犯甘、凉、洮、岷、西宁之间。万历十八年（1590年）扯力克以赴青海礼佛为名，率部东来，游牧于青海的火落赤部、真相部挟以为重，蠢蠢欲动，关中大震。

万历帝闻讯，派右佥都御史郑洛为陕西、甘肃、山西等七镇经略，前往西北边疆，停止扯力克贡市。[2]万历帝对郑洛颇为器重，原本要他以经略兼领总督之职，郑洛只接受七镇经略，坚决推辞总督之职，阁臣王锡爵推荐魏学曾（字惟贯，陕西泾阳人）以兵部尚书

① 张廷玉等：《明史》卷三二七《鞑靼传》。
② 张廷玉等：《明史》卷二二二《郑洛传》。

总督陕西、延宁、甘肃军务。

万历十九年（1591 年）二月，郑洛要宁夏巡抚党馨调兵去甘肃，党馨派游击土文秀前去。于时发生了哱拜叛乱。

哱拜，蒙古鞑靼部人。嘉靖中，因得罪其部长，父兄都被杀，哱拜投靠明朝边将郑印，屡立战功，升至参将。前任总督王崇古、巡抚石茂华很赏识他，把他提拔为副总兵。哱拜因而声势渐大，私自招兵买马，组成一支苍头军，以求一逞。万历十七年（1589 年）哱拜因年迈以副总兵致仕，由儿子哱承恩袭为指挥使，充巡抚门下旗牌官，积资巨万。① 当经略郑洛征兵宁夏，巡抚党馨议遣游击土文秀西援时，哱拜自请以巡抚标下兵偕子哱承恩前往。党馨无法拒绝，却厌恶其专擅，事事加以裁抑，不给增调马匹。哱拜怏怏而去，至青海，见各镇兵马弱不经战，更加跋扈无忌。兵还宁夏后，党馨命副使石继芳逮捕哱拜的亲信入狱，还要治哱拜冒粮之罪。哱拜更加怨望，煽动部众作乱。②

万历二十年（1592 年）二月十八日，哱拜指使与他歃血为盟的刘东旸纠众发难，总兵张维忠态度模棱，不能制止。叛军便涌至巡抚衙署，副使石继芳逾墙躲避，千总黄培忠报告张维忠，要他鸣号集合官军擒拿叛贼，张维忠不听，只身前往排解纠纷。当张维忠乘着轿子赶来时，被叛军拥入书院，一言不发，只是叮嘱哱拜劝止。这时叛军已入内抓住躲藏于水洞的党馨，立即处死；又抓住副使石继芳，杀死于奎星楼下。张维忠吓得双腿颤栗，面无人色，被叛军放回，要他向朝廷报告："党馨侵粮激变。"叛军于是纵狱囚，焚案

---

① 张廷玉等：《明史》卷二二八《魏学曾传》。嘉庆《宁夏府志》卷二二《杂记·纪事》。
② 谷应泰：《明史纪事本末》卷六三《平哱拜》。嘉庆《宁夏府志》卷二二《杂记·纪事》。

牍,烬民居,掠公私藏蓄,通宵达旦吵闹不休,喧哗声震天动地。①

　　二月二十日,总督魏学曾获悉叛乱消息,派遣标下张云、郜宠前去劝降,毫无成效。二十五日,刘东旸向总兵张维忠索取敕印,张维忠交出后畏罪自缢而死。刘东旸自称总兵,一切听从哱拜为主谋,授哱承恩、许朝为副总兵,土文秀、哱云(哱拜义子)为参将。面对官军的招降,刘东旸宣称:"必欲我降,依我所自署授官,世守宁夏。不者,与套骑(蒙古河套部骑兵)驰潼关也!"②

　　总督魏学曾一面派兵沿河堵截,不使叛军南渡;一面率部狙击河套部骑兵,使之无法连成一体,迫使哱拜等龟缩于宁夏镇城之内。哱承恩登上南城向下喊话:"吾父子万死为国捍边,蒙恩至上将。抚臣(党馨)朘削激变,自取灭亡。吾父子勒部曲待命,当事不察,反以为罪。今首恶具在,乃不罪倡乱,罪戡乱者。吾宁保此完城,结塞北自全耳。"③官军以粮饷不继,进攻受阻,徒唤奈何。

　　宁夏叛乱,引起朝廷震动。万历帝鉴于前不久前往宁夏视察的尚宝司少卿周弘禴失职,斥责他"奉使辱命,徇私酿乱,欺君罔上,遗害地方",给他一个降职的处分。④ 大臣们纷纷向万历帝献策,尽快平定叛乱。

　　其一,兵部尚书石星上疏向万历帝指出,宁夏叛卒猖獗,一时难以荡平,可以掘黄河大坝,用水淹没宁夏镇城。他说:"黄河大坝之水,比宁夏西塔顶高数丈,若决坝灌城,贼可立厄。但城中宗室

① 嘉庆《宁夏府志》卷二二《杂记·纪事》。钱一本:《万历邸钞》,万历二十年壬辰卷。
② 谷应泰:《明史纪事本末》卷六三《平哱拜》。
③ 谷应泰:《明史纪事本末》卷六三《平哱拜》。
④ 钱一本:《万历邸钞》,万历二十年壬辰卷。

生灵甚众,相应亟行魏学曾遣敢死士,持钦定赏格,明示祸福,令城中人自为计。如数日内不擒斩逆酋来献者,即将坝水决开,一城之人尽为鱼鳖。"①这一方案得到了万历帝的认可,以后果然采用决河灌城的方法,始作俑者便是这个兵部尚书石星。

其二,浙江道御史梅国桢(字克生,湖广麻城人)上疏,向万历帝推荐原任总兵李成梁(字汝契,朝鲜人),以为李成梁屡经战阵,其子如松(字子茂)是大将之才,如梅、如樟等也是少年英杰,可以马到成功。兵科给事中王德完表示反对,以为李成梁既已解除兵权,又重新授予,甚为非策。万历帝权衡利弊,以平叛为重,批准了梅国桢的建议,下旨:"着李成梁去。"②于是兵部便命李成梁出征宁夏。此时李成梁正在辽东,便命其子李如松先行,由御史梅国桢监军。

其三,甘肃巡抚叶梦熊向万历帝请命,愿率兵征讨宁夏叛军。兵部议复,叶梦熊慷慨请行,毅然以讨贼为己任,且自甘肃去宁夏不远,伏望皇上即令叶梦熊以原官星夜前去,协同魏学曾扑灭逆贼。万历帝立即照准,下旨道:"叶梦熊慷慨以杀贼自任,忠义可嘉。着以原官提兵星夜前赴该镇,协同魏学曾、朱正色,一心并力,刻期灭贼……"③

为了尽快讨平宁夏,万历帝下令赏魏学曾大红纻丝麒麟(服)一袭,银四十两。并且颁布赏格:擒哱拜、哱承恩者,封伯爵世袭,赏银万两;擒哱云、土文秀、刘东旸、许朝者,赏银五千两,升都督、指挥、同知,世袭指挥使。④

① 钱一本:《万历邸钞》,万历二十年壬辰卷。
② 钱一本:《万历邸钞》,万历二十年壬辰卷。
③ 钱一本:《万历邸钞》,万历二十年壬辰卷。
④ 钱一本:《万历邸钞》,万历二十年壬辰卷。

　　然而,重赏并非万能。总督魏学曾向皇上大叹苦经:宁夏叛逆未平,套部骑兵又从旁侵扰,势难两顾。请求皇上下令增发宣府、大同兵马助战。兵部尚书石星对魏学曾顾此失彼的处境有所谅解,要宣大总督挑选精锐兵丁,速发总兵李如松统领,兼程前进。万历帝批准了这一请求,下旨:"魏学曾刻期剿贼,功在垂成。宣大兵可亟催前去助战御虏,毋得迟延……"①

　　到了六月,宁夏战事仍无进展。万历帝对魏学曾督师无方流露出明显的不满情绪,指责道:"魏学曾讨贼数月未平,且容胡虏助逆,漫无经略,多是威令不肃,以致诸将怠玩,中间又有希功忌能观望的。念系用兵之际,都且不究。"他吩咐兵部尚书石星,赐魏学曾尚方宝剑一把,从新申明军令,将帅有不用命的,便于军前斩首示众。②

　　领受了重赏和尚方宝剑的魏学曾仍然感到束手无策,居然向皇上提议以招安代替征战。万历帝大怒,以为这是奇耻大辱,狠狠地训斥道:

　　　　叛贼抵拒王师,屡生变诈。魏学曾每凭懦将,堕其奸计,好生负委任! 这招安事情不得轻信。……堂堂天朝,因此幺麽小丑,连兵累月,未克荡平,岂不辱国。秋高马肥,事在须臾。若复延迟怠误,罪有所归。③

　　七月初,万历帝接到宁夏监军御史梅国桢的军情报告,得知魏

---

① 钱一本:《万历邸钞》,万历二十年壬辰卷。
② 钱一本:《万历邸钞》,万历二十年壬辰卷。
③ 钱一本:《万历邸钞》,万历二十年壬辰卷。

学曾督战不力、领兵无方种种劣迹，什么军中无旌旗、无金鼓、无号
令、无行伍，粮饷断绝，战马饿死过半，弓箭奇缺，四人共一箭云云。
国家之兵制法纪荡然无存。给事中许子伟也上疏弹劾魏学曾"惑
于招抚，误国事"①。万历帝前几天还嘉奖魏学曾加太子少保衔，
如今接到奏疏，对于魏学曾如此玩忽职守大为震惊，立即下令逮捕
魏学曾至京师审讯，任命叶梦熊以兵部右侍郎总督陕西三边军务，
并赐尚方宝剑。万历帝就此事作了如下部署：

> 一、主帅军令不严，何以督率军士？梅国桢既具奏前来，
> 可即马上传与叶梦熊知，着他申明前旨：总副官（总兵、副总
> 兵）及三品以上，有抗违妒功的，便指名参来重治；其三品以下
> 的，以军法从事。
> 二、其决（黄河）水灌城之谋，毋得异同误事。
> 三、军士久困，着重赏他。
> 四、魏学曾着锦衣卫差的当官校扭解来京（审）问。
> 五、还着监军梅国桢纪录功罪，不时参奏。②

兵部尚书石星对皇上临阵更换督臣一事有所顾虑，以为可能
导致将心不一，希望皇上收回成命。万历帝毫不犹豫地把这一主
张驳了回去，他批复道："宁夏讨贼无功，皆因主帅军令不肃。叶梦
熊既受新命，军中事宜受他节制，听他便宜行事，诸将不用命的，就
以军法处斩。"③万历帝及时更换总督，是此次平叛制胜的英明举

---

① 钱一本：《万历邸钞》，万历二十年壬辰卷。张廷玉等：《明史》卷二二八《梅国桢传》。
② 钱一本：《万历邸钞》，万历二十年壬辰卷。
③ 钱一本：《万历邸钞》，万历二十年壬辰卷。《明神宗实录》卷二五一，万历二十年八
　月戊子。

措。魏学曾兵临宁夏城下，举棋不定，坐误战机。于慎行评论道：
"攻城之法，有当急，有当缓。……在我为声罪之师，在彼有不赦之
辟。急之则变从内生，不战而溃；缓之则彼得为谋，其势日成。故
不可不急也。朔方哱氏之变，使总督之臣提兵急趋，掩其未备，数
夕之间可以授首。而游却无定，逗挠不前，师老财殚，贼势日
盛。"①此话言之有理。

　　其实，魏学曾的招安主张，兵临城下又游却无定，与兵部尚书
石星的态度大有关系。石星就是魏学曾招安主张的支持者，在此
之前，石星写信给魏学曾，谈了他对平定宁夏的看法："不佞老矣，
仅一襁中儿，诚不欲以滥杀种祸，彼能束手，则死囚数人，足代了事
也。"②对于盘踞宁夏的哱氏集团而言，这不啻是一种不切实际的
妄想。事到如今，已非血战一场不可了。

　　叶梦熊接任后，一反魏学曾之所为。他是一个有胆略，敢于任
事的官员，为了尽快结束战事，决定立即决黄河水灌宁夏城。位于
黄河西北岸的宁夏城低于黄河水面，城西北地势更低下，且与金
波、三塔诸湖相近，东南又近观音湖、新渠、红花渠，形如釜底。为
了决河灌城，官军先在宁夏城四周筑堤，使河水不外溢，直冲宁夏
城内。七月十七日至十八日，长约一千七百丈的长堤筑成，于是叶
梦熊下令掘黄河大坝，水灌宁夏城。汹涌的黄河水，把宁夏城浸泡
在水中。八月初，宁夏城外水深达八九尺；城中粮食断绝，士兵杀
马果腹，百姓剥树皮充饥，死亡相继。不久，东城墙崩溃百余丈，城
外围堤也溃坍二十余丈的缺口，城中积水稍稍减退。

　　八月十二日，监军御史梅国桢向宁夏叛军发去檄文，限令在收

① 谈迁：《国榷》卷七六，万历二十年八月辛卯。
② 谈迁：《国榷》卷七六，万历二十年八月辛卯。

到檄文三日后,开关迎接大军入城赈济。城中叛军断然拒绝,饥民蜂拥至衙署请求招安,又遭弹压。哱氏叛乱集团在等待河套部的救援,企图内外夹击,置围城官军于死地。果然,八月二十一日河套部著力兔率骑兵前来解宁夏之围。总兵李如松与麻贵、李如樟左右夹击,叛将著力兔兵败,奔至贺兰山,退至塞外。李如松挫败著力兔,是平定宁夏叛乱的关键一仗,使困守宁夏的哱氏陷于孤立无援境地。谈迁说:"哱氏勾虏(河套部),则我再受敌,疲于奔命,势难断也。李如松身击虏,驱之塞外,则哱氏孤,直阱中耳,授首有日。"①

九月初,对宁夏城发动总攻的时机成熟了。九月三日,总督叶梦熊在军中发布嘉奖令:有能先登城者赏银万两。九月五日,宁夏城北关由于长期浸水,城墙崩塌;九月八日,南关城墙也崩塌。叶梦熊一面调舟筏佯攻北关,诱使哱承恩、许朝奔赴北关应战;一面命李如松、萧如薰等在南关埋伏精锐兵力,待机攻城。九月九日,关内军民里应外合,官军由南关一举而入,百姓焚香拜迎。② 年届七十的老总兵牛秉忠率先登城,梅国桢大喊:"老将军登城矣,余何怯也!"③大军一鼓作气,冲进宁夏南城。哱承恩见南城陷落,率军退入大城,并派人向叶梦熊请求宽贷,暗中却堙门断堑,加紧防守。宁夏城分南城、大城,都是重险,破了南城要破大城并非易事。硬攻不行,只有智取。

这时有个名叫李登的卖油郎,挑着担子在街上边走边唱:"痛

---

① 谈迁:《国榷》卷七六,万历二十年九月壬申。
② 嘉庆《宁夏府志》卷二二《杂记·纪事》。
③ 谷应泰:《明史纪事本末》卷六三《平哱拜》。谈迁:《国榷》卷七六,万历二十年九月甲子。

之不决,而狃于痑;危巢不覆,而令枭止。"①监军梅国桢把此人召来,授予他三封书信,到大城去见哱承恩,巧施离间计。

李登此人跛一足瞎一眼,一路上不引人注目。他见了哱承恩,交了一封信,并劝说:哱氏有安塞功,监军深为可惜,请杀刘东旸、许朝以自赎。李登又到了刘东旸、许朝处,向二人各交了一封信,对他们说:首乱是哱氏,将军本汉臣,何必横身代人受祸!望能度时审势,转祸为福。这个离间计果然发生了效力。

九月十六日,刘东旸首先动手杀死了土文秀。接着哱承恩又把许朝、刘东旸杀死,并把二人首级悬挂于城上。于是李如松、杨文率军登城,萧如薰、麻贵、刘承嗣随后跟进,宁夏大城平静地落入官军之手。

但是,哱承恩还拥有一支不小的武装力量——苍头军。总督叶梦熊在灵州闻讯后下令:如不立即灭哱氏者,当服尚方宝剑!九月十七日,哱承恩骑马去南门谒见梅国桢时,被参将杨文擒服。李如松紧急提兵包围哱拜家,哱拜畏罪自缢,阖家自焚。李如樟部卒何世恩从火中斩得哱拜首级,又活捉哱拜次子哱承宠、养子哱洪大、土文德、何应时等。九月十八日,总督叶梦熊、巡抚朱正色、御史梅国桢等进入宁夏大城。宁夏哱拜之乱至此宣告平定。

九月二十四日,兵部接到叶梦熊派快马送来的红黄二旗捷报,立即奏报皇上。万历帝降旨:"逆贼负固,久逃大诛,兹闻平定捷音,朕心慰悦。待督抚官奏报至日,告庙宣捷,大行升赏,以答忠劳。"②

① 谷应泰:《明史纪事本末》卷六三《平哱拜》。
② 钱一本:《万历邸钞》,万历二十年壬辰卷。

在平定哱拜叛乱的战争中,叶梦熊显然比魏学曾棋高一着。他作为总督,一直驻扎在灵州,而不到宁夏城下,一方面显示大帅的威重,另一方面表明他不与诸将争功的高姿态。当哱承恩投降后,监军梅国桢没有立即蠲除其武装,叶梦熊当机立断,对哱氏父子采取果断措施,除恶务尽,不留后患。

十一月,叶梦熊班师回朝,押解宁夏叛军头目哱承恩、哱承宠等抵达京师。万历帝特地亲临朝门接受群臣祝贺,随即下诏,将哱承恩等人处以磔刑。

宁夏哱氏叛乱的平定,宣扬了明朝在西北边境的国威,沿边的蒙古各部慑于威势,相当长一个时期不敢轻易入塞骚扰。

次说东征御倭援朝。

万历二十年(1592 年),日本"关白"(替天皇统摄朝政者)丰臣秀吉派小西行长、加藤清正、黑田长政等将领率二十万大军出征朝鲜,于四月十三日在朝鲜釜山登陆。朝鲜国王李昖沉湎于享乐,疏于防务,日军很快攻占朝鲜王京(汉城),二名王子被俘,八道几乎尽遭沦陷。朝鲜国王向明朝请求援助的使节络绎于道。①

五月上旬,辽东巡抚郝杰(字彦辅,号少泉,山西蔚州人)向兵部报告了朝鲜的紧急情报。郝杰说:"据朝鲜国王咨称,本年四月十三日,有倭船四百余只,从大洋挂篷,直犯朝鲜,围金鱼山镇地方。本镇将领等官督兵交战,贼势方炽,镇城外人家尽被焚烧。"②兵部把这一军情向万历帝奏报,万历帝当即作出决定:"这倭报紧急,你部里即便马上差人,于辽东、山东沿海省直等处,着督

---

① 谷应泰:《明史纪事本末》卷六二《援朝鲜》。
② 钱一本:《万历邸钞》,万历二十年壬辰卷。

抚镇道等官,严加操练,整饬防御,毋致疏虞。"①这是要辽东、山东沿海做好临战准备,以防事态恶化,及时采取进一步行动。万历帝又根据朝鲜派来的参判申点的报告,得知国王李昖因兵力单薄,已退避平壤,存没未保云云,特别关照兵部:"朝鲜危急,请益援兵,你部里看议了来说。王来(指李昖若来投靠),可择一善地居之。"②这是万历帝即位以来头一次面临如此重大的抉择。他毫不犹豫地作出了东征御倭援朝、接纳朝鲜国王避难的决定。

兵部遵旨出兵,但对敌情估计过低,只派游击史儒率少量兵马前往平壤。由于不熟悉地理,又遭连日淫雨,史儒兵败阵亡。副总兵祖承训随后统兵三千渡鸭绿江增援,又遭挫败,仅祖承训只身逃回。

初战失利的消息传到京师,朝议为之震动。万历帝决定采取大动作,任命兵部侍郎宋应昌(字时祥,号桐冈,浙江杭州人)为蓟保辽东等处备倭经略,员外刘黄裳、主事袁黄赞画军前。同时还任命正在宁夏平叛战场的提督陕西讨逆军务总兵李如松为提督蓟辽保定山东军务,克期东征。宋应昌受命后,即去山海关整军备战,声称平日讲求一字阵法,用兵一万,造车三百六十辆,火炮七万二千门,弓弩二万七千副,毡牌各二千面,弩箭数百万支,火药铅子及轰雷、地雷、石子、神球、火龙、火枪等,要兵部给予钱粮,制造备用。③ 这显然是受前两次仓促出兵遭致败绩的影响,给人以怯敌的感觉。御史郭实抓住此事上疏参劾宋应昌出任经略不称职。宋应昌乐得顺水推舟,请求辞职。

---

① 钱一本:《万历邸钞》,万历二十年壬辰卷。
② 钱一本:《万历邸钞》,万历二十年壬辰卷。
③ 钱一本:《万历邸钞》,万历二十年壬辰卷。

这一下惹恼了万历帝,下旨遣责宋、郭二人。他说:"宋应昌已奉命经略,只为郭实一言,遂畏避不肯前去。沿海边务,责成何人?浮言反重于朝命,国纪何在?倭报已紧,宋应昌可即择日行。九卿科道依违观望,今亦不必会议。郭实怀私妄奏,阻挠国是,着降极边杂职用。再有渎扰的,一并究治。"①万历帝所说的九卿科道依违观望,并非夸大其词,首当其冲的兵部尚书石星就是一个依违观望者。他对东征没有把握,寄希望于"招抚",因此派市井无赖出身而精通日语的嘉兴人沈惟敬前往平壤探听虚实。日将小西行长对沈惟敬诡称:"天朝幸按兵不动,我亦不久当还,当以大同江为界,平壤以西尽归朝鲜。"②沈惟敬返回后向兵部作了汇报。朝廷官员议论后,以为倭寇多变诈,不可信,我军利于速战速决,便催促宋应昌立即统兵出击。

十二月,提督李如松从宁夏赶来。李如松是名将李成梁之子,从小跟随父亲征战,深谙兵机韬略,又熟悉朝鲜情况。万历帝任命他为东征提督,是最佳选择,由此也可窥见万历帝虽居深宫,对军务、将才还是十分留意,颇有识见的。为了激励李如松所部将士的士气,万历帝特发十万两银子犒慰,并宣布重悬赏格,以期战则必胜。

李如松接到沈惟敬的报告,倭酋小西行长愿接受封贡,请退至平壤以西,以大同江为界。李如松不信此言,怒斥沈惟敬险邪,要斩首处死。参谋李应试从旁劝说,正可将计就计,出奇兵偷

---

① 钱一本:《万历邸钞》,万历二十年壬辰卷。
② 谷应泰:《明史纪事本末》卷六二《援朝鲜》。

袭。^① 兵不厌诈,李如松这个一向骁勇善战的将领,这番要尝试一下智取的谋略。他事先派沈惟敬去平壤,与倭将小西行长约定:李提督(如松)即将抵达平壤附近的肃宁馆,举行封贡大典。

万历二十一年(1593 年)正月初四日,李如松率部至肃宁馆,小西行长特遣牙将二十人迎接封使。李如松突然喝令拿下,捉住三人,其余牙将逃回报告。小西行长大惊,问沈惟敬:这大概是翻译没有把意思转达明白吧? 然后再派亲信小西飞等随沈惟敬前往说明。李如松为了迷惑对方,对他们抚慰备至。正月初六日,李如松率军抵平壤城下,小西行长在风月楼伫望,派部下夹道迎接。李如松布置将士整营入城,诸将逡巡未入,对方看出破绽,登城据守。一场决战不可避免。

李如松察看平壤地形,东南两面临江,西面枕山陡立,北面牡丹台高耸险要。正月初八日黎明,李如松命部将佯攻东南,自己率部从小西门登城,其弟李如柏率部从大西门登城。顿时火药并发,毒烟蔽空,李如松坐骑被炮火击毙后,易马奔驰,又堕入堑壕,仍指挥士兵进攻。士兵无不以一当百,前队倒下,后劲已踵,迫使倭军退保风月楼。半夜,小西行长提兵渡过大同江,退保龙山。^②

李如松初战告捷,给朝廷的战报称:斩获倭级一千五百有余,烧死六千有余,出城外落水淹死五千有余。^③ 明朝军队乘胜追击,一气收复开城及平安、黄海、京畿、江源四道,倭军退守王京。李如松率轻骑向碧蹄馆进发,正月二十七日距王京三十里遭伏击,损伤

---

① 谷应泰:《明史纪事本末》卷六二《援朝鲜》。
② 以上参看张廷玉等:《明史》卷二三八《李如松传》;谷应泰:《明史纪事本末》卷六二《援朝鲜》;及茅瑞徵:《万历三大征考·倭上》。
③ 钱一本:《万历邸钞》,万历二十一年癸巳卷。

惨重,不得不退驻开城。

碧蹄之败,明朝军队的锐气受挫。经略宋应昌急图成功,又想到"招抚",于是派游击周宏谟与沈惟敬前去谈判。

日本方面提出七个条件:

一、归还俘虏的朝鲜二王子。

二、迎娶明朝皇女为日本后妃。

三、恢复勘合贸易(即朝贡互市)。

四、明朝大臣与日本大名交换通好不变的誓词。

五、返还朝鲜四道及王京,南部四道给予日本。

六、以朝鲜王子及大臣一二人为人质,送往日本。

七、朝鲜权臣累世不背叛日本。

明朝方面提出三个条件:

一、返还朝鲜全部领土。

二、朝鲜二王子归国。

三、丰臣秀吉谢罪。①

四月十八日,日军放弃王京南撤,退保釜山,汉江以南千余里朝鲜故土得以收复。日军的这一行动,是想换取明朝的封贡——册封与朝贡。九月间,日本方面请求封贡。朝廷通知经略宋应昌,不宜允许。宋应昌上疏申辩说,他未曾答应封贡,兵部尚书石星也上疏辩解。万历帝对此二人的奏疏,明确表态:"朕以大信受降,岂追既往。可传谕宋应昌严备,劝彼归岛,上表称臣,永为属国,仍免入贡。"②

---

① 陈舜臣:《中国历史》第六册,东京,平凡社,1986 年,第 241—242 页。
② 谈迁:《国榷》卷七六,万历二十一年九月壬戌。

不久，兵部职方司主事曾伟芳指出："为今日计，宜朝鲜自为守，吊死问孤，练兵积粟。如李昖不任，令退闲，立光海君珲；又不然，令众建王族。"①万历帝对他所说"宜令朝鲜自为守"颇表赞许，至于更换国王一事，则以为不可。几天后，万历帝致书朝鲜国王李昖，就此次战事，向朝鲜方面表明明朝的态度。万历帝在信中说：

> 尔国虽介海中，传祚最久。……乃近者倭奴一入，而王城不守，原野暴骨，庙社为墟。追思丧败之因，岂尽适然之故！或言王（李昖）偷玩细娱，信惑群小，不恤民命，不修军实，启侮海盗，已非一朝，而臣下未有言者。前车既覆，后车可不戒哉！惠徼福于尔祖，及我师战胜之威，俾王之君臣父子相保，岂不甚幸。第不知王新从播越之余，归见黍离之故宫，烧残之丘陇，与素服郊迎之士众，噬脐疾首，何以为心；改弦易辙，何以为计？
>
> 朕之视王，虽称外藩，然朝聘礼文之外，原无烦王一兵一役。今日之事，止以大义发愤，哀存式微，固非王之所当责德于朕也。大兵且撤，王今自还国而治之，尺寸之土，朕无与焉。其可更以越国救援为常事，使尔国恃之而不设备，则处堂厝火，行复自及。猝有他变，朕不能为王谋矣。②

这是万历帝对十几天前朝鲜国王李昖上表谢贺的答辞，虽然以天朝对外藩的敕书形式发出，不乏居高临下之意，但内容并无盛

---

① 谈迁：《国榷》卷七六，万历二十一年九月庚午。
② 谈迁：《国榷》卷七六，万历二十一年九月丙子。《明神宗实录》卷二六四，万历二十一年九月丙子。

气凌人之处,所说的话差不多句句在理,显示出一个成熟的大国君主风度。他如实地指出了朝鲜一触即败的根本原因,在于国王李昖治国无方——"偷玩细娱,信惑群小,不恤民命,不修军实"。有鉴于此,收复失地后应该改弦易辙,好自为之。他还声明,此次东征援朝,完全出于"大义发愤",并无"尺寸之土"的企求。

在这封国书中,万历帝还透露了即将从朝鲜撤兵之意。因此,当十月间蓟辽总督顾养谦(字益卿,号冲庵,南直隶通州人)上疏力主从朝鲜撤兵时,万历帝立即批准了。[①] 十二月,万历帝下令:大兵尽撤。并要顾养谦代替宋应昌赴朝料理撤兵事宜,蓟镇防务暂令顺天巡抚代管。万历帝还特别强调,虽然撤兵,"但倭情狡诈,未可遽称事完"[②]。

兵是撤了,至于是否要同意日本的封贡请求,朝廷一时议论不决。总督顾养谦上疏,请皇上同意封贡。万历帝命九卿科道会议研究。御史杨绍程极力反对封贡,他援引以往的历史为鉴,永乐时一朝贡,渐不如约,窥探内地,频入寇掠;至嘉靖晚年,东南沿海受祸更烈。这些都是封贡带来的祸害。因此,他主张尽快制止封议,敦促朝鲜练兵防守,我兵撤还境上以待。[③] 礼部郎中何乔远,科道官赵完璧、王德完、逯中立、徐观澜、顾龙、陈惟芝、唐一鹏等,以及蓟辽都御史韩取善,都接连上疏反对封贡。而兵部尚书石星唯恐不得羁縻关白(丰臣秀吉),鼎力支持顾养谦的封贡主张。

万历二十二年(1594年)八月,总督顾养谦上疏万历帝,呈上

---

① 谷应泰:《明史纪事本末》卷六二《援朝鲜》。
② 钱一本:《万历邸钞》,万历二十一年癸巳卷。张廷玉等:《明史》卷二三八《李如松传》。
③ 谷应泰:《明史纪事本末》卷六二《援朝鲜》。

了封贡的具体方案：贡道宜定在宁波，关白（丰臣秀吉）宜封为日本国王，请皇上选择才力武臣为使节，宣谕小西行长率军归国，便于封贡如约。① 九月，万历帝在嘉奖东征有功官员的同时，责问兵部："朕前见廷臣争讲东倭封贡事宜，自奉旨停罢后，如何再无人言及倭事？ 你部里亦未见有奇谋长策来奏，不知善后之计安在？ 今宣捷告庙，为录前功，此事尚未完结。朕衷将此倭情细思之，或遣兵驱去，或待再来，出兵征之，或不许贡，但许市。这三策，你部里可斟酌覆奏。"②万历帝对廷臣的议论，一时举棋不定，提出了三个可供选择的方案，要兵部斟酌利弊得失提出意见。

兵部尚书石星是主张"封贡"的，面对皇上提出的"三策"，他只是含糊其词答复道："罢封贡独许开市，未知东南省直利害如何？ 若待再至出兵征之，今设宽奠副总兵，增兵万人，仍行山东、浙（江）、（南）直（隶）、福（建）、广（东）沿海将士，严兵训练。"③万历帝听了似乎觉得也有点道理。

待到万历帝接到朝鲜国王李昖请求允许"封贡"，以保危邦的书信时，才明确地对兵部指示："倭使求款，国体自尊，宜暂縻之。"④由此可见，万历帝批准"封贡"方案，实在是无可奈何的选择。因此当刑部主事郭实上疏反对"封贡"时，万历帝立即降旨，将郭实革职为民，并要兵部通查，凡有阻挠封贡，造言惑众的，一一上报。⑤ 封贡的事就这样定了下来。

---

① 谷应泰：《明史纪事本末》卷六二《援朝鲜》。
② 钱一本：《万历邸钞》，万历二十二年甲午卷。《明神宗实录》卷二七七，万历二十二年九月甲申。
③ 谈迁：《国榷》卷七六，万历二十二年九月甲申。《明神宗实录》卷二七七，万历二十二年九月甲申。
④ 谈迁：《国榷》卷七六，万历二十二年九月丁亥。
⑤ 钱一本：《万历邸钞》，万历二十二年甲午卷。

具体经办此事的兵部尚书石星,一面上疏大谈"封贡"之可取,说:"皇上慨然许封,敷布诏旨,今倭久住釜山,我之不封,既已失信,彼之请封,又复骤疑。故封后而敕令尽归,宜无不得。"[1]一面上疏提出赶紧快办的方案:派官员赴辽阳,伴送日方使节小西飞前来京师;派官员赴朝鲜釜山,要小西行长做好准备,一俟封事既定,立即从釜山撤退。万历帝批准了这一方案,并且重申:"有不奉旨阻挠的,奏来拿问。但有腾架浮言败坏封事,着厂卫衙门多差兵校,严行缉拿重治。"[2]

十二月,日方使节小西飞抵达京师,石星优待如王公。阁臣赵志皋甚至提议皇上在御门接见小西飞。万历帝鉴于"夷情未审",命令将小西飞安顿在左阙门,由有关官员与他谈判,不予接见。[3]明朝官员提出封贡的三个条件:从朝鲜撤兵;册封而不朝贡;发誓不再进犯朝鲜。小西飞表示接受,封议便由此敲定。万历帝委派临淮侯李宗城为正使,都指挥杨方亨为副使,在沈惟敬的陪同下,前往日本,册封丰臣秀吉。[4]

正副使节拿了万历帝的册封诏书前往日本。万历帝册封丰臣秀吉为日本国王的诏书写道:

> 朕受天明命……惟尔日本,远隔鲸涛,昔尝受爵于先朝,中乃自携于声教。尔平秀吉(丰臣秀吉)能统其众,慕义承风,始假道于朝鲜,未能具达,继归命于阙下,备见真诚。驰信使

① 谈迁:《国榷》卷七六,万历二十二年十月丁卯。
② 钱一本:《万历邸钞》,万历二十二年甲午卷。
③ 《明神宗实录》卷二八〇,万历二十二年十二月甲寅。
④ 谷应泰:《明史纪事本末》卷六二《援朝鲜》。

以上表章，干属藩为之代请，恭顺如此，朕心嘉之。兹特遣后
军都督府署都督佥事李宗城、五军营右副将署都督佥事杨方
亨，封以日本国王，锡以冠服金印诰命。凡尔国大小臣民，悉
听教令，共图绥宁，长为中国之藩篱，永奠海邦之黎庶，恪遵朕
命，克祚天麻。①

正使李宗城抵达朝鲜釜山后，突然逃亡，万历帝不得不将副
使杨方亨升为正使，随员沈惟敬升为副使。这一行人等渡海抵
达日本大阪城，丰臣秀吉接受了册封诰命书、日本国王金印及明
朝冠服。次日，丰臣秀吉身着明朝冠服，在大阪城设宴招待明朝
使节。②

然而，封事并未如明朝预想的那样，促使日军从朝鲜撤退。丰
臣秀吉借口朝鲜未按谈判七条办事，准备再次对朝鲜发动进攻。
万历二十四年十二月初四日，蓟辽总督孙鑛（字文融，号月峰，浙江
余姚人）、辽东巡抚李化龙（字于田，号霖寰，山东长垣人）向朝廷报
告紧急倭情，内称：丰臣秀吉密谋大举，朝鲜道咨告急，求调浙兵
三四千名，星夜前进，驻扎要害，以为声援。万历帝命兵部紧急
筹措。③

万历二十五年（1595年）正月，册封日本使臣杨方亨一行回到
釜山。万历帝接到兵部转来的报告后，给兵部发去一道谕旨："览
奏，日本受封，册使回至釜山，恭顺之诚，殊可嘉尚。但釜山余兵尚
未尽撤，既非原议，而两国之疑终未尽释。你部便行文与日本国

① 谈迁：《国榷》卷七七，万历二十三年二月辛亥。
② 陈舜臣：《中国历史》第六册，第243页。
③ 钱一本：《万历邸钞》，万历二十四年丙申卷。

王，着他撤还釜兵，以全大信。又行文与朝鲜国王，着他即差陪臣，以修交好，毋彼此再生嫌隙……"①万历帝未免把外交事务看得太简单化了，以为册封之后，丰臣秀吉便会撤兵；以为只要朝鲜做些让步，两国便不至于再次刀兵相见。实在是一厢情愿的善良愿望。

　　就在这时，丰臣秀吉发动了第二次对朝鲜的战争。这是万历帝不曾料到的。正月十五日，辽东副总兵马栋报告，有倭将清正带领倭兵船二百余只，已于十四日到朝鲜海岸，至原住机张营驻扎，其兵力不下两万。朝鲜陪臣刑曹郑其远向明朝痛哭求援。② 万历帝得报，下令廷臣会议倭情，决定对策。署兵科给事中徐成楚（字衡望，湖广郧阳竹溪人）指出，倭情紧急，倭将清正率领兵船二百余只，丰茂守等率领兵船六十余只，至朝鲜西生浦等处，别起倭船络绎过海不绝。他抨击"奸臣党庇天听"，诡称"只为礼文缺典"引起兵端之类胡言乱语，驳斥道："世岂有兴师十数万，浮海数千里，争一繁文缛节？"
　　至此万历帝才知道"封事"已经失败，使臣与兵部还在掩盖事情真相，不由大怒，下令革去兵部尚书石星、蓟辽总督孙鑛的官职，任命邢玠（字式如，号昆田，山东益都人）以兵部尚书出任总督，都御史杨镐（字京甫，号凤筠，河南商丘人）经略朝鲜军务，以麻贵为提督，东征援朝。因石星在封事上失职，万历帝下令交法司议罪，他在给刑部的谕旨中说："倭奴狂逞，掠占属国，窥犯内地，皆前兵部尚书石星诳贼酿患，欺君误国，以致今日，戕我将士，扰我武臣，好生可恶不忠！着锦衣卫拿去法司，从重拟罪来说。"不久即将石

① 钱一本：《万历邸钞》，万历二十五年丁酉卷。
② 钱一本：《万历邸钞》，万历二十五年丁酉卷。

星处以极刑,妻子发烟瘴地面永戍。①

　　此次丰臣秀吉所发侵朝之兵,大多从长门岛等地调来,达十二万之众,其中精锐部队有清正一万二千,直政一万八千,行长一万,义弘一万,辉元二万,其余各部各有数千不等。日军以优势兵力很快攻破朝鲜闲山、南原等处,辽东援军三千全部被歼。总督邢玠向万历帝大叹苦经:朝鲜南原、全州已失,倭势甚大,该国官民纷纷逃散,渐遗空城,不惟不助我兵,不供我饷,且将食粮烧毁,绝军咽喉,反戈内向,萧墙变起。数支孤军,御倭且难,御朝鲜之贼益难。②

　　就在这种艰难形势之下,邢玠督师抵达平壤,进军王京。杨镐、麻贵先后于十二月初由王京起行,进至庆州,二十三日攻取蔚山,二十四日、二十五日再攻岛山。万历帝闻讯,下令嘉奖:"东征再捷,此皆总督运筹,抚镇奋勇,以致将士争先效劳,有此奇捷,朕心嘉悦。杨镐亲冒矢石,忠尤可嘉。邢玠赏银一百两,杨镐、麻贵各八十两,再发太仆寺马价银五万两,犒赏将士。"③孰料,这一嘉奖令及犒赏银两还未送到前线,明军即遭惨败。明军在岛山围攻十昼夜无法奏效,反遭日军援兵包围,杨镐率先逃跑,所部顿时溃败,士卒死亡达二万。④遭此一败,明朝御倭将士于万历二十六年(1598年)正月全部撤退至王京。

　　万历帝得报,下令将杨镐革职回籍听勘。阁臣张位因推荐杨镐有误遭到牵连,也遭到罢官的处分。

---

① 钱一本:《万历邸钞》,万历二十五年丁酉卷。萧彦等:《掖垣人鉴》卷一五。
② 钱一本:《万历邸钞》,万历二十五年丁酉卷。
③ 钱一本:《万历邸钞》,万历二十五年丁酉卷。
④ 张廷玉等:《明史》卷二五九《杨镐传》。

　　朝鲜战事陷入了相持局面。不料风云突变,从日本传来了丰
臣秀吉于七月九日死去的消息,日军顿时士气低落,阵脚大乱。邢
玠抓住战机,合兵七万,以总兵刘绖、董一元、麻贵分兵三路出击。
十一月,清正发舟先逃,麻贵率部进入岛山、酉浦,刘绖、陈璘乘机
邀击,日军各部无心恋战,纷纷渡海东归。战火终于渐渐熄灭。

　　如果丰臣秀吉不死,这场战争还将旷日持久地进行下去。他
的死,导致日军失败早日到来,也粉碎了其吞并朝鲜的黄粱美梦。
《明史·日本传》评论:"秀吉死,诸倭扬帆尽归,朝鲜患亦平。然自
关白(秀吉)侵东国,前后七载,丧师数十万,糜饷数百万,中朝与朝
鲜迄无胜算。至关白死,兵祸始休,诸倭亦皆退守岛巢,东南稍有
安枕之日矣。"[1]

　　万历帝决策两次东征御倭援朝,是及时的果断的,否则不仅朝
鲜不保,而且辽东、山东及东南沿海将永无宁日。这场战争虽然耗费
了明朝巨额财力,却换来了边境的长期安宁,其意义是不可低估的。

　　万历二十七年(1599 年)三月,万历帝命征倭总兵麻贵、陈璘、
董一元等班师回朝;任命李承勋以原官提督水陆官军,充防海御倭
总兵官,驻朝鲜;周于德移镇山东,为备倭总兵官。四月十五日,万
历帝破例来到午门城楼,接受朝贺,并把平秀政等六十一名俘虏当
场正法。闰四月初八日,万历帝为征东胜利,向全国颁发诏书,通
告此次东征的缘由。诏书写道:

　　　　属者东夷小丑平秀吉(丰臣秀吉),猥以下隶,敢发难

---

① 张廷玉等:《明史》卷三二二《日本传》。

端……（朝鲜）君臣遁亡，人民离散，驰章告急，请兵往援。
朕念朝鲜称臣世顺，适遭困厄，岂宜坐观！若使弱者不扶，
谁其怀德；强者逃罚，谁其畏威！况东方乃肩背之藩，则此
贼亦门庭之寇，遏阻定乱，在予一人。于是少命偏师，第加
薄伐。平壤一战，已褫骄魂。而贼负固多端，阳顺阴逆，本
求伺影，故作乞怜。册使未还，凶威复煽。朕洞知狡状，独
断于心，乃发郡国羽林之材，无吝金钱勇爵之赏，必尽卉服，
用澄海波……

　　於戏！我国家仁恩浩荡，恭顺者无困不援；义武奋扬，跳
梁者虽强必戮。兹用布告天下，昭示四夷，明余非得已之心，
识余不敢赦之意……①

这是他对这场战争的政策声明，也是安民告示，其中虽流露天
朝大国的口气，但对于以强凌弱的背信弃义行径不能容忍，对于邻
邦惨遭蹂躏不能坐视，这些话显然无可指摘。

万历帝又致书朝鲜国王李昖，指出：

　　捷书来闻，忧劳始释。……惟念王虽还旧物，实同新造，
振凋起散，为力倍艰。倭虽遁归，族类尚在，生心再逞，亦未可
知。兹命经略尚书邢玠振旅旋归，量留经理都御史万世德等，
分布偏师，为王戍守。王可咨求军略，共商善后，卧薪尝胆，无
忘前耻……②

---

① 谈迁：《国榷》卷七八，万历二十七年闰四月丙戌。《明神宗实录》卷三三四，万历二
十七年闰四月丙戌。
② 钱一本：《万历邸钞》，万历二十年壬辰卷。

这是继前次国书之后，再次重申对朝鲜国王的希望，重建国家为力备艰，必须卧薪尝胆，毋忘前耻，对邻邦的关怀之情溢于言表。

再说平定播州杨应龙叛乱。

明朝沿袭元朝制度，在西南地区设置土司（土官），授与当地民族首领宣慰使、宣抚使、安抚使、土知府、土知州、土知县等官职，实行间接统治。这些土司经常发动武装叛乱，朝廷的对策是，在平定叛乱后，实行"改土归流"——裁撤土司，改设流官。例如永乐十一年（1413 年）思南等宣慰使叛乱平定之后，改思南宣慰使司等为思南、思州、铜仁、石阡、黎平等府，并在此基础上设置了行省一级的贵州布政使司。

播州地处四川南端，与贵州相邻。播州宣慰使司就是由杨氏世袭的一个土司。杨氏的先世是山西太原人，唐朝乾符年间，始祖杨端征讨南诏，授武略将军，遂世守播州。隆庆五年（1571 年）播州宣慰使杨烈死，其子杨应龙承袭其职。万历元年（1573 年）万历帝给杨应龙颁发宣慰使敕书一道，万历十四年（1586 年）万历帝又赐他都指挥使衔。然而，杨应龙生性雄猜，阴狠嗜杀，他目睹四川官军弱不禁战，每有征讨必调拨土司兵马，因而骄横跋扈，自恃富强，滋生虎踞全蜀的野心，甚至藐视朝廷法纪，在他的居所僭饰龙凤，擅用阉宦，俨然一方土皇帝。[1]

万历十八年（1590 年）贵州巡抚叶梦熊上疏，向万历帝指出，播州宣慰使杨应龙凶恶不道，东川道兵备使朱运昌有意纵恶。贵州巡按陈效也上疏，弹劾杨应龙二十四大罪。当时朝廷正为"西

[1]《明神宗实录》卷三五四，万历二十八年十二月乙未。谷应泰：《明史纪事本末》卷六四《平杨应龙》。

虏"进犯松潘而忙于调兵遣将,松潘为全蜀门户,四川封疆大吏不敢怠慢,征调播州土司兵协守。因此四川巡抚李化龙上疏万历帝,请求暂免勘问杨应龙,给他一个戴罪立功的机会。由此开启了"此惩彼宥,黔蜀异议"①的局面。四川方面以为杨应龙无可勘之罪,贵州方面以为四川有私昵杨应龙之嫌。

于是,兵科都给事中张希皋等人向万历帝建议,鉴于事属重大,两省利害相关,拟派遣有关科道官员从公会勘,或剿或赏,毋执成见。万历帝要兵部研究后提出一个方案。到了万历十九年(1591 年)二月,万历帝根据兵部的提议,命四川、贵州两省抚按官会勘杨应龙,朝廷不派官员参与此事。②

川贵抚按会勘的结果,意见截然相反。贵州巡抚叶梦熊主张把播州宣慰司及所辖五司全部改土归流,划归重庆府管辖。四川巡抚李尚思、巡按李化龙不以为然,反对将播州改土归流,便引嫌辞职。万历帝不予批准,事情就搁置了下来。

其实四川方面确实是"私昵杨应龙",不敢也不愿将播州改土归流。当杨应龙反叛迹象暴露时,叶梦熊请朝廷发兵征剿,蜀中士大夫顿时议论纷起,以为四川三面与播州相邻,播州兵骁勇善战,现在蓐除不是上策。因为这个缘故,四川官员极力主张招抚,反对征剿。万历帝下令两省会勘时,杨应龙也愿意赴蜀,不愿赴黔。

万历二十年十二月,杨应龙被逮至重庆,对簿公堂,按法律当处斩。杨应龙愿以二万两银子赎罪。这时适逢"倭寇"进犯朝鲜,

---

① 谈迁:《国榷》卷七五,万历十八年十二月壬午。
② 张廷玉等:《明史》卷三一二《播州宣慰司》。谈迁:《国榷》卷七五,万历十八年十二月壬午。《国榷》卷七五,万历十九年二月戊子。

朝廷羽檄征天下兵，杨应龙便向万历帝表示，愿亲自率兵五千"征倭"报效。万历帝以东征为重，命四川抚按将杨应龙释放。当杨应龙正要率兵北上时，忽然传来万历帝旨意：不必调杨应龙出征。新任四川巡抚王继光（字于善，号泉皋，山东黄县人）一上任，立即下令严提杨应龙勘结。杨应龙盘踞播州，拒不服从。

招抚不成，只有征剿。万历二十一年（1593 年）正月，王继光赶到重庆，与总兵刘承嗣、参将郭成等商议，分兵三路，同时并进。大军进至娄山关，屯驻白石口。杨应龙表面上派人求降，暗中埋伏重兵发动突然袭击，刘承嗣兵败，几乎全军覆没。王继光因此而遭罢官，只得仓皇撤兵，辎重丢弃殆尽。谭希思（字子诚，号岳南，湖广茶陵人）接任四川巡抚后，与贵州抚按计议相机征剿杨应龙，两省官员畏难而久议不决。

万历二十二年（1594 年）三月，为了解决播州问题，万历帝任命邢玠以兵部侍郎出任贵州总督。次年正月，邢玠赶到四川，计划先翦除杨应龙党羽，同时对他晓以大义，援引前不久宁夏哱拜叛乱的前车之鉴，向他指出，前来投诚，当待以不死，否则，国家悬赏万金购尔头。四月间，重庆知府拿了总督邢玠的招抚信函抵达綦江县，敦促杨应龙到安稳（地名）听勘，由綦江知县前往宣谕。

杨应龙派其弟兆龙到安稳，准备了邮传储粮，郊迎叩头，对来使（綦江知县）说：应龙待罪于松坎，之所以不敢到安稳，是因为安稳多仇民，欲伏兵伺杀，故请来使驾临松坎。綦江知县请示知府后，于五月初八日单骑前往松坎。杨应龙果然捆绑于道旁，泣请死罪，膝行向前，叩头流血，表示愿意把罪人及罚金献于朝廷。邢玠得报，立即派官前往处理此事。杨应龙身穿囚服匍匐郊迎，缚献黄元等十二名罪人，抵杨应龙处斩，愿缴赎银四万两。于是将杨应龙革职,由其长子朝栋暂代,将其次子可栋押往重庆作为人质。

当时朝鲜战事未靖,兵部意欲专注于东征,播州事务宜于暂缓。万历帝也考虑到杨应龙一向积有功劳,便批准了邢玠的处理方式,在松坎设立同知治理,并以重庆知府王士琦为川东兵备使弹压。其实杨应龙施的是缓兵之计,事情过后,不但毫无悔改,反而更加怙恶不悛。不久,借口次子可栋死于重庆,扬言促取尸棺,拒不缴出赎银,甚至要挟说:"吾子活,银即至矣!"[1]

对杨应龙的招抚至此宣告失败。此后,杨应龙不断武装袭击川南、贵州、湖广一带,朝廷忙于应付朝鲜战事,一时无暇顾及。

万历二十七年(1599年)二月,贵州巡抚江东之派都指挥使杨国柱率兵三千征剿杨应龙,遭到惨败,杨国柱战死。此事引起万历帝关注,罢江东之,以郭子章(字相奎,号青螺,江西泰和人)代理贵州巡抚,起用李化龙为湖广川贵总督兼四川巡抚,征讨播州叛军。这时朝鲜战事已经结束,万历帝调拨东征诸将如刘綎、陈璘,率部日夜兼程,赶往四川。

杨应龙乘官军尚未赶到,先发制人,以八万兵力分头进犯南川、江津,攻陷綦江。重庆守臣惊恐,归还其子可栋尸棺,并厚加贿赂,以遏其攻势。

万历帝听说綦江陷落,大为恼怒,下令追夺前四川巡抚谭希思、贵州巡抚江东之官职,赐李化龙尚方宝剑,可以便宜行事。[2] 他还给兵部下了一道谕旨:"綦江失守,蜀事甚急,可忧。着该总督率属厉兵,相机防剿。陕西、甘肃、延绥、浙江等兵,俱难如

① 谷应泰:《明史纪事本末》卷六四《平杨应龙》。
② 张廷玉等:《明史》卷二二八《李化龙传》。

议调用，刻期赴援。刘綎素称忠勇，你部里马上再行催他奋身报国。"①

万历二十八年（1600 年）初，李化龙分兵八路进剿：

四川方面，总兵刘綎从綦江入，总兵马礼英从南川入，总兵吴广从合江入，副总兵曹希彬从永宁入。

贵州方面，总兵童元镇从乌江入，参将朱鹤龄从沙溪入，总兵李应祥从兴隆卫入。

湖广方面，总兵陈璘从白泥入，副总兵陈良玭从龙泉入。

各路统兵三万，刻期出击。②

贵州巡抚郭子章驻贵阳，湖广巡抚支可大移驻沅州，李化龙自己率中军驻重庆策应。万历帝以楚地辽阔，特地选拔江铎（字士振，浙江杭州人）为偏沅巡抚。湖广分设偏沅巡抚，即始于此次平播战事。③ 足见万历帝对此次战役的重视。

二十余万神兵压境，三省封疆大吏督阵，杨应龙败局已定。

八路大军以刘綎（字省吾，江西南昌人）部最骁勇善战，因而李化龙把他放在最重要的綦江一路。杨应龙深知刘綎厉害，颇为惧怕，派重兵把守要害。二月十五日，刘綎分兵三面围攻，连克三峒。那一天，刘綎督战阵前，左手拿金锭，右手挺剑，大喊："用命者赏，不用命者齿剑！"士兵锐不可当，终于大捷。

三月初，杨应龙派其子朝栋率精锐主力苗兵数万前去抵挡，分

---

① 钱一本：《万历邸钞》，万历二十七年己亥卷。
② 李化龙：《平播全书》卷五《叙功疏》。
③ 张廷玉等：《明史》卷二二八《李化龙传》。

别由松坎、鱼渡、罗古池三路并进。刘綎在罗古池埋伏万人以待松坎来犯之敌,以万人埋伏营外以待鱼渡来犯之敌,另有一军左右策应。刘綎身先士卒冲入敌阵,苗兵大惊失色,连连呼喊:"刘大刀至矣!"全军顿时溃败,刘綎追奔五十里,杨朝栋只身突围,差一点当了俘虏。[①]杨朝栋战败,杨应龙的部众更加闻风丧胆。

刘綎乘胜攻至娄山关下。此关为杨应龙老巢的前门,形势险要,易守难攻,但见万峰插天,丛箐中有一径小道,才数尺宽,叛军设木关十三座,关楼之上堆积滚木、梭杆、垒石,下列排栅数层,合抱大木横截路中,沿路挖掘深坑,坑内密布竹签,自谓万险俱备。[②]刘綎派步兵分左右两路绕道包抄娄山关后背,自己督率主力正面仰攻,攀藤鱼贯毁栅而上,两面夹攻,夺下娄山关。四月初,刘綎屯兵白石口。杨应龙困兽犹斗,自己率苗兵决一死战。刘綎勒马冲坚,令将士分两翼夹击,挫败杨应龙,追至养马城,与南川、永宁两路官军会合,连破龙爪、海云等险囤,兵临海龙囤下。[③]

海龙囤是杨应龙的老巢,倚为天险,号称飞鸟腾猿不能逾。此时,八路大兵云集于海龙囤下,把它团团围住。从五月十八日开始,各军轮番进攻。总督李化龙接到父亲去世的讣闻,万历帝令他墨缞视师,李化龙赤脚起草檄文,督促各军奋力进攻。连日大雨滂沱,将士驰骋泥淖苦战。六月初四日,天忽开朗。次日,刘綎身先士卒,一举攻克土城。杨应龙坐困穷崖,连夜散银数千两,招募敢死队拒战,苗兵都骇散四奔,无一人响应。杨应龙提刀巡视,只见

① 道光《遵义府志》卷四〇《年纪二》。谷应泰:《明史纪事本末》卷六四《平杨应龙》。张廷玉等:《明史》卷二四七《刘綎传》。
② 李化龙:《平播全书》卷五《叙功疏》。
③ 张廷玉等:《明史》卷二四七《刘綎传》。谷应泰:《明史纪事本末》卷六四《平杨应龙》。

四面火光烛天，彷徨长叹，与妻田氏相对而泣。次日天明，官军破城而入，杨应龙仓皇与爱妾周氏、何氏关门自缢，纵火自焚。其子杨朝栋、弟杨兆龙等被生擒。[①]

此次平播战役，先后一百一十四天，斩敌二万余人，以杨应龙的彻底失败而告终。

万历二十八年十二月，督抚李化龙、郭子章、江铎班师回朝，押解播州叛军头目六十九人抵达京师。万历帝特地来到午门城楼参加庆典。杨朝栋、杨兆龙等人在凛烈的寒风中被磔于市。[②]

令人不解的是，当万历帝通令嘉奖有功人员时，在征东与平播战争中立下赫赫战功的大将刘綎，竟以馈赠上司（李化龙、郭子章）金银玉带，而遭到"免官永不叙用"的处分，实在过于赏罚失衡。当播州战事吃紧时，是万历帝自己首先想到刘綎，说他"素称忠勇"，要兵部催他从东征战场驰骋千里赶到西南边陲"奋身报国"的。[③]战事结束后，总督李化龙把刘綎评为"军中第一功"，万历帝却以区区通馈这类官场寻常事为借口，不仅不予评功，反而给予严厉处分，令人百思不得其解。

是怕他居功自傲，尾大不掉，抑或是危难已过，翻脸不认人？无怪乎谈迁要为刘綎鸣不平："马或奔蹄而致数千里，士或负俗之累而立功名，一二佚行，学士大夫或不免焉，况介冑豪举者哉！""今刘将军以通馈败，其馈人多矣，不幸中弹墨。然窃以为当事过之。

① 谷应泰：《明史纪事本末》卷六四《平杨应龙》。张廷玉等：《明史》卷二二八《李化龙传》。李化龙：《平播全书》卷五《叙功疏》。
② 《明神宗实录》卷三五四，万历二十八年十二月乙未。谈迁：《国榷》卷七八，万历二十八年十二月乙未。道光《遵义府志》卷四〇《年纪二》。
③ 钱一本：《万历邸钞》，万历二十七年己亥卷。

彼两台既自好,麾之门外,不必奏劾,即奏劾亦当曲请以东逐岛倭,西歼叛司,功未尽录,当夺一阶,俾省廉洁之效,何至褫秩等于文吏也! 设刘将军掊饷溢敛,将何法以加之乎? 国家少有风尘之警,动抚髀兴叹:廉如伯夷,信如尾生,驱之行间,始吏议不相绁耶!"①这些话表面是抨击言官,实际是批评万历帝。更令人不解的是,当云南、四川叛乱又起,万历帝想起了被他罢官的刘将军,居然违反自己先前的"永不叙用"旨意,起用他为总兵官,再次为朝廷效忠,以后又调至辽东战场,直至战死。

播州从唐乾符年间由杨氏世袭统治,绵延达二十九世八百余年之久,到杨应龙及其儿子死亡而告终结。万历三十一年(1603年),明朝在此实施改土归流政策,改播州为遵义、平越二府,遵义府下辖遵义、桐梓、绥阳、仁怀四县,平越府下辖黄平州及余庆、瓮安、湄潭三县,以遵义府隶属于四川,平越府隶属于贵州。毫无疑问,播州土司杨氏势力的消灭,改土归流的实行,对于这一地区政治的统一,经济、文化的发展,是一大进步。

当时已退休在家的前内阁元辅申时行,对于平播战争耗费湖广、四川、贵州三省财力过多,有所非议。此话并非没有根据。但他由此而否定此役,评定为"好事喜功,穷兵殚财,非国家之利"②。这是对万历帝的批评,大胆而且泼辣,却过于偏激,且本末倒置。凡事都有一利必有一弊,播州之役也不例外。虽然耗费了巨额财力,骚扰了地方,但是,若不重兵压境予以铲除,那么杨氏盘踞播州的局面将永无改变之日,蜀黔的治安也将始终留有一个隐患。从多次招抚杨氏均遭失败来看,以战争手段平定播州之乱实在是迫

---

① 谈迁:《国榷》卷七九,万历二十九年四月壬午。
② 谈迁:《国榷》卷七八,万历二十八年六月丁丑。

于无奈的唯一可供选择的方案。以历史的眼光看,如果此时不平定播州,那么到了清朝雍正年间改土归流时势必还得采用暴力予以荡平。迟平不如早平,于国于民都是利多而弊少的好事。

与申时行同时代的另一官僚朱国祯的看法就高明多了。他说:"播州一案,当时用兵,可不可乎?曰:可。蜀三面邻夷,且借为用,而播为最劲,此不可制。四起效尤,无蜀并无黔滇。且分八路,克险关,彼犹倔强如故,势安得已。曰:既克矣,因而郡县之,可不可乎?曰:可。悉天下全力,平二千里,为国家辟土开疆,此盛事也。"①确实,把播州的改土归流视为万历一朝的盛事,是不算过分的。正如瞿九思(字睿夫,号慕川,湖广黄梅人)在其名著《万历武功录》中所说:"此唐宋以来一大伟绩也。"这是万历帝从政以来留在史册上极其辉煌的一笔。

---

① 谈迁:《国榷》卷七八,万历二十八年六月丁丑。

第五章
宫闱生活

一、宫闱生活

万历帝的皇后王氏,浙江余姚人,生于京师。万历六年册立为皇后。她秉性端谨,专心侍奉万历帝生母慈圣皇太后,颇得其欢心。在皇上疾病缠身,静摄休养时,皇后王氏忙于封识整理堆积如山的章奏公文。每当皇上提及某事,随即取出公文呈上,毫无错谬。皇长子常洛虽非她所生,却爱护关怀,常洛多次遭危疑,她都调护备至。郑贵妃获宠,她从不计较,宫闱中的矛盾纠纷,她都能调剂处理,而不使之有悖于礼仪。如此母仪天下四十二年,以孝慈著称。[1]

万历九年(1581年)八月,万历帝派文书官传达太后懿旨:“命专选淑女,以备侍御。”太后的用意是很明显的,为了增加皇室的后代。大婚后,王皇后一直未生育,到万历九年十二月才生下了皇长女,所以太后心中十分焦急。张居正对此心领神会,在皇上御经筵时启奏说,今皇上仰承宗庙社稷之重,远为万世长久之图,而内职未备,储嗣未蕃,这也是臣等日夜悬切的事。但选用宫女事体太轻,恐怕名门淑女不乐意应选,不如参照嘉靖九年(1530年)选九嫔事例,上请太后恩准。[2]

几天后,万历帝在得到太后同意后,敕谕礼部:“朕大婚有年,内职未备,兹承圣母慈谕,专求贤淑,用广储嗣。特命尔等查照嘉

---

[1]　张廷玉等:《明史》卷一一四《后妃传》。傅维鳞:《明书》卷二一《宫闱纪》。
[2]　《明神宗实录》卷一一五,万历九年八月癸卯。

靖九年世宗皇帝选册九嫔事例,先于京城内外出榜晓谕,尔等堂上官督领该司官,会同巡城御史,专访民间女子,年十四岁以上、十六岁以下,容仪端淑,礼教素娴,及父母身家无过者,慎加选择,陆续送诸王馆。其北直隶、河南、山东等处,另差司官前去选取。尔等务体朕心,安静行事,毋得因而骚扰。"①

此事终于在万历十年(1582年)三月办成。万历帝在皇极殿宣布册选以下九嫔:周氏为端嫔,郑氏为淑嫔,王氏为安嫔,邵氏为敬嫔,李氏为德嫔,梁氏为和嫔,李氏为荣嫔,张氏为顺嫔,魏氏为慎嫔。②

就在册选九嫔的时候,万历帝看中了太后身边的慈宁宫宫女王氏。此人一直在慈宁宫当宫女,多年来未曾引起万历帝的注意,一个偶然的机遇降临到她身上。一天,万历帝往慈宁宫探望太后,索水洗手,宫女王氏捧了面盆侍候,万历帝见了甚为欢悦,居然看中了她。这便是所谓皇上"私幸",还赏了她一副首饰(谓之头面)。一来二往,宫女王氏有了身孕。

按照宫中惯例、祖宗家法,宫女受皇上宠幸,必有赏赐。随侍文书房宦官必定记注皇上与宫女发生关系的年月日及所赐物品,以备不时查验之用。这就是所谓《内起居注》。但毕竟是不太光彩的事,所以万历帝讳莫如深,左右内侍也守口如瓶。一天,万历帝侍候生母慈圣太后宴饮,太后谈及此事,万历帝沉默不语,继而又矢口否认。太后便命左右内侍取来《内起居注》,让他自己看。万历帝面红耳赤,知道无法隐瞒,低头聆听太后的规劝:"吾老矣,犹

① 《明神宗实录》卷一一五,万历九年八月己酉。
② 《明神宗实录》卷一二二,万历十年三月甲子。

未及弄孙，倘生男，宗社福也，何必相讳。母以子贵，宁分差等耶！"①

听了太后的规劝，万历帝在万历十年六月册封怀孕的宫女王氏为恭妃，派定国公徐文璧、大学士张四维举行册封礼仪，其册文写道："咨尔王氏，惠质夙成，温仪有度，衾裯肃肃，既承鱼贯之恩……"②册封之后两个月，恭妃王氏果然生了一个男婴，这便是万历帝的长子——朱常洛。

皇长子诞生，非同小可。成国公朱应祯、恭顺侯吴继爵、武清伯李伟、彰武伯杨炳等勋戚贵族代表皇上赴郊庙、社稷举行祭告仪式。万历帝本人则在皇极殿接受群臣的祝贺。③次日，内阁辅臣张四维等题奏，皇子诞生，诏告天下，宜有颁恩条件，请皇上"乘此大庆，明降德音，蠲荡烦苛，弘敷惠泽，使四方万国翕然，佩戴皇仁，鼓舞欣惕"④。九月初六日，在皇子满月的日子到来前，万历帝诏告天下，宣布大赦。诏文中说："以今年八月十一日第一子生，系恭妃王氏出，上副两宫圣母忧勤之念，下慰四海臣民仰戴之情。"因此开列恩例若干条，以示普天同庆。诸如万历十年九月初六日以前官吏军民人等，除谋反叛逆等不赦外，其余罪犯一概赦免，等等。⑤

因为皇长子的诞生，按照惯例两宫皇太后应加封徽号。九月初九日，万历帝亲自到慈庆宫，向嫡母仁圣皇太后恭上"仁圣懿安康静皇太后"徽号，群臣随至徽音门行礼。次日，万历帝又到慈宁

① 文秉：《先拨志始》卷上。张廷玉等：《明史》卷一一四《后妃传》。
② 《明神宗实录》卷一二五，万历十年六月壬寅。
③ 《明神宗实录》卷一二七，万历十年八月戊戌。
④ 《明神宗实录》卷一二七，万历十年八月己亥。
⑤ 《万历起居注》，万历十年九月初六日。

宫,向生母慈圣皇太后恭上"慈圣宣文明肃皇太后"徽号,群臣随至思善门行礼。①

　　生皇长女的皇后王氏,生皇长子的恭妃王氏,并不受万历帝的宠爱,真正受宠的是生皇二女的德妃郑氏。万历十一年(1583 年)十一月,以德妃郑氏生皇二女,万历帝赐元辅申时行红云纻丝二匹,银抹金脚花二枝,次辅余有丁、许国及讲官沈鲤等人,各红纻丝一匹、银脚花一枝。② 这种做法已经有点出格,更为出格的是,万历十二年(1584 年)八月,万历帝册封德妃郑氏为贵妃③,使得贵妃郑氏的地位仅次于皇后王氏,而高于恭妃王氏及其他嫔妃。

　　万历十四年(1586 年)正月初五日,贵妃郑氏生了皇三子(常洵),巩固了她受皇上宠爱的特殊地位。万历帝的次子(常溆)生于万历十二年,奇怪的是"母氏无考"④,不知是谁生的。万历十三年正月,次子常溆夭折,追封为邠王。因此贵妃郑氏所生的皇三子实际成了次子。万历帝见他的爱妃喜得贵子,比皇长子诞生还要高兴,准备大加庆贺,特地传旨户部:"朕生子喜庆,宫中有赏赉,内库缺乏,着户部取太仓银十五万两进来!"⑤

　　皇上对皇三子的偏爱超过了皇长子,使朝廷大臣预感到即将面临一个棘手的难题:册立谁为太子? 册立皇长子常洛,还是册立皇三子常洵,是牵涉到"国本"的大事,不可掉以轻心。

　　二月初三日,即皇三子即将满月之际,元辅申时行等向皇上婉

① 《万历起居注》,万历十年九月初九日、九月十日。
② 《明神宗实录》卷一四三,万历十一年十一月乙巳。
③ 《明神宗实录》卷一五二,万历十二年八月庚戌。
④ 张廷玉等:《明史》卷一二〇《诸王传》。
⑤ 钱一本:《万历邸钞》,万历十四年丙戌卷。

转地提出了尽快册立太子的议题。奏疏的题目就是《恳乞宸断册立东宫以重国本事》，其中写道：

> 窃惟国本系于元良，主器莫若长子。
>
> 自万历十年元子（即长子）诞生，诏告天下，五年于兹矣。即今麟趾螽斯，方兴未艾，正名定分，宜在于兹。
>
> 惟国家之大计，以今春月吉旦，敕下礼官，早建储位，以慰亿兆人之望，以固千万世之基。①

申时行毕竟不是张居正，万历帝对他的建议置之不理，批示道："元子婴弱，俟二三年举行。"②其实万历帝另有盘算，他不满意长子常洛，嫌他是宫女所生，盼望郑贵妃生个儿子取而代之。现在郑贵妃果然不负所望，生了一个儿子，激发了他想立三子的愿望。于是来个缓兵之计，将册立东宫（即太子）的事拖到以后再议。

为了达到这一目的，万历帝决定把郑氏的贵妃身份再提高一步——进封为皇贵妃。此议一出，举朝哗然。万历十四年二月初八日，户科给事中姜应麟（字泰符，浙江慈溪人）上疏劝阻。他指出：贵妃虽贤，所生只是皇上第三子。而恭妃所生是长子，理应"主鬯承祧，乃其发祥"，为什么反而使恭妃居于其下？伦理不顺，人心不安，难以重储贰定众志。因而希望皇上收回成命，以协舆情。如果以为事势已难以挽回，不妨首先册封恭妃王氏为皇贵妃，再册封贵妃郑氏为皇贵妃。他还建议皇上采纳申时行的请求，册

---

① 《明神宗实录》卷一七一，万历十四年二月戊辰。
② 《明神宗实录》卷一七一，万历十四年二月戊辰。

立长子为皇太子,以定天下之本。①

　　姜应麟的这一番议论,不温不火,句句入情入理,触到了万历帝的痛处。万历帝看了奏疏,大为震怒,气得把奏本丢到地上,仍不解恨,便把身边的太监统统叫来,无端地把他们当作靶子,申斥道:"册封贵妃,初非为东宫(太子)起见,科臣奈何讪朕!"越说越气愤,情不自禁地一再拍案,吓得众太监纷纷跪下叩头请罪。② 少顷,他怒气稍解,便在姜应麟的奏疏上批示:"这册封事,非为储贰,因其敬奉勤劳,特加奇封。……姜应麟这厮,心怀别故,窥探上意,疑君卖直,好生无礼。着降杂职于极边,该部不许朦胧升用。"③ 从他如此严惩姜应麟的心态看来,姜应麟的奏疏确实击中了要害,使他痛恨不已。

　　姜应麟被贬为山西广昌县典史后,舆论不但没有被压服,反而更加汹涌了。吏部验封司员外郎沈璟(字伯英,号宁庵、词隐,苏州吴江人)上疏,请皇上立长子为皇太子,并进封恭妃王氏,庶几无独优贵妃郑氏之嫌。④ 万历帝不听,下旨将沈璟降为行人司正。次日,礼部也上疏,请皇上立太子,并封恭妃王氏与贵妃郑氏为皇贵妃,与姜应麟相呼应。万历帝置之不理。⑤

　　吏科左给事中杨廷相等科道官挺身而出,上疏论救姜应麟、沈璟,造成了强大的舆论压力。二月十二日万历帝在与内阁辅臣谈及此事时,强词夺理地为自己辩解:"朕之降处(姜、沈)非为册封,恶其疑朕立幼废长,揣摩上意。朕思我朝立储自有成宪,岂敢私己

① 《明神宗实录》卷一七一,万历十四年二月癸酉。
② 张廷玉等:《明史》卷二三三《姜应麟传》。
③ 钱一本:《万历邸钞》,万历十四年丙戌卷。
④ 谈迁:《国榷》卷七三,万历十四年二月癸酉。
⑤ 《明神宗实录》卷一七一,万历十四年二月乙亥。

意以坏公论。彼意置朕不善之地，故有是处。"①他要内阁票拟谕旨，替他解围，并在科道官论救姜、沈的奏疏上批示：

> 立储以长幼为序，祖宗家法，万世当遵。朕仰奉成宪，俯察舆情，岂肯以私意违拂公论。姜应麟等揣摩上意，动辄以舍长立幼为疑，置朕于有过之地。特降处示惩，非为奏请册立之故。国本有归，朕已明白晓示，待期举行。各官宜体朕意，再不许妄疑渎扰。②

这种辩词，实在是欲盖弥彰。不过事情就此定了下来。

几天后，还有些官员想改变成命。刑部山西司主事孙如法上疏，说："宜允阁臣、礼部之请，册立东宫，贵妃、恭妃同时进封，以释群疑。召复姜应麟、沈璟原职，仍加褒奖，以彰虚怀纳谏之度。"万历帝一看就大为光火，申斥道："立储定序已屡颁明示，孙如法不系言官，如何出位渎扰救护！宫闱事体，彼何由知？好生狂躁。本当重处，姑降极边杂职。再有妄言者，重治如法。"③孙如法被贬为广东潮阳县典史添注。因为皇上已经言明，如再有人就此事上疏，那么就要严惩已遭贬斥的孙如法，人们只好缄默不言了。

三月初二日，万历帝正式进封贵妃郑氏为皇贵妃。这一天，万历帝为了进封皇贵妃，祭告于奉先殿，然后到皇极殿传制，遣徐文

---

① 《明神宗实录》卷一七一，万历十四年二月丁丑。
② 钱一本：《万历邸钞》，万历十四年丙戌卷。《明神宗实录》卷一七一，万历十四年二月丁丑。
③ 《明神宗实录》卷一七一，万历十四年二月甲申。

璧(国公)、申时行等持捧节册,举行仪式。进封皇贵妃的册文写
道:"咨尔贵妃郑氏,妙膺嫔选,婉娩有仪";"朕孳孳图治,每未明而
求衣,尔肃肃在公,辄宣劳于视夜,厥有鸡鸣之助匡",因而"进封尔
为皇贵妃"。①

　　进封贵妃郑氏为皇贵妃,是万历帝对他的爱妃郑氏所加的最
高册封。据明朝人说,"内廷嫔御,尊称至贵妃而极",截至万历朝,
有明一代凡十二朝历二百五十年,嫔妃册封贵妃尊号的仅十六位,
其中两位还是死后追封的。② 万历帝的生母李氏,在万历帝即位
前,也只是贵妃。万历帝长子的生母王氏,在郑贵妃进封为皇贵妃
后,始终不得册封贵妃。万历二十九年(1601 年)册立皇长子为皇
太子后,仍不封如故。直到万历三十四年(1606 年)万历帝的长孙
(皇太子的长子)诞生,才进封王氏为皇贵妃。③ 可见册封贵妃、进
封皇贵妃并非易事,而万历帝于郑氏与王氏之间,厚此薄彼竟如此
悬殊。

　　郑氏进封为皇贵妃,已成定局,似无可议论。但朝野上下仍议
论纷纭,人们猜疑皇上究竟立谁为太子,是否立嫡不立长,一时流
言蜚语四起。礼部身负此责,首当其冲,不得不再次向皇上反映:
先前阁臣及科道官奏请册立皇长子为太子,不蒙允准,却进封贵妃
为皇贵妃,群臣请求同时并封恭妃为皇贵妃,又不蒙允准。因此,
人心猜疑,讹言相煽。④ 这完全是按照祖宗旧制及皇室礼仪提出
的建议,万历帝充耳不闻,但也无法驳回,只是不予理睬。河南道
御史杨绍程上疏,试图再作一次努力。他向皇上劝谏道:"皇贵妃

① 《明神宗实录》卷一七二,万历十四年三月丁酉。
② 沈德符:《万历野获编》卷三《列朝贵妃姓氏》。
③ 张廷玉等:《明史》卷一一四《后妃传》。
④ 《明神宗实录》卷一七三,万历十四年四月乙丑。

位亚中宫,分位甚尊。恭妃诞育元子,义则至重。其间礼仪相接,名分相临,或恐有不自安者。"①万历帝听不进,怒斥杨绍程是"掇拾余言,沽名渎奏",下令夺俸一年,并警戒言官,不得"再讪君卖直"。② 忠心耿耿的言官们见皇上如此水泼不进,心也渐渐冷却,懒得重提旧事。

万历帝本来就宠爱贵妃郑氏,日常生活起居差不多由郑氏照料,所以夸奖她"肃肃在公,辄宣劳于视夜,厥有鸡鸣之助匡"。自从生子,进封皇贵妃后,愈加宠幸。郑氏每每与皇上戏嬉,动辄称恭妃王氏为"老嬷嬷",对她的出身微贱,暗含讥刺鄙夷之意。万历帝听了也不加制止。③

当外廷对此事议论得沸沸扬扬之时,宫中的慈圣皇太后也有所闻。太后是喜爱恭妃王氏的,也心疼她的长孙。某一天,万历帝往慈宁宫向母亲请安,太后便对儿子说:"外廷诸臣多说该早定长哥(原注:宫中呼太子为长哥),如何打发他?"万历帝回答:"道他是都人(原注:宫中呼宫人为都人)的儿子。"太后听了心中不快,正色训斥道:"母以子贵,宁分差等? 你也是都人的儿子!"④这一下点到了要害。原来万历帝的生母慈圣皇太后李氏,也是宫女出身,早年作为宫女进入裕王(即后来的隆庆帝)府邸,生了朱翊钧(万历帝)以后,才进封为贵妃,万历帝即位后,上尊号为慈圣皇太后。

万历帝听了自知理亏,如果自己的长子因为是宫女所生不能

① 《明神宗实录》卷一七三,万历十四年四月戊寅。
② 《明神宗实录》卷一七三,万历十四年四月戊寅。
③ 文秉:《先拨志始》卷上。
④ 文秉:《先拨志始》卷上。

立为太子,那么他本人根本不可能由太子而当皇帝。听了母亲的训示,他惶恐万状,伏地请罪而不敢起身。[1] 对于万历帝而言,太后训示的压力超过外廷大臣的千言万语,以后皇长子常洛之所以能有转机,郑贵妃欲立皇三子的阴谋之所以不能得逞,这是一个不可忽视的因素。

确实,外廷官员们怀疑郑贵妃有立己子之谋,并非无稽之谈。据说,郑贵妃身负盛宠,生了儿子常洵后,多次乞求皇上立为太子。紫禁城西北角,有一座大高元殿,供真武帝君香火,传闻甚为灵异。某天,万历帝偕郑贵妃特地到此行香。郑贵妃要万历帝预立誓约——立皇三子常洵为太子。万历帝答应了,手写一纸,封缄于玉盒中,秘密贮存于郑贵妃处,作为信誓。

以后廷臣疑心郑贵妃有立己子之谋,再三敦促皇上立长子常洛为太子,慈圣皇太后也坚持立长子,万历帝才不得已改变立三子常洵的主意。为了销毁誓约,万历帝遣太监往郑贵妃处取回玉盒。玉盒外面封识宛然若新,开启后一看,万历帝大惊失色!但见所写誓文早已腐蚀殆尽,只剩下一张白纸。万历帝感到悚然,从此二十年中,再也不敢去大高元殿。[2] 这一传闻虽不可信,却反映了内宫在立谁为太子问题上斗争之尖锐。

万历帝是个多子多女的皇帝,共生八子、十女:

皇长子,即光宗常洛,恭妃王氏(即孝靖皇后)生;

皇二子,即邠王常溆,生母无考,一岁夭折;

皇三子,即福王常洵,皇贵妃郑氏生;

皇四子,即沅王常治,皇贵妃郑氏生,一岁夭折;

① 张廷玉等:《明史》卷一一四《后妃传》。
② 文秉:《先拨志始》卷上。

皇五子,即瑞王常浩,端妃周氏生;

皇六子,即惠王常润,敬妃李氏(后封皇贵妃)生;

皇七子,即桂王常瀛,敬妃李氏(后封皇贵妃)生;

皇八子,即永思王常溥,顺妃李氏生,二岁夭折;

皇长女,即荣昌公主,皇后王氏(即孝端皇后)生;

皇二女,即静乐公主,皇贵妃郑氏生;

皇三女,即云和公主,荣妃王氏生;

皇四女,即云梦公主,恭妃王氏(即孝靖皇后)生;

皇五女,即灵丘公主,德嫔李氏生;

皇六女,即仙居公主,生母无考;

皇七女,即寿宁公主,皇贵妃郑氏生;

皇八女,即泰顺公主,德嫔李氏生;

皇九女,即香山公主,德嫔李氏生;

皇十女,即天台公主,顺妃李氏生。

十位公主中,静乐、云和、云梦、灵丘、仙居、泰顺、香山、天台八人,都先后夭折,是死后追封为公主的;生存下来的只有两位,即荣昌公主与寿宁公主。荣昌公主,万历二十四年(1596 年)下嫁杨春元。寿宁公主,万历二十七年(1599 年)下嫁冉兴让。[①]

恭妃王氏与皇长子的风波过去之后,外间又纷传关于皇后的流言蜚语。万历二十四年三月,乾清宫、坤宁宫遭火灾,焚烧俱尽。[②] 万历帝移居毓德宫,后又移居启祥宫(原名未央宫)。此后,

---

① 参看刘若愚:《酌中志》卷二二《见闻琐事杂记》。张廷玉等:《明史》卷一二〇《诸王传》。《明史》卷一二一《公主传》。
② 钱一本:《万历邸钞》,万历二十四年丙申卷。

仅郑贵妃及其他嫔妃侍奉左右,皇后不再侍奉燕闲。万历二十八年(1600 年),京师盛传皇后久病,侍从不过数人,其膳修服饰也被裁减过半,抑郁成疾。大小臣工虽忧骇于心,但不敢上言。

这时,皇长子的老师黄辉(字平倩,一字昭素,四川南充人),从宫中内侍处探得消息:宫中传言郑贵妃欲待皇后死后即中宫位,立其子为太子云云。黄辉把这一消息告诉了新近补官入京的工科都给事中王德完(字子醇,号希泉,四川广安人),并鼓动他说:"此国家大事,旦夕不测,书之史册,谓朝廷无人。"王德完便请黄辉起草奏疏,然后以自己的名义,于十月十八日犯颜直谏。①

奏疏写得哀婉而危切:

> 中宫(皇后)凤称优渥,乃臣自入京数月以来,道路喧传,咸谓中宫役使止得数人,忧郁数亲药饵,且阽危不自保。臣不胜惊惋……第臣得以风闻言事,果有如道路所传,则天地阴阳大变,宗庙社稷之隐忧。大小臣工无一人不闻,无一人不骇,而无一人敢言。②

王德完在疏中还指出,宫禁深严,虚实未审,臣即使愚昧之极,也决不会信其真。但言官可以风闻言事,果然是中宫皇后失宠于陛下,以致患病,那么子于父母之怒,当号泣讥谏;果然是陛下眷遇中宫皇后有加无替,那么子于父母之谤,当昭雪辨明。无论从那一方面加以衡量,都难以保持缄默,因而上疏陈其愚诚之见。③

---

① 张廷玉等:《明史》卷二三五《王德完传》。《明史》卷二八八《黄辉传》。
② 《明神宗实录》卷三五二,万历二十八年十月庚子。
③ 张廷玉等:《明史》卷二三五《王德完传》。

　　王德完的奏疏并无言过其实、耸人听闻之辞，然而万历帝看了却怒气冲冲，下令将王德完逮入锦衣卫镇抚司诏狱严刑拷问，追究幕后指使之人，并且不许主审官员纵容疑畏。①

　　王德完的上疏，说出了许多人想说而又不敢说的话，犹如一石激起千层浪，引起了强烈的反响。他被逮入诏狱的消息一传出，京师为之震动。以吏部尚书李戴（字仁夫，号对泉，河南延津人）为首的部院台省官员们，连连上章论救。万历帝不为所动，反而谴责他们"党护渎扰"，给予罚俸八个月或一年不等的处分。②

　　内阁次辅沈一贯（字肩吾，号龙江，浙江鄞县人）上密揭委婉开导皇上，极力缓解冲突。他对皇上说："此等流言，在一月前满京四布，日至于臣耳。臣仰信皇上彝伦建极，万无可疑。且近日游宴必从，尤可深信。每为人言，而一人不胜众口。"他还说，王德完此疏，正是因为外间谤传满街，而欲探皇上之心，不过如此而已。

　　经沈一贯如此这般解释，万历帝怒气稍减，第二天派文书官冉登到内阁口传谕旨，一方面指责王德完不懂规矩，妄言宫禁是非；另一方面百般为自己开脱，说皇后乃圣母选择，自己之元配，现在侍自己同居一宫，即使稍有过失，岂不体悉优容。近年以来，皇后稍稍悍戾不慈，自己每每遇事教训，务全妇道，她也知改悔，何尝有病！沈一贯立即回奏，从今天的谕旨中，得知皇上加厚皇后之心，直可示之天日。皇后伉俪皇上二十四年，朝夕侍奉，日月久长，万一自今而后稍减于昔，则天下见影生疑，希望皇上引以为戒。③

　　几天后，沈一贯再次劝谏皇上，不可把日前的那道谕旨外传，

①《明神宗实录》卷三五二，万历二十八年十月庚子。
②《明神宗实录》卷三五二，万历二十八年十月庚子。张廷玉等：《明史》卷二三五《王德完传》。
③《明神宗实录》卷三五二，万历二十八年十月庚子。

否则外人必定以为皇上果然疏远中宫（皇后），那么流传多年的谣言，反而由假成真了。① 言外之意要皇上不必过于追究此事。经过沈一贯的斡旋，万历帝火气顿消，但王德完还是要惩办，命文书官卢受传旨："王德完因为大小九卿诸司官员救护渎扰，着打百棍，发原籍为民。"②

不过，此后万历帝也有所改变，对皇后逐渐亲近，人称"伉俪弥笃，恩礼有加"③。万历二十九年，万历帝患病，时常晕眩昏厥。某天，晕眩逾时而醒，发觉枕靠在皇后手臂上，又看见皇后面有戚容，泪痕犹显。而郑贵妃却不问不闻，若无其事地在外面忙自己的事，万历帝由此对郑贵妃有所愠怒。④

皇后毕竟是皇后，郑贵妃虽有宠，无论如何不能凌驾于其上。凡遇宫中大庆，皇上奉请两宫皇太后，由中宫皇后奉侍仁圣皇太后，翊坤宫郑贵妃奉侍慈圣皇太后，恭妃与其他嫔都退避在后。⑤

万历帝在后妃间常厚此薄彼，但待母极孝。他还是太子时，每天清晨起身，必定去奉先殿朝见父皇及生母李贵妃，然后到嫡母陈皇后处问安，陈皇后每天听到他的脚步声就欣喜之极。⑥ 他一登极，就尊礼两宫，嫡母陈皇后上号为仁圣皇太后，生母李贵妃上号慈圣皇太后。他对两宫皇太后的生活悉心照料，无论对生母或嫡母，都一视同仁，备极孝心。他在宫中设四斋，命近侍二百余人演习戏曲，每逢两宫皇太后前来看戏，他必承应陪坐。凡遇节令，他

① 沈德符：《万历野获编》卷三《今上笃厚中宫》。
② 《明神宗实录》卷三五二，万历二十八年十月庚子。
③ 沈德符：《万历野获编》卷三《今上笃厚中宫》。
④ 文秉：《先拨志始》卷上。
⑤ 沈德符：《万历野获编》卷三《恭妃进封》。
⑥ 张廷玉等：《明史》卷一一四《后妃传》。

必亲自恭请仁圣皇太后到乾清宫大殿升座。每次他都先期出迎，仁圣皇太后的轿子到景运门，慈圣皇太后的轿子到隆宗门，他就长跪奉迎，等轿子到了乾清门才起身。这时由他的皇后王氏上前搀扶仁圣皇太后，贵妃郑氏上前搀扶慈圣皇太后。开宴时，他总是下气怡声地进酒奉膳。当时人称："古来帝王之孝所稀有也。"①

　　万历二十四年（1596 年）七月，仁圣皇太后卒，慈圣皇太后独享天下之养，庆典频举。万历三十四年（1606 年）皇太子常洛之子诞生，当时慈圣皇太后六十二岁，得享曾孙之乐。有明一代，母后得亲见曾孙者，除英宗的周皇后之外，她是第二人。②

　　慈圣皇太后为人质朴敦厚。她的女儿寿阳公主（万历帝的同胞妹妹）万历九年（1581 年）下嫁侯拱宸。据说在选驸马时，侯拱宸等三人同时入宫候选。另二人极意修饰，衣冠楚楚，香气袭人。侯拱宸则罗帽绢衣，兢兢叩拜，胆怯不敢仰视。慈圣皇太后在帘后窥见，手指侯拱宸说："此子浑朴不雕，真我家儿也。"便点为驸马。③慈圣皇太后对仁圣皇太后服事恭谨，每逢岁时节令，还执嫡庶之礼。仁圣皇太后病逝，她悲痛欲绝，祭奠逾于常礼。④她对万历帝的恭妃王氏和长子常洛的仁爱之心，更使当时人赞不绝口。她还颇能约束其家，父李伟（字世奇，漷县人）一有过错，她便召入宫中切责，因此李伟虽贵为外戚，但小心畏慎，颇有贤声。李伟妻王氏，时常进宫探视女儿（慈圣皇太后），慈圣皇太后以家人礼请母就宴，王氏避匿不就，说："太后至尊，奈何以老妇亵朝廷礼。"⑤

---

① 文秉：《定陵注略》卷一《圣明天纵》。
② 沈德符：《万历野获编》卷二《今上圣孝》。
③ 文秉：《定陵注略》卷一《慈圣壸范》。
④ 沈德符：《万历野获编》卷二《今上圣孝》。
⑤ 张廷玉等：《明史》卷三〇〇《外戚传》。朱国祯：《涌幢小品》卷五《皇太后父母》。

或许是自身言传身教的缘故，万历帝耳濡目染，待母孝顺备至。史玄《旧京遗事》说："神庙天性至孝，朝慈宁宫，月以数回。虽圣体肥重，未尝不膝行而前，忘其委惫。"万历帝身体肥胖，又多病，步履维艰，因此晚年绝少出宫视朝，但对皇太后的进谒请安未敢稍有懈怠。为了便于行动，特命内侍制作一辆鬃辇——用鬃毛做成的小车，规度精巧，转折如意。凡朝见母亲，都由内侍推着此车，绝无声响，不致骚扰。[①]

二、酒、色、财、气

万历帝是个酒色之徒，大婚以后沉迷于酒色，年纪轻轻，身体却虚空得很。

万历十四年（1586年）九月十六日以后，因病连日免朝。到了二十六日，又传旨免朝。三十日，命司礼监传谕内阁："朕前御门，已于卯初起矣。一时头晕眼黑，力乏不兴，已谕卿等暂免朝讲（视朝、日讲）数日，以为静摄，服药庶效。近连服药饵，身体虚弱，头晕未止。兹当孟冬时享太庙，暂遣公徐文璧恭代。"[②]这头晕眼黑、力乏不兴的毛病，便是沉迷酒色的结果。

这件事引起了官员们的关注。礼部祠祭司主事卢洪春（字思仁，浙江东阳人）因为主管祠祭事务，听说皇上因头晕眼黑不去享

① 文秉：《定陵注略》卷一《圣明天纵》。
② 文秉：《定陵注略》卷二《建言诸臣》。《明神宗实录》卷一七八，万历十四年九月己未。

祭太庙，便上疏要皇上"慎起居"，即注意节制酒色之事。卢洪春似乎颇精通医术，为皇上分析病理，说得头头是道：

> 医家曰气血虚弱，乃五劳七伤所致，肝虚则头晕目眩，肾虚则腰痛精泄。
>
> 陛下春秋鼎盛，精神强固，头晕眼黑等症，皆非今日所宜有。不宜有而有之，上伤圣母之心，下骇臣下之听。
>
> 果如圣谕，则以目前衽席之娱，而忘保身之术，其为患也深。①

说得再明白不过，外间传言皇上驰马试剑跌伤额角云云是假，病根在于"衽席之娱"，即耽于女色，房事过密。卢洪春说，万一有稗家野史，掇拾道听，私托笔记，垂之后世，陛下又何以自解！

尽管卢洪春出于一片赤胆忠心，诚心希望皇上保养身体，无奈此等情事极为敏感，有损帝王尊严，有碍观瞻，万历帝看了奏疏后震怒了，马上传谕内阁：卢洪春"悖忤狂妄"，令阁臣拟旨重治。这下可难为了申时行，一面代万历帝拟旨将卢洪春革职，一面上疏极力申救。②

万历帝不满意申时行代拟的革职处分，亲笔写了一道谕旨。轻描淡写地把头晕目眩的病因归结于"动火"，对卢洪春的分析只字不提，振振有词地为自己遣官代行庙享之事辩解。接下来笔锋一转，不由分说地斥责道："卢洪春这厮，肆言惑众，沽名讪上，好生

---

① 钱一本：《万历邸钞》，万历十四年丙戌卷。《明神宗实录》卷一七九，万历十四年十月丙寅。张廷玉等：《明史》卷二三四《卢洪春传》。
② 《明神宗实录》卷一七九，万历十四年十月丙寅。

悖逆狂妄。着锦衣卫拿在午门前,着实打六十棍,革了职为民当差,永不叙用。"①

卢洪春遭到廷杖、革职的严惩,显然处置过当,引起了言官们的不满,吏科给事中杨廷相等人冒险上疏申救。万历帝岂肯改变成命,否则人们便以为卢洪春所讲不无道理,于是下旨谴责那些言官:"卢洪春狂肆无上,特加斥谴,如何渎救! 念言官,姑不究。"意在警告言官们,不必就此事大做文章。言官们偏有一股执拗劲,依然上疏议论不休。万历帝光火了,认定他们是"党救",下令为首的夺俸一年,其余各人夺俸八个月。②

到了万历十五年(1587 年)二月,万历帝这头晕目眩的毛病仍不见好转,再次派文书官李兴到内阁传旨:暂免经筵。申时行等人忙向文书官李兴询问皇上起居情况,得知依然是"连日动火,时作晕眩"。

申时行知道这决非偶然"动火"所致,于是上疏劝皇上注意养身之道,不过措词十分妥帖,只是说:"因励精宵旰,临御勤劳,以致圣体不宁。惟望皇上清心寡欲,养气宁神,而倍加慎重。"③申时行把皇上的病因归咎于"励精宵旰,临御勤劳",其实近来视朝、日讲都停止了,何劳之有? 不过是一种巧妙的托辞罢了。至于后面所提"清心寡欲,养气宁神",却是关键所在,其中不乏微言大义。过了几天,文书官李恩又口传皇上谕旨:圣体偶因动火,服凉药过多,下注于足,搔破贴药,朝讲暂免。申时行再次奏请皇上,"宜节

---

① 钱一本:《万历邸钞》,万历十四年丙戌卷。文秉:《定陵注略》卷二《建言诸臣》。
② 《明神宗实录》卷一七九,万历十四年十月己卯。
③ 《明神宗实录》卷一八二,万历十五年二月庚午。

慎起居,以迎春气"①。依然是极其婉转地进言,希望皇上在"起居"上多加注意,与日前所说"清心寡欲,养气宁神"有异曲同工之妙。

　　三月中旬,万历帝身体初安,便出来视朝。到了九月,身体又不行了,他命太监向内阁传谕:"朕前以卯初御门,一时头目晕眩,暂免朝讲数日,静摄服药。兹当孟冬,时享太庙,遣徐文璧代其陪祀……非朕敢偷逸,恐弗成礼。"②头晕目眩,不但不能视朝、日讲,当然也无法批阅奏章。申时行在十月间谈及此事时指出,近年各衙门的奏章常常滞留宫中,近的逾旬,远的经月,甚至有二三月未发的。申时行焦急地向皇上说:"部院科道诸臣询问所由,若责臣等因循误事,辅导失职,臣等腼颜愧心,不能措对。"③然而万历帝也有他的苦衷,对于一向勤于批阅奏章的他来说,这不是有意疏懒,实在是身体欠佳,力不从心。

　　此后身体时好时坏,朝讲也时行时停。万历十六年(1588年)三月,申时行就皇上身体长期违和,他本人也有半个多月不曾见到皇上的"天颜",上疏向皇上探询情况:"岂圣躬虽已康豫,尚未耐劳,圣志虽切忧勤,犹须静摄耶?"④几天后,万历帝派文书官李兴传谕内阁:"圣体尚未即安,暂免朝讲。"申时行作为内阁元辅责无旁贷地上疏劝谏:"保身之道以清心寡欲为先,摄生之方以固气宁神为要。伏望皇上珍调饮膳,慎节起居,以凝宇宙之和,防阴阳之沴。"⑤所谓"清心寡欲""固气宁神""慎节起居""防阴阳之沴"云

---

① 《明神宗实录》卷一八二,万历十五年二月甲戌。
② 《明神宗实录》卷一九〇,万历十五年九月乙卯。
③ 《明神宗实录》卷一九一,万历十五年十月庚申。
④ 《明神宗实录》卷一九六,万历十六年三月丙戌。
⑤ 《明神宗实录》卷一九六,万历十六年三月丁酉。

云,都是有所指的,不过措词隐晦,劝诫皇上不要过分沉迷于酒色。

　　然而万历帝的身体总是不见起色,引起了朝臣们的关注。万历十七年(1589年)六月,南京吏部右侍郎赵志皋上疏:"臣近岁以少詹事侍朝讲,恭睹天颜和晬,稍有不豫,一养旋复,何自冬相沿至今也? 得非衽席之爱不能割,曲蘖之好不能免乎? 有一于此,足耗元气。皇上行之有节而不沉溺,则元气自充矣。"①所谓"衽席之爱""曲蘖之好"云云,便是酒色二字,点到了皇上病根所在。因为讲得比较含蓄,未能引起什么反响。

　　这年年底大理寺左评事雒于仁(字少泾,陕西泾阳人)的上疏,以其直言不讳引起了朝野上下的强烈反响。

　　雒于仁以极大的勇气写了一本谴责皇上酒、色、财、气的奏疏,送了上去。这是万历一朝批评皇上品行与私生活的难得好奏疏,讲得头头是道,句句触及了万历帝的要害:

　　　　皇上之恙,病在酒、色、财、气者也。夫纵酒则溃胃,好色则耗精,贪财则乱神,尚气则损肝。

　　　　以皇上八珍在御,宜思德将无醉也。夫何醲味是耽,日饮不足,继之长夜。甚则沉醉之后,持刀舞剑,举动不安。此其病在嗜酒者也。

　　　　以皇上妃嫔在侧,宜思戒之在色也。夫何幸十俊以开骗门,宠郑妃而册封偏加。即王妃有育皇冢嗣之功,不得并封。甚则溺爱郑妃,而惟言是从,储位应建而久不建。此其病在恋色者也。

① 谈迁:《国榷》卷七五,万历十七年六月甲申。

以皇上富有四海,宜思慎乃俭德也。夫何取银动至几十万两,索潞绸动至几千匹,略不知节。甚则拷索宦官,得银则喜,无银则怒而加杖。如张鲸以贿通而见用,给事中李沂之言为不诬。若使无贿,皇上何痛绝忠良,而优容谗佞。况沂之疮痍未平,而鲸凭钱神复入,虽皇上无以自解,何以信天下,而服沂之心耶!此其病在贪财者也。

以皇上不怒而畏,宜思有怂速惩也。夫何今日杖宫女,明日杖宦官。彼诚有罪,置以法律,责之逐之可也,不必杖之累百,而不计其数,竟使毙于杖下。此辈密迩圣躬,使其死不当罪,恐激他变。甚则宿怨藏怒于直臣,如范儁、姜应麟、孙如法,俾幽滞于林泉,拘禁于散局,抱屈而不伸。此其病在尚气也。

针对以上的分析,雒于仁开出了一张药方"四勿之箴",即戒酒、戒色、戒财、戒气的四句箴言。[1]

雒于仁冒死犯颜直谏,批评皇上酒色财气,有根有据。此公确实酒、色、财、气样样俱全。

万历八年(1580年)十一月,万历帝在太监客用、孙海陪伴下,豪饮过量,酩酊大醉,将一宫女头发割下,又将两名宦官杖责得几乎死去。[2] 这是他纵酒肇祸的突出事例。

近年来,他头晕目眩,是好色的结果。这一点与乃祖乃父如出

① 钱一本:《万历邸钞》,万历十七年己丑卷。文秉:《定陵注略》卷二《建言诸臣》。张廷玉等:《明史》卷二三四《雒于仁传》。
② 钱一本:《万历邸钞》,万历八年庚辰卷。刘若愚:《酌中志》卷五《三朝典礼之臣纪略》。沈德符:《万历野获编》卷九《江陵震主》。

一辙。他的祖父世宗"志在长生,半为房中之术所误"①。父亲穆宗也精于此道,据给事中程文揭发,冯保身为阉人,却对淫秽之事十分精通,"平日造进诲淫之器,以荡（穆宗）圣心;私进邪燥之药,以损圣体。先帝因以成疾,遂至弥留"②。穆宗的短命,与冯保进诲淫之器、邪燥之药,有密切关系。万历帝大婚后,冯保仍是"大伴",安知不故伎重演!万历帝的头晕目眩、肝火过旺的症状,与其父何其相似乃尔。

明代上流社会中人饱暖思淫欲,似是一种社会风尚,莫不沉迷于房中术。连道貌岸然的张居正也不例外。他的"下部热症",据王世贞说:"得之多御内而不给,则日饵房中药,发强阳而燥,则又饮寒剂泄之,其下成痔。"③沈德符也说,张居正"以饵房中药过多",内热不仅发于下部,还发于头部,冬天不能戴貂皮帽。④ 万历帝从二十几岁患上头晕目眩、动火热症,一直到死,病根盖出于此。何况他比乃祖乃父还有所发明,在沉湎女色的同时,又玩弄"十俊"——十名俊秀的小太监,"给事御前,或承恩与上同卧起"⑤。这有点近乎性心理变态的同性恋了。正如《金瓶梅》所描绘的那样,当时社会的达官贵人,淡泊自守的少,纵情声色的多。纵情声色是从不休息、永无止境地追求声色之娱,有两个问题需要解决:一是如何充分享受肉体生活的欢乐,二是如何超出人寿的限制永恒享受这种欢乐。

若要解决这些问题,传统的儒家经典不管用,需借助道教。道

① 陈继儒:《眉公见闻录》卷六。
② 高拱:《病榻遗言》卷一《矛盾原由》。
③ 王世贞:《嘉靖以来首辅传》卷八《申时行传》。
④ 沈德符:《万历野获编》卷九《貂帽腰舆》。
⑤ 沈德符:《万历野获编》卷二一《佞幸》。

教对此有精深的研究,关于饮食、进补、房中术、春药都不断有所发明。万历帝的祖父世宗,清虚学道的根本目的就在于此。他的精义,透过太监,传给了儿子、孙子。

至于贪财,在明代诸帝中,万历帝尤为突出。下令查抄冯保、张居正的家财,全部搬入大内,归他自己支配,最明显不过地暴露了他贪财的秉性。司礼监太监张鲸以贿赂皇上而受重用,遭外廷大臣弹劾后,又以重贿皇上而消灾避祸。令人难以置信的咄咄怪事,都出现在万历帝身上,决非偶然。其后又变本加厉,派太监四处搜刮钱财,矿税监一时成为社会的大祸害。万历帝的贪财心理非同一般。

至于尚气,大抵是帝王的共同秉性,与太祖朱元璋相比,万历帝不过是小巫见大巫。廷臣稍不合意,即下令廷杖,惨酷无比。甚至把廷杖推广到宫女、太监身上,毙于杖下的不知其数。

万历帝又一次尚气使性,对雒于仁的奏疏恨之入骨,耿耿于怀,连新春佳节也没有过好。

万历十八年(1590年)正月初一日,即民间所谓大年初一,申时行等阁臣到会极门行礼致贺,忽闻太监宣召。申时行等急趋而入,穿过禁门数重,来到毓德宫。从来皇帝召见阁臣,没有到过毓德宫,这是第一遭,而且不拘礼仪,如同家人父子一般。申时行等进入暖阁,但见万历帝靠在东向的卧榻上,遂西向跪叩,然后致词:"元旦新春,仰惟皇上万寿万福,臣等不胜欣贺……臣等久不瞻睹天颜,下情不胜企恋,恭候起居万福。"

万历帝随便接口说:"朕之疾瘳矣。"

申时行劝慰道:"皇上春秋鼎盛,神气充盈,但能加意调摄,自然勿药有喜,不必过虑。"

万历帝转入正题:"朕昨年为心肝二经之火时常举发,头目眩晕,胸膈胀满。近调理稍可,又为雒于仁这本肆口妄言,触起朕怒,以致肝火复发,至今未愈。"

申时行开导说:"圣躬关系甚重,祖宗神灵、两宫圣母皆凭借皇上,当万倍珍护。无知小臣狂戆轻率,不足以动圣意。"

万历帝听了不语,把雒于仁的奏本递给申时行,说:"先生每看这本,说朕酒色财气,试为朕评一评。"申时行展开奏本,还没来得及回话。万历帝又急急忙忙说:

> 他说朕好酒,谁人不饮酒?若酒后持刀舞剑非帝王举动,那是有事。又说朕好色,偏宠贵妃郑氏。朕只因郑氏勤劳,朕每一至宫,她必相随。朝夕间她独小心侍奉,委的勤劳。如恭妃王氏,她有长子,朕着她调护照管,母子相依,所以不能朝夕侍奉。何曾有偏?他说朕贪财,因受张鲸贿赂,昨年李沂也这等说。① 朕为天子,富有四海之内,普天之下,莫非王土,天下之财,皆朕之财。若贪张鲸之财,何不抄没了他?又说朕尚气。古云:少时戒之在色,壮时戒勇戒斗。勇即是气,朕岂不知!但人孰无气?且如先生每也有僮仆家人,难道更不责治?如今内侍宫人等,或有触犯及失误差使的,也曾杖责,然亦有疾疫死的,如何说都是杖死?先生每将这奏本去票拟重处!

面对皇上的辩解,申时行只能顺其意而劝慰:"此无知小臣,误

---

① 指万历十六年十二月吏科给事中李沂上疏弹劾掌东厂太监张鲸向万历帝广献金宝多方请乞之事。见钱一本:《万历邸钞》,万历十六年戊子卷;吴亮辑:《万历疏钞》卷二〇,李沂《恶党就擒元凶未殄亟赐重处以绝祸本疏》。

听道路之言,轻率渎奏……"

万历帝打断他的话,插上一句:"他还是出位沽名。"

申时行接着说:"他既沽名,皇上若重处之,适成其名,反损皇上圣德。惟宽容不较,乃见圣德之盛。"说完便把雒于仁的奏本送还皇上。

万历帝沉吟片刻,答道:"这也说得是,倒不是损了朕德,却损了朕度。"

申时行补上一句:"皇上圣度,如天地一般,何所不容。"

万历帝再次拿起奏本递给申时行,要他详细看一看。毓德宫内高大而阴暗,五十多岁的申时行眼睛有点老花,看不真切,只是略表形式地翻阅了一会。其实此疏在送达皇上之前,阁臣们早已看过。少顷,万历帝尚气使性的情绪还难以平息,气呼呼地叮嘱:"朕气他不过,必须重处!"

申时行毕竟老成,劝皇上将此疏留中不发,以免扩大影响。他说:"此本原是轻信讹传,若将此本票拟处分,传之四方,反当做实话了。臣等见前疏久留中,在阁中私相颂叹,以为圣度宽容,超越千古。臣等愚见,谓照旧留中为是。容臣等载之史书,传之万世,使万世称皇上是尧舜之君,此乃盛事。"说完,又将此疏退还给皇上,希望皇上留中不发。

万历帝还是按捺不住心头的火气,问道:"如何设法处他? 只是气他不过。"

申时行说:"此本既不可发出,亦无他法处之。还望皇上宽宥,容臣等传谕该寺堂官,使之去任可也。"

万历帝表示首肯,脸色稍稍缓和,对申时行说:"先生每是亲近之臣,朕有举动,先生每还知道些,那有是事!"万历帝的本意是想申时行为他说几句，申时行虽然事事仰承帝意，但也知此疏所言都是宫闱生活之事，难以由他来评判是非，于是耍了一下滑头，应对道："九重深邃，宫闱秘密，臣等也不能详知。何况疏远小臣，只是轻信讹言，不足计较。"

万历帝仍不罢休，说："人臣事君，该知道理。如今没个尊卑上下，信口胡说。先年御史有个党杰，也曾数落我，我也容了。如今雒于仁就和他一般，因是不曾惩创，所以又来说。"

申时行说："人臣进言，固是忠君爱国，然须从容和婉。如臣等常时不敢轻渎，惟事体有不得不言者，才敢陈奏。臣等岂敢不与皇上同心！这小臣，臣等亦岂敢回护，只是以圣德圣躬为重。"

万历帝紧逼道："先生每尚知尊卑上下，他每小臣常这等放肆。近来只见议论纷纷，以正为邪，以邪为正。一本论的还未及览，又有一本辩的，使朕应接不暇。朕如今张灯后，看字不甚分明，如何能一一遍览！这等的，殊不成朝纲。先生每为朕股肱，也要做个主张。"二十几岁的朱翊钧，居然未老先衰，张灯以后就"看字不甚分明"了，足见沉湎酒色给他身体带来的危害之深，也足见雒于仁并非轻信流言讹语，信口胡说。

申时行被皇上纠缠得无法招架，只得耐心地说："臣等荷蒙皇上任使，才薄望轻，不能镇压人情，以致章奏纷纭，烦渎圣听。臣等有罪，但臣等因鉴前人覆辙，一应事体，上则禀皇上之独断，下则付外廷之公论，所以不敢擅自主张。"申时行所谓"前人覆辙"，显然是指张居正擅权专断。为了避免步其后尘，他一方面事事交由皇上独断，另一方面又不能违背外廷公论，调和于两者之间。

对此，万历帝不以为然，说："朕就是心，先生每是股肱，心非股肱安能运动！朕既委任，先生每有何畏避？还要替朕主张，任劳任怨，不要推诿。"①

　　对话至此，申时行以为关于雒于仁的事已可大体告一段落，便调换话题，询问皇上的身体状况，并叮嘱皇上慎重拣选良药，注意清心寡欲，戒怒平情。申时行其实也深知雒于仁疏中所说皇上沉湎酒色确有所据，只是不便说，也不敢说，多次旁敲侧击，要皇上"清心寡欲"，其微言大义尽在不言之中。

　　叩辞皇上后，申时行返回内阁，立即草拟一份帖子，传谕大理寺斥逐雒于仁。正月初四日，大理寺少卿任养心以雒于仁有病上报。申时行当即代皇上票拟谕旨一道："雒于仁前出位妄言，朕始容了。今又托疾规避，姑着革了职为民。"②申时行的这种处理方式，既顾及了皇上的面子，不使酒色财气之说过于扩散；又保护了雒于仁，不使受到廷杖之类的严惩。雒于仁只不过丢了乌纱帽，比之同僚们要算幸运得多了。

　　如果万历帝有自知之明的话，在挽回面子的同时，当扪心自问，切实注意酒色财气的防微杜渐。但是他并没有这样做，依旧我行我素。对此官员们议论很多，讲得最为深刻的当推右副都御史张养蒙（字泰亨，号见冲，山西泽州人）。他在万历二十五年（1597 年）七月上疏批评皇上好逸、好疑、好胜、好货，与几年前雒于仁的酒色财气疏有异曲同工之妙，不过回避了颇为敏感的酒色二字。他向皇上指出，罪己不如正己，格事不如格心，陛下平日"成心"有四：

　　　　一曰好逸。夫君德主于勤，故未明求衣，日晏忘食。一有

_____

① 以上对话均见申时行《召对录》。
② 钱一本：《万历邸钞》，万历十八年庚寅卷。

好逸之心,则裡祀倦于时享,朝堂倦于时御,章奏倦于批览,卧起倦于晦明。恶烦恶劳,任情任性,斋居何作,静摄何功。

二曰好疑。夫君道主于诚,故明目达听,推心置腹。一有好疑之心,则逢人疑人,遇事疑事。疑及于近侍,则左右莫必其生;疑及于外廷,则寮寀莫奉其职。究且谋以疑败,奸以疑容。

三曰好胜。夫君道先于虚己,故设辂求谏,止辇受规。一有好胜之心,则属威严而笼愚智,喜谄谀而恶鲠直,厌封驳而乐传宣。将逞志于一夫,亦甘心于众口。

四曰好货。夫君道在乎富民,故投珠抵璧,发粟散财。一有好货之心,则以聚敛为奉公,以投献为尽节,珠玉惟恐不丰于帷幄,锦绣惟恐不侈于箧笥。琼林大盈,竟为谁积。①

张养蒙的措词并不比雒于仁缓和委婉,却不见万历帝勃然震怒,也未将张养蒙严惩,只是不予理睬而已。可能是吸取雒于仁事件的教训,一事张扬,反而扩大了影响;不予理睬,淡化处理,使劝谏者自讨没趣。

不过从雒、张二人的批评看来,万历帝身上确实存在好酒、好色、好财、好气、好逸、好疑、好胜、好货的毛病,终其一生,都未曾改变,在万历一朝留下了深刻痕迹。

纵观历史,许多帝王都沾染了酒色财气,因而可以看作是帝王的通病,不过在万历帝身上表现得尤为突出。表面看来,好酒、好色、好财、好气之类仅仅是帝王个人的小节,无伤大雅。其实大谬

---

① 钱一本:《万历邸钞》,万历二十五年丁酉卷。张廷玉等:《明史》卷二三五《张养蒙传》。

而不然。万历帝身上的这些秉性癖好，几乎无一不与政治有关。他的好色，导致宠幸郑贵妃，从而使册立皇太子成为久议不决的棘手问题；他的好财，导致他一生沉迷于聚敛财富，查抄冯保、张居正家产，派遣矿税太监，与这种秉性有着直接的关系；他的好气，使他刚愎自用，不善于纳谏，他在位后期，朝政紊乱，与此不无联系。独裁者的个人秉性，对于历史发展起着微妙的影响，切不可等闲视之。对这种秉性的个案分析，有助于人们对历史理解的深化，而不流于一般化。

三、册立东宫之争

万历帝因宠爱郑贵妃，欲立她所生的皇三子为储，遭皇太后及廷臣反对，因而迟迟不愿册立东宫——皇太子。这一事件，多年来成为内宫、外廷共同关注的焦点。

万历十八年（1590 年）正月初一日，万历帝在毓德宫召见申时行等阁臣时，谈完了关于雒于仁的酒色财气疏之后，申时行把话题转移到册立东宫上来。申时行已经不止一次提及此事了，他希望能说服皇上，早立长子为储。于是，他在询问了皇上身体状况后，进言道："臣等更有一事奏请：今皇长子已九岁，中外人情咸谓久当册立，望皇上早定大议。"

万历帝说："朕知之。朕无嫡子，长幼自有定序。郑妃亦再三陈请，恐外间有疑。但长子犹弱，欲候其壮健，使出就外，才放心。"

申时行说："此宗社大计，人情久仰，早定一日，则人心亦可稍安一日。近多妄议,亦皆由此。"又说:"皇长子年已九龄,蒙养豫教正在今日,宜令出阁读书。乘此新春,请皇上早定大议,则皇长子便可习学。"所谓蒙养豫教,出阁读书,是一种形式,这种形式一旦举行,等于事实上承认长子为太子。申时行是以退为进。

万历帝自己也是这样过来的,岂有不知,所以始终不肯松口:"人资性不同,或生而知之,或学而知之,或困而知之也。要生来自然聪明,安能一一教训。"

申时行说:"资禀赋于天,学问成于人,虽有睿哲之资,未有不教而能有成者。语云:少成若天性,习惯如自然。须及时豫教,乃能成德。"他还强调指出:"昔圣上(按:指万历帝)出阁讲学才六龄,便已聪悟非常。"

万历帝不无自傲地把目光转向司礼监太监张诚,说:"朕彼时才五岁。朕尚可,恐皇长子不能也。"

申时行坚持己见,还是说:"皇长子资质定是颖异不凡,望皇上早加教谕。"

万历帝显得有点不耐烦了,便打住话头,说:"朕已知之,先生每回阁去吧!"随即命左右侍从太监赐阁臣们各酒饭一桌、烧割一份。申时行等人叩谢后,告辞离开毓德宫。离宫门已数十丈远了,忽见司礼监太监从后面追来,传达皇上旨意:"且少候,上已令人宣长哥(皇长子)来,着先生每一见。"申时行等人返回宫门,跪候在宫门内之东阶下。万历帝令太监出外觇视,并探询申阁老等人听说召见长哥是否欣喜。申时行对太监说,我等得见睿容,就好像见到了景星庆云,真是不胜之喜。太监回禀皇上,皇上微笑点头。

不久,司礼监太监传言:皇长子、皇三子到了。申时行等人在太监引导下进入毓德宫西室暖阁,但见皇长子站在父皇膝前右边,万历帝用手拉着他；皇三子还小，由奶妈抱着站在万历帝左边。万历帝对申时行等四人说："皇长子比前也觉长发了，只是略弱些。"又指指皇三子说："皇三子今年五岁了。"

申时行祝贺道："皇长子龙资龙目，岐嶷非凡，仰见皇上昌后之仁，齐天之福。"

万历帝欣然说："此祖宗德泽，圣母恩庇，朕何敢当。"

申时行见皇上高兴，乘机进言："皇长子春秋渐长，正当读书进学。"

万历帝敷衍道："已令内侍授书诵读矣。"

申时行说："皇上正位东宫，时方六龄，即已读书。皇长子读书已晚矣。"

万历帝还是那句老话："朕五岁即能读书。"说着指一指皇三子："是儿亦五岁，尚不能离乳母，且数病。"

申时行等稍稍向前，仔细观察皇长子。万历帝手引皇长子转向光亮处。申时行注视良久，说："皇上有此美玉，何不早加琢磨，使之成器？愿皇上早定大计，宗社幸甚。"

万历帝说："朕亦知之，即皇贵妃亦再三请朕此事，劝朕早定，恐外有议。朕念无嫡子，所以从容……"

申时行说："圣意早定，此宗社无疆之休。容臣等具奏上请。"说罢一行四人便叩头退出。[①]

这是君臣之间关于册立东宫的一次最为深入的交谈，彼此心平气静地谈出了各自的想法。阁臣们的意见反映了外廷的基本倾向——坚决主张册立长子，万历帝偏袒三子，借口长子并非嫡子，

——————————
① 申时行：《召对录》。钱一本：《万历邸钞》，万历十八年庚寅卷。

乃是庶出，身体又弱，故意拖延。

　　申时行以为此次召见时皇上似有豫教长子之意，便在正月底上疏请皇上亲自选定长子出阁讲学的日期。其实万历帝并无此意，当然不愿让长子定期出阁。[①] 二月间，阁臣王锡爵也上疏请册立东宫，他说："皇上自己有长幼之说，臣等不必争岁月之早晚。惟豫教一事，则皇长子年九岁，次子（即三子）年五岁，俱当出阁（讲学）。"也无回音。[②]

　　两次碰壁后，四月间阁臣们联名上疏，向皇上进谏修省三事，其中第二事就是"教元子（长子）以重国本"。万历帝还是不予理睬。[③] 然而这毕竟是"国本"大事，阁臣不敢稍有懈怠。阁臣许国在上疏乞休（请假）的同时，又提及早定储贰之事。吏部尚书宋纁（字伯敬，号栗庵，河南商丘人）率群臣，向皇上吁请立储，万历帝大怒。于是，阁臣们各自都上疏引疾辞职，给皇上施加压力。面对外廷大臣几乎一致的坚定态度，万历帝无奈，只得推说皇长子体弱，少俟时月再说。

　　册立东宫的呼声越来越高，使万历帝坐立不安。此时，国舅郑国泰（外戚郑成宪之子、郑贵妃兄弟）出来解围。这个依靠裙带关系飞黄腾达的锦衣卫指挥使，论官位、资历根本无权与阁部大臣一起议论此事，但他毕竟是郑贵妃的兄弟，有必要出面表示一下态度。于是他假惺惺地上疏，奏请册立东宫，说什么"皇贵妃跪而诤之，至此而天听犹高，臣等所未喻也"。百般为郑贵妃说好话，似乎

---

① 谈迁：《国榷》卷七五，万历十八年正月壬戌。
② 谈迁：《国榷》卷七五，万历十八年二月戊戌。
③ 谈迁：《国榷》卷七五，万历十八年四月庚辰。

郑贵妃曾跪在地上争着要皇上册立皇长子，皇上执意不肯，言外之意，册立之事与郑贵妃无甚干系。万历帝在郑国泰的奏疏上不痛不痒地批示："不必烦言，离间天性。"①

众目睽睽之下，万历帝势难一再置之不理，便命文书房太监口传圣旨："传与两京科道等官，册储事，明年传各衙门措办钱粮，后年春间行册立。不许诸司激扰，愈至迟延。"又传谕内阁："册建元储，伦序已定，少待时日，候旨举行，亦须卿等决策。"②

廷臣深知这是皇上的缓兵之计。就在皇上传谕的第二天，即十月二十二日，礼部尚书于慎行上疏催促，"圣人举事，必顺人心，人心所同，即天意所在"，皇长子册立之礼，阁部台谏先后上疏数十次，拖延至今。"册立臣部职掌，臣等不言，罪有所归，幸速决大计。"③如此催激还当了得！万历帝发怒了："尔等职司典礼，要君疑上，淆乱国本，亦难逃责，各罚俸三月。"于慎行连同礼部僚属，一起停俸三个月。

这时四名内阁辅臣中，申时行、许国、王锡爵都请病假在家，只剩下王家屏一人主持工作。王家屏责无旁贷，极力替于慎行缓解。皇上怒气稍释，但仍意气用事地派太监李俊到内阁传谕王家屏："建储之礼，当于明年传立，廷臣毋复奏扰。如有复请，直逾十五岁。"那意思是说，如果廷臣再上疏谈册立，那么明年就不办此事，一直拖到皇长子十五岁（再过六年）时再办。分明是尚气使性，足见他所说明年册立云云完全是敷衍之词。

① 谈迁：《国榷》卷七五，万历十八年十月庚寅。
② 钱一本：《万历邸钞》，万历十八年庚寅卷。
③ 钱一本：《万历邸钞》，万历十八年庚寅卷。张廷玉等：《明史》卷二一七《于慎行传》。

王家屏左右为难,将皇上这一旨意转告礼部,把"如有复请,直逾十五岁"一句隐瞒,未作传达。礼部尚书于慎行接旨后,立即启奏皇上:"适奉玉音,谨已通行南北诸司,传示大礼有期,令其静俟。"万历帝见疏很是恼火,派太监李俊责问王家屏:"所传示令卿知,奈何遽示礼臣!"王家屏为自己辩解:"宗社大计,非臣等一人所能定。今疏屡请,又重罪之,臣等不能传示德音,以释众惑,且为众所诋。犬马之情,诚非得已。"①

四天以后(十月二十六日),万历帝又发出谕旨:"册立之事,朕以诚实待天下,岂有溺爱偏执之意?少待过十岁,朕自有旨,册立、出阁一并举行,不必烦言催渎。今与卿等知之。"发出后,又觉得意有未尽,再发一旨:"皇子体脆柔弱,再少俟时月,自有旨。其于长幼之序,岂有摇乱。卿等可思子乃朕子,岂有父子无亲之理,岂有越序乱分之礼!朕又思,安有臣子不望乎君父之旨,而私结人心,以言激君父成事,欲朕之疾剧乎?朕故于所陈奏一概留中不发者,朕怪其激聒渎扰,归过于上,要直于下耳。"②

既然皇上如此说了,册立东宫之争便自然而然地暂告段落。人们在静候佳音。

到了第二年,整个上半年皇上丝毫没有要册立东宫之意。到了下半年,仍不见册立的迹象。廷臣们按捺不住了,这显然是皇上失信于民。但是,又难于批评皇上食言,于是便有一系列迂回策略出现。

七月,福建佥事李琯(字邦和,江西丰城人)以弹劾内阁元辅申

① 谈迁:《国榷》卷七五,万历十八年十月辛卯。
② 钱一本:《万历邸钞》,万历十八年庚寅卷。

时行的方式提出此事。他指责申时行十罪，其中之一就是"倡为欲易储之说，使己有拥立之功"，把皇上的责任推到元辅身上，实在是一种臆测。反而被万历帝抓住把柄，斥责他"名为建白，实肆倾危"，指出："储典之事，出于朕断。"李琯则以"倾害忠良""扰乱宗社大计"，遭到革职处分。①

工部营缮司主事张有德②则从册立大礼的物资筹备工作角度，向皇上提出应及早准备，意在激将皇上公布日程。这种旁敲侧击的意图，万历帝不难察觉。其实他本无意在今年册立东宫，去年所说的话不过是缓兵之计，目的在于拖延时间而已。他正要寻找口实，再作拖延，终于抓住张有德这个极妙的挡箭牌。他在张有德的奏疏上批示道："父子至亲，已有明谕，岂待你辈烦扰邀功！张有德这厮，琐言窥探，妄意图报，欲生离间，忘君卖谄，好生可恶。本当重处，姑且罚俸三个月。本欲过寿节举行，这厮辈屡屡催激，其册立之事，着改于二十一年行。各衙门又不得乱行请激，以至延改。"③万历帝把张有德的"琐言窥探"，作为推迟册立的理由，实在是十分牵强附会的，有点类乎青皮撒泼耍赖的手法。

万历帝这种言而无信的态度，激起廷臣极大的反响。

工部尚书曾同亨（字于野，号见台，江西吉水人）鉴于张有德是他属下的官员，上疏引咎自责，请皇上对他也加以罚治，作为不能率属之戒。但是他还是劝谏皇上于明年春天册立太子，不再改期。万历帝的答复是："小臣枉肆妄言，卿等如何不行训戒，反来聒激救

① 《明神宗实录》卷二三八，万历十九年七月丁亥。张廷玉等：《明史》卷二三〇《李琯传》。
② 《国榷》误作万有德。
③ 谈迁：《国榷》卷七五，万历十九年八月壬子。钱一本：《万历邸钞》，万历十九年辛卯卷。

扰！册立已有旨，卿等安心供职。"①

　　几天后，申时行、许国、王家屏三名阁臣联名上疏，请明春册立。这道奏疏是次辅许国草拟的，将申时行的名字放在第一个，是考虑到他是元辅。万历帝阅疏后，派太监前去责问申时行："先生何比小臣也？"申时行回答："同官列臣名，实无预焉。"②

　　申时行久为辅臣，深知皇上秉性固执，便写了一份密揭加以说明："臣方在告，初不预知。册立之事，圣意已定，有德不谙，大计惟宸断亲裁，勿因小臣妨大典。"③万历帝在申时行的密揭上用朱笔批示道："卿所奏，朕已悉知，建储之事已有旨，卿安心调理，即出赞襄，以解朕望思至意。"④本来密揭与一般公奏不一样，他人不得拆阅，用于重大事务君臣之间秘密交换意见。不料万历帝一个疏忽，将密揭与其他奏本一起转给内阁，内阁又转给礼科，致使密揭不密，群臣疑惑不解，舆论哗然。终于引起了一场不大不小的纠纷，导致申时行的辞去。

　　万历十九年（1591年）八月底，礼科给事中罗大纮（字公廓，号匡吾，江西吉水人）把申时行的密揭捅了出去，指责申时行的两面派作风，表面上附和群臣之议，奏请册立；暗底里"阴缓其事以别取乎内交"⑤。罗大纮的奏疏措词激烈，气势汹汹。他指出，本月二十二日，见内阁发下久病大学士申时行密揭，辩明阁臣不宜列名，词甚详悉。至于近事（册立东宫）漫然不置可否，只是说"裁自宸

---

①《明神宗实录》卷二三九，万历十九年八月壬子。
② 谈迁：《国榷》卷七五，万历十九年八月甲寅。
③ 张廷玉等：《明史》卷二一八《申时行传》。
④ 吴亮辑：《万历疏钞》卷一八，罗大纮《险臣私揭欺君蓄心叵测疏》。
⑤ 张廷玉等：《明史》卷二一八《申时行传》。

衷,毋惑群言"云云。不久,申时行遣人向礼科取回这份密揭,并说:申阁老欲睹御札,即时奉还。过了几天,礼科派人向申时行索讨,竟拒不交还。罗大纮就此引申开去,认为申时行"志非纳约,意在藏奸,支遁其词以卖友,隐秘其语以误君"[①]。

申时行秉性柔和,多次奏请册立太子,均未蒙允准,便不再力争,听其自然,故而要皇上"裁自宸衷,毋惑群言"。这种息事宁人、明哲保身的态度,正合万历帝之意。罗大纮偏要揪住此事深加追究,令申时行难堪,也使万历帝震怒。九月初一日,万历帝在批示中说:"元辅奏揭,原为解朕之怒,非有别意。罗大纮这厮,见前疏所逞私臆,图报之心不遂,借言诬诋辅臣,实欲迟于册立。况且屡有明旨,不许激聒渎扰,以迟大典。罗大纮这厮,明知故违,好生可恶。姑着降杂职于极边方用,不许朦胧升转。册立之事本该改更,姑且存此一次,再有党救烦扰的,定行延改。"[②]

申时行由于遭到罗大纮的弹劾,立即作出反应,上疏声辩,仍从他既定立场出发,向皇上表白:深恨张有德之轻信,也颇悔阁臣上疏过早,因此仓卒呈进密揭,一则谓皇上意思已定,无可再议;二则劝皇上勿因小臣屡言而误册立大典,希冀有所挽回,意图在于调停、斡旋。至于罗大纮以为取回密揭及皇上批答是欺君玩法,这是不明白内阁旧规之故。[③]

尽管皇上就罗大纮的上疏明确表态,申时行也作了声辩,但是舆论已难以压制,群情激愤,一方面声援罗大纮,另一方面把矛头

---

① 吴亮辑:《万历疏钞》卷一八,罗大纮《险臣私揭欺君蓄心叵测疏》。钱一本:《万历邸钞》,万历十九年辛卯卷。《明神宗实录》卷二四〇,万历十九年九月癸亥。张廷玉等:《明史》卷二三三《罗大纮传》。
② 钱一本:《万历邸钞》,万历十九年辛卯卷。
③ 《明神宗实录》卷二四〇,万历十九年九月癸亥。

指向申时行。

　　吏科都给事中钟羽正（字叔濂，四川益都人）、吏科给事中侯先春（字元甫，号少芝，常州无锡人）等人，上疏论救罗大纮，说他是个书生，又是新任谏官，见到元辅隐约之词、异常之迹，疑骇而愤懑，未免言之过激，希望皇上免其降罚，并将元辅的密揭抄件明示天下。这显然是要把申时行阴一套阳一套做法置于舆论谴责之下，使他无回旋余地。万历帝岂肯答应，下旨将罗大纮革职为民，钟羽正、侯先春各罚俸半年，其余附从者各罚俸三月。[①]

　　武英殿办事中书黄正宾（徽州歙县人）为申救罗大纮而上疏揭露内情。他说：按照祖宗旧制，部院以下大臣奏请，只有奏本而无揭帖；只有阁臣奏请，有公奏，也有密揭，但申时行的密揭与公奏大相矛盾。这是他反复详参以后得出的结论。他责问申时行，密揭中"臣自抱病以来，不复与闻政事，近日票拟茫无所知"云云，是何居心？万历帝仍不改初衷，下旨严厉惩办黄正宾，命锦衣卫镇抚司逮入狱中，严刑拷问，追究主使之人。拷讯之后，斥革为民。[②]

　　册立东宫之事，万历帝固执己见，外廷议论纷纷，阁臣们左右为难。迫于舆论，次辅许国再次上疏乞休。万历帝虽然同意他"回籍调理"，但也批评他身为次辅，不但不调停度处，反而附和小臣之言。[③]

　　两天后，元辅申时行也引疾辞职。申时行有他的苦衷，要在册立之事上调停皇上与群臣的矛盾，充当和事佬，未免吃力不讨好。

① 钱一本：《万历邸钞》，万历十九年辛卯卷。
② 钱一本：《万历邸钞》，万历十九年辛卯卷。张廷玉等：《明史》卷二三三《黄正宾传》。
③ 谈迁：《国榷》卷七五，万历十九年九月己巳。钱一本：《万历邸钞》，万历十九年辛卯卷。

他没有张居正的胆略魄力，与皇上一起压制舆论，只能委曲求全。由于周旋太过，遭来群臣嫌疑、非议，已经有口难辩，只有一去了之。事已至此，万历帝也碍难挽留，赏给他路费一百两银子，以及彩缎、新钞，差行人护送回苏州老家。①

　　王锡爵早已引疾辞去，现在申时行、许国又辞去，内阁辅臣中只剩下王家屏一人。王家屏在申时行辞职前一天也曾请求辞职，万历帝不同意，有意让他升任元辅。王家屏，字忠伯，号对南，山西大同山阴人，隆庆二年进士。累官吏部左侍郎，兼东阁大学士，入预机务，在内阁中居于末位。每议事能秉公持法，不亢不卑，但毕竟资历、声望等方面稍显逊色，自感难在此多事之秋胜任元辅之职。所以在申时行辞职获准的第二天，他赶忙请求皇上收回成命，予以挽留。申时行已经是第十一次上疏求去了，何况现在已成众矢之的，皇上当然不会再次挽留，只是叮嘱王家屏："今内外章奏，每日朕自亲览，应行的，朕自批拟。"言外之意，王家屏这个元辅只消协助处理政务即可。连日来，阁臣们请假，章奏堆积盈几，万历帝希望他带药扶病入阁办事。②

　　两天后，万历帝按照申时行辞职前推荐的名单，不经会推手续，由他自己任命了两名内阁新成员：一名是吏部左侍郎赵志皋，升任礼部尚书兼东阁大学士；另一名是张位（字明成，号洪阳，江西新建人），升任吏部左侍郎兼东阁大学士，入阁同王家屏一起办事。赵志皋、张位早先都与张居正意见不合，由翰林出为州同，不料十年后两人同时拜相。楚中周御史以诗戏之曰：

————————
①　钱一本：《万历邸钞》，万历十九年辛卯卷。
②　《明神宗实录》卷二四〇，万历十九年九月乙亥。

龙楼凤阁九重宫,新筑沙堤拜相公。

我贵我荣君莫羡,十年前是两州同。①

　　按照制度,内阁辅臣的候选人名单必须由吏部等有关衙门一起会推,再由皇帝裁定。现在赵、张二人未经会推,引起吏部尚书陆光祖(字与绳,号五台,浙江平湖人)的非议,认为这是破坏了祖宗旧制——辅臣当廷推,不当内降。万历帝却轻描淡写地予以驳回:"新简阁臣,你每既说士论称服,元辅所荐足见至公,今次断自朕心,原不为例,以后还着会推。"②

　　册立东宫之争,导致了内阁的大换班。廷臣与皇上在这一"国本"问题上的意见仍然尖锐对立,丝毫不见松动迹象。

　　万历二十年(1592年)正月,礼科都给事中李献可(字尧俞,福建同安人)等人联名上疏,请皇上"豫教元子",这是婉转建议册立皇长子的一种迂回策略。针对以前皇上曾以宫中内侍已辅导长子诵读为借口,拒绝豫教之议,李献可说:"元子年十有一矣,豫教之典当及首春举行。倘谓内廷足可诵读,近侍亦堪辅导,则禁闱幽闲岂若外朝清肃,内臣忠敬何如师保之尊严?"③这种机智而严密的论辩,使皇上再无推脱回旋的余地。万历帝阅后恼羞成怒,抓住疏文中把弘治年号错写为"弘洪"大做文章,强加一个"逞臆渎扰,侮戏君上"的罪名。④

---

① 陈继儒:《眉公见闻录》卷四。
② 《明史》卷二二四《陆光祖传》。钱一本:《万历邸钞》,万历十九年辛卯卷。
③ 《明史》卷二三三《李献可传》。
④ 《明神宗实录》卷二四四,万历二十年正月壬午。钱一本:《万历邸钞》,万历二十年壬辰卷。

　　万历帝把李献可等人的奏疏及他的御批,转给内阁,发下执行。不料元辅王家屏态度十分明朗地支持李献可等人,不同意皇上这种强辞夺理的做法,原封不动地退回了皇上的御批,同时附上了自己的奏疏,为李献可等人辩护,说此只是敦请豫教,并非请求册立。皇上如果以为豫教还早,也应采纳其言,即使不能采纳,也不应遽加降罚。否则,转滋争论,势必烦聒无宁时。① 对于元辅胆敢封还御批,万历帝十分不满,又不便发作,干脆不予理睬。王家屏见皇上对他不屑一顾,气得托疾告假,无心再理朝政。

　　言官们却不肯罢休。吏科都给事中钟羽正、给事中舒弘绪(字崇孝,湖广通山人)等人上疏申救李献可。钟羽正说:"献可之疏,臣实赞成之,请与同谪。"舒弘绪说:"言官可罪,豫教必不可不行。"②结果是可想而知的,一个降杂职,一个调南京。内阁次辅赵志皋上疏缓解其事,遭到皇上一顿训斥:"辅臣家屏希名托疾,卿毋效尤。"③王家屏得到皇上"希名托疾"的批评,更加无心问政,干脆请求罢免。

　　明代的言官确有前仆后继、一往无前的大无畏精神。就在钟羽正、舒弘绪遭处分的两天之后,户科左给事中孟养浩(字义甫,湖广咸宁人)再次上疏为李献可鸣不平。他说,李献可"一字之误,本属无心,乃遂蒙显斥,臣愚以为有五不可也"。他毫不客气地批评皇上:"坐视皇子失学,而敝帚宗社。""今日既迟疑于豫教,来岁又安能慨然于册立。""豫教之请,有益元子明甚,而陛下罪之,非所以

① 《明神宗实录》卷二四四,万历二十年正月壬午。黄宗羲:《明文海》卷四五三,董复亨《大学士对南山阴王公墓志铭》。
② 张廷玉等:《明史》卷二四一《钟羽正传》。《明史》卷二三三《舒弘绪传》。
③ 谈迁:《国榷》卷七六,万历二十年正月甲申。

示慈爱。"①好个孟养浩,字字句句触及皇上痛处,措词之激烈尖锐,远远超过李献可。万历帝愤怒之极,大骂:"孟养浩这厮,疑君惑众,狂吠激上,好生可恶!"命锦衣卫把他逮到午门前廷杖一百棍,革职为民。②

　　孟养浩以言官身份向皇上进谏,居然无端遭到廷杖,激起了言官们的义愤。户、兵、刑、工科的都给事中张栋、丁懋逊、吴之佳、杨其休,礼科左给事中叶初春,刑科右给事中陈尚象,云南道御史钱一本、邹德泳、河南道御史贾名儒等,纷纷上疏,主张公道,竟然一个个都被皇上革职为民。朝野上下掀起了轩然大波。

　　已经乞罢的元辅王家屏见此情状,知局面难以收拾,便上疏请求皇上宽宥诸臣,并向皇上解释封还御批的缘由。万历帝根本不把这个元辅放在眼里,于正月三十日派文书官李浚赴王家屏私邸,当面递交一份手谕,狠狠地训斥道:

　　　　逐年以来,善事小臣狂肆不道,逞臆激扰,姑以薄罚。卿为佐治,见此要名不义之徒,自宜调停厝处,缓词解谏,却乃径驳御批,故激朕怒,甚失礼体。及朕怒起,卿又不忍受,假疾具疏,文言求去。朕思卿真欲以此挟君废政,沽名逸卧,岂人臣之义哉!且卿辅朕燮理赞襄,佐治有年,方今国务多艰,卿恝然高卧,其心可安乎?卿既有疾,准暂假数日,即出入阁办事。③

---

① 钱一本:《万历邸钞》,万历二十年壬辰卷。张廷玉等:《明史》卷二三三《孟养浩传》。
② 张廷玉等:《明史》卷二三三《孟养浩传》。钱一本:《万历邸钞》,万历二十年壬辰卷。
③ 钱一本:《万历邸钞》,万历二十年壬辰卷。

万历帝在册立东宫事件上,如此刚愎自用、专横独断,听不得一点不同意见,对直言极谏的给事中、御史,动加惩处;对好言劝导的阁部大臣,随便训斥,实为亲政十年以来所罕见。究其原因,可以一言以蔽之:沉迷酒色,宠幸郑贵妃。

册立皇长子为太子的最大阻力,来自郑贵妃。关于这一点,御史冯从吾(字仲好,陕西长安人)曾一针见血地指出:"皇上郊庙不亲,朝讲不御,章奏多留中不发,为困于曲糵之御,倦于窈窕之娱。否则,何朝政废弛至此极也?"[①]又说:"陛下每夕必饮,每饮必醉,每醉必怒左右。一言稍违,辄毙杖下,外廷无不知者。天下后世其可欺乎! 愿陛下勿以天变为不足畏,勿以人言为不足恤,勿以目前晏安为可恃,勿以将来危乱为可忽。"[②]冯从吾如此肆无忌惮地数落皇上宫闱生活的不检点,差点遭到廷杖。算冯从吾幸运,正巧逢仁圣皇太后寿诞,再加上次辅赵志皋申救,才得幸免。

朝政到了这般地步,元辅王家屏封还不允,调停不能,只有引疾求去了。万历二十年(1592年)三月,王家屏连上三疏,作为他的临别赠言。令他感慨不已的是,册立、豫教二事屡遭迁延,关键就在于"宫闱之谗构交作",使他这个外廷大臣一筹莫展。他的三篇奏疏写得义正词严,显示了他宁折不屈的精神,被后人以"先正模范""以去格主"的褒奖而载入史册,为人们所传颂。[③] 事已至此,他唯有一走了之。临行前,他还向皇上条陈了君德时政安攘大略,念念不忘册立之事。而且还充满感情地说:

---

① 谈迁:《国榷》卷七六,万历二十年正月辛卯。
② 张廷玉等:《明史》卷二四三《冯从吾传》。
③ 孙承泽:《春明梦余录》卷二三《内阁》。

情依依而恋主,犹回弃妇之头;

心惙惙以忧时,横洒孤臣之泪。①

四、"三王并封"之议

万历帝一直疾病缠身。他常对臣下说:"近日以来,溽暑蒸湿,面目发肿,行步艰难。"②连续几年的册立东宫之争,导致两名内阁元辅的辞去,使他感到了外廷的压力。继王家屏出任内阁元辅的赵志皋,年逾七旬,老迈无能,为朝士所轻③,不能为他排忧解难。这个文弱的老翁一上任就向他大叹苦经,左难右难,一连讲了五大难,焦点还是在册立东宫问题上。赵志皋索性无为而治,以威福归朝廷,以事权还六部,以公论付台谏,以请托谢亲友。

这使万历帝感到失望。他需要一位得力的元辅为他分担压力,于是想起了告假在家的王锡爵——万历十九年(1591年)六月以母老乞归太仓老家——是难得的人才,敢作敢当,现在正需要这种人出来稳定局面。万历二十一年正月,万历帝把王锡爵召回,入阁任元辅。

王锡爵风尘仆仆赶来履任,劈头要面对的棘手事宜,就是皇上亲自允准于万历二十一年举行册立东宫大典。为了稳妥起见,王锡爵特地写了一道密揭给皇上,敦请赶快决定大计,无论如何不能

① 黄宗羲:《明文海》卷四五三,董复亨《大学士对南山阴王公墓志铭》。
② 钱一本:《万历邸钞》,万历二十年壬辰卷。
③ 张廷玉等:《明史》卷二一九《赵志皋传》。

再拖延日期了。否则的话，是非蜂起，道路喧哗，臣虽有百口，不能为皇上压制。王锡爵特别在密揭上写明，这是他亲自誊写，没有让同官过目，希望与皇上秘密商定国是。[1]

万历帝看了密揭后，立即派文书官李文辅带着他的亲笔手谕到王锡爵私邸，目的也在于避开众耳目。他的手谕如此写道：

> 今早览卿密奏揭帖，悉见卿忠君为国之诚。朕虽去岁有旨，今春行册立之典。且朕读《皇明祖训》内一条"立嫡不立庶"之训，况今皇后年稚尚少，倘后有出（生育），册东宫乎？封王乎？欲封王，是悖祖训；欲册东宫，是二东宫也。故朕迟疑未决。既卿奏来，朕今欲将三皇子俱暂一并封王，少待数年，皇后无出，再行册立。庶上不悖违祖训，下于事体两便。卿可与朕作一谕旨来行。[2]

显然，这是万历帝苦心孤诣一番之后想出的对策，借口"立嫡不立庶"，皇长子是庶出，不宜册立为皇太子，只好虚位以待。为了应付外廷舆论，不如暂时将长子、三子、五子（万历十九年八月生）一并封王。这就是所谓"三王并封"，其实质是不册立长子为皇太子，与其他诸子一样，仅仅册封为藩王而已。万历帝想出了这个主意，却要颇得人望的王锡爵代他受过。

王锡爵看了皇上的手谕后，大出意料，顿时有点惶惑了。一方面，他感到嫡子尚未出生而要"待嫡"，庶子已经十二岁却又不册

---

① 钱一本：《万历邸钞》，万历二十一年癸巳卷。《明神宗实录》卷二五六，万历二十一年正月丁丑。

② 钱一本：《万历邸钞》，万历二十一年癸巳卷。张廷玉等：《明史》卷二一八《王锡爵传》。

立,实在难以造次奉行①;另一方面,申时行、王家屏都在这件事上
栽了筋斗,为了不失去皇上的信任,只有附和帝意方为上策。② 一
向刚直敢言的王锡爵,这时显得有点畏首畏尾,作出了一个错误的
抉择,卷入了难以自拔的是非漩涡。

王锡爵遵旨代皇上草拟了两道谕旨,即两种方案,供皇上选
择。其一是,令皇长子先拜皇后为嫡母,再行册立。这是把皇长子
的身份由庶子改为嫡子,册立时名正言顺。其二是,长子、三子、五
子"三王并封"。这后一方案毕竟有点冒犯舆论,所以王锡爵特别
强调,实在万不得已实行"并封",必须在谕旨中明白说定立嫡立长
的时间,将来不再更改之意。③

经过万历帝与王锡爵的秘密策划,"三王并封"之议就这样定
了下来。正月二十六日,万历帝以突然袭击的手段向礼部发出了
"三王并封"的谕旨:

> 朕所生三子,长幼自有定序。但思祖训立嫡之条,因此少
> 迟册立,以待皇后生子。今皇长子及皇第三子俱已长成,皇第
> 五子虽在弱质,欲暂一并封王,以待将来有嫡立嫡,无嫡立长。
> 尔部里便择日具仪来行。④

万历帝并没有采纳王锡爵的建议——表明将来何时立嫡立

---

① 《明神宗实录》卷二五六,万历二十一年正月丁丑。
② 张廷玉等:《明史》卷二一八《王锡爵传》。
③ 钱一本:《万历邸钞》,万历二十一年癸巳卷。谈迁:《国榷》卷七六,万历二十一年正
　月丁丑。
④ 钱一本:《万历邸钞》,万历二十一年癸巳卷。

长,使册立太子成为悬而未决之事,终于引起一场轩然大波。

外廷大臣原本在静候册立之旨,不料等来了"三王并封",不但大失所望,而且感受到遭戏弄之辱。这是国本攸关的事情,廷臣们掀起了较前更为激烈的反对声浪。

正月二十八日,光禄寺丞朱维京(字大可,号讷斋,四川万安人)首先上疏,表明廷臣极力反对的立场。他首先批评皇上,既然答应二十一年册立,廷臣莫不延颈企望之际,忽然改为分封,足见昔日所颁圣谕不过是戏言。至于所谓"少迟册立,以待皇后生子",祖宗以来实无此制。如此等待中宫生嫡之举,简直是"欲愚天下,而实以天下为戏也"。由此,他责备元辅王锡爵,皇上虽有分封之意,犹不遽行,而以手札咨询,而王锡爵既不能引烛焚诏,又不能委曲叩请,难以服中外之人心,有失大臣风节。①

万历帝苦心孤诣的这一对策,颁布两天之后就遭到臣下轻易否定。他要严惩朱维京,以儆效尤,下旨:"朱维京这厮,出位要名,的系祖训所言奸臣。本当依训处斩,姑从轻,着革了职,发极边,永远充军。"②这种无端的发作意在钳制舆论。

这一招并未堵住廷臣之口。刑科给事中王如坚(字介石,江西安福人)上疏,措词更加严厉,批评皇上言而无信,出尔反尔:十四年正月说元子幼小,册立事等二三年举行;十八年正月说朕无嫡子,长幼自有定序;十九年八月说册立之事改于二十一年举行。虽然一再延期,但未曾停罢册立。不料到了今年,忽传并封为王,以待嫡嗣。王如坚接着说:臣始而疑,继而骇,陛下言犹在耳,难道

<hr/>

① 张廷玉等:《明史》卷二三三《朱维京传》。钱一本:《万历邸钞》,万历二十一年癸巳卷。
② 钱一本:《万历邸钞》,万历二十一年癸巳卷。

忘了不成！由此可见，陛下前此灼然之命，尚不自坚，今日群臣将何所取信！陛下欲等待皇后所生嫡子，其意非真。最后点到了要害：宫闱之内，衽席之间，左右近习之辈，承意伺旨之徒，见形生疑，未必不以他意窥陛下。①

万历帝看了这一奏疏，愤怒至极，降旨道："王如坚这厮，逞臆图报，巧词疑君，惑乱祖法，好生可恶，正是奸臣。本当依训处斩，姑从轻，着革了职，发极边，永远充军。"②

礼部接到皇上关于择日具仪并封三王的谕旨，既不敢违抗，又不便遵行，便提出了一个折衷方案：册立太子与封王同时举行。这一方案，万历帝根本不予考虑，他振振有词地反驳："祖训有立嫡之条，庶子虽长，不许僭窃而立。"为了替王锡爵解围，他向内阁发去谕旨，说明事情原委：

> 昨者元辅反复劝朕早行册立之典，此原是朕去岁之命，有何所疑？但恐违背祖训，日后事体难处，故将三皇子暂尔并封。随该元辅再引前代之例，欲令皇长子先拜嫡母，随行册立。朕非不嘉其苦心，但思以伪乱真，非光明正大之道。今外臣重复争论，不知疑朕是何主意，深可痛恨。卿等辅弼亲臣，岂不知朕心？何故乃为人言疑阻，不肯担当！倘有后悔，将何以处？朕为天下之主，无端受诬，卿等何忍见之，其于国体何！③

看来朱维京、王如坚的上疏，确实刺痛了万历帝，使他如坐针

---

① 张廷玉等：《明史》卷二三三《王如坚传》。《明神宗实录》卷二五六，万历二十一年正月壬午。
② 钱一本：《万历邸钞》，万历二十一年癸巳卷。
③ 钱一本：《万历邸钞》，万历二十一年癸巳卷。

毡,急于要阁臣出来替他说话,为他分担一些压力。但是,阁臣们始终缄默不语。尽管万历帝力图为王锡爵解围,王锡爵还是摆脱不了成为众矢之的的困境。

　　廷臣们对此宗社大计,丝毫不肯让步,甘冒风险,纷纷挺身上言,反对三王并封。礼部仪制司主事张纳陛、顾允成,工部都水司主事岳元声,光禄寺少卿涂杰,光禄寺丞王学曾,礼部仪制司郎中于孔兼,礼部尚书罗万化,翰林院编修周应宾等人,都在奏疏中明确主张:皇长子当立,三王并封不可行。

　　工部主事岳元声,礼科给事中李汝华、张贞观、许弘纲,吏科给事中史孟麟等人,到内阁会见王锡爵,展开了一场唇枪舌剑的辩论。面对王锡爵声色俱厉的训斥,岳元声(字之初,号石帆,浙江嘉兴人)责问道:“阁下奈何误引亲王入继之文,为储宫待嫡之例?”当众人要告辞时,岳元声说:“大事未定,奈何出?”王锡爵反问:“然则何如?”岳元声说:“诏已草,除挽回二字,别无商量。”又说:“当以廷臣相迫告皇上。”王锡爵不无威胁地说:“书诸公之名以进,何如?”岳元声毫无畏惧,答道:“请即以元声为首,杖戉惟命。”王锡爵这时词色稍缓,解释道:“初意皇长子出阁,与三子、五子等威亦自有别。”岳元声打断他的话说:“等威仪曹事,非阁臣事!”岳元声这一席话说得王锡爵哑口无言。[1]

　　庶吉士李腾芳(字子实,湖广湘潭人)当面交给王锡爵一封信,对他的心态进行剖析,颇为入情入理:“公欲暂承上意,巧借王封,转作册立。然以公之明,试度事机,急则旦夕,缓则一二年。竟公

---

[1] 许重熙:《宪章外史续编》卷九,万历二十一年正月。谷应泰:《明史纪事本末》卷六七《争国本》。崇祯《嘉兴县志》卷一三《岳元声传》。

在朝之日,可以遂公之志否? 恐王封皆定,大典愈迟。他日继公之后者,精诚智力稍不如公,或坏公事,而罪公为尸谋,公何词以解?"①

王锡爵读完了信,请李腾芳坐下,便说:"诸公詈我,我无以自明。如子言,愿受教。但谓为我子孙计,我每奏皆手书,秘迹甚明,似无虞也。"

李腾芳说:"揭帖手书,人何由知其言谓何? 公反欲自恃,异日能使天子出公手书传示天下否?"

王锡爵沉默良久,又说:"古人留侯(张良)、邺侯(李泌)皆以权胜。"

李腾芳说:"邺侯不欲以建宁为元帅,而咏摘瓜诗以卫广平,此经也,非权也。但与肃宗私议家事,恐上皇不安,而迟广平为太子,另是一则。然建宁之死殆此矣。若子房(张良)以强谏为无益,而招致四皓(商山四皓),有似行权,然未尝请太子与赵王并封。且行权必大智也,委曲婉转,或立语而移,或默然而定。若需之数年,更以他人,虽圣人不能保矣。"

王锡爵听了不觉凄然泪下。②

岳元声的谴责,李腾芳的规劝,使王锡爵感受到舆论的压力以及身后的功过是非,他顶不住了。何况岳元声还上书王锡爵,指责他"非有拥立之显功,断不足偿虚储之实罪"③。他便上疏皇上:因谋国无状,导致人言朋兴,希望皇上下令召开各方官员会议,共成大典。④ 无奈万历帝并不理解他的苦衷,断然拒绝了他的请求:

---

① 谈迁:《国榷》卷七六,万历二十一年正月甲申。
② 谈迁:《国榷》卷七六,万历二十一年正月甲申。
③ 许重熙:《宪章外史续编》卷九,万历二十一年正月。
④ 钱一本:《万历邸钞》,万历二十一年癸巳卷。

"卿为首辅,已辱诤劝,故为权宜。今复畏阻,是亦疑朕。卿可安心辅理。此无识小畜,讪谤疑君,惑乱众听,波及诬诋,不必自惑,可即入阁办事。朕意已定,不必廷议。"①

从正月底到二月初,王锡爵承受廷臣的责难,日子很不好过。他的门生钱允元、王就学相对叹息,忧形于色,相约同去老师府第规劝。见面后,二人直截了当地指出:"此事外廷皆欲甘心于老师,恐有灭族之祸,贻羞青史。"边说边痛哭流涕。王锡爵却笑笑:"痴子,痴子! 斯乃外人浮论,吾自明明白白在那里。密揭屡进,无论皇上,即皇长子亦自知之。"王就学说:"不然,他人谁谅老师心者,恐一旦祸发,悔之无及。"王锡爵这才意识到事态的严重性,怃然良久,说:"即当有处。"②

王锡爵在门生故吏的再三规劝下,幡然悔悟,毅然决定破釜沉舟,迫使皇上收回"三王并封"的决定。二月初六日,王锡爵上疏恳请皇上召见,意欲向廷臣认错。他向皇上检讨,日前两票并拟(即代拟两道谕旨)过于草率,"彼一时寮案既不在前,书籍又无查考,止据臆见,匆匆具答,虽首尾词意主于册立一说,而不合拘守阁中故事……伏乞天恩,容令认罪改正"③。王锡爵表示要承认"三王并封"的错误,把万历帝置于十分尴尬的境地。尚气使性的万历帝,一向不愿向臣下认错,对王锡爵说:"朕为人君,耻为臣下挟制。谤祖蔑训,国体何在? 以此未欲见卿。今卿又有此奏,若自认错,置朕于何地?"④经过两天的思索,万历帝不得不向舆论让步,宣布收回"三王并封"的成命,说:"既是如此,俱不必封,少候二三年,中

① 钱一本:《万历邸钞》,万历二十一年癸巳卷。
② 钱一本:《万历邸钞》,万历二十一年癸巳卷。
③ 《明神宗实录》卷二五七,万历二十一年二月辛卯。
④ 《明神宗实录》卷二五七,万历二十一年二月辛卯。

宫无出,再行册立。"①"三王并封"之议出笼不过十天,终于寿终正寝。

　　虽然"三王并封"已经作罢,但万历帝仍坚持要再过二三年再谈册立皇太子的事,表面的理由是等待皇后的嫡子诞生。然而外廷早已议论纷纷,皇上疏远皇后,久不见面,要等待皇后生育嫡子岂非笑话! 针对外间的议论,万历帝派文书官潘朝用带了他的手谕到内阁,一方面对妄言之徒疑君诬上表示愤怒,另一方面要阁臣们广为宣传帝后关系已恢复正常——"去岁中宫微有小疾,自昨冬已面朕矣"②。

　　王锡爵则认为外间流言蜚语的根源就在于储宫(太子)长久不定。他以一人之力,委实不能荷担泰山之重,支持万众之口,希望皇上把他放归乡里,再与诸臣商量对策。③

　　这并非以辞职向皇上进行要挟,确实是王锡爵当时心态的真实流露,压力实在太大了,他一个人难以支撑。万历帝是难以理解这种心境的,他马上派文书官潘朝用到内阁,传达他的谕旨:"卿为首臣,既知朕心,又何避怨? 亦来迫其豫教!"④王锡爵处于这种两难境地,内心十分痛苦,在下则疑其逢君,在上则疑其迫主,可怜辛苦,左右为难。他希望皇上能够谅解,不至于让他担上不忠不孝之名。但是事情并无转机。

　　十一月十九日,慈圣皇太后寿辰,即所谓"万寿圣节",万历帝

---

① 钱一本:《万历邸钞》,万历二十一年癸巳卷。
② 钱一本:《万历邸钞》,万历二十一年癸巳卷。
③ 钱一本:《万历邸钞》,万历二十一年癸巳卷。
④ 钱一本:《万历邸钞》,万历二十一年癸巳卷。

在久不视朝之后破例到皇极门接受百官祝贺,礼毕后,在皇极殿暖阁单独召见王锡爵。这是王锡爵出任内阁元辅以来第一次与皇上对话,他早就盼望召对,机会难得,册立是一定要面谏的。

在行过叩头礼,说过客套话之后,王锡爵便提及册立之事:"皇上召对,本付托以国家之事,目今外边诸务虽渐有头绪,苦于朝廷之上,论议日繁。止因册立一事不定,生出无数疑心,使皇上受了无数烦恼,臣因此不甘,连进密揭,力劝皇上早断,使人无辞。"

万历帝说:"朕意久定,迟早总则一般,岂为人言动摇。"

王锡爵说:"圣意岂有不定,臣等岂有不知?但外人见无消息,止不住胡言乱嚷。臣窃痛皇上有何不明心、难决之事,平白受人这等闲气。"

万历帝说:"朕知道了,恐后中宫有生,却怎么处?"

王锡爵说:"此事数年之前说起犹可,今皇长子年至十三岁,待到何时?况且自古至今,岂有人家子弟十三岁不读书之理?何况皇子!"

万历帝说:"朕知道了,朕子明年该长发之期,卿所奏洞悉苦心。"

王锡爵说:"今日见了皇上,不知再见何时?伏望皇上念臣之苦,三思臣言,将此事作速早断,不必待冬至后。礼部、礼科再请,连臣等二三阁臣亦若不与其事者,省了多少烦恼。自此之后,更望皇上时出御朝,频召臣等商量政事,天下幸甚。"

万历帝说:"朕也要与先生每常见,不料朕体不时动火。"

王锡爵说:"动火原是小疾,止望皇上清心寡欲,保养圣躬万安,以慰群臣愿见之望。即如今日,圣驾一出,满朝欢呼,可见勤政视朝是治安急务。"

王锡爵还想再说些什么,但是皇上已起身欲离去,只得叩头告辞。[①] 王锡爵虽蒙单独召对的殊恩,但并未能说服皇上,使他感到很苦闷。

回到内阁后,王锡爵写了密揭呈上,向皇上倾吐他的苦衷:

——此次召对寂无影响,天下必纷起责难,不是说臣为皇上文过饰非,便是说臣阴持两端,首鼠观祸败。如此,臣即使粉身碎骨、全家族灭,犹有余辜。

——臣进入仕途三十余年,一向颇有清名。独为今春册立一事未定,而遭外廷笑骂。

——以十三岁皇长子尚未发蒙,不是臣之误国,又是谁呢?

——侧闻外间有一种议论,以锢宠阴谋,皆归之皇贵妃。臣恐郑氏举族皆不得安宁,臣为此不觉痛心疾首。[②]

万历帝看了此疏,对前面三点不置一词,抓住第四点大做文章。亲笔写了一道手札:"谕元辅,昨奏已知。朕览卿累次揭帖,俱有皇贵妃字,是何说? 彼虽屡次进劝,朕亦难允。况祖训有言:后妃不干预外事。岂可辄而听信!"[③]

王锡爵在开读手札时,正巧次辅张位也在阁中办公,碍于脸面,不得不让他也看一下。两位阁臣对于皇上这种无端指责,"皆

① 钱一本:《万历邸钞》,万历二十一年癸未卷。《明神宗实录》卷二六六,万历二十一年十一月己巳。
② 《明神宗实录》卷二六六,万历二十一年十一月己巳。
③ 《明神宗实录》卷二六六,万历二十一年十一月甲戌。

低首蹙额而不敢言,吐舌相顾而不能解"①。对于皇上强词夺理地替皇贵妃护短,王锡爵忍无可忍,上疏予以驳斥:

> 夫祖训所谓后妃不预外事者,不预外廷用人行政之事也。若册立,乃皇上家事,而第三皇子为皇贵妃亲子,皇上家事不谋之后妃一家之人,而谁谋乎? 皇贵妃亲子不为之谋万世安全之计,而将谁为乎? 且使皇上早定,则已矣。一日不定,则一日与皇太子相形者,惟皇贵妃之子,天下不疑皇贵妃而谁疑? 皇贵妃不自任以为己责而谁责?②

这几句话,柔中有刚,话中带刺,态度也十分明朗。万历帝看了也无可辩解,在给王锡爵的手札中,一面重申册立还得等候,一面对豫教稍加松动,答应到明年春季举行豫教出阁礼。但是带了一个附加条件:皇三子与皇长子一并举行出阁典礼,理由是两人"龄岁相等"③。王锡爵立即予以反驳:"自外廷而观,皇长子明年十三岁,皇三子明年九岁,前后相去四年,岂得谓之相等!"④不同意皇长子与皇三子一并举行出阁礼。

万历帝终于作出让步,同意皇长子在册立前先出阁讲学。⑤

事情总算有了一点眉目,王锡爵的一番苦心没有白费。伍袁萃(字圣起,号宁方,苏州吴县人)在追忆此事时,对王锡爵当时的

① 《明神宗实录》卷二六六,万历二十一年十一月甲戌。
② 《明神宗实录》卷二六六,万历二十一年十一月甲戌。
③ 《明神宗实录》卷二六七,万历二十一年闰十一月辛巳。
④ 《明神宗实录》卷二六七,万历二十一年闰十一月辛巳。
⑤ 钱一本:《万历邸钞》,万历二十一年癸未卷。《明神宗实录》卷二六七,万历二十一年闰十一月辛巳。

处境描述得十分细致：

> 癸巳岁（即万历二十一年），太仓公（王锡爵）应召入京。初至，予语公云："老先生入朝，当以力请面君为第一义，召见当以力请建储为第一义。"及奉三王并封之旨，而人言纷起，公乃以仓卒错误自解，且求去。予贻书云："安社稷于俄顷，定变故于须臾，古人大手段多自仓卒中见之。而阁下独不尔邪！且已误之，已能挽之，然后可以有辞于天下。奈何一去塞责！"公复书云："来翰谓，古人大手段多自仓卒中见之，以此为罪，夫复何辞！自今当步步努力，不敢言去矣。"公服义如此。后日召见，果以建储泣请，而豫教之命始下，主器安而前皇耀，公亦有助云。①

但由此引来的人事纷争，及言官们的接连弹劾，终于导致王锡爵的下台。

---

① 伍袁萃：《林居漫录》（前集）卷三。

第六章
皇太子常洛

一、皇太子常洛

万历帝既然已经亲口答应皇长子常洛出阁讲学，再无口实可以推托，便命太监估计出阁礼仪所需开支。负责此事的内承运库太监孙顺摸透了皇上的心思，深知皇上并不太乐意为皇长子办出阁礼，便阿附帝意，开出一张令人瞠目结舌的账单：

出阁该用器皿金珠等项，约计价银三万六千四百余两；

睛绿宝石等，约计价银一十二万九千二百余两；

珊瑚琥珀等，约计价银一万八千七百余两；

龙涎香等，约计价银二万五千二百余两；

……

总计不下数十万两银子。[①]

户部、户科以为开支过大，主张节省。万历帝便抓住这一把柄，传谕内阁，借口皇长子出阁礼所需费用问题，"若如该部、科言其过费，出讲少俟二三年，册立一并举行，庶可省费"[②]。显然是在刁难，又是在要挟。户部只得以出阁大典为重，遵旨筹办。

一切障碍都已扫除，万历帝不得不宣布：万历二十二年（1594年）二月初四日，皇长子出阁讲学，但以尚未册立为皇太子，侍卫、仪仗一切仪注，从简从略。

到了万历二十二年二月初四日，皇长子出阁礼如期举行。皇

---

① 钱一本：《万历邸钞》，万历二十一年癸巳卷。
② 钱一本：《万历邸钞》，万历二十一年癸巳卷。

长子常洛向太子的目标迈出了艰难的一步。

万历帝的长子常洛,生于万历十年,到万历二十二年出阁讲学,已经十三岁(虚岁)了。因为是庶出的关系,境遇很是坎坷。

常洛从小到大,一直与生母恭妃王氏同居于景阳宫,寸步不离,共起同卧。郑贵妃为了达到册立自己所生的皇三子常洵的目的,时常在皇上跟前吹枕边风。有一次,她竟在皇上面前造谣,说:"皇长子好与宫人戏,已非童体矣!"此话非同小可,关系到皇长子的品行节操问题,万历帝立即派人前去查验。恭妃王氏听说来人之意,大为悲恸,边哭边说:"我十三年与同起卧,不敢顷刻离者,正为今日。今果然矣!"来人即以此话回禀,万历帝听了颇以为然,从此有疑于郑贵妃,对她的话不再轻易相信。① 不久就批准皇长子出阁读书,四年后为他举行冠礼,再过三年后册立他为皇太子,次年成婚。对于常洛来说,这条路一波三折,实在过于颠沛。

万历帝对长子的出阁读书并不重视。据那些讲官(老师)们说,原先进讲完毕,照例必定赏赐酒饭,所赐比常宴更为精致,平时赏赐也经常不断。而二十二年以后给皇长子讲学,讲官们都自带饭盒,从不赏赐酒饭,早先常有的银币、笔墨、节钱之赐也已成绝响。

讲官刘曰宁(字幼安,江西南昌人)曾对朱国祯调笑说:"我辈初做秀才时,馆谷每岁束脩不下五六十金,又受人非常供养。今为皇帝家馆师,岁刚得三十金,自食其食。每五鼓起身,步行数里,黎明讲书,备极劳苦。果然老秀才不及小秀才也。"② 为皇帝的长子

---

① 文秉:《先拨志始》卷上。
② 朱国祯:《涌幢小品》卷一《出阁》。

讲学,每年仅得银子三十两,还要自带饭盒,远远不及民间塾师的待遇。而万历帝自己为太子时的情况并非如此这般,两相比较,其意尽在不言之中。唯一可以放到台面上来讲的理由,便是常洛还未册立为皇太子,出阁讲学的规格自然要低一些。对此,外廷议论纷纭,刘曰宁作为讲官总是从旁安慰曲喻,希望皇长子依于仁孝,常洛也颇心领神会。①

常洛对如此难得的读书学习机会十分珍惜。他岐嶷不凡,举止凝重,受到讲官们交口称赞。每次进讲,阁臣一人入直看讲。皇长子的御案前有铜鹤一对,按照旧例叩头毕,从铜鹤下转而东西向站立。一阁臣误出其上,常洛用目光示意内侍:"将铜鹤可移近些!"虽不明言,意已默寓。众讲官无不叹服。

有一天,讲"巧言乱德"章,讲官刘曰宁解释道:以是为非,以非为是。然后从容进言:"请问殿下,何以谓之乱德?"常洛朗声答道:"颠倒是非。"把讲官的话概括得更加明切。众讲官相对赞道:"此真天纵,不可及也。"②

给常洛讲课的讲官中,颇不乏学问大家,如焦竑、董其昌辈。

焦竑,字弱侯,号澹园,南京江宁人。为诸生时即有盛名,向督学御史耿定向(字在伦,号楚侗,湖广黄安人)求学于崇正书院,又师从于罗汝芳(字惟德,号近溪,江西南城人)。万历十七年(1589年)以殿试第一,为翰林院修撰,埋头研究国朝典章。他博览群书,善为古文,典正驯雅,卓然名家。曾在宫内教小内侍读书,一般人把这一教职看作具文,敷衍了事,焦竑独不以为然,他说:"此曹他日在帝左右,安得忽之!"经常取古代宦官善恶事迹,与小内侍论说

① 张廷玉等:《明史》卷二一六《刘曰宁传》。
② 朱国祯:《涌幢小品》卷一《出阁》。文秉:《先拨志始》卷上。

熏陶。皇长子出阁,焦竑为讲官。

　　按惯例,讲官进讲罕有提问,焦竑则不然,讲完后总是徐徐引导:"博学审问,功用维均,敷陈或未尽,惟殿下赐明问。"皇长子常洛点头称好,但提不出问题。某一日,焦竑又启发常洛质疑,说:"殿下言不易发,得毋讳其误耶!解则有误,问复何误。古人不耻下问,愿以为法。"常洛毕竟是少年,对儒家经典的深奥含义领会不透,只是称好,提不出问题。焦竑与别的讲官商量,先启其端,正好讲到《尚书·舜典》,便举"稽于众,舍己从人"一句提问,常洛答:"稽者,考也,考集众思,然后舍己之短,从人之长。"又一日,焦竑举"维皇上帝降衷于下民,若有恒性"大义,常洛答:"此无他,即天命之谓性也。"对答如流,毫无滞涩,使焦竑等人更加竭诚于启迪。①

　　焦竑为此搜集古代储君(太子)可以引以为法为戒的事例,编成《养正图说》,拟呈常洛阅读戒鉴。这件事原本是阁臣王锡爵在第一次召见皇长子诸讲官时交代的,他说:"此重任,我辈先年少着精神,故到今扞格乃尔。诸公看元子资向如何,择其近而易晓者,勒一书进览方佳。"不久,王锡爵离职,此事也就不了了之。但焦竑仍放在心上。遗憾的是,同官郭正域(字美命,号明龙,湖广江夏人)出于嫉忌,攻击焦竑沽名钓誉,迫使他不得进呈《养正图说》。②

　　另一位讲官董其昌,字玄宰,号思白,松江华亭人。万历十七年进士,以庶吉士授翰林编修。其人天才俊逸,少负重名,尤以书法称雄一时。他作为皇长子的讲官,也很注意因事启沃。某日,董其昌讲毕提问:"择可劳而劳之?"常洛答:"此所谓不轻用民力也。"

① 张廷玉等:《明史》卷二八八《焦竑传》。孙承泽:《春明梦余录》卷一三《皇史宬》。
② 许重熙:《宪章外史续编》卷九,万历二十二年二月。朱国祯:《涌幢小品》卷一〇《己丑馆选》。

讲官们听了无不叹服。常洛颇为看重这位讲官,后来他即帝位,询问左右:"旧讲官董先生安在?"获悉他已辞官在家,马上召回,授太常少卿,掌国子监司业事。①

皇长子常洛出阁讲学后,册立的事便迫在眉睫。朝野上下议论纷纭。

万历二十五年(1597年)二月,浙江山阴县小吏王俊栅,剪下一把头发,附于奏疏之中,向皇上恳请册立皇长子。他在奏疏中说:"皇长子年今一十五岁,当行婚礼之期。今时近冬,未闻选婚之举。然国制婚有定期,必在十五之年。今既期临,难以停滞,但储位未建,所选何名?臣思储位终不可不立,婚礼终不可不行,到此时节,似不容已。缘遵国制,不敢赴阙,谨将头发剪落,随本进献,如臣身诣不报。"②此人的忠心似乎有点近乎愚蠢,但毕竟反映了当时许多人的意向。此后,类似的奏疏连续不断地呈进。

这年三月初一,礼部奏请为皇长子举行冠婚礼。第二天,阁臣赵志皋上疏支持礼部的奏请,他指出:"《会典》:皇子年十二或十五,行冠婚礼。婚礼常在十五六岁。今岁冠,明岁婚。而次子讲读,亦明年行之。"万历帝命礼部卜日具仪。③ 廷臣料知这是一种敷衍之词,便不断上疏,力图促成其事。

七月,右副都御史张养蒙因三殿遭灾,午门之内极目成灰,上疏陈言实政不可再虞,其中一条便是:"国本必早建,以定人心,不

---

① 许重熙:《宪章外史续编》卷九,万历二十二年二月。孙承泽:《春明梦余录》卷一三《皇史宬》。张廷玉等:《明史》卷二八八《董其昌传》。
② 钱一本:《万历邸钞》,万历二十五年丁酉卷。
③ 谈迁:《国榷》卷七七,万历二十五年三月辛卯、三月甲午。张廷玉等:《明史》卷二一九《赵志皋传》。

则道路揣摩之谤,恐未释也。"①

一直拖到万历二十六年(1598 年)五月,万历帝才传谕内阁:待新宫落成,就举行皇长子冠婚礼。他说:

> 览卿等所奏,俱已悉知。皇长子年及冠婚,祖宗礼制,天伦亲情,朕岂不欲早得传行!念皇长子素秉清弱,所以迟缓者,正要培养丰厚诚爱重之意。今春至夏,朕屡召皇长子暨诸皇子,问察习学之功,见皇长子气质,比与去岁,渐加充实,且书仿对句颇有进益。朕甚嘉悦。皇长子欲先行三加冠礼,次及册立、选婚。朕思今未正名封,而行加冠之礼,冠服不便,前已有旨。况二宫不日落成,待焕然一新,行此大典,庶加礼有所,天下传闻,以便臣民瞻(仰)。②

到了十一月二十七日,万历帝在文华殿传谕礼部,主张把册立东宫与分封亲王一并举行。他指出:

> 昨者大行皇姒(仁圣皇太后)之服已满,虽无三殿,其二宫不日落成。皇长子年龄已过期,体已充足。尔该部便具选婚旧仪来看。其册立并加冠礼,少俟二宫落成之日行。朕又思皇三子、皇五子、皇六子、皇七子,俱已长成,若再少待,恐又费一番事,不若亦于二宫完日,一并加冠、分封,庶免烦扰。内皇三子、皇五子年岁稍长,待分封之日,可着出阁讲书,亲近儒

---

① 钱一本:《万历邸钞》,万历二十五年丁酉卷。张廷玉等:《明史》卷二三五《张养蒙传》。
② 钱一本:《万历邸钞》,万历二十五年丁酉卷。

臣,朝夕诲训,以开蒙塞。①

朝臣们哪里知道,这是万历帝虚晃一枪。人们引颈企盼了一年,仍不见动静,仿佛有一种被耍弄的感受,大家忍耐不住,在万历二十八年(1600 年)新年刚一过,便连珠炮似的向皇上发动攻势。

正月初三日,礼部尚书余继登(字世用,号云衢,北直隶交河人)奏请:先册立皇长子为太子,而后冠礼可致祝词,婚礼可致醮词,此三礼相继之序。② 这个余继登,自从当上礼部尚书以来,不断上疏,奏请册立皇长子,并举行冠婚礼。因为得不到皇上的允许,郁郁成疾,每与同僚言及此事,就痛哭流涕说:"大礼不举,吾礼官死不瞑目!"病满三月后,连章乞休,不许;请停俸,亦不许。这年七月间,竟卒于任上。③

正月初四日,南京浙江道御史朱吾弼(字谐卿,广东高安人)上疏言事,第一条就是建国本,皇长子典礼当举。④

正月初六日,内阁元辅赵志皋奏请举行皇长子三礼:册立礼、冠礼、婚礼。⑤

正月初七日,定国公徐文璧、驸马侯拱宸等分别上疏,奏请举行皇长子三礼。⑥

正月初八日,内阁次辅沈一贯上疏,恳请举行皇长子三礼。⑦

① 钱一本:《万历邸钞》,万历二十六年戊戌卷。
② 《明神宗实录》卷三四三,万历二十八年正月戊申。
③ 张廷玉等:《明史》卷二一六《余继登传》。
④ 张廷玉等:《明史》卷二四二《朱吾弼传》。《明神宗实录》卷三四三,万历二十八年正月己酉。
⑤ 《明神宗实录》卷三四三,万历二十八年正月辛亥。
⑥ 《明神宗实录》卷三四三,万历二十八年正月壬子。
⑦ 《明神宗实录》卷三四三,万历二十八年正月壬子。

......

　　到了二月,内阁辅臣赵志皋、沈一贯又为皇长子讲学之事,多次奏请开讲,几经周折,终于蒙万历帝批准,皇长子开讲日期择于三月初三日。①

　　到了三月,万历帝经受不住外廷的压力,终于松口,传谕内阁:"去岁以来,卿等数揭上请,以其元子册立冠婚之礼重典,且原所居之宫狭小,已将慈庆宫葺饰,以备移宫。昨该监已工完,兹大典可挨次举(行)。其分封诸王,悉照前旨行。"他要阁臣代拟谕旨,命礼部择日具仪上报。赵、沈二阁臣当即拟上圣谕一道:"册立冠婚次第举行,其皇三子、皇五子、皇六子、皇七子,一并加冠、分封。"②

　　四月间,万历帝又写了亲笔手札给赵、沈二阁臣,要他们传示各衙门,静候移宫(皇长子移居慈庆宫)完毕,即发敕举行册立冠婚礼。③

　　等到十月,不料出了王德完上疏事件。皇长子的讲官黄辉从内侍处探得宫闱秘闻,谓帝宠郑贵妃、疏皇后及皇长子生母王恭妃,又谓皇后一死,郑贵妃即正中宫位,其子为太子云云。新上任的工科都给事中王德完从黄辉处获悉此情,便嘱黄辉起草,以自己的名义上疏。④ 此疏引起万历帝震怒,不仅严惩王德完,而且以此事为借口,宣布暂停皇长子的册立冠婚礼。他命文书官传谕内阁:"册立冠婚,本欲举行,因大小臣工沽名市恩,屡屡渎激,所以延迟。"随即又派司礼监太监成敬口传圣旨:"大小臣工为皇长子重,

---

① 《明神宗实录》卷三四四,万历二十八年二月丁丑、戊寅、庚子。
② 《明神宗实录》卷三四五,万历二十八年三月己巳。
③ 《明神宗实录》卷三四六,万历二十八年四月戊寅。
④ 《明神宗实录》卷三五二,万历二十八年十月庚子。张廷玉等:《明史》卷二三五《王德完传》。

为王德完重？如为皇长子重，不必又来渎扰；如为王德完重，上本来，故致延迟。"①

群臣愈是奏请，皇上愈是拖延，人们只能沉默不语了。

一直拖到万历二十九年（1601年）二月，皇长子移居慈庆宫后，仍无动静。②到了八月，次辅沈一贯忍无可忍，上疏力争："皇长子以聪睿之性，近强壮之年，血气既充，天机日起，非皇上至慈，谁其体悉？皇上大婚及时，故得皇子甚早……皇上孝奉圣母，朝夕起居，而集九御之朝，竭四海之奉，推念真情，不如早遂含饴弄子孙之为欢。"万历帝终于心动，传谕即将择日举行皇长子三礼。③

果然，九月十八日深夜二更，万历帝连夜传谕内阁："朕昨朝圣母，面奏举行诸礼，圣心嘉悦。卿等便传示礼部，查照旧制，择日具仪来行。"示意立即举行皇长子三礼。④

这种深更半夜作出重大决定的事，实属罕见，原来其中有一个小插曲。某日，万历帝与诸子宴会，宴后又赏赐各人一点纪念品。给皇长子常洛的是一只玉碗，命郑贵妃代为收藏。这几天为册立事，万历帝突然想起赏给常洛的玉碗，要郑贵妃寻找。由于时间久了，找遍宫内竟不知下落。以后万历帝又索要赏给常洵的纪念品，郑贵妃随手递上。万历帝震怒，立即升殿，命令："抓宫人首来！"按祖制，皇上升殿，宫眷不得进入。万历帝故意用这一手来为难郑贵妃。郑贵妃吓得毁冠服、脱簪耳，蓬头赤足率诸宫人匍匐于殿门外

① 《明神宗实录》卷三五二，万历二十八年十月庚子。
② 孙承泽：《春明梦余录》卷一三《皇史宬》。
③ 《明神宗实录》卷三六二，万历二十九年八月丙寅。谈迁：《国榷》卷七九，万历二十九年八月甲午。
④ 《明神宗实录》卷三六三，万历二十九年九月乙未。

待罪。少顷,万历帝火气渐消,此事才算罢休。但是立即传谕礼部:速议册立仪制来看。①

不久,万历帝又发下谕旨,把册立皇太子及分封诸王的典礼选定于十月十五日举行。到了十月十一日,他又变卦,借口各项典礼经费未备,欲拖延日期。他对于册立分封等项经费尚未催完部分,命各衙门加紧办理。以后又传谕内阁:"钱粮未完,着另改日期举行大礼。"内阁元辅沈一贯②虽然老成持重,这时也按捺不住,冒着风险把万历帝的这一圣谕原本封还御前,并附上密揭,力言册立决不可拖延。他在密揭中沉痛地说:"臣于他事无不祗畏顺从,独此事为天地鬼神所鉴临,关天下万世之公论。帝王一言,传之万古,若轻加拟改,陷明主于有过之地,臣万死不敢。"③万历帝无奈,只得恢复前议。第二天,他又想出一点花样,传谕内阁:"册宝未完,容补赐,可否?"沈一贯又把它顶了回去:"请如命,俟上慈圣(太后)徽号日补赐。"④

册立皇太子的事,至此才算敲定。十月十四日,万历帝派朱应槐(公)、陈应诏(侯)、侯拱宸(驸马)、杨世阶(伯)等勋戚贵族,为册立事举行祭告天地、宗庙、社稷的仪式。十月十五日卯时,万历帝到文华殿传制,命徐文璧(公)、陈良弼(侯)、常胤绪(侯)、徐文炜(侯)、王学礼(伯),持节充正使,尚书李戴、陈蕖、田乐、萧大亨、杨一魁、王世扬,都御史温纯等人,捧册宝充副使,举行册立皇太子仪式。与此同时,万历帝颁布册立皇太子常洛的诏书,诏书写道:

---

① 文秉:《先拨志始》卷上。
② 万历二十九年九月,赵志皋卒,沈一贯升为元辅,并增补沈鲤、朱赓二人入阁。
③ 《明神宗实录》卷三六四,万历二十九年十月乙亥。张廷玉等:《明史》卷二一八《沈一贯传》。
④ 谈迁:《国榷》卷七九,万历二十九年十月乙亥、丙子。

盖闻帝王久安长治之道，莫重于崇建元良。我祖宗家法相承，惟长是立，所以厚国本，定人心也。朕长子孝敬宽仁，天钟粹美，奉朕谕教，时敏厥修。今德器日益端凝，学业日益精进，允堪弘受，慰朕至怀。敬入奏于圣母，谘询今十五日吉，授册宝为皇太子，仰承庙社之灵，俯顺臣民之望。爰封第三子常洵为福王，第五子常浩为瑞王，第六子常润为惠王，第七子常瀛为桂王，俾各守藩，共维大统……①

万历帝还没有忘记为册立皇太子而尽过力的前任元辅申时行、王锡爵，特地派人把这一消息告诉这两位优游林下的老人。②

自从万历十四年申时行提出建储——册立皇太子，一直拖到万历二十九年，储位始定，经历了十五年之久的磨难。真是好事多磨！后人评论道："自古父子之间未有受命若斯之难也！"③

册立的一拖再拖，不但耽误了豫教，也耽误了冠礼、婚礼。册立之后，婚礼便迫在眉睫。

万历三十年（1602 年）二月十三日，皇太子常洛举行婚礼。皇太子妃郭氏，顺天府涿县人，父维城，以女贵，封为博平伯。郭妃卒于万历四十一年，熹宗即位后，追谥为孝元皇后。④

二月十六日，皇太子至文华门接受百官祝贺。这一天半夜时分，万历帝紧急召见辅臣及部院大臣于仁德门，既而单独召见元辅沈一贯于启祥宫后殿西暖阁。这时，王皇后及郑贵妃都患病在身，

---

① 《明神宗实录》卷三六四，万历二十九年十月己卯。
② 谷应泰：《明史纪事本末》卷六七《争国本》。
③ 蒋棻：《明史纪事》（不分卷）《争国本》。
④ 张廷玉等：《明史》卷一一四《后妃传》。

在自己宫中静养。沈一贯进入西暖阁,但见慈圣皇太后南向而立,万历帝身着冠服席地而坐,皇太子及诸王都环跪于父皇之前。① 启祥宫内弥漫着一片悲切切凄惨惨的气氛。

沈一贯叩头请安毕,万历帝说:"沈先生来! 朕恙甚,虚烦享国亦永,何憾? 佳儿佳妇今付与先生。先生辅佐他做个好皇帝,有事还谏正他,讲学勤政。矿税事,朕因三殿两宫未完,权宜采取。今宜传谕及各处织造、烧造,俱停止。镇抚司及刑部前项罪人,都着释放还职。建言得罪诸臣,俱复原职,行取科道俱准补用。"

听了皇上这一席话,沈一贯才明白深夜召见是由于病重而预先托孤,不过情况看上去还不太严重。不料万历帝又凄凉地说:"朕见先生这一面,舍先生去也!"这显然是临终遗言了,沈一贯大惊失色,连忙大呼:"万岁!"又进言劝慰道:"圣寿无疆,何乃过虑如此! 望皇上宽心静养,自底万安。"说着说着,不觉失声痛哭,在旁的皇太后、皇太子及诸王都随之哭泣起来。

这时万历帝从地上起身上床。沈一贯抓住难得觐见的时机,启奏了一些大事。他请示道:"六部尚书求去者三,望皇上谕令视事。"万历帝回答:"兵部尚书田乐、户部尚书陈蕖,俱令即出供职,工部尚书杨一魁,不塞黄(河)堌口,冲我祖陵,着革职为民。"

沈一贯叩头退出后,整个夜晚都不敢回家,留宿于朝房。半夜三更,守门官赶到朝房,递交皇上谕旨,内容大体就是刚才召见时所说的那些话,只是添加了"南京供应机房(按:官办织绸工场)系旧制,并苏杭织造内官,有御用及婚礼袍服,俱着仍旧。已采征在官金银等件,并织完绒匹,烧完瓷器,还着原差内官押解进用"。

① 《明神宗实录》卷三六八,万历三十年二月己卯。张廷玉等:《明史》卷二一八《沈一贯传》。

　　万历帝自以为病重，临终付托的大事，除了辅佐太子之外，念念不忘的，竟是他为了聚敛财富而派往各地的矿税太监，以及由太监督办的织造绸缎、烧造瓷器，应赶紧押解进宫，等等。足见万历帝的贪财心理，已病入骨髓，只要一息尚存，决不放过。如此斤斤计较身外之物，何以养病！沈一贯只能委婉劝慰："臣正对群医问圣体所患，具言决无意外，不必深忧。况今明旨一下，所以造福四海者无穷，普天率土万口同祝，天地神明阴相扶助，惟皇上耐心宁思，静摄温养，万安之庆端有日矣。所奉圣谕，臣即传各衙门布告远近，令共祈圣寿万年……"①

　　其实，这是一场虚惊，仿佛是在排练一幕临危托孤的戏。第二天，万历帝的身体状况明显好转。人之将死，其言也善。现在既然不死，那些"善言"就大可不必了。于是万历帝出尔反尔，派文书官到内阁，要追回昨夜所发谕旨，并传达皇上口谕："矿税不可罢，释囚、录直臣，惟卿所裁。"皇帝圣旨，岂可视同儿戏！沈一贯以为不妥，上疏说明拒绝缴还谕旨的理由："昨恭奉圣谕，臣与各衙门俱在朝房直宿，当下悉知，捷于桴响，已传行矣。顷刻之间，四海已播，欲一一追回，殊难为力。成命既下，反汗非宜。"司礼监太监田义也在一旁劝谏："谕业颁，毋反。"万历帝光火了，欲加罪于田义，田义不为所动。② 这时万历帝派往内阁的二十名太监，几乎是在全武行的一场搏击之后，迫使惶恐不安的沈一贯缴出了前谕。当万历帝正怒气冲冲地准备拿刀杀田义的当口，太监们捧着前谕返回启

――――――――
① 《明神宗实录》卷三六八，万历三十年二月己卯。张廷玉等：《明史》卷二一八《沈一贯传》。
② 《明神宗实录》卷三六八，万历三十年二月庚辰。谈迁：《国榷》卷七九，万历三十年二月己卯。

祥宫。事后，田义见到了沈一贯，恨得向地上吐唾沫，指责他说："相公稍持之，矿税撤矣，何怯也？"①其实沈一贯也无可奈何。

万历帝这种反复无常的表现，据谈迁说，是郑贵妃在作祟："神宗嬖郑贵妃，间有当璧之约。格于大义，勉立太子。贵妃大不以为然，交谪于室。神宗或恚懑而出之，易欣以戚，其事不常，或鼓或罢，所由来矣。"②据许重熙说，这种朝令夕改的出尔反尔举动，是由于神宗担心病重而不治，以颁布善政来祈求平安。他说："上偶失豫，召辅臣一贯入，谕以辅佐东宫为好皇帝，有事还谏正，并及罢矿税、起复、释禁诸事……翌日，上安，诸事遂寝。"③

以笔者之见，这两种因素都有一点，而且后者起着更大的作用。这一事件，充分暴露了神宗彻头彻尾的利己主义、功利主义。不过，从心理学的视角看来，这无疑是病态心理、畸形心理的一种反映，非常人可以理喻。

到了第三天（即二月十八日），万历帝的身体进一步好转，他更加坚持收回成命。他在给内阁的谕旨中，绝口不提前日临危托孤的情景，只是轻描淡写地说当时不过有些"眩晕"。他说："朕前眩晕，召卿面谕之事，且矿税等项，因两宫三殿未完，帑藏空虚，权宜采用。见今国用不敷，难以停止，还着照旧行。待三殿落成，该部题请停止。其余卿再酌量当行者，拟旨来。"沈一贯虽然缴回前谕，还想有所挽救，回奏道："今圣体初安，正宜倍加崇摄，凝承天禧，安得以区区外物而妨内养。臣愿皇上勿以此事辗转于怀，宁心淡神，保身保民，幸甚。容臣三思，再奏其事。在不疑者，如推补行取科

① 张廷玉等：《明史》卷二一八《沈一贯传》。文秉：《定陵注略》卷四《矿税诸使》。
② 谈迁：《国榷》卷七九，万历三十年二月己卯。
③ 许重熙：《宪章外史续编》卷一〇，万历三十年二月。

道,起用建言违误诸臣,释放矿税建言违误犯人。"随即代拟圣谕三
道呈上。万历帝只批下行取科道官一道,其余二道不批。①

　　一场虚惊之后,朝廷政治的一切又恢复了老样子。

二、妖书案

　　吕坤,字叔简,号新吾,河南宁陵人,万历二年(1574 年)进士。
万历十六年(1588 年)在山西按察使任内,把历史上的所谓"列女"
事迹编为一书,题名《闺范》。翰林院修撰焦竑此时正奉使山西,便
为朋友吕坤此书写了一篇序言。② 由于吕坤是一个孜孜于求学
问、以明道为己任的学者,焦竑也是一个颇有知名度的饱学之士,
因此《闺范》出版后流传很广,各地都有翻印本。不久,内侍购得此
书,传入宫中。郑贵妃看了,便令人增补十二人,加写一篇序文,以
汉明德皇后开篇,以郑贵妃终篇,嘱托其伯父郑承恩及其兄弟郑国
泰重新刊刻,改名为《闺范图说》,于万历二十三年(1595 年)问世。③
　　万历二十六年(1598 年)有托名燕山朱东吉的人为此书写了
一篇跋文——《闺范图说跋》,标其名曰"忧危竑议",借以耸人听
闻。这篇跋文以隐晦的笔法影射吕坤写此书,虽无易储之谋,不幸
有其迹象。一本议论妇女道德伦理的书被政治化、现实化,引起了

---

① 《明神宗实录》卷三六八,万历三十年二月癸未。
② 《涌幢小品》卷一〇《己丑馆选》记载:焦竑为《闺范》作序后,被人攻击为"将有他志",
疑忌者又借此下手,焦竑因此谪官,但是他"绝无几微怨色,对客亦不复谈及"。
③ 张廷玉等:《明史》卷二二六《吕坤传》。吕坤:《去伪斋集》卷二《辩明心迹疏》《辩〈忧
危竑议〉疏》。

一场轩然大波。这篇跋文写道：

　　　　东吉得《闺范图说》读之，叹曰：吕先生为此书也，虽无易储
之谋，不幸有其迹矣。一念之差，情或可原。或曰：吕素讲正
学，称曲谨，胡忍辄与逆谋？曰：君知其一，未知其二。……

　　　　或曰：吕意欲广风化，胡不将此书明进朝廷，颁行内外。
乃奴颜戚睕，岂不失体？曰：孔子圣人，佛肸应召，南子请见，
志在行道，岂得为屈。

　　　　或曰：吕叙中直拟继述先朝圣母，置太后、中宫于何地？
且称脱簪劝讲，毋乃巧为媚乎？曰：公言误矣。曾见古来有
以宫闱与现任大臣刻书者乎？破格之恩厚矣。恩厚则报隆，
身为大臣，胡忍自处以薄。

　　　　……

　　　　或曰：古今贤后妃多矣，胡《图说》独取汉明德一后。明
德贤行多矣，胡《图说》首载其由贵人正位中宫？曰：吕先生
自辨精矣。明德无子，故以取之，若进位中宫，偶然相类，彼诚
何心哉！且彼时大内被灾，中宫减膳，以妃进后，事机将成。
吕乘时进此，亦值其会耳。

　　　　……

　　　　或曰：人谓吕因败露难容，乃上忧危一疏，号泣朝门，无
乃欲盖弥彰？曰：忧危一疏，人称忠肝义胆。况此一副急泪，
何可遽得？安得而少诸？

　　　　或曰：国本安危，宁逾太子？窃见"忧危疏"中，列天下事
备矣，胡独缺此？曰：嗟乎，公何见之晚耶！夫人意有所专，
则语有所忌，倘明奉册立，将属之谁？若归此，则前功尽弃；归

彼,则后患自招,何若不言之愈也……

余故曰:吕先生为此书,特其一念之差,情固可原也。或人不能难,唯唯而退。因援笔记之。燕山朱东吉谨跋。

这篇跋文以含沙射影、阴阳怪气的语调,把当时舆论已经沸沸扬扬的册立皇太子久拖不决、郑贵妃获宠这些敏感的政治尖端问题,与《闺范图说》相联系,而且还牵扯了当时的知名人士张养蒙、郑承恩等人,把本已复杂化的册立事件,引向更加混乱的境地。这样一来,吕坤就成了罪魁祸首,跋文特意提及吕坤前此所上的《忧危疏》,把它与现在的《忧危竑议》挂起钩来。

万历二十五年五月,已经升任刑部侍郎的吕坤上过一篇《忧危疏》,用意在于向皇上谏天下安危。吕坤的疏文一开头,直截了当地指出:"今天下之势,乱象已形,而乱势未动;天下之人,乱心已萌,而乱人未倡。今日之政,皆播乱机使之动,助乱人使之倡者也。"于是他向皇上坦陈"救时要务",列举了一系列弊政,诸如财用耗竭、防御疏略,以及矿税监之祸、宗室之祸、诏狱之祸,等等。他批评皇上:"数年以来,疑深怒盛,广廷之中,狼藉血肉,宫禁之内,惨戚呼号。""陛下不视朝久矣,人心之懈弛极矣,奸邪之窥伺熟矣。""(陛下)今当春秋鼎盛,曾无夙夜忧勤之意,惟孜孜以患贫为事。""夫天下之财止有此数,君欲富则天下必贫,天下贫而君岂独富!"[1]

但是,此疏呈进后,并没有引起丝毫反响。或许万历帝压根儿

---

[1]　吕坤:《吕新吾先生文集》卷一《忧危疏》。张廷玉等:《明史》卷二二六《吕坤传》。

没有看过这一奏章，否则对如此尖锐的批评，决不会无动于衷。吕坤"呼天叩地，斋宿七日"的慷慨陈词，实际等于什么也没有说，一气之下，便称疾乞休，回老家赋闲去了。

待到万历二十六年，托名朱东吉的《闺范图说跋》，即《忧危竑议》出来后，舆论哗然。人们纷纷回过头来清算吕坤。吏科给事中戴士衡（字章尹，福建莆田人）上疏弹劾吕坤"机深志险"，"潜进《闺范图说》，结纳宫闱"，"逢迎掖庭，菀枯之形已分"。言语之中，明显涉及郑贵妃。① 万历帝因吕坤已辞官而去，又因语侵郑贵妃，干脆置之不理。

而在此之前滁州全椒知县樊玉衡（字玄九，号棠轩，湖广黄冈人）上疏，针对皇长子不册、不冠、不婚而遗天下大虑，告诫皇上。他援引历代嫡庶废立之事作为鉴戒，以古喻今，直率地指出："皇上虽无废长立幼之意，而牵于皇贵妃体貌难处之故，优游隐忍，甘以宗社为戏，不知天下者非我皇上与皇贵妃之天下。"讥刺皇上不慈、皇贵妃不智。②

由于这二人的奏疏都牵连到郑贵妃，她难于隐忍，便哭诉于皇上，说《忧危竑议》出于戴士衡之手。重新刊刻《闺范图说》的郑承恩也上疏声辩：《忧危竑议》（即《闺范图说跋》）是戴士衡"假造伪书，中伤善类"，把戴士衡、樊玉衡并称"二衡"，激怒皇上，并欲牵连朝廷大臣。据说"宫嫔有强谏者，上意释"，才未牵连别人，只是惩处"二衡"了事。③

---

① 张廷玉等：《明史》卷二二六《吕坤传》。《明史》卷二三四《戴士衡传》。谷应泰：《明史纪事本末》卷六七《争国本》。许重熙：《宪章外史续编》卷九，万历二十六年五月。
② 《神宗显皇帝留中奏疏汇览》礼部类卷一《直隶滁州全椒知县樊玉衡题为感时捐躯直陈天下根本大计等事疏》。
③ 许重熙：《宪章外史续编》卷九，万历二十六年五月。查继佐：《罪惟录》传卷二《皇后列传·郑贵妃》。

万历二十六年五月十七日，万历帝为此事发下两道谕旨，一道给吏部等衙门："前樊玉衡、戴士衡假以建言，报复私仇，妄指宫禁，干挠典礼，惑世诬人，捏造书词，摇乱人心。本当拿问严究重治，姑着革职，发烟瘴地面永远充军，遇赦不宥。"①一个充军广东廉州，一个充军广东雷州。另一道谕旨给内阁："此《闺范图说》是朕赐与皇贵妃所看，因见其书中大略与《女鉴》一书辞旨仿佛，以备朝夕览阅。戴士衡这厮每以私恨之仇，结党造书，妄指宫禁，干挠大典，惑世诬人，好生可恶。这事朕已洞知，不必深辩。"②

既然皇上已经讲得很清楚，《闺范图说》一书是他推荐给郑贵妃看的，并且肯定此书主旨与《女鉴》类似，因此朱东吉、戴士衡、樊玉衡等人企图透过此书搞名堂，就等于指责皇上有眼无珠，竟然看不出其中的微言大义。这当然是不可能的。

然而，万历三十一年（1603 年）十一月，又冒出了《续忧危竑议》，仿照先前《忧危竑议》的笔法，再次旧事重提。这就是人们所说的"妖书案"。所谓"妖书"，其实称不上"书"，不过寥寥数百字的一篇"豆腐干"文章而已，却好像一颗重磅炸弹，使政坛为之震动。其时，皇长子早已册立为皇太子，《续忧危竑议》抓住皇太子不得已而册立，指责郑贵妃欲废太子，立自己的儿子福王为太子。"妖书"如此写道：

　　或有问于郑福成曰：今天下太平，国本已固，无复可忧，无复可虞矣。而先生尝不豫，何也？郑福成曰：是何言哉，是

---

① 《明神宗实录》卷三二二，万历二十六年五月辛丑。
② 钱一本：《万历邸钞》，万历二十六年戊戌卷。

何言哉。今之事势，正所谓厝火积薪之下也。或曰：亦太甚矣。先生之言也，得毋谓储位有未妥乎？曰：然。夫东宫有东宫之官，一官未备，何以称安乎？皇上迫于沈相公之请，不得已而立之，而从官不备，正所以寓他日改立之意也。

曰：改立其谁当之？曰：福王矣。大率母爱者子贵，以郑贵妃之专擅，回天转日何难哉！

曰：何以知之？曰：以用朱相公知之。夫在朝在野，固不乏人，而必相朱者，盖朱名赓，赓者更也，所以寓他日更立之意也。

曰：是固然矣。朱相公一人安能尽得众心而必无变乱乎？曰：陋哉，子之言矣。夫蚁附膻，蝇逐臭，今之仕宦者皆是，岂有相公倡之，而众不附者乎！且均是子也，长可立，而次未必不可立也……

或曰：众附姓名，可得数否？曰：余数之熟矣。文则有王公世扬、孙公玮、李公汶、张公养志；武则有王公之祯、陈公汝忠、王公名世、王公承恩、郑公国贤。而又有郑贵妃主之于内，此之谓十乱……

或曰：沈蛟门一贯公独无言乎？曰：蛟门为人阴贼，尝用人而不用于人，故有福己自承之，有祸则规避而不染。……①

篇末署名是吏科都给事中项应祥撰，掌河南道事四川道监察御史乔应甲书。

据说一夜之间，这本题为《续忧危竑议》的小册子，上自宫门，

---

① 文秉：《先拨志始》卷上。沈德符：《万历野获编》补遗卷三《癸卯妖书》。

下至街巷,到处传遍。次日天明人们看到这份类似传单的小册子,指名道姓议论当时的政治敏感话题,大惊失色。关于郑贵妃欲废太子而以自己的儿子福王取而代之的谣言,早已在街头巷尾流传,但那毕竟是窃窃私语,如今竟然堂而皇之地刊刻成书,到处散发。对此,不明底细的人们噤若寒蝉,避而不谈。

东厂太监陈矩最早向皇上报告此事,万历帝听后勃然震怒。前次"妖书"事件未加严究,这次气焰更加嚣张,他再不能容忍,立即命令陈矩所掌管的东厂,"多布旗校,用心密访,并着在京各缉事衙门,在外各抚按,通行严捕,务在必获"①。

"妖书"中提到的朱赓,乃当朝内阁大学士,字少钦,号金庭,浙江山阴人,与沈一贯、沈鲤同为内阁辅臣。十一月十一日一清早,在他家大门口也发现了一本"妖书",外题是《国本攸关》,内题是《续忧危竑议》。一看内容,竟是诬陷自己"动摇国本"——他日更易太子。这是性命攸关的事,令他惊慌失措,且有口难辩,不得不诚惶诚恐地把原书呈进皇上,随书附上一份申辩书:"臣以七十衰病之人,蒙起田间,置之密勿,恩荣出于望外,死亡且在目前。复更何希何觊? 而诬以乱臣贼子之心,坐以覆宗赤族之祸。"又说,除了王世扬、王之祯二人有公事交往外,其余诸人并无往来,也不相识。他在鸣冤之后,请求皇上哀怜,特准他辞官归乡。②

万历帝接到朱赓的奏报,显得比较冷静,一面对朱赓加以抚慰,说这是不逞之徒无端造谣,干卿何事? 一面下令东厂、锦衣卫

---

① 文秉:《先拨志始》卷上。
② 《明神宗实录》卷三九〇,万历三十一年十一月乙丑。张廷玉等:《明史》卷二一九《朱赓传》。

及五城巡捕衙门严行访缉肇事者,并说"妖书"后面的署名者项应祥、乔应甲"显是仇诬坐",但也要此二人"从实回将话来"。①

"妖书"中提到的沈蛟门,是沈一贯,当今内阁元辅,也与朱赓一样被说成了郑贵妃的帮凶嫌疑犯。他不甘无端受诬,也上疏申辩,请求皇上降旨缉事衙门严查,究竟是何人撰造、何人刊刻、是操何谋、欲冀何事。务求查出真正主使人及真凭实据,他愿当面对质。为表明他的无辜,希望皇上罢他的官,作为奉职无状之戒。万历帝心中也有数,此事与沈一贯无甚干系,因此劝慰道:"卿辅弼首臣,尤须居中镇定,何遽先自乞归!"②

"妖书"中提到的"十乱"中之"九乱"(另一乱是郑贵妃),都是当朝大官:兵部尚书王世扬、保定巡抚孙玮、陕西总督李汶、光禄寺少卿张养志、锦衣卫掌卫事左都督王之祯、京营巡捕都督佥事陈汝忠、锦衣卫千户王名世与王承恩、锦衣卫指挥佥事郑国贤③。

这些人遭"妖书"牵连,纷纷上疏洗刷。锦衣卫都指挥佥事李桢国为其父陕西总督李汶申辩,请求二人同时罢斥。兵部尚书王世扬,因"妖书"把他列于"十乱"之首,上疏请求罢官。光禄寺少卿张养志因"妖书"把他指为朱赓的党羽,也上疏申辩,并请罢斥。其他如王之祯、王名世、王承恩、郑国贤等,都陆续上疏自辩。万历帝一概不准他们辞官。④

"妖书"的署名者吏科都给事中项应祥、四川道御史乔应甲,遵旨上疏"回话",声明此事与己无关。万历帝也知道,"奸书谤人,岂

---

① 《明神宗实录》卷三九〇,万历三十一年十一月乙丑。
② 《明神宗实录》卷三九〇,万历三十一年十一月乙丑。
③ 《先拨志始》将郑国贤误作郑国泰。
④ 《明神宗实录》卷三九〇,万历三十一年十一月庚午。

有自著姓名之理"，对这两人不予追究，下令密访真正罪人。①

"妖书"涉及废立太子的问题，万历帝唯恐太子常洛乍闻此事惊惧不安，特地召见，当面慰谕一番。

他对惊恐的常洛说："哥儿，你莫恐，不干你事。但去读书写字。早些关门，晏些开门。"又说："我的慈爱教训天性之心，你是知道。你的纯善孝友好善的心，我平日尽知。近有逆恶捏造妖书，离间我父子兄弟天性亲亲，动摇天下。已有严旨缉拿，以正国法。我思念你，恐有惊惧动心。我着阁臣拟写慰旨，安慰教训你。又有戒谕内外执事人等旨意。今日宣你来，面赐与你。"

停了一会，万历帝又说："还有许多言语，因此忿怒动火，不能尽言。我亲笔写的面谕一本，赐你细加看诵，则知我之心也。到宫内安心调养，用心读书写字，毋听小人引诱。"

万历帝边说边哭，常洛则含泪叩头致谢。随后万历帝赏赐膳品四盒、手盒四副、酒四瓶，亲自送太子出殿檐。②

几百字的"妖书"，几天之内把朝廷上下闹得乱哄哄一团糟。内阁元辅沈一贯、次辅朱赓因为受到牵连，为避嫌疑，都待罪在家，阁臣中只剩下沈鲤一人主持日常工作。沈鲤，字仲化，号龙江，河南归德人。万历二十九年赵志皋卒，沈一贯独当阁务，廷推沈鲤与朱赓同时入阁。沈鲤屡辞不允，于万历三十一年七月入阁办事，时

① 《明神宗实录》卷三九一，万历三十一年十二月丙戌。文秉：《先拨志始》卷上。朱国祯：《涌幢小品》卷一《圣谕》。
② 《明神宗实录》卷三九一，万历三十一年十二月丙戌。文秉：《先拨志始》卷上。朱国祯：《涌幢小品》卷一《圣谕》。

年七十一岁。沈一贯对一向为士人所推崇的沈鲤有所顾忌，以为此来必夺他的元辅之位，两人之间遂生隙怨。

待到妖书案发，内阁仅沈鲤一人入直，外间讹言沸兴，上下猜疑。沈鲤的日子很不好过，为了摆脱困境，也为了表明心迹，他在内阁中供了一个牌位，朝夕致礼。牌位上写"天启圣聪，拨乱反治"八字，每天入阁后头一件事，就是焚香拜祝。有人向皇上进谗言，指牌上八字为诅咒，万历帝命人取来一看，表示不信，说："此岂诅咒耶？"进谗言者说："彼诅咒语，固不宣诸口。"万历帝深知沈鲤为人，不相信这种无端揣测。①

而沈一贯却企图借妖书案来攻倒沈鲤，他毫无根据地怀疑"妖书"是出于沈鲤的门生、礼部右侍郎郭正域之手。郭正域，万历十一年进士，有经济大略，前不久处理楚宗案时，已与沈一贯有所冲突。妖书案发，沈一贯力图透过郭正域来整一下沈鲤。给事中钱梦皋密受沈一贯旨意，上疏诬陷郭正域、沈鲤与妖书有牵连。他上疏耸人听闻地说："中城兵马司刘文藻捕获游医沈令誉，书札稿本大有踪迹。因辅臣沈鲤转求嘱托，遂寝其事。"又说："郭正域系（沈）鲤衣钵门生……正域出京之后，曾坐小轿，私至鲤寓三次。"云云。②

沈一贯随即下令大肆搜索，锦衣卫缇骑四出逐捕，一时间，"京师人人自危，莫必其命"，甚至沈鲤的住宅也被锦衣卫和巡城御史派来的数百名兵丁包围了三昼夜，直到万历帝干预才解围。③

锦衣卫左都督王之祯受沈一贯之命，逮捕锦衣卫官员周家庆

---

① 文秉：《先拨志始》卷上。张廷玉等：《明史》卷二一七《沈鲤传》。
② 文秉：《先拨志始》卷上。许重熙：《宪章外史续编》卷一〇，万历三十一年十一月。
③ 伍袁萃：《林居漫录》（别集）卷一。

的妻妾及家人袁鲲，逼他们供认周家庆是妖书主谋，他们至死不招。京营巡捕陈汝忠受沈一贯之命，逮捕了和尚达观、医生沈令誉等人，欲从这些人口中引出郭正域。结果，达观和尚被严刑拷打至死，沈令誉受刑后奄奄一息，都未招供。三法司的官员又把郭正域的同乡胡化抓来，要他诬陷郭正域、沈鲤。胡化大叫："正域举进士二十年，不通问，何由同作妖书？我亦不知谁为归德（沈鲤）者。"①

京营巡捕陈汝忠派兵至杨村，追围郭正域所乘船只，把船上的婢女仆人十五人抓来审问，毫无所获。陈汝忠竟以锦衣卫官职为诱饵，对郭正域的书办（师爷）毛尚文说，如能告发，即可授官，企图造成冤狱。

到了厂卫与三法司会审那天，陈汝忠又把沈令誉和他家奶妈龚氏的十岁女儿作为人证。参与会审的东厂太监陈矩主持公道，才未酿成冤狱。陈矩，字万化，号麟冈，保定安肃人，嘉靖二十六年（1547 年）入宫为太监，万历二十六年（1598 年）由司礼监秉笔太监兼任提督东厂太监。陈矩为人平恕、识大体，处理妖书案秉公办理，受冤者多所保全。② 当沈令誉家奶妈龚氏的十岁女儿出庭作证时，陈矩问那小女孩：你看到妖书的印版一共有几块？小女孩根本不知此事，胡乱答道：满满一屋子。陈矩听了大笑道：妖书只有二三张纸，印版怎么可能有满满一屋子呢！陈矩又审问毛尚文：沈令誉告诉你刊印妖书是哪一天？毛尚文也不知此事，胡乱编造说：十一月十六日。参与会审的兵部尚书王世扬驳斥道：妖书于十一月初十日查获，怎么会在十一月十六日才刊印，难道有两部妖书不成？显然上述证人证词都是严刑逼供之下信口胡编的，对郭

① 张廷玉等：《明史》卷二二六《郭正域传》。
② 张廷玉等：《明史》卷三〇五《陈矩传》。

正域的诬陷当然难以成立。①

当皇太子常洛得知郭正域因妖书案被诬陷,十分焦虑不安。因为郭正域曾经当过他的讲官,深知其为人,便多方为其鸣冤。他几次对近侍说:"何为欲杀我好讲官!"并派身边近侍太监对阁臣传话:"先生辈容我乞全郭侍郎!"又传话给东厂太监陈矩:"饶得我,即饶了郭先生吧!"②最后还是陈矩鼎力平反,郭正域才免遭陷害。

其实郭正域与妖书案毫无瓜葛,他之所以遭诬陷,完全是沈一贯与沈鲤相互倾轧的结果。关于这点,伍袁萃说得再清楚不过了:"四明(沈一贯)与归德(沈鲤)相左,会妖书事起,乃嗾其党钱梦皋论之。""给事中钱梦皋险人也,夤缘四明(沈一贯)为幕宾,论郭宗伯(正域)勘楚事,论沈归德(鲤)为妖书,皆四明嗾之也。公论籍籍。"③

轰动一时的妖书案迟迟无法破获,负责侦缉此事的锦衣卫、东厂压力很大。有一天,锦衣卫的值班室忽然收到一份匿名帖子,上面写着几句文理不通的话:"妖书已有人,协理掾张魁受银三百两,求他主的文告人郑福成。"④郑福成何许人也?《续忧危竑议》开宗明义的"郑福成曰",全篇议论全出于此人之口。这是一个重要线索。厂卫的特务们忙碌了许多天,束手无策之时,面对这一封告密信,既惭愧又愤怒,立即四出搜捕。

十一月二十一日晚,东厂缉获了一名可疑男子,名叫皦生彩。

① 张廷玉等:《明史》卷二二六《郭正域传》。
② 张廷玉等:《明史》卷二二六《郭正域传》。文秉:《先拨志始》卷上。谷应泰:《明史纪事本末》卷六七《争国本》。
③ 伍袁萃:《林居漫录》(别集)卷一、卷二。
④ 文秉:《先拨志始》卷上。

据此人供称,其兄皦生光,原是顺天府的秀才,万历二十七年到西城地方的刻书作坊老板包继志家,手拿黄纸封条假称封门,敲诈银子三百两。万历二十九年再次敲诈包继志未遂,便捏造谣言,刊刻印文,诈得银子二百两。万历三十一年八月又以造谣手段诈骗举人苗自成银子三百两,被苗自成之师田大有告发,提学周御史将皦生光的秀才功名革去,发往大同地方当差为民。皦生光随后潜回北京,于是便发生此案。①

锦衣卫立即逮捕了皦生光及其儿子皦其篇,还有妻赵氏、妾陈氏,并在皦生光宅中搜出罗纹笺写的手稿等物证。在审讯中,皦生光对妖书事件矢口否认,仅供称:原系顺天府学生员(即秀才),先年专以刊刻打诈为事。万历二十八年被生员田大有等告发,革去生员,发往大同当差。日前逃走来京,潜往双塔寺云云。锦衣卫左都督王之祯如获至宝,马上向皇上报告,声称:经多方研审其亲笔供词,其中"侯之门仁义存"数字,与妖书笔迹相似,其文辞也颇相同。请求皇上下令三法司会同东厂、锦衣卫会审。万历帝也想早日破案,便批复:"尔厂卫会同九卿科道,究问了来说。"②

锦衣卫又将捕获的刻字匠徐承惠提出审讯,据徐承惠招供:万历二十八年八月,他在皦生光家刻过诈骗包继志的揭帖木板一块。今年(万历三十一年)六月,又为皦生光刻过"岸游稿"十二张。今年十月,又刻过皦生光"妖诗"小木板一块。今年十月半,在刑部街撞遇皦生光,他说:"我有书几张,你与我作速刊刻。"徐即跟到皦家,皦将所写书稿三张半,及木板二块,递给徐,交代说:"此书不要

---

① 《明神宗实录》卷三九〇,万历三十一年十一月丙子。
② 《明神宗实录》卷三九〇,万历三十一年十一月己卯。文秉:《先拨志始》卷上。

在你铺内刊刻，藏掩着些，勿教人见。"次日，㬇派儿子来催过两次，第三天日落时分，徐将书板送到㬇家。

　　审问官随即把查抄到的"妖诗"出示，徐承惠看过，承认是他所刻。这"妖诗"如此写道：

　　　　　五色龙文照碧天，谶书特地涌祥烟。

　　　　　定知郑主乘黄屋，愿献金钱寿御前。

署名是松风狂客。诗后还有一个附注：

　　　　……独访所谓松风狂客为谁？则豪商包继志也。包氏握资锱金宝，明以金钱行间。语曰：巨防容蝼，而漂邑杀人；突泄一烟，而焚庐烧积。则皇长子危乎哉！凡吾臣子，谁不疾首痛心。故直书之，或散其党云。①

　　然后，提出㬇其篇当面对质，言语相同；又提出㬇生光面质，㬇生光只叫了徐承惠两声，便不再开口。

　　掌管锦衣卫的王之祯把上述审讯情况奏报皇上。在证据不足的情况下，王之祯武断地认定㬇生光便是"妖书"的作者。他向皇上指出："奸逆不止刊字者之质证也。诗内'庶欲惑国本'，是即妖诗内'国本攸关'也。诗内'戴首皆吾君'，是即妖书内'长子立而次子未必不可立'也。其他'侯之门仁义存'，种种相类。"万历帝急于

---

① 文秉：《先拨志始》卷上。

侦破此案，对王之祯的判断深信不疑，批示道："这刊字匠徐承惠既已招承，还会同厂卫府部九卿科道，严鞫㬎生光等，追究他造谋本意、同党之人，并研审明白具奏。"①

于是，厂卫府部九卿科道遵旨会审，迫使㬎生光屈打成招，获得了以下假口供：秀才问徒，逃回京师，受尽苦楚，皆由皇亲郑家。无计可以报冤，只有国本二字事关大逆。故初刻妖诗，再刻岸游稿，犹以为动不得也。续造《国本攸关》一书，密雇徐承惠刊刻，令子㬎其篇黑夜掷皇亲家，及各部诸大臣门首。盖谓此书流传下去，皇亲郑家定有不测之祸，可报大冤也。至于文武官僚，万万无此等情。②

这其实是㬎生光不堪严刑逼供的"自诬服"。③ 参加会审的官员们却认为："㬎生光前作妖诗，继播妖书，众证甚确，自认无词。"万历帝也以为此案已经了结，便降旨："这事情既会同府部九卿厂卫科道等官研审，面对明白，逆犯㬎生光着锦衣卫拿送三法司，其余各犯通行解发，问拟应得罪名以闻。"④

万历三十二年（1604 年）四月中旬，刑部尚书萧大亨（字夏卿，号岳峰，山东泰安人）将三法司拟定㬎生光论斩的结论，上报皇上。万历帝以为太轻，要求从重另拟。萧大亨奏称，议斩与妖书之律符合，原非轻典，不敢法外擅拟。万历帝不同意，驳斥道："这逆犯险恶异常，原出律文之外，以谋危社稷律处他。卿等即便复来！"⑤第二天，萧大亨奏复："国有成宪，未敢擅为轻重，而威灵出于皇上，君

① 文秉：《先拨志始》卷上。《明神宗实录》卷三九〇，万历三十一年十一月己卯。
② 《明神宗实录》卷三九一，万历三十一年十二月丁未。文秉：《先拨志始》卷上。
③ 查继佐：《罪惟录》传卷二《皇后列传·郑贵妃》。
④ 《明神宗实录》卷三九五，万历三十二年四月辛巳。
⑤ 文秉：《先拨志始》卷上。

有严命难复,容其拟议。"表示左右为难,实际上是要皇上自己定罪。四月二十七日,万历帝亲自给皦生光定罪:"皦生光捏造妖书,离间天性,谋危社稷,无上无君,反形显然。妖书律未尽其辜,着加等凌迟处死。便着会官处决,仍枭首于人烟凑集之所。"①就这样,皦生光糊里糊涂地被凌迟处死,然后枭首示众,他的妻妾、儿子都发配到边疆充军。

其实妖书并非皦生光所作,他只不过是了结此案的一个替死鬼。在皦家搜出的物证,难以判定《续忧危竑议》是皦生光所撰。徐承惠的招供,只涉及妖诗及岸游稿,并无刊刻《续忧危竑议》之事。皦生光本人的口供"续造《国本攸关》一书"云云,显系逼供的结果。

此事就连阁臣沈一贯、朱赓也难以置信。他们曾就此案向皇上表明:"蒙发下逆犯皦生光所作《岸游稿》并榻旁帖一纸,臣等一一看详,空词繁言,无足推求事实。惟其诬讼有诗作一首,内有'君父尘喉舌,庶欲惑国本,皇运恒安流'三句,似有关系,然亦含糊难明也。"②

参与会审的御史余懋衡(字持国,徽州婺源人)曾向众官员说:"昨梦观音大士说:妖书系(皦)生光造的。"在场的人听了莫不匿笑。此话传入宫中,万历帝听了也为之绝倒。③另一个参与会审的御史沈裕(字以宁,浙江余姚人)急于了结审理,曾厉声地对皦生光说:"恐株连多人,无所归狱。"皦生光不得不自己诬服,以后也不

---

① 文秉:《先拨志始》卷上。《明神宗实录》卷三九五,万历三十二年四月壬寅。
②《明神宗实录》卷三九〇,万历三十一年十一月辛巳。
③ 文秉:《先拨志始》卷上。

再翻供,他叹息道:"我为之,朝廷得我结案已矣,如一移口,诸臣何处乞生?"①

　　瞰生光虽然是一个敲诈勒索的落魄文人,屈打成招之后,却还有一点骨气,始终没有顺从厂卫及三法司审讯官员的意图,随意攀诬他人。提督东厂太监陈矩在向皇上汇报时,承认皇上要追究幕后主使人的旨意难以实现,无可奈何地说:"(瞰生光)忍刑辗转,书内词名一字不吐。"②万历帝自己也不得不承认:"瞰生光证佐已明,忍刑辗转,未吐同谋主使真情。"③刑部尚书萧大亨要追究瞰生光的幕后主使人,再三诱令瞰生光扳扯"同谋主使之人",瞰生光拒不服从,抗言道:"我自为之,谁为主使?"④在会审时,萧大亨把预先写好的纸片塞入刑部主事王述古(字信甫,号钟嵩,河南禹州人)袖中,上面写着这样几个字:"脱(瞰)生光而归,罪(郭)正域。"王述古正色拒绝说:"狱情不出囚口,出袖中乎?"⑤

　　瞰生光被处死后不久,舆论界盛传:妖书并非瞰生光所作。有人说,妖书出于武英殿中书舍人赵士桢之手。赵士桢,山东人,一向慷慨有胆略,妖书案发后,杜门不出。据说,瞰生光凌迟处死后,赵士桢精神错乱,屡屡梦见瞰生光索命,一病不起。临死前,他自己道出了这一秘密。又传闻,赵士桢临死时,"肉碎落如磔"⑥。所谓"肉碎落如磔"云云,当然是一种民间街谈巷议,轮回报应之

① 查继佐:《罪惟录》传卷二《皇后列传·郑贵妃》。《明史纪事本末》卷六七《争国本》,所记略同:"生光自诬服,叹曰:朝廷得我结案,如一移口,诸君何处求生活乎!"
② 《明神宗实录》卷三九一,万历三十一年十二月壬辰。
③ 《明神宗实录》卷三九一,万历三十一年十二月壬辰。
④ 孙承泽:《春明梦余录》卷一三《皇史宬》。
⑤ 查继佐:《罪惟录》传卷一一下《郭正域》。
⑥ 文秉:《先拨志始》卷上。查继佐:《罪惟录》传卷二《皇后列传·郑贵妃》。谈迁:《国榷》卷七九,万历三十二年壬寅。谷应泰:《明史纪事本末》卷六七《争国本》。

说,姑妄言之。不过,由此可以确证,皦生光之死实在是冤屈的。

稍微冷静地加以分析,便可以判断,小小的革黜秀才如何能写出这篇《续忧危竑议》!撰此文者,非得熟悉宫廷内幕及官场上层人物动态不可,区区皦生光断然无此能耐。

显然,妖书案的出现并不是孤立的偶发事件,它颇似一个晴雨表,反映出朝野上下对于皇太子地位岌岌可危的一种忧患意识,力图以舆论压力,迫使郑贵妃不敢贸然废太子立福王。因此,朝廷臣僚中的大多数,都不愿在此案中株连无辜,铸成大狱。既然抓到了皦生光,又有一个刻字匠作为人证,案犯又供认不讳,此案便草草了结。对于万历帝来说,真犯究系何人并不重要,把妖书舆论压下去才是当务之急。因此对于皦生光的处理,他不同意论斩,而偏要凌迟以后再枭首示众,着意要造成一种威慑气氛,使后人不敢再贸然造次。

三、梃击案的前前后后

皇太子常洛的元配妃郭氏,婚后无子。妖书案过后,宫中稍稍安定,万历帝盼孙心切,特地下令多选淑嫒,侍候于太子左右。顺天府人王氏,也在这些淑嫒之中,作为选侍,受幸于常洛。万历三十三年(1605 年)十一月十四日,王氏生了个儿子,即以后的天启帝朱由校。

王氏生产时,已是深更半夜。常洛特差老年宫女赶往仁德门外报喜,自己在殿陛间独自彷徨踱步,焦急地等候父皇的回音。司礼监太监陈矩得报,立即禀告皇上,又转奏慈圣皇太后。顿时,全宫上下一片欢腾,喜气洋洋。老宫女回禀后,常洛才松了口气,喜形于色。当时王氏还没有名封,礼部拟封夫人,万历帝不同意,令礼部查考皇明典礼,改封为才人。

　　常洛有了儿子,意味着万历帝有了长孙,照理境况应有所改善。其实不然,自他移居慈庆宫后,与居住于景阳宫的生母恭妃王氏几乎等于隔离,碍难往来。虽然万历三十四年(1606 年)因长孙诞生,恭妃王氏被册封为皇贵妃[①],但王贵妃与郑贵妃的待遇有天壤之别。

　　等到王贵妃病危时,常洛才得到消息,去景阳宫探视母亲。到了王贵妃的寝宫,但见宫门关闭着,一派门庭冷落景象。开了锁进入后,常洛看到母亲已病入膏肓。王贵妃的眼睛,大约是常年思念儿子流泪太多的缘故,已患严重的白内瘴,几乎近于失明。王贵妃听到儿子的声音,用手抚摸着,不禁哭泣起来,凄楚地说:"儿长大如此,我死何憾!"[②]常洛听了母亲如此心酸的话,泪如雨下,左右侍从也莫不涕泪纵横,不能仰视。这时屋外有郑贵妃派来的人在偷听,王贵妃若有所闻,便对儿子说:"郑家有人在此。"两人只好默然相对。[③] 不久,王贵妃悄然仙逝,当时正是万历三十九年(1611年)九月十三日。

　　王贵妃病逝的消息传至外廷,一向称病在家的内阁元辅李廷机[④](字尔张,号九我,福建晋江人)上疏向皇上问安。王贵妃的患

① 钱一本:《万历邸钞》,万历三十四年丙午卷。这年二月,万历帝连办几桩喜事:恭上圣母徽号、谕建福王藩府、册封皇八子永思王、加皇亲武清侯李文全岁禄,以及进封恭妃。
② 查继佐:《罪惟录》传卷二《皇后列传·王恭妃》。文秉:《先拨志始》卷上。
③ 文秉:《先拨志始》卷上。
④ 万历三十五年廷推阁臣,李廷机以礼部尚书兼东阁大学士入参机务。万历三十六年十一月朱赓死,李廷机继任内阁元辅。

病与早逝,万历帝本应引咎自责,但是他却文过饰非,如此这般地批复李廷机:"皇贵妃王氏,朕以诞育太子,命居一宫自适。前月间偶尔有疾,即着皇太子自问安数次。不意昨以疾终,朕深悼惜。览卿等奏慰,已知道了。"①根据万历帝的旨意,一应丧葬事宜参照世宗皇贵妃沈氏先例进行。署理礼部尚书翁正春(字兆震,号青阳,福建侯官人)上疏指出,"礼宜加隆"。福建道监察御史穆天颜也上疏指出,"恩有当隆,常格难拘","不令天下后世有道议"。② 万历帝一概不予理会。

礼部只得参照世宗沈贵妃先例,拟定丧礼仪注:皇太子步送至玄武门外,柩车启行,稍作路祭礼,即回宫。由于万历帝的不重视,久久不予卜葬。翁正春鉴于主持礼部事务,责无旁贷,上疏催促,万历帝终于同意由翁正春与太监一起前往天寿山选择吉地,太监以费用过多有意刁难,翁正春勃然大怒:"贵妃诞育元良,他日国母也,奈何以天下俭乎!"③在翁正春的坚持下,才迟迟于万历四十年(1612年)六月初九日将王贵妃的灵柩发引至天寿山,仪式极其简单,皇太子送到玄武门外即止步。一个多月后的七月十七日才安葬,主其事者不过两名侍郎而已。

死去的王贵妃的遭遇,折射出活着的皇太子的景况。王贵妃安葬一年之后,皇太子常洛遇到了心怀叵测者的暗中诅咒,透露出他的地位直到此时仍岌岌可危。

万历四十一年(1613年)六月初二日,一个名叫王曰乾的武弁

---

① 钱一本:《万历邸钞》,万历三十九年辛亥卷。
② 钱一本:《万历邸钞》,万历三十九年辛亥卷。
③ 张廷玉等:《明史》卷二一六《翁正春传》。

(锦衣卫百户)告发奸人孔学等人受皇贵妃郑氏指使,纠集妖人诅咒,谋害东宫皇太子。①

事情的原委大致是这样的:

王曰乾与京师奸人孔学、赵宗舜、赵思圣等因纠纷而互相对簿公堂,未获胜诉。王曰乾便闯入皇城放炮上疏,刑部官员大惊,拟将王曰乾以"禁地放炮"罪论死。王曰乾便告发:"孔学受皇贵妃密旨,行诅咒,谋害东宫。"②

据王曰乾说,有一个大姐,嫁给郑贵妃宫中太监姜丽山,在阜城门外庄上歃血为盟:必报郑贵妃厚恩,要结心腹好汉,共图大事。欲将皇上并皇太子毒死,拥立福王。这年二月,孔学、赵宗舜等人设宴,请妖人王三诏等至家中聚谋,书写皇太后、皇上圣号,皇太子生辰,在学校后花园内,摆设香纸桌案及黑瓷射魂瓶。然后由妖人披发仗剑,念咒烧符,又剪纸人三个,将新铁钉四十九枚,钉在纸人眼上,七天后焚化,收坛相聚,约定在圣母皇太后诞辰前后下手。③

王曰乾的告发奏章呈进后,万历帝愤怒不堪,气冲冲地绕案而行达半日之久。左右近侍见状,惊恐万状,不敢接近。万历帝责问近侍太监:"此大变事,宰相何无言?"内侍见皇上发话,便把早已递进的叶向高奏疏交给皇上。④

叶向高,字进卿,号台山,福建福清人,万历三十五年(1607年)以礼部尚书兼东阁大学士与于慎行、李廷机同时进入内阁。次年十一月,内阁元辅朱赓病故,李廷机升任元辅,但杜门养病,不理

---

① 《明神宗实录》卷五〇九,万历四十一年六月己丑。查继佐:《罪惟录》传卷一三下《叶向高》。
② 查继佐:《罪惟录》传卷一三下《叶向高》。张廷玉等:《明史》卷二四〇《叶向高传》。
③ 文秉:《先拨志始》卷上。
④ 文秉:《先拨志始》卷上。张廷玉等:《明史》卷二四〇《叶向高传》。

阁务,形成叶向高一人"独相"的局面。

万历四十年(1612年)李廷机致仕,叶向高升为元辅。他忧国奉公,每事辄争,对皇太子尤为关注,看了王曰乾的告发奏章后,立即写了奏疏建议皇上冷静处理此事。他在奏疏中写道:"曰乾、孔学皆系京城棍徒,结告刑部事尚未了,又擅入皇城放炮进本。刑部以其禁地放炮,欲拟死罪,遂诪张至此,无所顾惜。此事大类往年之妖书。而妖书出于匿名,无可究治,故难于处置。今告者与被告者人皆见在,法司一审,其情立见。皇上但静以处之,不必张惶。一或张惶,则中外纷扰,其祸将不可言。"①万历帝看了元辅叶向高此番分析,忐忑不安的心稍微有点安定了。

不久,万历帝又收到了叶向高的密揭,重申了上述意见,特别强调王曰乾的奏章千万不可向外泄漏。他写道:"此疏若下,上必惊动圣母,下必惶怖东宫,而皇贵妃与福王皆不自安。……姑且留中,勿行宣布。所有奸徒,当于别疏批出,或另传圣谕。"这道帖子呈进时,已漏下四鼓,深更半夜,万历帝还未就寝,仍在绕着几案踱步。看了叶向高的帖子,如同服了一帖凉药,一下子镇静了下来。少顷,怡然脱口而出:"我父子兄弟得安矣!"②叶向高的处理方式确实高明,大事化小,小事化了,是唯一的上策。如果一旦张扬出去,势必像妖书案那样闹得满城风雨。

第二天,叶向高授意三法司严刑拷打王曰乾,终于使这个危险人物死于狱中。这一原本真假难辨的案件,以不予审理、不加追查、不事张扬的方式加以了结。③ 叶向高不愧老谋深算,采取与妖

① 《明神宗实录》卷五〇九,万历四十一年六月己丑。
② 文秉:《先拨志始》卷上。
③ 钱一本:《万历邸钞》,万历四十一年癸丑卷。文秉:《先拨志始》卷上。查继佐:《罪惟录》传卷二《皇后列传·郑贵妃》。

书案截然不同的处理方法,化险为夷,化有为无。

不过此案或多或少透露出,宫廷中围绕皇太子的争斗,虽然悄无声息,却处处闪现出阴森的刀光剑影,皇太子常洛的日子如履薄冰,如临深渊。

万历四十一年十二月,皇太子妃郭氏病故,出现了一件罕见的怪事:郭氏的灵柩停放在宫中,迟迟不举行丧礼。明眼人一看便知,此事并非一般的灵柩发引问题,它牵涉到按照什么礼仪、什么规格举行的问题,直接关系到皇太子的地位与待遇。凡关心"国本"的有识之士无不为之忧心忡忡。

礼科给事中亓诗教向皇帝上疏,批评了这种不正常事态。他把前几年皇太子母亲(即王贵妃)与皇太子妃子联系起来,指出:"皇太子母葬已有年,而膳田不给,香火无供,忍令坟园之荒废。皇太子妃逝几两载,而葬地不择,灵轓(载运棺柩的车)未发,宁无暴露之感伤?"①

大理寺丞王士昌(字永叔,号十溟,浙江临海人)也上疏对此表示不满:"皇贵妃,育东宫者也,膳田不给;郭妃,配东宫者也,葬地不择。即此数事,皆出人情之外。"②

万历帝却心安理得,对大臣的议论置若罔闻。一直拖到万历四十三年(1615 年)五月,发生了"梃击案",皇太子的境遇引起朝廷上下密切关注之际,万历帝才不得已传谕礼部:"相择皇太子妃郭氏坟地。"③过了一个月,又下旨:"给皇太子母坟户三十名,园地

---

① 钱一本:《万历邸钞》,万历四十三年乙卯卷。文秉:《先拨志始》卷上。
② 钱一本:《万历邸钞》,万历四十三年乙卯卷。文秉:《先拨志始》卷上。
③ 钱一本:《万历邸钞》,万历四十三年乙卯卷。

二十五顷，以供香火。"①

　　这一事态，反映了万历帝对皇太子常洛的冷漠态度。正是由于这种缘故，常洛虽贵为太子，身边的侍卫却只寥寥数人，侍候的宦官多因东宫门庭冷落，托言身体不适，告辞而去。太子所住的慈庆宫一派冷冷清清的景象。这些因素，终于引发了震惊一时的行刺太子的"梃击案"。

　　万历四十三年五月初四日黄昏时分，一个陌生男子，手持枣木棍，闯入慈庆宫。第一道门寂然无人，第二道门只有两名老太监把守，一个约摸七十多岁，另一个约摸六十多岁。这个陌生男子，打伤其中一名老太监，直奔前殿檐下。这时，太子内侍韩本用闻讯，率七八名太监，把凶犯擒获，交与东华门守门指挥朱雄。经巡视皇城御史刘廷元初审，凶犯供称：本名张差，蓟州井儿峪人。然而此人言语颠三倒四，看上去好像疯子。经过再三严刑审讯，张差的供词仍语无伦次，只是说些"吃斋讨封""效劳、难为我"之类不着边际的话。②

　　消息很快传至宫外，京师人情汹汹，纷纷揣测郑贵妃在背后捣鬼。

　　万历帝接到奏报，立即命三法司提审凶犯张差，以廓清是非。

　　刑部郎中胡士相、岳骏声等奉旨审问，张差供称：被李自强、李万仓烧毁供差柴草，气愤之余，于四月间从蓟州来到京城，要赴朝申冤。便在五月初四日手持枣木棍，从东华门直闯慈庆宫门首，

① 文秉：《先拨志始》卷上。
② 钱一本：《万历邸钞》，万历四十三年乙卯卷。《明神宗实录》卷五三二，万历四十三年五月丙午。

打伤守门官,在前殿下被擒云云。胡士相、岳骏声依照"宫殿前射箭、放弹、投砖石伤人律",拟将疯癫闯宫的张差判处死刑。[1]这是一种简单化的处理方式,仅仅把张差以"疯癫闯宫"论处,不追究他是否有幕后指使人,迎合万历帝大事化小小事化了的心意。

众多的官员对此抱怀疑态度,非要追究个水落石出不可。刑部主事王之寀(字心一,陕西朝邑人)的做法,反映了这种倾向。五月十一日轮到他提牢,便到狱中仔细察看案犯的动态。此时,正值狱中散饭。王之寀看见张差年轻力壮,并无疯癫迹象,便在狱中突击提审。张差起先仍不肯从实招供,只是说为了告状撞进宫中,继而又说打死我吧。王之寀怀疑其中大有隐情,便稍稍施加压力,对他说:"实招与饭,不招当饿死!"张差望着边上的饭菜,低头不语。少顷,答道:"不敢说。"王之寀令吏书退去,只留两名狱卒在旁,张差这才招供。

张差说:"蓟州井儿峪人,小名张五儿,父张义,病故。有马三舅(即马三道)、李外父(即李守才)教我跟不知名老公公说:'事成与你几亩地种,够你受用。'老公公骑马,小的跟走。初三歇燕角不知名店铺,初四到京。"

王之寀问:"何人收留?"

张差答:"到不知街道大宅子,一老公与我饭,说:'你先冲一遭,撞着一个,打杀一个,打杀了,我们救得你。'遂与我枣(木)棍,领我由厚载门进到宫门上。守门阻我,我击之堕地。已而老公多,遂被缚。"

张差又说:"不苦不甜,只为老公公好意,死了一遭。"

---

① 谷应泰:《明史纪事本末》,卷六八《三案》。

从张差的供词可知,他是受宫中太监收买,闯宫梃击的。王之寀立即把这些情况启奏皇上,并指出此案的严重性与复杂性。他在奏疏中写道:"太子之势,危于累卵,皇上深居静摄,未见孤危形象。一夫不可狃,况众乎!臣看此犯,不癫不疯,有心有胆,惧之以刑法不招,要之以明神不招,啖之以饭食,始半吞半吐。中多疑似情节,臣不敢信,亦不敢言。"他希望皇上把凶犯押解到文华殿前,朝审一番;或者传谕九卿科道三法司会审,那么真相立见,祸端坐消。①

王之寀揭开了此案幕后活动的隐秘,驳斥了"张差疯癫"的说法,极力主张公开审讯,暴露真相。这与万历帝的主张——大事化小小事化了——大相径庭。万历帝把此疏压下,不予理睬。但是,王之寀审讯的情况,早已流传出去,引起举朝官员议论纷纷。②

大理寺署寺事添注右寺丞王士昌以主管司法事务的身份上疏,对皇上把王之寀的奏疏束之高阁表示不满,惊叹"有此人情乎?"显然是指责皇上对太子太不近人情。案发后,万历帝仅仅批示了"法司提了问"五个字,而未采取果断措施,王士昌对此很有意见,以为"如此冷语,如路人赴诉于不相知者"。无怪乎他在奏疏一开头要长吁短叹:"宸居何地?主器何人?张差何物?敢于持梃突入,如履无人之境。吁,可惧哉!"他还意味深长地说:"种种可疑,不待提牢(王之寀)之疏,已可寒心矣!"③

---

① 以上均见:钱一本:《万历邸钞》,万历四十三年乙卯卷;《明神宗实录》卷五三二,万历四十三年五月戊午;谷应泰:《明史纪事本末》卷六八《三案》;张廷玉等:《明史》卷二四四《王之寀传》。
② 康熙《朝邑县志》卷六《王之寀传》。
③ 钱一本:《万历邸钞》,万历四十三年乙卯卷。文秉:《先拨志始》卷上。《明神宗实录》卷五三二,万历四十三年五月甲子。

王之寀、王士昌二人的上疏，反映了外廷大臣对突发的梃击案这一非常事件的关注，人们不约而同地把怀疑的目光投向了郑贵妃及其兄弟郑国泰身上。慑于郑氏的威势，没有人敢贸然直犯其锋。这种局面迅速被敢于撄逆鳞的陆大受、何士晋打破了。

户部行人司正陆大受（字凝远，常州武进人）上疏，对此案审理中的一些疑点一一提出质问：张差业已招供有内官策应，何不言其姓名？张差既说有街道大宅，何以不知其处？如此等等。他在疏中巧妙地提及，前年他因福王藩封逾额，曾上疏弹劾"奸婉凶锋"，"幸而不验于前日，而验于今日"。① 所谓"奸婉"，暗指外戚郑国泰，意在引而不发。

果然，郑国泰按捺不住，于五月二十日写了一个揭帖给皇上，为自己洗刷。说什么"倾储何谋？主使何事？阴养死士何为？狂悖乱逆非惟心不敢萌，即口亦不敢言，耳亦不忍听矣"；"清明之世，耳目最真，臣似不必哓哓与辩"②。口口声声说"不必哓哓与辩"，其实已经颇为心虚地在为自己辩个不休了，只是越辩越不清，反而欲盖弥彰。

郑国泰的不打自招立即被机敏的工科给事中何士晋（字武莪，常州宜兴人）抓住，穷追不舍。何士晋抓住郑国泰辩词中的破绽，质问郑国泰：陆大受疏内，虽有"前年为藩府庄田直陈大难，身犯奸婉凶锋"等语，不过是借此发端，以明杞人忧天之果验。而语及张差近事，原只追究内官姓名、大宅下落，未尝直指郑国泰主谋。况且当时张差之口供未具，刑部之勘疏未成，郑国泰"岂不能从容

---

① 《明神宗实录》卷五三二，万历四十三年五月辛未。文秉：《先拨志始》卷上。张廷玉等：《明史》卷二三五《陆大受传》。
② 《明神宗实录》卷五三二，万历四十三年五月辛未。

少待，而何故心虚胆战，辄尔具揭，其汲汲于自明可知也"。经过这一番分析，何士晋痛快淋漓地对郑国泰大加鞭笞，层层地剥离其画皮。他写道：

> 目此一揭之张皇，而人遂不能无疑于国泰矣！且据其揭云：倾储何谋？主使何事？阴养死士何为？又云：灭门绝户，万世骂名。又云：事无踪影，言系鬼妖。臣不知谁谓其倾储？谁谓其主使？谁谓其阴养死士？谁谓其灭门绝户？又谁无踪影？谁系鬼妖？种种不祥之语，自捏自造，若辩若供，不几于欲盖弥彰耶！即此揭词之狂悖，而人益不能无疑于国泰矣！

何士晋这种逻辑严密的推理，淋漓尽致地把郑国泰"若辩若供"的面目勾画无遗。于是，他向皇上指出，既然郑国泰如此汲汲于自我申辩，干脆把张差招供的太监庞保、刘成，亲戚马三道、李守才等人，一并交三法司审讯，谁为主谋，谁为助恶，谁为波及，必将洞若观火。

何士晋紧紧揪住郑国泰已经露出来的尾巴，新账老账一起算，率直地指出："人之疑国泰，亦非始于今日也。皇上试问国泰：三王之议何由而起？《闺范》之序何由而进？妖书之毒何由而构？……皇上又问国泰：孟养浩等何由而杖？戴士衡等何由而戍？王德完等何由而锢？"所以他断然判定，今日之疑国泰，又非仅一张差而已，仍恐骑虎难下，一试不效，别有阴谋。①

何士晋虽然没有确凿的证据，但是条分缕析，层层剥离，字字句句直逼郑国泰，使他无地容身，不由人们不信郑国泰与此案有千

---

① 《明神宗实录》卷五三二，万历四十三年五月辛未。钱一本：《万历邸钞》，万历四十三年乙卯卷。张廷玉等：《明史》卷二三五《何士晋传》。

丝万缕的牵连。人们普遍认为，梃击案不是一个孤立的偶发事件，它与先前一系列围绕皇太子的事件若即若离，或许就是诸多环节中的一个环节，亦未可知。正如《明史》所说："时东宫（太子）虽久定，帝待之薄。中外疑郑贵妃与其弟国泰谋危太子，顾未得事端……（张）差被执，举朝惊骇。"①

　　案情逐渐明朗化了。五月二十一日刑部右侍郎张问达（字德允，陕西泾阳人）与有关衙门的官员会审张差。据张差招供，太监庞保在蓟州黄花山修铁瓦殿，马三舅、李外父常往庞保那里送炭。庞保与另一太监刘成商量，叫李外父、马三舅对张差说："打上宫去，撞一个，打一个，打小爷（按：太监称皇太子为小爷），吃也有你的，穿也有你的。"以后，庞保又在京师刘成的住宅中对张差说："你打了，我救得你。"②庞保、刘成是郑贵妃宫中的太监，庞、刘二人插手此事的消息传出，朝廷内外人言籍籍，纷纷议论郑贵妃弟郑国泰恐为幕后指使人。③张问达把审问的情况，奏报皇上，指出：逆犯张差窝主内宫，宅居豢养，主使引导，种种奸谋具悉。只要万历帝表态，便可提审庞保、刘成，案情将大白于天下。然而万历帝毫无动静。张问达一再催促，仍无回音。

　　从五月初四日案发以来，万历帝力图以沉默来淡化此案的政治色彩。到了五月二十六日，迫于外廷大臣的强大压力，万历帝不得不表明态度，不过仍坚持给张差定性为"疯癫奸徒"。他在给内阁的谕旨中说：

---

① 张廷玉等：《明史》卷二四四《王之案传》。
② 钱一本：《万历邸钞》，万历四十三年乙卯卷。张廷玉等：《明史》卷二四四《王之案传》。
③ 张廷玉等：《明史》卷二四一《张问达传》。

　　今春偶尔下部动火，静摄稍可。昨夏突有疯癫奸徒张差，持梃闯入青宫，震惊皇太子，吓朕恐惧，身心不安……已传本宫添人守门，门防不时卫护。连日览卿等所奏宫闱等事，奸宄叵测，行径隐微，既有主使之人，即着三法司会同拟罪具奏。毋得株连无辜，致伤天和……①

　　第二天（即五月二十七日）万历帝又传谕刑部，再次明令司法机关将张差梃击案定性为"疯癫奸徒，蓄谋叵测"。仅仅是一桩疯人闯入宫廷的孤立事件，不得"连及无辜"，万历帝企图极力将此案不了了之。

　　事情并没有那么简单。王之寀、何士晋的奏疏一出，举朝哗然，谴责外戚郑国泰有专擅之嫌。郑贵妃当然难以辞其咎，惶惶不可终日，哭诉于皇上。皇上命郑贵妃向皇太子表明心迹。太子常洛为人忠厚，心慈手软，听了郑贵妃的辩解，也不想把事情闹大，便恳请父皇召见群臣，当众判明是非曲直。另一方面，万历帝多次要常洛向廷臣表态，一向胆小怕事的常洛对此案牵连郑贵妃感到恐惧，期望迅速了结此案。②

　　五月二十八日早晨，司礼监掌印太监李恩传达皇上谕旨，召见内阁辅臣、六部五府堂上官以及科道官。先是通知在文华门召见，后改为宝宁门，待辅臣方从哲（字中涵，浙江德清人）、吴道南（字会甫，江西崇仁人）及文武官员陆续到来时，文书官把他们引到慈宁

① 钱一本：《万历邸钞》，万历四十三年乙卯卷。
② 张廷玉等：《明史》卷二四四《王之寀传》。谈迁：《国榷》卷八二，万历四十三年五月癸酉。

宫门外。在内侍的导引下,众官员们到慈圣皇太后灵前行一拜三
叩头礼①,礼毕后,退于阶前跪下。身穿白袍头戴白冠的万历帝,
在檐前倚左门柱西向而坐,皇太子身穿青袍头戴翼善冠侍立于父
皇右边,皇孙、皇孙女四人一字儿雁行立于左阶下。文武百官班列
至御前叩头,万历帝连声呼唤他们上前,方从哲、吴道南等人跪在
地上以膝移动,离开皇上御座仅数步之遥。

这时,万历帝开始说话:"朕自圣母升遐,哀痛无已。今春以
来,足膝无力。然每遇节次朔望忌辰,必身到慈宁宫圣母座前行
礼,不敢懈怠。昨忽有疯癫张差闯入东宫伤人,外廷有许多闲说。
尔等谁无父子? 乃欲离间我耶! 适见刑部郎中赵会桢所问招情,
止将本内有名人犯张差、庞保、刘成即时凌迟处死,其余不许波及
无辜一人,以伤天和,以惊圣母神位。"②

万历帝又说:"朕思皇太子乃国家根本,素称仁孝,今年已三十
四岁,如此长大,朕岂有不爱之理! 且诸皇孙振振众多,尤朕所深
喜。奈何外廷纷纷疑我有他意。且福王既已之国,去此数千里,自
非宣召,彼岂能插翅飞至?"③说罢,便举起皇太子的手对下面的群
臣说:"此儿极孝,我极爱惜。"④

慈宁宫门一片肃静,官员们正在侧耳聆听皇上的训示。突然
冒出了一名官员的大声言语:"天下共仰,皇上甚慈爱,皇太子甚慈
孝……"原来是跪在后班的御史刘光复(字敦甫,号贞一,晚号见
初,池州青阳人)在启奏,鸦雀无声中,人们听得清清楚楚。只是万

---

① 慈圣皇太后于万历四十二年二月初九病逝。
② 《明神宗实录》卷五三二,万历四十三年五月癸酉。谷应泰:《明史纪事本末》卷六八
《三案》。
③ 《明神宗实录》卷五三二,万历四十三年五月癸酉。
④ 谷应泰:《明史纪事本末》卷六八《三案》。

历帝久病体虚,长期头晕目眩使他听觉大打折扣,听不真切,便打断刘光复的话,侧过身来向身边的近侍询问:"所语云何?"因为刘光复先前曾上疏请罢宫市,遭太监们忌恨,这时近侍太监故意歪曲刘光复的原意,回复皇上说:"渠言愿皇上慈爱皇太子。"万历帝一听大为震怒,他对外廷大臣关于梃击案的议论早已不满,乘机发泄了出来,大声申斥道:"内廷慈孝,外廷妄肆猜疑,迹涉离间。"执拗而迂腐的刘光复遭到皇上申斥,仍大声讲话不止,万历帝几次意欲阻断,他充耳不闻,继续喋喋不休,非要把话讲完不可。万历帝气愤得脸色发白,连叫:"锦衣卫何在?锦衣卫何在?锦衣卫何在?"竟无人答应,便命内侍将他缚下,押往朝房候旨。①

　　阁臣吴道南自从登第以来,从未见过皇上如此震怒,一时惶怖失措。倒是方从哲显得沉稳,赶忙为刘光复开脱,叩头说:"小臣无知妄言,望霁天威。"并乘机奏请皇太子讲学为当今急务。万历帝说:"此等大事,朕岂不知!近因有圣母之服,不便举行。"便指着自己所穿白袍对群臣说:"你每看我所穿何服?"此时,皇上的怒气似乎稍稍消解了一点,他拉起皇太子的手问道:"你每都看见否?如此儿子,谓我不加爱护,譬如尔等有子如此长成,能不爱惜乎?"说罢,又命内侍把皇孙、皇孙女四人从阶下引上石级,让各位大臣仔细瞧一瞧。文武百官们抬眼望去,只见皇孙们都着圆帽青服,南向拱立。

　　万历帝接着说:"朕与皇太子天性至亲,祖宗圣母俱所深鉴。小臣恣意妄言,离间我父子,真是奸臣。"这几句话,他再三重复,脸色又显得严厉起来。

　　方从哲叩头回话:"诸臣岂敢如此?"

---

① 钱一本:《万历邸钞》,万历四十三年乙卯卷。谷应泰:《明史纪事本末》卷六八《三案》。文秉:《先拨志始》将事此记为五月初五日,误,应为五月二十八日。

万历帝终于把话题转到今天召见群臣的宗旨上,当众宣布:"疯癫奸徒张差闯入东宫,打伤内官,庞保、刘成俱系主使。"这就为梃击案定了调子:凶犯张差是疯癫之人,主使人只追究到庞保、刘成为止。接着又宣布了处理决定:"今只将疯癫张差、庞保、刘成三人决了(处决),其余不许波及,恐伤天和,震惊圣母灵位。"

万历帝转过脸来对皇太子说:"尔有何话,与诸臣悉言无隐。"

皇太子生性温顺孝敬,顺着万历帝的思路说:"似此疯癫之人,决了便罢,不必株连。"

稍停,皇太子又说:"我父子何等亲爱,外廷有许多议论,尔辈为无君之臣,使我为不孝之子。"

万历帝接口,向群臣问道:"你每听皇太子说,尔等离间,为无君之臣,将使我为无父之子乎?"便以目光示意方从哲赶紧回话。

方从哲立即叩头承旨,说:"圣谕已明,人心已定,望皇上毋以此介怀。"

在万历帝看来,这次召见群臣是一个极好的机会,以表明他们父子之间亲密无间,破除外间的种种谣传。他兴致很高,竟一反常态地屡次要近侍转告守门太监,让迟到的官员都放进无阻。迟到的官员涌进来,跪在后面踵趾相错,十分拥挤,队形也变得向右面倾斜。在结束召见之前,万历帝再次抚摸皇太子的头,向迟到的官员们问道:"尔等俱见否?"官员们应声俯伏道谢。在官员们起身告辞时,万历帝把头转过去对方从哲叮嘱道:"速作谕来,无误批发。"[1]

这些官员在退出慈宁宫宫门时,个个受宠若惊,从来没有如此

---

[1]　以上均见:《明神宗实录》卷五三二,万历四十三年五月癸酉;谷应泰:《明史纪事本末》卷六八《三案》;张廷玉等:《明史》卷二四四《王之寀传》;刘光复:《刘见初先生集》附录,刘荫祚《见初府君行状》。

近在咫尺地一睹皇上天颜,聆听皇上圣谕。虽然后班官员口语杂沓,视听骇乱,听得并不十分清晰,但退出之后莫不欢欣鼓舞,以为是"四十年来未有之盛事"①。

　　方从哲回到内阁,遵照皇上刚才的叮嘱,草拟了一份谕帖呈上。万历帝阅后,稍作修改,增注数语,便发出:"谕三法司:……见监疯癫奸徒张差,即便会官决了。内官庞保、刘成着严提审明,拟罪具奏另处。其本内马三道等,的系诬攀之人,斟酌拟罪来说。此外不许波及无辜,震惊圣母神位……"②

　　次日,方从哲和吴道南还就刘光复事件上疏皇上,极力为之转寰。方、吴二人在疏中指出,由于张差闯宫,引起外廷章奏烦多,妄加猜测。而皇上待皇太子是天性至情,真诚笃至,可以质天地、对祖宗,心可得而盟,口不可得而言。皇上不必因一二官员语言过激,便疑其为离间,斥其为怀奸。昨日召见时,臣等尚未奏对,不料有御史刘光复越位妄言。臣等独念刘光复身为言官,语虽不择,言实无他。希望皇上释其狂愚,曲垂宽宥。

　　万历帝哪里肯在这个问题上让步,他要用刘光复杀鸡儆猴,警告言官们不要再在梃击案上做什么文章,便降下一道谕旨:"御史刘光复在慈宁宫圣母几筵前高声狂吠,震惊神位,着锦衣卫即拿送刑部,从重拟罪具奏。"③对阁臣的宽宥请求置之不理。不过,从万历帝的立场而言,不如此不足以堵塞外廷的猜测、议论,如果听任他们放胆进言,势必由郑国泰牵扯到郑贵妃,那还了得!

① 《明神宗实录》卷五三二,万历四十三年五月癸酉。
② 《明神宗实录》卷五三二,万历四十三年五月癸酉。
③ 钱一本:《万历邸钞》,万历四十三年乙卯卷。

既然皇上要刑部对刘光复从重拟罪，刑部不敢怠慢，经过审理，拟以"擅入仪仗律，应罚杖赎镪"①。万历帝以为判处杖刑太轻，应该按照"不大敬"律，处以死刑，但念及天下大旱，改为监候处决。不久，又改为由刑部、都察院重审。旋即又将他释放出狱。②几天之内数变，着实令人费解。其实也不奇怪，万历帝之所以要从重惩处刘光复，不过借此威慑群臣而已。既然关于梃击案的议论已经平息，刘光复便可不予追究，以免再生枝节。正如文秉所说："盖神庙特恶琐聒，借一警百，而实无深怒也。"③

关于梃击案的处理，也发生了微妙变化。万历帝在二十八日召见群臣时，明确宣布：将张差与庞保、刘成一并处死。回宫后，突然变卦，他把方从哲草拟的谕帖加以修改，要三法司处决张差一人，太监庞保、刘成由三法司严提审明后再拟罪。④

第二天，即五月二十九日，张差以凌迟处死。对于这种处理方式，夏允彝评论道："张差处分之法，不过始则严讯之，继则以二珰（庞保、刘成）及（张）差结局，所谓化大事为小事也。"⑤确实一语道破天机！

五月三十日，皇太子为了息事宁人，前往乾清宫向万历帝请安之后，郑重其事提出："庞保、刘成原系张差疯癫奸徒疯口扳诬，若一概治罪，恐伤天和。方今亢旱不雨，父皇思之。"这一席话，对万历帝来说，是求之不得的，他立即把皇太子的建议转告内阁辅臣，

① 文秉：《先拨志始》卷上。
② 刘光复：《刘见初先生集》附录，刘荫祚《见初府君行状》。
③ 文秉：《先拨志始》卷上。
④ 钱一本：《万历邸钞》，万历四十三年乙卯卷。《明神宗实录》卷五三二，万历四十三年五月癸酉。
⑤ 夏允彝：《幸存录》（不分卷）之《门户大略》。

并示意要司礼监会同三法司在文华门前重新审问庞、刘二犯。在紫禁城内的文华门前会审犯人,实属罕见,而且又要司礼监太监插手其间,其意图是很明显的,让三法司感受到宫廷的压力,宣判庞、刘二犯无罪,意味着张差背后并无主使之人。

三法司遵旨在文华门前与司礼监一起会审庞保、刘成。此时,张差已处死,人证消失,庞、刘二犯有恃无恐,矢口否认与张差的关系。只招供庞保原名郑进,刘成本名刘登云,其余一概不承认。正在审讯时,传来了皇太子的谕旨,强调指出:"本宫反复参详,庞保、刘成身系内官,虽欲谋害本宫,于保、成何益?料保、成素必凌虐于(张)差,今差故肆行报复之谋,诬保、成以主使之条。本宫体念人命至重,造逆何等重大事情,岂可轻信仇口,株连无辜!"要求会审官员以仇家诬陷从轻拟罪。[①] 明眼人一看便知,这话虽出于皇太子之口,传达的却是万历帝的意思,显然是想将此案进一步大事化小、小事化了,以杀一张差了事。因为庞保、刘成是郑贵妃翊坤宫的有权太监,此二人的主使之罪难以成立,郑贵妃与此案便毫无关系可言了。

署理刑部事务的右侍郎张问达不甘心如此草率了事,他鉴于会审还在进行之中,上疏申辩:今张差已死,庞、刘二囚容易抵赖掩饰,且文华门是尊严之地,不便动用刑具,难以审得实情。庞、刘二囚的供词不足为据,张差虽死,但其供词具在。庞、刘确系同谋,马三道也有供词在案,岂可对庞、刘从轻发落!况且日前皇上在慈宁宫召对时,曾面谕三犯一并处决,煌煌天语,举国共闻。如不严审,二囚怎肯招认!既不招认,又何从正法?祖宗二百年来,从未

---

① 钱一本:《万历邸钞》,万历四十三年乙卯卷。张廷玉等:《明史》卷二四一《张问达传》。

有过罪犯未经法司审讯,便令拟罪之事。① 平心而论,张问达的话句句在理,但此时又何济于事! 未审之前,结论早已决定了。

六月初一日,司礼监掌印太监李恩向刑部传达皇上谕旨:"郑进、刘登云原系张差所供,名字不对。前者,皇太子在朕前悉言的系诬口诬扳。今司礼监回奏,二犯招词亦异。明系妄供无实,难以凭据。且皇太子屡数面奏,的系诬攀,不必再问,恐伤天和。昨皇太子又复行奏请,着与马三道等一体斟酌,遵行拟罪来奏……"②显而易见,万历帝已为会审下了结论,何况审讯又在宫内进行,一切都在严密监视之下。这种徒具形式的会审搞了五次,庞、刘二犯一口咬定不认识张差其人。万历帝唯恐三法司要求将二犯移至宫外审讯,节外生枝,便授意太监把庞、刘二犯秘密处死。事后又扬言,天气炎热,庞、刘二犯被严刑拷打致死。其实,从张问达的奏疏可知,在文华门审讯,根本不能动用刑具,更不可能严刑拷打致死。庞、刘之死,完全是有预谋的杀人灭口。

关于这一层,《罪惟录》说得很清楚:"……时(郑)贵妃甚恐,上令诣太子自解。贵妃拜,太子亦拜,且泣,上亦掩泣。因内毙(庞)保、(刘)成二珰,以灭迹。"③《明史》亦如是说:"帝以二囚涉郑氏,付外廷,议益滋,乃潜毙于内,言皆以创重身死。"④

梃击案至此总算草草了结。三名要犯,一死于刑场,众目睽睽

---

① 张廷玉等:《明史》卷二四一《张问达传》。多年之后,叶向高为撰写《明实录》,曾向张问达探询张差事件的虚实,张问达说:"谋逆事真,(王)之寀所发觉,无一不实。某当时谳奏,皆与之同。"叶向高又问:"疯癫云何?"张问达说:"此饰词也。安可梃人宫门而称疯癫者。"《明实录》稍采其说,不过措词委婉(谈迁:《国榷》卷八二,万历四十三年五月癸酉)。
② 钱一本:《万历邸钞》,万历四十三年乙卯卷。
③ 查继佐:《罪惟录》传卷二《皇后列传·郑贵妃》。
④ 张廷玉等:《明史》卷二四一《张问达传》。

之下;另两名则死于宫内,给人们留下了一片疑云。然而,已死无
对证,查无实据了。不过庞、刘二人的被灭口,恰恰暴露了当事者
心虚的一面。蛛丝马迹,已无可掩饰。据说,张差临刑前,颇感冤
屈,以头抢地,喊道:"同谋做事,事败独推我死,而多官竟付之不
问。"殊不知,内朝外廷的良苦用心,"借疯癫为调护两宫之计,自是
臣子至情至理"①。在毫无法制可言的时代,一切得以朝廷的利害
得失为准绳,供词、证据、法理,都可抛到九霄云外,不独此案为然。

四、福王常洵

　　常洵生于万历十四年(1586年)正月初五日,是万历帝的第三
子(因次子常溆夭折,常洵实为次子)。万历帝宠爱常洵的生母郑
氏,特进封为皇贵妃,地位凌驾于长子常洛的生母王氏之上。此
后,朝廷内外围绕册立长子还是册立三子为皇太子的问题,展开了
旷日持久的争议。

　　万历二十九年(1601年)万历帝迫于外廷舆论,册立长子常洛
为皇太子,而封常洵为福王,矛盾并未消失。万历帝在两个儿子之
间厚此薄彼的倾向,仍不时地流露出来。

　　万历三十一年(1603年),万历帝忙于为十八岁的福王操办婚
礼。这年十一月,万历帝鉴于福王婚礼日期迫近,钱粮亟缺,十分
恼怒,下令查责户部有关司官,意欲严惩。户部赶紧向皇上报告,

———————
① 文秉等:《先拨志始》卷上。

准备把通州粮厅的随粮轻赍银(漕粮的折色)积存的二万四千八百
余两银子,全部拨为福王采办婚礼之用,这才免去了有关司官的处
分。① 然而福王婚礼费用岂是二万多两银子就可应付的,户部感
到为难,向皇上提出,因为福王婚礼费用无从支给,请求稍加裁减。
万历帝不同意。户部只得请求向宫中老库暂借五万两,发给商人
限期采办婚礼用品。②

　　关于福王府邸的内部装修及一应家具等物品,由工部负责。
万历帝却提出将这一切全部折价,要工部向福王府支付现金。工
部以为物件折价不便计算,况且福王府又增开了雇佣工匠三万二
百余工,狮子大开口,大大超过潞王婚礼的规格,如果折价,定是一
笔庞大的开支。于是,向皇上建议,不必折价,因为雇工营造的不
过是桌、凳、厨、柜及杂用器皿之类,完全可以从工部营缮司所属机
构中取用,至于所需丝绵、铜铁、朱漆等,也可以从工部所属仓库中
取用。少量必须采购的物品,工部可以责令殷实铺商限期办妥。
但是,万历帝不同意,仍坚持要工部支付折价银两。③ 目的显然是
想多榨取一点婚礼费用。

　　大操大办的结果,福王婚礼的费用竟高达白银三十万
两。④ 这是一个创纪录的数字。万历六年(1578 年)万历帝自
己的婚礼费用,不过白银七万两。万历十年(1582 年)潞王朱
翊镠(万历帝同母弟)的婚礼费用已经超过此数,达白银八万余
两。据说皇太子常洛的婚礼费用超过万历帝婚费一倍,那也不

① 《明神宗实录》卷三九〇,万历三十一年十一月癸丑。
② 《明神宗实录》卷三九〇,万历三十一年十一月癸亥。
③ 《明神宗实录》卷三九〇,万历三十一年十一月壬戌。
④ 张廷玉等:《明史》卷一二〇《诸王传》。谈迁:《国榷》卷七九,万历三十二年正月
　 己巳。

过十余万两。① 万历二十三年(1595年)万历帝为长公主下嫁,用去白银十二万两。万历三十六年(1608年)万历帝的七公主下嫁,他向户部等衙门宣索白银数十万两,户部尚书赵世卿(字象贤,号南渚,山东历城人)援引以往惯例力争,万历帝同意减去三分之一。赵世卿上疏再争,他指出,陛下大婚只用七万两,长公主下嫁只用十二万两,希望陛下再裁减,以仿长公主之例为好。万历帝不得已,同意按长公主先例,开支十二万两。② 可见福王婚费三十万两,是一个惊人的数字。在万历帝眼中,常洵与其他子女相比,明显高出一头。

在福王婚礼举行之前③,万历帝就指示户部,每年支给福王禄米三千石。④ 这是一个不小的数字,明朝开国元勋诚意伯刘基的岁禄不过二百四十石。对此,福王不满足,婚后授意福王府办事官员开辟生财之道,在崇文门外开设皇店一座,招徕进京商人货物车辆住宿,每年约可收得店租一万四千两银子。户部尚书赵世卿表示不能同意,他指出,福王府开设皇店征收房租、牙钱,与潞王府的先例不同,何况商人住宿安店,一夕之租有限,全年收入必不能达到一万四千两之数。如果勒掯重科商贾,一旦罢市,那么崇文门这个商业闹市原先的税收将一并丧失。万历帝当然是支持福王的,对户部尚书赵世卿这种合理的主张,反不以为然,回复说:福王府开皇店收取店租、牙钱,是他特别批准的破例举措。既然户部说难

---

① 《国榷》卷七九,万历三十年二月丙子条说:"皇太子婚……费二百万有奇,倍上婚时。""二百万"云云,实属无稽之谈。
② 张廷玉等:《明史》卷二二〇《赵世卿传》。
③ 福王于万历三十二年正月十六日举行亲迎礼,正月十八日举行合卺礼。
④ 《明神宗实录》卷三九一,万历三十一年十二月丙戌。

以收入一万四千两,那么可派出司官会同福王府办事官员一起查勘明白,不必拘泥于原先提出的一万四千两之数,酌量征收,但务必供福王府支配。①

福王的藩封地在河南洛阳,结婚后,理应前往洛阳。万历帝与郑贵妃虽不愿意福王去洛阳,但洛阳的福王府必须动工兴建。这一事情拖到了万历三十四年(1606年)二月,万历帝才发出谕旨,他传谕礼部、工部:"朕第三子福王出府成婚有年,宜遵祖制分封,预建藩府。"②这年十月,工部主事房楠、内官监太监孔宠前往河南洛阳,督造福王府第。③

福王府的营建工程进展缓慢,也许是有意拖延时间,亦未可知。因此,当万历三十九年(1611年)正月内官监太监陈永寿向皇上报告工程进展缓慢时,万历帝虽然表示要朝廷内外官会同地方官,"上紧兴工盖造,不得稽延"④,但内心并不希望工程过快。这个慢吞吞的工程,直到万历四十年四月才告完成。据说,这一工程花费白银四十万两,超过了潞王府一倍⑤,超过一般王府十倍。⑥

既然洛阳福王府已经造好,照理福王应该立即从京师前往洛阳就藩,当时称为"之国"。廷臣们考虑到以往皇太子的地位多次受到福王的潜在威胁,极力主张福王尽快赴洛阳,有关这方面的奏疏源源不断地送到万历帝那里。万历帝只是一味拖延。

万历四十一年(1613年)四月,兵部又一次就"藩封屡请无期",提请皇上尽快办理。万历帝终于被迫降下一道谕旨:"亲王之

---

① 《明神宗实录》卷三九三,万历三十二年二月癸巳。
② 钱一本:《万历邸钞》,万历三十四年丙午卷。
③ 钱一本:《万历邸钞》,万历三十四年丙午卷。
④ 钱一本:《万历邸钞》,万历三十九年辛亥卷。
⑤ 谈迁:《国榷》卷八一,万历四十年四月戊辰。
⑥ 张廷玉等:《明史》卷一二〇《诸王传》。

国,祖制在春,今已逾期,明春举行。"①虽然已经明确宣布,福王之
国的日期定于明年春季,但此后整整一年,万历帝与廷臣一直在福
王之国问题上纠缠不休。

　　辟头就在福王府的"养赡地"数量上设置障碍。万历四十一
年五月,福王再次向皇上奏请养赡地四万顷。须得四万顷养赡
地,才能去洛阳。万历帝本人也有这个意思。他在福王的奏疏
上批示道:"览王所奏,比例请给养赡地土,前已屡有明旨,着照
景(王)、潞(王)二府事例拨给。今经已久,该地方官尚尔不遵,
推诿支调,稽误大典。尔部里还行文与河南、山东抚按等官,即
于各地方细查各府所遗及应拨地土,务足四万顷之数,不得将荒
芜搪塞。着归今府(福王府)自行管业,以资养赡。还着上紧作
速具奏,不许再行迟延。"②四万顷良田不是一个小数目,万历帝把
它作为福王之国的一个前提条件提出来,未免带有一点要挟的
意味。

　　内阁元辅叶向高早已对皇上在福王与太子之间厚此薄彼,并
且迟迟不让福王之国,有所不满,写了一道长长的奏疏向皇上劝
谏。他首先指出:皇太子的讲读已停了八年,长期不能受到皇上
召见。而福王却可以每月两次进宫谒见,人所共知,亲疏如此悬
殊,已使外廷产生猜疑。现在又让福王留滞迁延,久不之国,致使
巷议私谈,奸言恶语,蔓延无已。因此,他希望皇上不要再拖延时
日,从速备办此事,一了百了。接着,他把话题转到福王养赡地四

---

①　钱一本:《万历邸钞》,万历四十一年癸丑卷。
②　钱一本:《万历邸钞》,万历四十一年癸丑卷。

万顷一事上,一针见血地说:"外间议论,方谓福王借此极难题目,以缓之国之期。"①这是问题的要害所在。他接着说:"如田顷足而后行,则之国何日?"②

万历帝看了叶向高的奏疏,并无一点自责之意,反而百般强调:

> 福王之国所请养赡田土并钱粮等项,乃祖宗所赐,既有成例,非今创为。奉旨已久,尚无一备,何以之国!……且亲王分封,养赡田土有前例可比,又无额外加增,今该地方官不能仰承德意,清查拨给,徒务烦言,阻挠大典,甚非国体……③

万历帝的这种态度引起了官员们的普遍不满。礼部右侍郎孙慎行(字闻斯,号淇澳,常州武进人)就此事上疏指出:福王之国,虽说明春举行,但现已过了两月有余,还不确定动身日期。而庄田(即养赡田)四万顷,却屡屡催取。祖宗朝藩王庄田没有超过千顷的,现在奏讨四万顷。这还不够,要由福王府自行征收田租,这是祖宗制度所严禁的。臣等一次谏诤不能奏效,将终年谏诤。因为这并非田土小事,而关系到祖宗典制。臣不愿皇上初次封子,就发生如此骇人听闻的事。④ 他还强调指出,养赡田土与福王启行是两码事,"两不相干涉"。如果一定要等到田土数额凑足才能启行,那么当年潞王启行时,仅得养赡田土一千七百顷,以后才逐渐凑足一万二千顷。潞王在拿到了奏讨数的六七分之一时,就启行就藩,

---

① 钱一本:《万历邸钞》,万历四十一年癸丑卷。
② 谈迁:《国榷》卷八二,万历四十一年五月辛未。
③ 钱一本:《万历邸钞》,万历四十一年癸丑卷。《明神宗实录》卷五〇九,万历四十一年六月庚寅。
④ 钱一本:《万历邸钞》,万历四十一年癸丑卷。张廷玉等:《明史》卷二四三《孙慎行传》。

福王为何不可。①

户科给事中官应震(字东鲜,号旸谷,湖广黄冈人)上疏建议,鉴于福王庄田四万顷势难凑足,希望皇上先宣布明春之国日期,再渐次清查以定庄田数额。另一给事中姚宗文则建议,不如皇上从内帑储蓄中拨出一笔赏赐,使福王不必费心经营,便可坐享安富之实。②万历帝一概置之不理。

河南巡抚李思孝也上疏指出,要凑足四万顷之数有困难,如果一定要照办,福王之国日期势必拖延。这正是万历帝希望看到的结局,因此他要户部行文河南、湖广等处巡抚、巡按,务必凑足四万顷,而且由福王府自行征收田租、自行管业。③这分明是在故意刁难了。

由于在京官员及河南、湖广地方官员的一致反对,万历帝不得已作了一点让步。在十一月间传谕户部:"既辅臣等所奏四万(顷)之数难于取盈,姑准量减一万(顷),以称朕体位元元至意。其三万(顷)之数,你该部即行文与三省(河南、湖广、山东)抚按官,务要上紧查给相应田土三万顷,定立界址,册送本府(福王府),照潞王例,自行管业,不许仍前支吾塞责。"④三万顷仍难以凑足,以后又减为二万顷,由河南、湖广、山东三省分摊:河南一万一千二百一十顷,其余部分由湖广、山东承担。山东上报了一千二百八十一顷,还缺一千二百零三顷;湖广四千四百八十五顷,无从着手,巡抚董汉儒(字学舒,大名开州人)奏请以一万两银子折抵田租。⑤

---

① 《神宗显皇帝留中奏疏汇要》礼部类卷一,孙慎行《题为行期渐迫定吉宜颁等事疏》。
② 《明神宗实录》卷五一〇,万历四十一年七月丁巳。
③ 钱一本:《万历邸钞》,万历四十一年癸丑卷。
④ 钱一本:《万历邸钞》,万历四十一年癸丑卷。
⑤ 钱一本:《万历邸钞》,万历四十二年甲寅卷。张廷玉等:《明史》卷二五七《董汉儒传》。

福王养赡地已渐趋解决,离京赴豫的日期也已迫近。不料郑贵妃又节外生枝,企图借慈圣皇太后之口拖延行期,扬言要让福王参加万历四十三年(1615年)慈圣皇太后的稀龄大寿庆典之后,才去河南。

内阁首辅叶向高得知此事后,郑重其事地对皇上说:"外廷喧传皇上欲借圣母贺寿,以留福王。是贺寿不真,而留王真。(王)曰乾之妖变可畏也。"叶向高从万历四十一年六月发生的妖人欲加害皇太子事件引出教训,鼓动皇上尽快促成福王启程。万历帝权衡利弊得失后,不得不维持原先宣布的明春(万历四十二年三月)之国的原议。郑贵妃十分恼怒,派人对叶向高说:"愿以爱东朝(太子)之余,稍及福(王)。"叶向高正色回答:"此乃所以善(福)王也。皇上春秋高,乘此时就国,宫中乞请,无不得。"郑贵妃听了为之语塞。①

慈圣皇太后深明大义,她根本不同意郑贵妃要让福王留下贺寿的主张,拒绝了通路子的寿礼,巧妙地回绝了郑贵妃挽留福王的口实,对郑贵妃说:"吾潞王(太后之子)可宣来寿否?"②十分巧合的是,万历四十二年二月初九日,慈圣皇太后病逝,并未活到稀龄大寿之日,这才堵塞了福王拖延离京日期的最后途径。

万历四十二年三月二十四日,福王终于离京赴河南。据说在临行十天前,郑贵妃还企图阻拦福王之国。这种无理取闹,使万历帝也感到忍无可忍,勃然大怒,大声叱责说:"予复何颜对外廷更易!"郑贵妃才噤不敢声。③

福王常洵带着巨额金银财宝依依不舍地离京赴豫。据《明史》

①　查继佐:《罪惟录》传卷一三下《叶向高传》。
②　钱一本:《万历邸钞》,万历四十一年癸丑卷。
③　钱一本:《万历邸钞》,万历四十二年甲寅卷。

说:"先是,海内全盛,帝所遣税使、矿使遍天下,月有进奉,明珠异宝文罽锦绮山积,他搜括赢羡亿万计。至是,多以资常洵。临行,出宫门,(帝)召还数四,期以三岁一入朝。"①

为了搬运福王府的财产,光用于芦席、车辆方面的开支就达白银三万四千两,其中一万四千两从户部、工部事例内动支,二万两从太仆寺借支。②

福王之国,排场之大令人瞠目结舌:一支由一千一百七十二艘船组成的船队,载着福王府一干人等及大量金银财宝,由一千一百名士卒护卫,浩浩荡荡向河南洛阳进发,好不威风凛凛!想当年,宣德年间,郑王、淮王、荆王、庆王、梁王等五王之国,各备船只三百艘。成化年间,德王、秀王、吉王、崇王、徽王等五王之国,各备船只七百艘;兴王、岐王之国,各备船只九百艘。隆庆年间,潞王之国时,不过船只二百四十八艘。福王的规格凌驾于以往所有藩王之上。③

福王常洵总算离开了京师,对皇太子常洛而言不啻是一个福音。谈迁说:"宠王就国,中外交为东宫幸,如释重忧。"④一语道破了福王之国在当时的政治含义。

福王抵达洛阳后,依仗皇上的宠爱,飞扬跋扈,颐指气使。下车伊始,继续奏讨养赡田地的田租。为此,福王府派出官员四出清丈田地,逼迫佃户交纳银两。地方官为维持社会秩序,力图阻挠福王府清丈田地、直接向佃户征租,遭到万历帝的申斥:

---

① 张廷玉等:《明史》卷一二〇《诸王传》。
② 钱一本:《万历邸钞》,万历四十一年癸丑卷。
③ 谈迁:《国榷》卷八二,万历四十二年三月丙子。《国榷》卷八二,万历四十一年九月辛未条说,福王这些封田早已集结于通州湾待命,"候久资竭,人多苦之"。
④ 谈迁:《国榷》卷八二,万历四十二年三月丙子。

福王奏讨养赡田地，比有秦（王）府等府自行征收管业事
例，屡有明旨。今既报完送府，本府理宜差官查丈收掌，以为
子孙永远之业。如何各官不谙事体，恣肆抗违，不容清丈，却
又阻挠佃户交纳银两……①

福王奏讨的养赡田，虽未达预定之数，但已大大超过中原地区
已有诸王的庄田规模。据万历四十三年七月户部所提供的资料，
中州诸王的钦赐庄田如下②：

周王	5 200 顷
赵王	990 顷
唐王	140 顷
郑王	380 顷
崇王	8 500 顷
伊王徽王	3 000 顷

只有潞王破例，获得养赡田土 12 000 余顷。③ 可见福王的 2
万顷确实是"迥逾常格"④了。

据山东巡按马孟祯（字泰符，安庆桐城人）报告，福王府办事官
员打着奉旨的旗号，前往山东所属府州县清丈养赡田土，并征收钱
粮。自从矿税煽祸，太监四出，人心怨恨还未停息，现在，"亲藩之
虎狼复飞而食肉，河南、山东业已见告矣。然而犹未已也。讨芦
洲，计必有清查芦洲之官；讨故相（张居正）田地，计必有清查故相

---

① 钱一本：《万历邸钞》，万历四十二年甲寅卷。《明神宗实录》卷五一七，万历四十二
　　年三月辛巳。
② 钱一本：《万历邸钞》，万历四十三年乙卯卷。
③ 《神宗显皇帝留中奏疏汇要》礼部类卷一《孙慎行疏》。
④ 钱一本：《万历邸钞》，万历四十三年乙卯卷。

田地之官;货卖食盐,计必有货卖食盐之官;下至马店、山厂、竹木等厂,计必有群小假威福而肆咆哮。举江北半壁之天下,尽属藩使之鱼肉"①。

据河南巡抚梁祖龄报告,福王府派出伴读官、指挥等人,"出勘汝州等地亩租银,要加伍征收,将地方(官)周化、鲁国臣打死。各佃户闻风畏惧,有垒门而逃者,有拆屋而去者,四境军民奔逃殆尽"②。

福王除奏讨养赡地之外,还向皇上奏讨长江自江都至太平沿岸荻洲杂税,以及四川盐井、榷茶银,归其征收。其中最为厉害的是奏讨淮盐三千引,在洛阳等地开店出售,中州原来食用河东盐,一律改食淮盐,并且颁布禁令:非福王府出售的淮盐不得买卖。不仅食盐之利尽入福王府,而且河东盐引遭到遏止,边防军的军饷由此而短缺。③

万历帝纵容福王肆意搜刮钱财的同时,又给他政治上优于其他藩王的特权。当时万历帝深居宫中,群臣章奏多不批阅,独福王府的信使"一日数请,朝上夕报可","四方奸人亡命,探风旨,走利如骛"。④

福王是个酒色之徒,"日闭阁饮醇酒,所好惟妇女倡乐"⑤。这一点,酷似乃父,而且体态的肥胖,二人亦维妙维肖。不过,他后来死于李自成的刀下,恐怕是万历帝始料不及的。

---

① 钱一本:《万历邸钞》,万历四十二年甲寅卷。
② 钱一本:《万历邸钞》,万历四十二年甲寅卷。
③ 张廷玉等:《明史》卷一二〇《诸王传》。
④ 张廷玉等:《明史》卷一二〇《诸王传》。
⑤ 张廷玉等:《明史》卷一二〇《诸王传》。

崇祯年间,中原民变蜂起,河南又遭大旱灾、蝗灾。饿殍遍野,民间怨声载道:"耗天下以肥福王,洛阳富于大内。"奉命援救洛阳的官军士兵也哗然骚动,大嚷:"王府金钱百万,而令吾辈枵腹死贼手!"[①]

侨居洛阳的南京兵部尚书吕维祺(字介孺,号豫石,河南新安人)感到惶恐,劝福王散财赈济,犒赏士兵,以振人心,福王根本听不进去。待参政王胤昌、总兵王绍禹、副将刘见义、罗泰等相继赶到洛阳时,闯王李自成的军队已兵临城下了。

常洵这时才如梦初醒,临时抱佛脚,慌忙出钱招募勇士,作困兽之斗,然而已无济于事了。总兵王绍禹夜里倒戈,与围城的李自成军队里应外合,制服参政王胤昌,打开洛阳北门,分守洛阳北城的吕维祺被俘。

常洵见状不妙,慌忙缒城出逃,躲藏于迎恩寺中。第二天被李自成的军队活捉。押解途中被吕维祺遇见,吕维祺大声呼喊:"王,纲常至重,等死耳,毋屈膝于贼!"常洵瞠目不语。[②] 一向养尊处优、花天酒地的常洵是一个怕死鬼,一见到威震中原的闯王李自成,吓得浑身发抖,叩头乞求饶命。[③]

李自成申斥了他一顿:"汝为亲王,富甲天下,当如此饥荒,不肯发分毫帑藏赈济百姓,汝奴才也!"李自成见常洵身体硕大肥胖,持刀喊道:"一块好肉!"[④]随即下令处死这个作恶多端的明朝藩王——当朝皇帝(崇祯帝)的叔父。据说,处死之后秤了一下,常洵竟重达三百六十斤。李自成的军队把他的肉与鹿肉一同煮了一大

---

① 张廷玉等:《明史》卷一二〇《诸王传》。
② 张廷玉等:《明史》卷二六四《吕维祺传》。文秉:《烈皇小识》卷七。
③ 《明史纪事本末》卷七八《李自成之乱》:"王见自成,色怖,泥首乞命。"
④ 吴伟业:《鹿樵纪闻》卷下《闯献发难》。乾隆《洛阳县志》卷二四《杂记·纪事》。

锅,举行了一个盛大的庆功酒会,美其名曰"福禄宴"(取福王肉、鹿肉的谐音)。①

福王常洵的世子由崧,在诸生黄调鼎护持下,侥幸逃脱,躲于安国寺,夜半夺门而出,窜往怀庆。日后朱由崧就成了南明小朝廷的弘光皇帝。

---

① 吴伟业:《鹿樵纪闻》卷下《闯献发难》。张廷玉等:《明史》卷三〇九《李自成传》。谷应泰:《明史纪事本末》卷七八《李自成之乱》。

第七章
怠于临朝

一、怠于临朝

万历帝是个权力欲极强的人,亲政以后,励精图治,一度形成了"事事由朕独断"的局面。何以在亲政后期相当长的时间内怠于临朝呢?这是研究万历帝及万历朝历史值得细细加以探讨的问题。探讨的结果,人们的见解很不一致,仁者见仁,智者见智,众说纷纭。

晚明名士夏允彝(字彝仲,松江华亭人)对万历帝怠于临朝的原因作了这样的分析:"自(郑)贵妃宠甚,上渐倦勤,御朝日稀。迨国本之论起,而朋党以分,朝堂水火矣。争国本者,章满公车,上益厌恶之,斥逐相继,持论者益坚,上以为威怵之不止也,不若高阁置之,批答日寡。后遂绝不视朝,疏十九留中矣。郊祀不躬,经筵久辍,推升者不下,被纠者不处,上之一切鄙夷也。"①

夏允彝在这里勾画了此公怠于临朝的渐变过程,先是对朝政表现出倦怠之意,上朝的日子逐步减少;以后发展到绝不视朝,奏章也懒于批答,束之高阁。这毫无疑问是真实的写照。但他对于渐变的原因,分析得有点牵强。首先,他把万历帝"倦勤""御朝日稀"归之于宠幸郑贵妃,沉迷于儿女情长,就失之偏颇。如前所述,万历帝由于宠幸郑贵妃,在册立皇太子事件上一再与廷臣对抗,从而导致三王并封之议,以及妖书案、梃击案之类政治风波。透过这

① 谈迁:《国榷》卷八三,万历四十八年七月丙申。

一系列政治事件,人们可以强烈地感受到他始终牢牢地控制着局面,他的独断专行、固执己见的秉性表现得淋漓尽致。他和廷臣一样,都把这些与"国本"有关的事件,当作朝政的头等大事来对待。丝毫看不出,由于宠幸郑贵妃,沉湎于酒色,而不理朝政的迹象。

　　夏允彝这位与陈子龙(字人中,号大樽,松江华亭人)齐名的几社名士,对于晚明史常有真见卓识,然而关于此事的评述,难免陷入传统的"女人祸水"论窠臼。似乎郑贵妃之于明神宗,犹如杨贵妃之于唐玄宗,其实不然。杨贵妃的"女人祸水"论,前人早已有所澄清,唐玄宗的荒怠另有原因在,郑贵妃等而下之,则更无论矣。万历帝的"倦勤"与"御朝日稀"是应该从别的方面寻找原因的。

　　其次,夏允彝将万历帝后期奏疏"批答日寡"到"绝不视朝",归结于廷臣的朋党之争使他对奏疏与朝政产生极度反感。这显然本末倒置了。看了前几章之后,细心的读者不难发现,万历一朝官僚队伍中的党派之争、门户之见,其实是万历帝一手造成的。他在倒冯、倒张的过程中,为昔日反对新政而遭黜革的官僚平反,大量起用,委以重任。这些人重新上台以后,意气用事,力图把万历十年以前的一切都予以否定。于是形成了两派官僚、两种政见的明显对垒。以后围绕着争国本、争册立、争三王并封,以及妖书案、梃击案,这种对垒更加具有党派色彩,更加带有门户之见,更加意气用事。如果把这种政治斗争看作万历帝"批答日寡""绝不视朝"的原因,实在是模糊了君臣之间的责任界限,颇有臣子代君父受过之嫌。由此可见,夏允彝的评述没有抓到点子上。这可能与他身处明王朝岌岌可危的时代不无关系。

　　今人的看法又如何呢?明清史的一代宗师孟森在《明清史讲

义》专叙万历一朝史事的第五章,标题赫然为"万历之荒怠",把万历帝亲操政柄以后的几十年称为"醉梦之期",说万历帝"怠于临政,勇于敛财,不郊不庙不朝者三十年,与外廷隔绝"。而把原因归结于"专用软熟之人为相"。这"软熟之人"的魁首便是申时行,因为申时行"遇事迁就,以成其过",章奏留中,讲筵永罢,都是申时行开的先例。[①]

香港大学亚洲研究中心的马楚坚将孟森的论点加以发挥,将万历帝的荒怠完全委过于申时行。他说:"迨申时行继为元辅,其为祸尤大,万历政弊与其有莫大关系……(帝)欲作解放、不受束缚,故'每遇讲期多传免',时行不但不匡正此变态心理,反助帝偷学,疏其变态为巨流,并为帝虑一偷懒之法,以'进讲章(讲义)'代讲授,'自后为故事,讲筵遂永罢'。……又助上怠政,教其将不愿接受之'章奏留中','毋下其章'。帝自后所以对奏疏不批不发,置之不理,实'自此始'。又劝帝拒谏,不辨是非……自是以后,神宗遂以此而自由自在,日耽荒逸,纵情声色,饮酒使气,贪财好货为乐。"[②]

孟、马二氏所论,历历有据,并非臆测。然而,万历帝的怠于临朝,要申时行来承担责任,未免太不公平。申时行为人"软熟","遇事迁就",都是于史有征的。不过他是出于张居正"威权震主"的前车之鉴,把威权统统交还给万历帝,让他亲操政柄,事事决断。申时行的迁就,仅仅给万历帝的独断专行创造了条件,而不是为他的荒怠疏懒提供方便。从事实上讲,在申时行任内阁元辅的几年中,

① 孟森:《明清史讲义》上册,中华书局,1981年,第246、260页。
② 马楚坚:《明政由治入乱之关键》,载吴智和主编:《明史研究专刊》第五期(1982年,台北大立出版社),第17—62页。

是万历帝亲政以来最为繁忙的时期,事无巨细都要过问,根本谈不上荒怠疏懒。从逻辑上讲,申时行如果像严嵩一样,专擅朝政,那么万历帝才可以像他的祖父世宗那样,不理朝政,荒怠疏懒。

笔者以为,万历帝怠于临朝,个中原因固然很多,但最主要的一条是他长期以来耽于酒色,以致疾病缠身,使他对于日理万机感到力不从心。非不为也,是不能也。所谓怠于临朝,并非不理朝政的同义语,而且荒怠有一个随着健康状况逐步恶化而不断加剧的过程。

这种情况可以追溯到万历十四年(1586 年)。九月十六日以后,万历帝连日因病免朝,到三十日,病情仍未好转,再次命司礼监传谕内阁,说他本欲御门临朝,已于卯时(清晨)初刻准备动身,无奈"一时头昏眼黑,力乏不兴",可见日前暂免朝讲期间,"静摄服药"并无效果,仍然"身体虚弱,头晕未止"。鉴于身体状况不行,万历帝向阁臣提出,孟冬节令祭享太庙的活动,难以驾临,只得派徐文璧恭代,"非朕敢偷逸,恐弗成礼"①。礼部主事卢洪春为此特地上疏,指出:"肝虚则头晕目眩,肾虚则腰痛精泄……陛下春秋鼎盛,精神强固,头晕眼黑等症,皆非今日所宜有。不宜有而有之,上伤圣母之心,下骇臣下之听。"②

确实,万历帝头晕眼黑、力乏不兴的病情一传出,臣下无不惊骇,惊讶者有之,怀疑者也有之,以为皇上托疾偷逸。其实是冤枉他了。他的暂免视朝、日讲,完全是因病请假。这毛病拖到第二

---

① 钱一本:《万历邸钞》,万历十四年丙戌卷。《明神宗实录》卷一七八,万历十四年九月己未。
② 钱一本:《万历邸钞》,万历十四年丙戌卷。《明神宗实录》卷一七九,万历十四年十月丙寅。

年,仍不见好转。这年二月初三日,万历帝又派文书官李兴传谕内阁:暂免经筵,原因是"圣体连日动火,时作眩晕。"①四天以后,文书官李恩又口传谕旨:"圣体偶因动火,服凉药过多,下注于足,搔破贴药,朝讲暂免。"②

以后,万历帝身体时好时坏,视朝、日讲经常宣布暂免,但是只要身体状况允许,他还是朝讲如初。例如十五年三月初六日,万历帝"圣体初安",按规定视朝,百官上殿庆贺。随后又在皇极门暖阁召见申时行等三名内阁辅臣议论朝政,与三位辅臣一见面就先打招呼:"朕偶有微疾,不得出朝,先生每忧心。"③又如十六年二月初一日,他按例到文华殿参加经筵,经筵完毕还兴致勃勃地与阁臣们讨论《贞观政要》,议论唐太宗与魏徵。④ 二月初三日,他又来到文华殿讲读,讲官刘虞夔一时惶恐,讲《礼经》时遗脱字句,他过后命内侍李浚传谕内阁:日讲官宜加习熟。⑤

不久,旧病复发。头晕目眩这种疾病非比一般,不能动脑筋,视朝、日讲、批阅奏章当然难以胜任。元辅申时行对这种前所未见的现象表现出极大的焦虑不安,屡次向皇上谈及此事,为"臣等不奉天颜半月有余,经筵、常朝多从传免"而忧心忡忡,希望皇上注意"保身之道""摄生之方"。⑥

万历十八年(1590年)正月初一日,万历帝为雒于仁的奏疏召见申时行。申时行向他提出,皇上有病需要静摄,但也应该一月之

① 《明神宗实录》卷一八三,万历十五年二月庚午。
② 《明神宗实录》卷一八三,万历十五年二月甲戌。
③ 《明神宗实录》卷一八四,万历十五年三月癸卯。
④ 《明神宗实录》卷一九五,万历十六年二月乙丑。
⑤ 《明神宗实录》卷一九五,万历十六年二月丁卯。
⑥ 《明神宗实录》卷一九六,万历十六年三月丙戌、三月丁酉。

中二三次或三四次临朝,处理重大政务。万历帝听了并不恼怒,只是解释说:"朕病愈,岂不欲出! 即如祖宗庙祀大典,也要亲行,圣母生身大恩,也要时常定省。只是腰痛脚软,行立不便。"①

万历十九年(1591 年)闰三月,万历帝在病情稍微好转后,对内阁辅臣们谈及自己的健康状况:"原朕之疾,因火生痰成病,故食少寝废,尝服药饵,未见瘳愈。以致庙享屡遣代行,朝讲久废。"②同年九月,他又向申时行谈及病情:"朕近年以来,因痰火之疾,不得举发,朝政久缺,心神烦乱。"③真实地流露出他当时久病以后的心情:疾病纠缠,朝政又头绪纷繁,使他对朝政久缺感到心烦意乱,颇有内疚之感慨。

其后,王家屏、王锡爵辅政时期,情况仍不见好转,万历帝仍是"面目发肿,行步艰难"④。万历二十一年(1593 年)十一月,身体稍有好转,适逢慈圣皇太后万寿圣节(诞辰),万历帝便支撑着身体来到皇极门,接受群臣的祝贺。典礼完毕后,又单独召见元辅王锡爵,议论朝政。万历帝久病初愈,不耐久坐。王锡爵要告辞时,恋恋不舍地说:"今日见皇上,不知再见何时?"万历帝无可奈何地答道:"朕也要与先生每常见,只是朕体不时动火……"⑤言外颇有心有余而力不足的感叹。

由于头晕目眩,腰痛脚软,视朝只能偶尔为之,万历帝在此后的二十多年中,处理朝政的主要方式是透过批阅奏疏、发布谕旨来进行。他始终牢牢地掌握着朝廷的大政方针,这从"万历三大征"

---

① 申时行:《召对录》。
② 《明神宗实录》卷二三四,万历十九年闰三月壬申。
③ 《明神宗实录》卷二四〇,万历十九年九月己巳。
④ 钱一本:《万历邸钞》,万历二十年壬辰卷。
⑤ 《明神宗实录》卷二六六,万历二十一年十一月己巳。

的全过程可以看得很清楚，但廷臣们对于皇上深居内宫，无法一睹"龙颜"而有所不满。万历二十二年(1594年)七月万历帝传谕内阁："朕自入夏以来，常中暑湿，身体屡生热毒，又头眩软弱，时享(郊庙)暂遣代行。"①遭到贵州道御史许闻造的批评："顷岁以来，谓郊庙为常事，谓朝讲为虚文。"②以后，类似的批评接连不断。户部主事董汉儒说："神圣御宇亦且二十三年，何始勤终怠，国是日非。频年深居，群臣罕能窥其面。"③御史马经纶批评皇上"不郊天有年"，"不享庙有年"，"辍朝不御"，"停讲不举"。④

　　万历二十四年(1596年)七月十三日，仁圣皇太后陈氏病逝。按照常理，万历帝必须参加嫡母的丧礼。万历帝又派遣使臣代行其事，理由仍是患病动弹不得。万历帝传谕礼部："朕自闰八月初旬，偶尔痰流注于左足，动履不便。今大行皇妣发引，朕不能恭行扳送，不胜哀恸。着遣奠代使行事。"⑤此事遭到廷臣更为严厉的责难。吏部左侍郎孙继皋说："古今大纲常，必不可亏；国家大典礼，必不可缺。冒恳圣明扶疾扳送母后，以光圣人大孝，以慰寰海同情。"吏科给事中戴士衡说："母子至情，送终大事，少知义理者尚思竭蹷踊哀送之情，以申无已之忧，矧孝思纯笃。……奈何以内庭数步之地，顾靳一足之劳！"⑥

　　官员们的批评并非毫无道理，万历帝则有苦难言。他一向以孝顺闻名，待仁圣皇太后恭谨备至，母后的丧礼都难以参加，可见确实病重，"动履不便"，并非托辞。

---

① 钱一本：《万历邸钞》，万历二十二年甲午卷。
② 钱一本：《万历邸钞》，万历二十二年甲午卷。
③ 钱一本：《万历邸钞》，万历二十三年乙未卷。
④ 钱一本：《万历邸钞》，万历二十四年丙申卷。
⑤ 钱一本：《万历邸钞》，万历二十四年丙申卷。
⑥ 钱一本：《万历邸钞》，万历二十四年丙申卷。

　　到了三十年(1602年)二月,万历帝的病情突然加剧。二月十六日紧急召见高级官僚,又单独召见元辅沈一贯进入他的寝宫——启祥宫后殿西暖阁,当着慈圣皇太后、太子及诸王的面,向沈一贯嘱托后事,要他辅佐太子做个好皇帝。① 足以表明,多年身患疾病的万历帝,身体已虚弱到极点,否则决不会有此一场虚惊。自从这场虚惊后,万历帝更加怠于临朝了。

　　正如沈一贯在一个奏疏中所指出的,"皇上居深宫之中,不见群臣百姓,似谓可塞耳掩目,置人言于弗理。臣等日出入长安门,势不能避。儿童走卒,无非鞭策臣等之言;流离琐笔,无非感悟臣等之状"②。字里行间,充满了牢骚不满情绪。这种状况,从沈一贯辅政时代到叶向高辅政时代,丝毫不见改变。叶向高不无感慨地说:"国家多事,朝政不行,臣浮沉其间,无所转移,实是有罪……然皇上深居日久,如天之穆无声臭,听万籁之争鸣;如水之漫无堤防,任百川之自溃。典礼当行而不行,章疏当发而不发,人才当用而不用,政务当修而不修,议论当断而不断。"③叶向高的深刻反省,充分揭示了万历帝怠于临朝所造成的严重后果。

　　万历帝怠于临朝,使朝政日趋委顿,其主要表现之一,便是重大政务不作决断,使中央和地方政府缺官日增,而且长期不补。

　　万历二十四年(1596年)七月,吏部尚书孙丕扬(字叔孝,陕西富平人)首先议及此事。他对于近来正常的官员选拔、升迁制度的运作不灵表示不满,请求皇上将近日推补官员的公文尽快批发,如

---

① 《明神宗实录》卷三六八,万历三十年二月己卯。
② 《明神宗实录》卷三九九,万历三十二年八月己卯。
③ 《明神宗实录》卷五一〇,万历四十一年七月丁卯。

有注拟不当之处,亦请明示,以便别推酌补。^① 万历帝依然把此疏留中不发,不置可否。没有皇帝的批示,缺官是无法推补的,当时不仅中央政府部门缺官不补,地方政府也不例外。御史王以时针对地方缺官不补一事,向万历帝坦诚相告,不少地方遇到官员缺额,巡抚、巡按常常选择近便官员兼摄,如掌钱谷者兼摄军屯,掌兵戎者兼摄盐政马政,造成很多弊端,废事病民。甚至还有知府知县等"父母官",也有因缺员而由邻近府县官员兼摄的,犹如赤子而终岁寄养。^② 王以时希望皇上关注地方官员的及时推补,当然也落了空。

　　身为主管人事工作的吏部尚书孙丕扬,对于在其位不能谋其政,无力扭转缺官不补的局面深感愧疚,接连二十次请求辞职,企图改变缺官不补的情况。当孙丕扬第二十次辞职奏疏递进时,特地委派吏部侍郎孙继皋(字以德,号柏潭,无锡人)到朝房向内阁次辅张位疏通,表示孙丕扬求归真切,请张位票拟谕旨时"须得如愿"。次日,孙丕扬本人又向张位递去手柬一封,其中写到"久病残喘"之状,希望张位玉成辞职一事。张位信以为真,在与内阁同僚商议后,随即票拟谕旨:"回籍调理,痊可起用。"内阁的拟票送给皇上御览,还未发下,孙丕扬不知从何处探得消息,对张位顿生怨恨之情。^③

　　原来孙丕扬上疏辞职只是一种姿态,满以为内阁会百般挽留,殊不知张位竟顺水推舟,便愤愤然写了一本奏疏,在万历帝面前攻击张位谋取元辅之职,仿效严嵩,尽收部权。他把辞职的原因一股脑推到张位身上:"臣之心病,实见大学士张位结党弄权,畏而疑避

---

① 夏燮:《明通鉴》卷七一,万历二十四年七月丁卯。
② 夏燮:《明通鉴》卷七一,万历二十四年七月丁卯。
③ 钱一本:《万历邸钞》,万历二十四年丙申卷。

之耳。"万历帝对于孙丕扬要求补官的奏疏置之不理,对于这道阁
部不和的奏疏却作了批示:"览奏内事情,多涉鄙亵影响,非朕倚任
之意。今后宜协恭和衷,毋得自相牴牾,以伤国体。着照旧供职,
不准辞。"①

张位受孙丕扬攻击,立即上疏辩白,把孙丕扬递上辞疏的前前
后后都报告皇上,指责孙丕扬口虽言去心实欲留,如果孙丕扬原系
托疾,实非归志,亟留照旧供职,而将臣速赐罢免。万历帝见张位
也要辞职,立即下旨挽留:"卿辅弼重任,忠诚清慎,朕所鉴知。奏
辩诬情,朕知道了。卿不必以此介意,宜即出安心辅政,用付眷怀,
不允辞。"②

阁臣陈于陛、沈一贯也上疏为张位辩护。万历帝态度明朗地
谴责孙丕扬"因疑使气,逞忿诬蔑,甚失体面,正所谓含血喷人,全
无大臣风度","可见前屡疏乞休,乃矫情饰誉,原非本心",而称赞
次辅张位"久侍讲闱,小心廉慎"。③

孙丕扬见皇上态度如此鲜明地支持张位,又言词严厉地谴责
了自己,除了求去一途,别无他路可走。临行前还措辞哀婉地向皇
上认错。④ 其实孙丕扬为官清谨,在吏部尚书任上甚副人望,由于
请求补官而一招出错,使他不能安其位。⑤ 吏部失去了孙丕扬这
样有力的尚书,缺官不补的情况更加日趋严重。

内阁大学士赵志皋于万历二十五年(1597 年)向皇上奏请尽

① 钱一本:《万历邸钞》,万历二十四年丙申卷。
② 钱一本:《万历邸钞》,万历二十四年丙申卷。
③ 钱一本:《万历邸钞》,万历二十四年丙申卷。
④ 张廷玉等:《明史》卷二二四《孙丕扬传》。
⑤ 谈迁:《国榷》卷七七,万历二十四年闰八月丁卯。

快推用吏部尚书，以解决吏部掌印无官的尴尬局面，进而解决各级衙门的缺官不补问题。赵志皋说："今吏部掌印无官，四司诸务停阁。昨冬十二月大选，遂致罢废。此祖宗二百年来未有之事。至于内外行取官员，积俸年深，而未得俞命，致令旧者不升，新者无缺，此亦祖宗二百年来未有之事。台省差遣十分缺人，狐鼠豺狼一切不问，神奸弄法，大盗杀人，朝廷宪法从此废弛。各处司道郡县官员，悬缺未补者甚多。此又祖宗二百年来未有之事。"①赵志皋的分析是深刻的，揭露的事实是严峻的，然而万历帝对于这"祖宗二百年来未有之事"仍然无动于衷，由此开启了部院级掌印官（正职首长）缺官不补的先例。

到了万历三十年（1602 年），南北两京共缺尚书三名、侍郎十名、科道官九十四名；各地缺巡抚三名，布政使、按察使等官六十六名，知府二十五名；全国御史巡行差务共十三处，有九处缺官。内阁、吏部负责人多次向万历帝提出补授官员，万历帝一再不予理会。②

到了万历三十三年（1605 年），南北大僚，强半空署；督抚重臣，经年虚席；藩臬（布政司、按察司）缺官五六十员，郡守（知府）缺至四五十员。③ 到了后来，内阁仅大学士叶向高一人，形成独相局面。部院级正职首长应有九名，但正在岗位供职者不过三人而已（都御史孙玮，侍郎翁正春、刘元霖），其他人都因皇上怠于临朝而杜门不出。④ 据万历四十一年十一月的统计，官僚空缺已达于极

① 钱一本：《万历邸钞》，万历二十五年丁酉卷。《明神宗实录》卷三〇六，万历二十五年正月乙卯。
② 孟森：《明清史讲义》上册，第 262 页。马楚坚：《明政由治入乱之关键》，载吴智和主编：《明史研究专刊》第五期，第 49—51 页。
③ 《明神宗实录》卷四〇九，万历三十三年五月戊戌。
④ 《明神宗实录》卷四八二，万历三十九年四月丙戌。

点，南北两京六部缺尚书、侍郎十四名，都察院缺都御史、副都御史
五名，仓场戎政及卿寺京堂缺十余名，总督、巡抚缺四名。①

大量官员长期不补，在职官员心灰意懒，杜门不出，使各级政
府机构濒临半瘫痪状态。这是万历帝怠于临朝所带来的严重
后果。

万历帝怠于临朝使政局日趋委顿的另一表现，是官场中党派
之争愈演愈烈，官僚队伍中党派林立，门户之见日盛一日，互相倾
轧不遗余力。

万历二十二年吏科都给事中林材就朝廷用人不当上疏言事，
以为新推国子监祭酒顾宪成、吏部侍郎刘元震、詹事府副总裁冯梦
祯都属于用人不当之显例。就此他发了一通议论：

> 皇上御宇二十年来，用人盖三变：当高拱柄国时，则洛人
> 进；当张居正秉权时，则楚人进；当申时行执政时，则吴人进。
> 乃今者，将为吴人乎，为洛人乎，为楚人乎！琐琐姻娅，行据要
> 津；戚戚兄弟，骤登腼仕。曲学者是以阿世，虚谈者足以沽名。
> 直言者不容，而反谓之喧闹；秉公者俱斥，而反谓之险倾。②

且不论林材对顾宪成、刘元震、冯梦祯的评判是否公正，他所
指出的任人唯亲、结帮拉派现象，确实是政坛一大弊病。万历帝对
林材的进谏，不但不加以反省，反而视为故意捣蛋，以"党护激扰"

"暗伤善类"的口实，把他连降三级调离京师。^①这种做法，对于朝廷上下党派门户之争的日趋激烈，起到了推波助澜的作用。

吏科给事中张延登（号华东，山东邹平人）感时触事，向万历帝陈述了他的"无党"之论，对党争的剖析是很有一点深度的。他说：

> （官员）纷然攻击，形于章疏揭牒者，不曰苏脉、浙脉，则曰秦党、淮党，种种名色，难以尽述。而目前最水火者，则疑东林与护东林两言耳。疑者摘其一事之失，一人之非，或主混诋林泉讲学之人，则人心不服。护者因人摘其一事之失，一人之非，或至概訾论者伪学之禁，则人心亦不服。疑者不服，不免牵淮抚以钳之，以淮抚李三才素窃林泉之誉，以自固者也。护者不服，则亦率苏浙诸脉以钳之，以林泉者素弹苏浙之奸而被斥者也。意有主奴，袒遂有左右，而党议于是乎渐起。^②

张延登认为，官场中门户之见、党同伐异，是不可取的。"论人者，采生平为实录，不必曰某党宜处也，为一网打尽之谋。论于人者，据部处为进止，不必曰吾某党故及也，为三窟藏身之计。旁观论人与论于人者，听是非之自定，亦不必曰此某党故论之，某故被论也，为党同伐异之举。"^③然而万历帝并没有意识到问题的严重性，当然不会采取断然措施。

当李廷机、叶向高两名内阁辅臣因无力应付这种局面意欲辞官离开是非之地时，万历帝才感到问题似乎有点严重了。他在给

① 钱一本：《万历邸钞》，万历二十二年甲午卷。
② 钱一本：《万历邸钞》，万历二十八年庚子卷。
③ 钱一本：《万历邸钞》，万历二十八年庚子卷。

内阁的谕旨中流露了对官员党同伐异的不满情绪："方今国家多事,边方扰攘,大臣疑畏,杜门注籍;小臣嚣然,逞臆横肆,是何国体!"①他又给吏部、都察下了一道谕旨,谴责那些以党同伐异为能事的科道官员:

> 朝廷设置科道,为耳目之官,以纠正百僚,肃清中外。近来新进后生,遽受斯职,全无公心为国,专以挟私报复,妄逞胸臆,互相攻击,淆乱国政,不俟公论,静听处分,恶言詈语,不胜不已,是何国体! 以喜怒为威福,以好恶为机穽,恃强凌人,呶呶不已,好生可恶!②

要想在这时制止不合国体的党争,似乎为时已晚。皇帝怠于临朝,阁臣中又没有力挽狂澜的干才,部院大臣多杜门不出,谁来当此重任呢? 到了齐、楚、浙三党与东林党之间的纷争日趋尖锐之际,要想扭转势头,更加难乎其难了。

万历三十八年(1610 年),国子监祭酒汤宾尹(字嘉宾,号霍林,宁国宣城人)和翰林院侍讲顾天埈(字升伯,号开雍,苏州昆山人)召收党徒,专与东林党作对。因汤宾尹是宣城人,顾天埈是昆山人,时人称为宣党、昆党。③ 到了万历四十年,党争加剧,形成了齐、楚、浙三党与东林党相对峙的局面。齐党以给事中亓诗教、周永春、御史韩浚为首,楚党以给事中官应震、吴亮嗣为首,浙党以给

---

① 钱一本:《万历邸钞》,万历三十六年戊申卷。
② 钱一本:《万历邸钞》,万历三十六年戊申卷。
③ 张廷玉等:《明史》卷二二四《孙丕扬传》。

事中姚宗文、御史刘廷元为首,而汤宾尹辈暗中作为主谋,挑动党羽互相唱和,务以攻击东林党、排斥异己为能事。新进的言官,无不钩致门下作为羽翼,当事大臣都莫敢撄其锋。[1]

被齐、楚、浙三党视为对立面的东林党,原先只是削职官员顾宪成与好友高攀龙、钱一本等人创立的一个讲学场所——东林书院。正如云南道御史过庭训所说:"顾宪成以聚徒讲学,而东林之名立。自东林之名立,则有真见真君子。"[2]这批真君子不甘寂寞,讲习之余,往往讽议朝政,裁量人物,朝士仰慕其风,多遥相应和。顾宪成自我标榜说:"官辇毂,志不在君父;官封疆,志不在民生;居水边林下,志不在世道:君子无取焉。"[3]由于他们这帮君子能量大、影响广,受到了淮抚李三才的注意。

李三才,字道甫,顺天通州人,万历二十七年以右佥都御史总督漕运、巡抚凤阳诸府。顾宪成里居讲学,臧否人物,李三才与之深相交结,顾宪成也引以为同志。由于李三才有大略,屡官至户部尚书。当时适逢内阁缺人,有的官僚建议不当专用词臣,宜与外僚参用,意在李三才。因此,忌者日众,谤议四起。李三才多次上疏皇上,请求辞官,上了十五疏,才得到万历帝批准。然而攻之者唯恐他再次复出,追究他盗用皇木营建私第之事。[4] 这种种是非扑朔迷离,其中交织着党派之争的罗网与阴影。

万历四十二年(1614年)河南道御史刘光复上疏攻击李三才,"逞其伎俩,煽乱人心,幻术通天,气焰盖世"。为了置李三才于无法招架之地,他揭发李三才盗皇木营建私第——"居室连云,几于

① 张廷玉等:《明史》卷二三六《夏嘉遇传》。
② 钱一本:《万历邸钞》,万历二十八年庚子卷。
③ 张廷玉等:《明史》卷二三一《顾宪成传》。
④ 张廷玉等:《明史》卷二三二《李三才传》。

半州，所用木料，俱是先年奉旨差官解到鹰平木，几二十二万八千有零。"①

李三才上疏为自己声辩，指出刘光复是汤宾尹之流的至亲密友，因此这种攻击带有浓厚的党争色彩。然而擅自动用皇木毕竟是一件引人注目的大事，单凭李三才说"清平世界，乃有卢杞、秦桧所不敢为者，今公然为之"②，是解决不了问题的。

工部署部事右侍郎林如楚（字道茂，号碧麓，福建侯官人）以主管官员的身份向万历帝指出："官木散失有因，言官指摘有据。""三才大臣也，官尊禄厚，即退而家居，亦宜畏公议，奉三尺。欲营宫室，岂患无材，乃贪市价之贱，买官木以便私图。此无问偿完偿欠，而其失已不可掩矣。"③

万历四十三年（1615年）正月二十二日，林如楚遵照万历帝的旨意，会同科道官员，前往通州通惠河湾中李三才住宅查勘。查勘的结果是令人惊诧的：李三才的住宅"瑰丽神奇"，"崔巍广大，势甚铺张"。随同查勘的商人一致认为家眷所居楼房是"用木渊薮"，而屋左余基，各商均指为畏勘拆毁。经查验，多系南方杉木，"出卖无主，报税无票，此木非得自官，胡为乎无脛而至哉！"屋后迤逦约半里许，有一座花园，是当年皇木厂的厂基，明系侵占皇厂。而二门至大门之间，原为广福寺香火地，是户部仓库地基，又是侵占官产。

林如楚鉴于情况属实，希望皇上下旨，由刑部对李三才盗用皇

---

① 钱一本：《万历邸钞》，万历四十二年甲寅卷。张廷玉等：《明史》卷二三二《李三才传》。
② 钱一本：《万历邸钞》，万历四十二年甲寅卷。张廷玉等：《明史》卷二三二《李三才传》。
③ 钱一本：《万历邸钞》，万历四十二年甲寅卷。

木、占用皇木厂厂基二事严加鞫审。①

万历帝批准了这一奏疏,下旨由法司会审李三才用木占厂事情。会审的那天,法司仅抓了李三才的几名家奴审问。会审后,刑部奏报皇上,除了对李三才的家奴验明正身依律究拟外,还应对李三才"以假顶真""将生作死"这种"欺君灭法"行为,另行公议,以听圣明裁夺。②

事情闹到这个地步,李三才声名狼藉了。他的政敌还穷追不舍,户科给事中官应震诽谤李三才"大奸大贪,今古罕俪,往宵小党护,交口清流……今三才败露极矣",并由此牵连到东林,声称"东林理学,强半虚名"。③

李三才在狼狈不堪时,还不忘为东林辩白。他上疏万历帝,希望消党祸以安天下,说:

> 今奸党仇正之报,不过两端:曰东林,曰淮抚。何以谓之东林哉?乃光禄少卿顾宪成讲学东南之所也,宪成忠贞绝世,行义格天,继往开来,希贤希圣。而从之游者,如高攀龙、姜士昌、钱一本、刘元珍、安希范、于玉立、黄正宾、乐元声、薛敷教等,皆研究性命,检束身心,亭亭表表,高世之彦也。异哉,异哉,此东林也,何负于国家哉?今不稽其操履,不问其才品,偶曰东林也,便行屏斥,顺人者以此恣行其奸,谗人者以此横逞其口。④

---

① 钱一本:《万历邸钞》,万历四十三年乙卯卷。
② 钱一本:《万历邸钞》,万历四十三年乙卯卷。
③ 钱一本:《万历邸钞》,万历四十三年乙卯卷。
④ 钱一本:《万历邸钞》,万历四十四年丙辰卷。张廷玉等:《明史》卷二三二《李三才传》。

　　但是无济于事,李三才自身尚且不保,何况东林!

　　万历四十四年(1616 年)十月,李三才终因盗用皇木侵占皇厂,遭到削籍处分。万历帝在刑部关于李三才"用木占厂"的题本上批示:

> 　　这奏内事情,屡次会勘明白。李三才身居宪职,进阶尚书,既属回籍官,不思省修行,辄敢盗买皇木,侵占厂基,胆大欺君。却又数逞狂妄,挠乱计典,好生可恶! 本当置以重辟,念系大臣,故从轻,着革了职为民当差,永不叙用。①

　　万历帝的所作所为委实令人费解,既不满意于官场上的党同伐异,却又在支持党同伐异,拉一派打一派。如此政治氛围,党争何日才能消停? 官僚队伍中分党立派,彼此攻击,水火不相容,把注意力从国家大事转移到门户之见上,很多是非因门户之见而颠倒、混淆,很多正事因党派之争而搁置、延误。

二、矿税太监横行

　　大凡皇帝怠于临朝,往往将朝政委托给一名权臣。万历帝的祖父世宗,沉迷于学道清修,不问国事,内阁元辅严嵩得以擅权专政达二十年之久,便是一个显例。万历帝时代,自张居正死后,再

---

① 钱一本:《万历邸钞》,万历四十四年丙辰卷。

无一名内阁元辅可与严嵩、张居正相比。万历帝虽怠于临朝,却并未出现权臣擅政的局面。一方面,万历帝本人不愿意大权旁落,不希望再出现一个威权震主的大臣;另一方面,内阁辅臣们谁也不想重蹈张居正的覆辙,对怠于临朝的万历帝一味采取明哲保身的消极态度,不敢越雷池一步。

万历帝经常因病不视朝,不召见内阁辅臣,内廷与外朝的沟通只有透过司礼监太监来进行,司礼监太监显得比以前更加不可或缺。但是,以万历帝的秉性,不能容忍再出现像冯保那样专横跋扈的司礼监太监。他一向厌恶司礼监太监权势过于扩张,但又不能不依赖他们,一旦他们越过了他所认定的界限,便毫不客气地予以翦除。张鲸、张诚的下场,应该说是重蹈了冯保的覆辙。

张鲸,北直隶新城县人,嘉靖二十六年(1547年)进入宫中为宦官,列于太监张宏名下。(小太监入宫,必投一大太监为其主子,称为名下。)此人刚介寡学,驰心声势,深得万历帝倚毗,也曾为万历帝斥逐冯保出谋划策。冯保被斥逐后,张宏任司礼监掌印太监,张鲸任掌东厂太监,兼掌内府供用库。张宏与张鲸二人秉性截然不同,两三年以后,张宏见万历帝左右内侍以财货蛊惑皇上心性,便绝食数日而死。万历帝颇为痛惜,命人把张宏安葬于阜城门外迎祥寺侧。于是张诚升为司礼监掌印太监,掌东厂太监张鲸名位虽在张诚之下,权力却凌驾于张诚之上。张鲸纵容亲信邢尚智,招权纳贿,耽于声色。① 由于张鲸掌管着东厂与内府供用库,内阁辅臣对他颇为忌惮。② 张鲸的种种劣迹,引起了官员们的交章弹劾,御史何出光、马象乾开其端,吏科给事中李沂把弹劾推入高潮。

① 刘若愚:《酌中志》卷五《三朝典礼之臣纪略》。
② 张廷玉等:《明史》卷三〇五《张鲸传》。

　　何出光指责张鲸纵容其党羽邢尚智（鸿胪寺序班）、刘守有（锦衣卫都督）相倚为奸,专擅威福,犯了八条当死之罪。万历帝仅革去邢、刘之职,仍命张鲸"策励供事"①。马象乾对皇上仍令张鲸策励供事表示不解,希望皇上仿效武宗对刘瑾的处置,对张鲸"远其人而不诛,夺其权而勿籍"②。万历帝竟下令把马象乾押入锦衣卫镇抚司审问。申时行申救无效,吏部尚书杨巍主张解除张鲸职务,也无效。于是引来了李沂（字景鲁,湖广嘉鱼人）的上疏。

　　李沂指出,东厂太监张鲸倚仗恩宠,欺天坏法,胆大心雄,从来未有。张鲸之恶百倍冯保,万倍宋坤,擢其发不足数其罪,食其肉不足振其冤。故京师谚语曰："宁逢虎狼,莫逢张鲸。"李沂奏疏中还牵涉到万历帝："前数日流传,鲸广献金宝,多方请乞,皇上犹豫,未忍决断。中外臣民初闻不信,以皇上富有四海,岂少金宝;明并日月,岂堕奸诈;威如雷霆,岂徇请乞。"③那意思是,皇上之所以不处分张鲸,是因为接受了张鲸的贿赂。这是万历帝决不能容忍的,他借口李沂是张居正的大同乡,无端指责李沂"欲与张居正、冯保报复私意不遂,故捏污君父",下令将李沂交锦衣卫镇抚司"好生打着究问"。几天后,李沂廷杖六十,革职为民。④

　　万历帝本来对张鲸有所不满,见李沂委过于他,便尚气使性地下旨:召司礼太监张鲸内直。要给张鲸更大的职权。许多官员上疏劝谏,他一概不听。⑤ 不久,雒于仁批评皇上酒色财气时,再次

① 张廷玉等:《明史》卷三〇五《张鲸传》。
② 钱一本:《万历邸钞》,万历十六年戊子卷。
③ 钱一本:《万历邸钞》,万历十六年戊子卷。吴亮辑:《万历疏钞》卷二〇,李沂《恶党就擒元凶未殄吁赐重处以绝祸本疏》。
④ 钱一本:《万历邸钞》,万历十六年戊子卷。谈迁:《国榷》卷七四,万历十六年十二月癸未。
⑤ 谈迁:《国榷》卷七五,万历十七年八月丙子、己卯、甲申。

提及张鲸在宫内擅权不法之事,说:"张鲸以贿通而见用,给事中李沂之言为不诬。"①这一下,万历帝更不愿意处分张鲸了。他在召见申时行、许国、王锡爵、王家屏时,为自己辩解说:"朕用张鲸以赅,此昨年李沂言也。朕果黩货,何不籍之!"②

为了表明并未因接受张鲸贿赂而重用张鲸,也为了表明政出独断,万历帝突然决定召见张鲸,要申时行等人加以训斥。他对申时行等人说:"张鲸不知改过,负朕恩,先生每可戒谕他。"申时行表示不敢,万历帝说:"此君命也,先生每为我戒谕。"申时行不得不对跪在阶下的张鲸训斥道:"圣恩深重,尔宜小心谨慎,奉公守法,不可负恩。"张鲸这个惯于擅作威福的权阉,根本不把申时行放在眼里,顶撞道:"小人无罪,只因多口,亦是为皇上圣躬。"申时行说:"臣事君如子事父,子不可不孝,臣不可不忠。"张鲸终于察觉皇上已经有意罢黜他,只得顿首谢罪,三呼万岁,然后灰溜溜地退出。③

自从这次戒谕之后,张鲸顿时失宠,不久便退废林下。④

张鲸罢斥,张诚以司礼监掌印太监兼掌东厂及内官监,权力比张鲸有过之而无不及,又一个权阉代之而起。张诚每每向皇上规谏,引经据典,或暗地讥骂,无所顾忌,自以为查抄张居正家产有功,万历帝对他也忌惮三分。⑤张诚在宫中权倾一时,为了培植自己的势力,授意其弟张勋(小名张老五)与外戚(武清侯李家)结为姻亲。他名下的太监萧玉、王忠等又仗势恃宠,恣肆不谨。这种行

---

① 钱一本:《万历邸钞》,万历十七年己丑卷。
② 谈迁:《国榷》卷七五,万历十八年正月甲辰。
③ 钱一本:《万历邸钞》,万历十八年庚寅卷。
④ 刘若愚:《酌中志》卷五《三朝典礼之臣纪略》。
⑤ 刘若愚:《酌中志》卷五《三朝典礼之臣纪略》。

为超越了万历帝所能容忍的界限。

万历二十四年（1596 年）正月，万历帝突然下令斥退张诚，并籍没其财产，又把其弟侄张勋、张绍宁，及亲信党羽霍文炳、张桢、钱恩、萧玉、王忠等人的原有庄房田地，一并籍没入官。[①]

刑科给事中侯廷佩以为如此处分太轻，应该将张诚及其亲信党羽立即正法，除恶务尽，以伸国冤。万历帝接到侯廷佩的奏疏，对于他的放马后炮很有意见，谴责道："张诚诡役巨奸，假主威福，吓骗亲王，权横中外。尔等如何先无一吠之忠！今已发露，方才参劾，其于触邪指佞之责何在？"因为万历帝说"尔等如何先无一吠之忠"，京师一时把侯廷佩戏称为"侯一吠"。[②]

万历帝原本要把张诚发配到南京孝陵去看管香火，后来改发南海子净军，看守墙铺。其弟张勋及亲信党羽霍文炳、张桢、钱恩等十余人都关押入法司狱中，张勋、萧玉、王忠立即处死。[③]

张诚斥逐后，由田义为司礼监掌印太监，陈矩为司礼监秉笔太监，孙暹为提督东厂太监。孙暹死后，由陈矩兼掌东厂。田义、陈矩等人以张鲸、张诚的下场为戒，注意收敛。凡司礼监政务，田义与陈矩开诚协济，裁酌施行。田义为人俭朴寡言，人不敢干以私。万历三十三年（1605 年），田义死，陈矩为司礼监掌印太监。陈矩为人平恕、识大体，万历三十五年死，万历帝赐额曰"清忠"。从冯保以来，司礼监掌印太监无不擅作威福而相继获罪，只有田义、陈矩二人例外。

从此司礼监太监的权力受到极大削弱、限制，甚至司礼监缺

① 刘若愚：《酌中志》卷五《三朝典礼之臣纪略》。钱一本：《万历邸钞》，万历二十四年丙申卷。
② 钱一本：《万历邸钞》，万历二十四年丙申卷。
③ 刘若愚：《酌中志》卷五《三朝典礼之臣纪略》。

员,万历帝也不予补充。到了万历帝晚年,司礼监用事太监寥寥无几,东厂甚至荒凉得青草满地。原先万历帝的膳食一向由司礼监太监轮流供给,以后因司礼监乏人,改由乾清宫管事太监独自承办。①

司礼监与东厂落到这个地步,无疑是对司礼监太监及东厂太监以往擅权的一种惩罚,未尝不是万历帝晚年的一件德政,使中外相安于无事。但是,万历帝对于依赖太监聚敛财富,却深信不疑,乐此不疲,把太监们的注意力从政治转向经济。

正如孟森所说,万历帝怠于临政,却勇于敛财。他是一个贪财的君主,一生勤于聚敛财富,后半生疾病缠身,很多朝政弃之不顾,独于聚敛财富抓得很紧,毫不放松。透过政府的正常渠道开辟财源,只能归户、工、兵等部控制。万历帝的用意是想增加宫廷内库的收入,由自己直接支配,这就不能不委托太监进行。万历朝后期,矿监、税监的横行,是他一手导演、操纵的,那时候,大臣们的紧要奏章他可以不阅、不批,但矿税太监的奏章件件都阅都批,而且是朝上夕下。为什么? 一言以蔽之,念头就在一个字上:钱!

当然,他也有不得已的苦衷。从他亲政以来,宫廷靡费日增,使国库渐趋拮据。为了平定宁夏叛乱,耗费财政二百余万两白银;东征援朝,耗费财政七百余万两白银;平定播州叛乱,耗费财政二三百万两白银,导致一时"国用大匮"。在这种财政背景下,他还要面对乾清宫、坤宁宫、皇极殿、建极殿、中极殿遭灾难性破坏后的修复重担。于是,他想到了以开采矿藏的手段来增加财政收入。在

① 张廷玉等:《明史》卷三〇五《陈矩传》。

作出这一决定时,他指出:"朕以连年征讨,库藏匮竭,且殿工典礼方殷,若非设处财用,安忍加派小民!"①

这些话本身无可非议。以开矿增加财政收入,体现了"民不益赋而上用足"的方针,不失为解决财政困境的一个可供选择的方案。当时的一些官僚,囿于传统的偏见,对开矿持敏感的禁忌态度,从社会治安角度发表了不少反对意见,其中不乏迂腐之见。如果万历帝的这一决策,由中央政府与地方政府协同,精心勘察,合理经营,那么反对的阻力也许会少得多。实践的结果表明,这是一项失败的尝试。问题不在于开矿本身,而在于监督开矿的太监们对开矿业务一窍不通,却口含天宪,胡乱指挥,飞扬跋扈,贪赃枉法,与民争利,把原本可取的开矿措施引向了举国反对的境地。

继矿监派出之后,万历帝又向各通都大邑派出了税监,向商人、市民增加税赋。从当时工商业繁荣、商品经济发达的背景来看,比先前略为增加一些商税及其他税项,并非全无可行性,后果也不一定坏到哪里去。然而那批负责监督征税的太监们,不与地方官员协商,也不根据各地实际情况,一味以搜刮为能事,竭泽而渔,恣意横行,中饱私囊,搞得民怨沸腾,危害性很大。

下面把矿税太监派出的过程作一个简略的透析。

万历二十四年(1596年)六月,万历帝派御马监太监鲁坤会同户部郎中戴绍科、锦衣卫金书杨宗吾往河南开矿;又派承运库太监王亮会同锦衣卫官员张懋中往北直隶的真定、保定、蓟州、永平等处开矿。② 这是矿税太监派出的开端。

---

① 《明神宗实录》卷三三〇,万历二十七年正月戊戌。
② 钱一本:《万历邸钞》,万历二十四年丙申卷。文秉:《定陵注略》卷四《矿税诸使》。

　　此事立即引起大臣们的反对。户部尚书杨俊民（字伯章，号本庵，山西蒲州人）认为，在真、保、蓟、永开矿，会妨碍位于昌平的天寿山先皇陵墓的"龙脉"。万历帝却显得开通豁达，反驳道："距陵远，且皇祖（世宗）尝开之，毋借阻。"①兵部尚书石星的反对意见则完全从政治着眼，他说："自洪武十五年锢闭，永不许开，载在祖训。成化年间，开而即罢。嘉靖年间，再开再罢。诚有见于开采不已，必至延蔓；延蔓不已，必至抢攘。其患有不可胜言者。臣等恐中原腹心之地，从此多事矣。"②此等反对理由显然是苍白无力的，祖宗成宪不许开矿，并非不可改变；至于妨碍皇陵龙脉云云，则近乎荒唐。石星担心的是，官府开矿会刺激民间私自开采，引起纠纷，甚至导致官府与所谓"矿盗"之间的武装冲突，有碍于社会治安。而万历帝的着眼点却在敛财，根本不把这种顾虑当回事，继续向各地派遣开矿太监。

　　同年八九月间，派承运库太监陈增赴山东青州、沂州、栖霞、招远开矿，派承运库太监王忠赴陕西横岭开矿，派太监田进赴永平府昌黎开矿，派太监王虎赴真定开矿。

　　此端一开，各地好事之徒纷纷向朝廷"献矿"，于是乎，万历帝派遣的开矿太监几乎遍及全国各地：昌平有王忠，真、保、蓟、永、房山、蔚州有王虎，昌黎有田进，河南有鲁坤，山东有陈增，山西有张忠，南直隶有郝隆、刘朝用，湖广有陈奉，浙江有曹金、刘忠，陕西有赵鉴、赵钦，四川有丘乘云，辽东有高淮，广东有李敬，广西有沈永寿，江西有潘相，福建有高寀，云南有杨荣等。③

① 谈迁：《国榷》卷七七，万历二十四年七月癸酉。
② 钱一本：《万历邸钞》，万历二十四年丙申卷。
③ 张廷玉等：《明史》卷八一《食货五》。

　　万历二十四年(1596 年)十月,万历帝在派出矿监的同时,又向各地派出了征税太监。首先派出的是御马监太监张烨,赴通州张家湾征税;以后又派太监韩济同锦衣卫百户郑惟明赴天津等处查收店租(官店租税)。此后二三年间,征税太监四出:京口(镇江)有高寀,仪真有暨禄,临清有马堂,东昌有陈增,苏州、杭州有孙隆,湖口(江西)有李道,密云有王忠,卢沟桥有张烨等。有的地方,矿监与税监一身而二任,如鲁坤、陈增、丘乘云、陈奉之流。①

　　这种做法激起了官员们普遍的不满,纷纷上疏反对。万历二十七年(1599 年)三月,户科都给事中包见捷极论其害,请万历帝"罪矿税,撤中官,以弭乱本"②。遭到万历帝振振有词的驳斥,说什么国初以来钦差内臣征收税课、进献土产,以济国用,相沿已久,只是到嘉靖年间才暂撤停止。如今典礼相继,工程浩繁,费用不敷,若不权宜措办,安忍加派小民!③ 由此可见,他一直把派出矿税太监作为解决财政窘况的一种权宜之计,因而对各种反对意见一概置之不理。

　　从万历二十五年(1597 年)开始,各地矿税太监就络绎不断地向紫禁城的内库进奉开矿、征税的收入。如这一年十二月,山东矿监陈增进奉矿银五百三十余两,河南矿监鲁坤进银七千四百余两。④ 以后,从万历二十六年到三十六年,几乎每月都有矿税太监向内库进奉的记录,在《明神宗实录》、钱一本:《万历邸钞》《定陵注略》中几乎触目皆是。

---

① 张廷玉等:《明史》卷八一《食货五》。《明史》卷三〇五《陈增传》。
② 钱一本:《万历邸钞》,万历二十七年己亥卷。张廷玉等:《明史》卷二三七《包见捷传》。
③ 钱一本:《万历邸钞》,万历二十七年己亥卷。
④ 钱一本:《万历邸钞》,万历二十五年丁酉卷。

据统计，从万历二十五年到万历三十四年的十年间，矿税太监向内库进奉的金银数量如下[1]：

年　　份	矿税太监进奉银数	矿税太监进奉金数
万历二十五年	银 9,790 两	
万历二十六年	银 149,985 两	金 3,516.9 两
万历二十七年	银 249,190 两	金 775.0 两
万历二十八年	银 459,468 两	金 176.33 两
万历二十九年	银 1,040,693.6 两	金 1,926.8 两
万历三十年	银 740,173 两	金 2,027.5 两
万历三十一年	银 1,080,094 两	金 1,704.2 两
万历三十二年	银 746,391 两	金 1,448.5 两
万历三十三年	银 479,184 两	金 837.3 两
万历三十四年	银 735,120 两	金 25.0 两
合　　计	银 5,690,088.6 两	金 12,437.53 两

十年中共进奉五百余万两白银，平均每年进奉五十余万两白银。这是一个什么概念呢？笼统地说，这笔收入和每年的农业税（夏税、秋粮）及盐税收入相比，是一个小数目。以万历六年（1578 年）为例，太仓银库岁入 3,676,181.6 两，其中农业税银为 2,087,413.9两，盐税银为 1,003,876.4 两[2]，都超过了矿税监进奉之数。

但是与关税、商税相比，则是一个大数目。万历六年河西务、临清、浒墅、九江、杭州（北新）、淮安、扬州等钞关解入太仓的关税

---

① 王天有：《万历天启时期的市民斗争和东林党议》，载《北京大学学报》1984 年第 2 期。南炳文等：《明史》下册，上海人民出版社，1991 年，第 759—762 页。
② 《万历会计录》卷一《岁入》。

银,不过 234,000.00 两。[1] 据京师崇文门、通州张家湾、江西、山东、陕西、广东、云南等处的不完全统计,万历六年解入太仓的商税银只有 112,995.21 两。[2]

由此可见,矿税太监每年向内库的进奉,是一个小于农业税、盐税,大于关税、商税的数目,不可等闲视之。如果真是合理的开矿征税所得尚情有可原,问题在于,执行此事的太监们,长期深居宫廷,对于国计民生及工商业几乎近于无知,一味凭借行政手段强制推行,以致弊端百出。

开矿是一项技术要求很高的工程,一味蛮干不行。有些地方名为有矿,实际开采不出什么东西,太监们强令富户承包,不足之数由富户赔偿;或由地方政府承包,不足之数动用地方财政抵充。这样一来,开矿徒有其名,不过是以开矿为幌子的一种摊派而已。至于河南巡按御史姚思仁所说的开矿之弊,如"矿头累极,土崩之可虑","矿夫残害,逃亡之可虑","矿洞遍开,浪费之可虑","矿砂银少,逼买之可虑","民皆开矿,失业之可虑","奏官肆横,激变之可虑"等[3],危害就更大了。

征税太监的派出,意味着在原有的钞关之外增设了新的征税点,何况制度不健全,措施不协调,造成了对行商货物重复征税的弊端。长江沿岸商业口岸林立,这种弊端尤为显著。万历二十九年,南直隶巡按御史刘曰梧向万历帝报告了这种情况:"以臣所属,

---

① 《大明会典》卷三五《户部二二·钞关》。
② 《大明会典》卷三五《户部二二·商税》。以上参看全汉昇、李龙华:《明中叶后太仓岁入银两的研究》,载《香港中文大学中国文化研究所学报》第五卷第一期。
③ 钱一本:《万历邸钞》,万历二十五年丁酉卷。

上有湖口,中有芜湖,下有仪(真)、扬(州)。旧设有部臣,新设有税监,亦云密矣。湖口不二百里为安庆,安庆不百里为池口,池口不百里为荻港,荻港不百里为芜湖,芜湖不数十里为采石,采石不百里为金陵,金陵不数十里为瓜埠,瓜埠不数十里为仪真,处处收税。长江顺流扬帆,日可三四百里,今三四百里间五六委官拦江把截,是一日而经五六税也,谓非重征迭税可乎?"①

矿税太监是皇帝直接委派,又直接向内库进奉,不受中央政府与地方政府财政监督,又无制度保障可言,于是形成了财政上的巨大漏洞——征多缴少,太监们中饱私囊,大量财富落入他们的私人腰包。万历三十一年(1603年)十月,山西巡抚白希绣向万历帝揭发,山西每年征解税银四万五千二百两,税监孙朝只向内库进奉一万五千八百两,其余的二万九千四百两,全由孙朝以假称拖欠的手法攫为己有。② 这就意味着65％的税银被孙朝贪污了。万历三十三年十二月,山东巡抚黄克缵向万历帝揭发,税监马堂每年抽取各种税银不下二十五万至二十六万两,而每年向内库进奉才七万八千两,七年之内隐匿税银一百三十余万两。③ 百分之七十以上的税银被马堂贪污了。这些并非个别事例,几乎可以说没有一个矿税太监不贪污的,贪污的比率占税银的百分之六十五至七十,还不算惊人。

据内阁辅臣赵志皋说,矿税太监"挟官剥民,欺公肥己,所得进上者什之一二,暗入私囊者什之八九"④,贪污率高达百分之八十至百分之九十。换句话说,进奉内库的只不过是百分之十至百分之二十而已。按照这种标准估算,矿税太监在万历二十五年至三

① 《明神宗实录》卷三五九,万历二十九年五月甲寅。
② 文秉:《定陵注略》卷四《内库进奉》。
③ 《明神宗实录》卷四一六,万历三十三年十二月壬子。
④ 《明神宗实录》卷三三三,万历二十七年四月癸酉。

十四年向内库进奉五百六十九万两白银,而落入自己腰包的白银竟达四五千万两之多。这个估计还是非常保守的。

广东税监李凤的贪污更为严重,据揭发,他"明取暗索,十不解一,金玉珠宝堆积如山,玲珑异物充塞其门"。他贪污的白银达到五千万两的巨额,其他珍宝还不计在内。① 他从万历二十七年到三十四年,向内库进奉的税银仅仅只有三十六万两②,贪污的银两是八年间进奉税银的一百三十九倍,令人瞠目结舌。

由此可见,派太监开矿征税作为解决财政困难的措施,从根本上来说是完全失败了。对于万历帝而言,他的内库只不过拿到了一个零头,对于应付宫廷靡费虽然不无小补,却把整个国家搞得民穷财尽,经济萧条。而那些矿税太监们个个成了暴发户,他们才是开矿征税事件中真正的受益者。从全局着眼,万历帝派出矿税太监,实在是得不偿失的愚蠢之举。

更为严重的是,这批矿税太监小人得志,不可一世,所到之处肆意妄为,把本已混乱不堪的政局搞得更加混乱。究其根本原因,是背后有万历帝的支持。《明史·高淮传》说:"神宗宠爱诸税监,自大学士赵志皋、沈一贯而下,廷臣谏者不下百余疏,悉寝不报。而诸税监有所纠劾,朝上夕下,辄加重谴。"

当第一批矿税太监派出不久,吏科给事中戴士衡就上疏弹劾陈增、鲁坤之流,"借陈矿务,干政擅权"。承运库太监向皇上请求:"一应事宜,听臣便宜行事,事竣之日,承委文武职官,会同抚按,分

① 吴亮辑:《万历疏钞》卷二〇,林秉汉《乞处粤珰疏》。张廷玉等:《明史》卷三〇五《梁永传》。
② 文秉:《定陵注略》卷四《内库进奉》。

别举刺，以示劝惩。"御马监太监鲁坤向皇上请求："各官既承任使于臣，宜有所辖。"这显然是要在开矿征税之外谋求干预地方政务的大权。有鉴于此，戴士衡指出，这是矿税太监们"欲以抚按自处也，是欲立于监司之上也"。他喟然感叹："堂堂天朝，奈何令刀锯之余(阉宦)品题天下豪杰哉！恐(王)振、(刘)瑾复见于今。"①戴士衡可谓目光犀利，矿税太监刚派出不久，就预感到他们将要"干政擅权"的危害，以后的事实不幸为他所言中。

鲁坤在河南，不仅监督开矿事务，而且向皇上提出越权控制两淮盐场的掣买权，并有权节制有关衙门，参照巡盐御史事例行事。万历帝毫不犹豫地予以照准。②

陈增到山东监督开矿不久，就向皇上告状，诬陷福山知县韦国贤(一作常国贤)"阻挠矿务"，山东巡抚"遮蔽属官"。万历帝接到奏疏后马上降旨：逮捕韦国贤，押解至京师审讯。③ 益都知县吴宗尧多次抗拒陈增的勒索，也遭诬陷，几乎死于锦衣卫诏狱。山东巡抚尹应元忍无可忍，向万历帝奏劾陈增二十大罪，万历帝不但不追究陈增，反而给尹应元以罚俸的处分。

以后万历帝又命陈增在开矿之外兼管征税；陈增与税监马堂发生争执后，万历帝又出面为他们调解，明确马堂征税临清，陈增征税东昌。从此陈增更加肆无忌惮，纵容其党羽程守训等人从大江南北直至浙江等商业繁华地区，大作奸弊，动称奉皇上密旨，搜罗金银财宝，诬陷富商巨室收藏违禁物品，籍没其财产，上百家富豪因此而破灭。甚至随意杀人，地方官也不敢过问。御史刘曰梧

① 钱一本：《万历邸钞》，万历二十四年丙申卷。文秉：《定陵注略》卷四《矿税诸使》。
② 钱一本：《万历邸钞》，万历二十六年戊戌卷。
③ 钱一本：《万历邸钞》，万历二十五年丁酉卷。

上疏揭发这些罪行,万历帝置之不理。连两淮盐务太监鲁保也看不惯,向万历帝揭发陈增的党羽"阻塞盐课",万历帝不予追究。①

南京监察御史王藩臣上疏指出,陈增本是狎邪小人,目不识丁,手不能算,一个十足愚笨贪狠之徒;其党羽程守训则是一个"阉门伶人""阉门喽啰儿";另一爪牙王桐石是罪犯出身的刀笔吏,阴恣鬼蜮,阳提傀儡,陈增的一应文书奏章俱出其手。程、王二人狐假虎威,大肆贪赃,一时并称豪富。陈增指使其爪牙喽啰,今日走东诈骗,明日走西吓抢,今日提解某犯,明日追征某赃,所害人家遍及江淮南北。王藩臣吁请万历帝速将陈增扭解回京重治其罪。② 万历帝只当耳旁风,不予置理。

直到凤阳巡抚、漕运总督李三才上疏弹劾陈增党羽程守训奸恶贪赃时,陈增才感到惶恐不安,不得不向皇上招认,搜得程守训藏匿违禁珍宝,贪污白银四十万两。万历帝得知这一消息,下令把程守训押解至京,审讯后处以死刑。陈增本人遭此惊吓,一病不起,万历三十二年(1604 年)十一月一命呜呼。万历帝闻讯,首先想到的是陈增搜刮的财产,特地下旨:"陈增既已病故,所收见在税课,并一应钱粮、方物,俱着抚按委令兵道等官,公同查明,封记解进。如有乘机偷窃隐匿者,缉拿治罪。"同时还下令,陈增原管矿税等事务划归仪真税监暨禄兼办。③

鲁坤、陈增并非特例,其他矿税太监莫不横行霸道,倒行逆施。御马监太监梁永于万历二十七年(1599 年)二月被万历帝派

---

① 张廷玉等:《明史》卷三〇五《陈增传》。
② 吴亮辑:《万历疏钞》卷二〇,王藩臣《乞除阉恶以防要地祸变疏》。
③ 张廷玉等:《明史》卷三〇五《陈增传》。《明神宗实录》卷四〇三,万历三十二年十一月甲辰。

往陕西征收名马货物税。太监一向不得带兵，梁永却擅自招兵买马，出入边塞。富平知县王正志向万历帝揭发其奸谋，万历帝不由分说地下令逮王正志进京，关入锦衣卫诏狱达四年之久，竟死于狱中。[①]渭南知县徐斗牛一向廉洁，经不住梁永敲诈索贿，愤恨自缢而死。陕西巡抚贾待问（字学叔，号春容，广平威县人）向万历帝揭发此事，希望皇上对梁永有所惩处。不料万历帝却命梁永参与会勘此案。梁永凭借钦命，反诬西安府同知宋贤、陕西巡抚贾待问有挟私之嫌，欲将此数人一并勘察。是非颠倒、黑白混淆一至于此，万历帝竟然表示同意。此后梁永气焰更加嚣张，公然向万历帝提出，兼领镇守职衔，请求率兵巡视花马池、庆阳诸盐池，征收盐课。[②]

据御史周懋相披露，梁永自抵陕西征税以来，"四方亡命蚁聚蝇趋，朝为狗盗之流，暮作入幕之宾，一人而二三其名，一日而三四其貌。税监（梁永）止计其投充之资多寡若何，甚有面目不及睹，姓名不及详者，谓投充税府，即盗弗敢问，是税府为盗薮也"[③]。梁永手下的那帮亡命之徒一时鸡犬升天，外出都有仪仗旌盖，好不威风，干的却是巧取豪夺、偷鸡摸狗的勾当，甚至发掘历代帝王陵寝，搜摸金玉，旁行劫掠。[④]

梁永超越职权，勒令咸阳知县宋时际（一作宋时济）贡献冰片、麝香等名贵药材，遭到拒绝。咸宁知县满朝荐（字震东，湖广麻阳人）将白昼行盗的梁永爪牙逮捕究治。梁永竟向万历帝诬劾宋时

---

① 张廷玉等：《明史》卷二三七《王正志传》。
② 张廷玉等：《明史》卷三〇五《梁永传》。
③ 吴亮辑：《万历疏钞》卷二〇，周懋相《税使饰词庇盗有司因事蒙谴疏》。
④ 张廷玉等：《明史》卷三〇五《梁永传》。

际、满朝荐"擅刑税役""劫夺税银"。① 万历帝信以为真，指责宋时
际、满朝荐"抗违狂悖"，"主唆奸徒劫去税银"，"将奉差校番混拿，
酷刑监禁"，下旨将宋时际押解京师，满朝荐降一级调用。②

这种不公正的处理，激起民愤，陕西巡抚顾其志向朝廷指出：
"秦民万众共图杀（梁）永。"内阁辅臣沈鲤、朱赓见事态严重，再三
请求皇上把梁永械押回京，以安众心。万历帝仍无动于衷，只是释
放宋时际、恢复满朝荐官职，以缓解舆论压力。③

御史余懋衡巡按陕西，查明税监梁永偷运赃财至京师附近藏
匿，以及私自蓄养兵马等罪状，一一向万历帝作了汇报。梁永大恨，
派他的党羽乐纲贿赂厨师，欲毒害余懋衡。余懋衡多次中毒不死，
查明此事系梁永所为，立即报告万历帝。言官们获悉后，莫不义愤填
膺，争先恐后上疏弹劾梁永。梁永唯恐陕西军民发难，招集亡命之徒
武装自卫。满朝荐协助余懋衡，以武力钳制，并上报朝廷，说梁永图谋
反逆。梁永也写密疏，向万历帝诬告满朝荐、余懋衡妄图劫掠进奉内
库的宝物。矛盾已经完全激化了，万历帝仍然站在偏袒太监的立场
上，下令逮捕满朝荐，并要陕西巡抚、巡按把梁永护送回京。④

《明史·华钰传》说，自矿税兴，中使四出，凡阻挠矿税太监横
行的地方官，都遭到这帮太监的诬陷。万历帝一闻谤书，圣旨立
下，先后惩处的地方官不下二十五人。他们依次是：

二十四年，辽东参将梁心；

① 张廷玉等：《明史》卷二四六《满朝荐传》。
② 钱一本：《万历邸钞》，万历三十四年丙午卷。
③ 张廷玉等：《明史》卷三〇五《梁永传》。
④ 张廷玉等：《明史》卷二三二《余懋衡传》。《明史》卷二四六《满朝荐传》。《明史》卷
　三〇五《梁永传》。

二十五年，山东福山知县韦国贤；

二十六年，山东益都知县吴宗尧；

二十七年，江西南康知府吴宝秀、星子知县吴一元，山东临清守备王炀；

二十八年，广东新会在籍通判吴应鸿、举人劳养魁等，云南寻甸知府蔡如川、赵州知州甘学书、陕西富平知县王正志；

二十九年，湖广按察佥事冯应京、襄阳通判邸宅、推官何栋如、枣阳知县王之翰、武昌同知卞孔时，江西饶州通判陈奇可；

三十年，凤阳临淮知县林铈；

三十四年，陕西咸阳知县宋时际；

三十五年，陕西咸宁知县满朝荐；

三十七年，辽东海防同知王邦才、参将李获阳。

这些人都因禁于锦衣卫诏狱，时间长的达十几年。其中王炀、吴应鸿、李获阳、王正志等人竟瘐死狱中。①

万历帝为了聚敛财富，纵容矿税太监到各地搜刮，横行无忌。地方官员无法制止，中央官员也徒唤奈何，除了上疏发发牢骚之外，似乎无力改变这种局面。税监孙朝抵达山西后，诛求百方，山西巡抚魏允贞（字懋忠，大名南乐人）上疏揭发其罪恶，孙朝则上疏反诬魏允贞"抗命阻挠"。万历帝接到两本奏章，明显扬此抑彼，把魏疏留中不发，而把孙疏转发部院，意图很明显，要部院大臣出面，提出惩处魏允贞的意见。

吏部尚书李戴、都察院都御史温纯（字景文，号一斋，陕西三原人）等人极力称赞魏允贞贤明，请求将魏疏下发，与孙疏一并评议。

---

① 张廷玉等：《明史》卷二三七《华钰传》。

吏部右侍郎冯琦（字用韫，山东临朐人）尽力为魏允贞辩诬，说魏允
贞自从巡抚山西以来，"事事节省，公费廪给尽充修边赈荒之用，布
衣蔬食，不携妻子，晋中士民皆谓巡抚但饮山西水耳"①。万历帝
索性把孙、魏两疏一并留中不发，对大臣的议论表示不屑一顾。但
事情已透露出去，山西军民数千人特地赶到京师，在紫禁城外诉
冤，迫使万历帝不敢贸然对魏允贞作出处分。② 民众力量使官员
们预感到，矿税监的横行必将触发一场社会危机。

吏部尚书李戴等大僚就向万历帝指出了这种危险性：

> 方今水旱频仍，田野萧条……民不聊生，日甚一日，此正
> 奸宄窥伺窃发时也。而又益以纷纷矿店，以发其机而速其变，
> 是岂可不为之寒心哉！ 然此矿店者，在此辈总为焚林竭泽之
> 谋，徒充私家之囊橐。在地方已受剜肉割肤之惨，何裨府库之
> 毫毛！ 徒使利归群小，怨归朝廷。③

分析是深刻的，切中时弊，以后事态的发展，都在预料之中。

矿税太监的横行，直接受害者当然是老百姓。手无寸铁的老
百姓一向只有逆来顺受，但当他们忍无可忍时，也会变得桀骜不
驯，铤而走险，终于酿成了一系列民变。

影响最大的首推临清民变。

山东的临清，京杭大运河穿越而过，是南北商品转运的重要通

---

① 张廷玉等：《明史》卷二三二《魏允贞传》。吴亮辑：《万历疏钞》卷二〇，冯琦《恶臣大
　蠹国计首倡阻挠屡抗钦命疏》。
② 张廷玉等：《明史》卷二三二《魏允贞传》。
③ 钱一本：《万历邸钞》，万历二十七年己亥卷。

道。特别是大运河中的会通河段疏浚后,临清成为"漕挽之喉",
"萃货之腹","舟车络绎,商贾辐辏,天下商旅出于其途"。① 弘治
二年(1489 年),临清县升格为州。万历中叶临清的人口,由明初
的 1,502 户、8,356 口,猛增到 30,323 户、66,745 口。②

　　顾炎武在论述山东形势时指出,山东要害之地有五,临清居其
一,它的要害就在于南北之咽喉。③ 当万历二十七年(1599 年)临
清民变发生之后,官员们意识到问题的严重性,首先想到的便是
"南北之咽喉"。他们纷纷指出:临清运道之咽喉,齐鲁之扼塞,民
俗剽悍,加以东西南北之人贸易辐辏,乘乱一呼,云集雾合。此地
一摇,京师欲安枕而不得。④

　　万历帝当初向这里派遣征税太监时,想到的并不是这一点,而
是看中了它是一个很有油水的钞关所在地。早在宣德年间,政府
鉴于商业的发展,在全国设置了七个钞关,临清是其中之一(河西
务、临清、浒墅[苏州]、九江、北新[杭州]、淮安、扬州)。从征收的
课税来衡量,临清无可争议地占据首位。

　　据万历《大明会典》的统计,各钞关的课税,有本色钞、钱,及折
色船料、商税正余银等项目,临清无论在哪一个项目上所征收的数
额,都超过其他各钞关。以折色船料商税银为例⑤:

临清	83,800 两
浒墅	39,900 两
北新	36,800 两

---

① 乾隆《临清直隶州志》卷首,王俊《临清直隶州志序》。
② 康熙《临清州志》卷二《赋役》。
③ 顾炎武:《天下郡国利病书》原编第一五册《山东上》。
④ 《明神宗实录》卷三三四,万历二十七年闰四月壬午。
⑤ 《大明会典》卷三五《户部二二·课程四·钞关》。

河西务	22,900 两
淮安	22,700 两
九江	15,000 两
扬州	12,900 两

到了万历二十五年(1597年)各钞关的关税有了明显的增长,临清仍遥居首位。据户部督饷侍郎张养蒙的报告,各钞关的关税银如下①:

临清	108,000 两
河西务	61,000 两
浒墅	52,000 两
北新	43,000 两
淮安	32,000 两
九江	20,000 两
扬州	18,000 两

对于这样一个财税重地,万历帝在派遣税监时当然不会轻易放过。他命天津征税太监马堂兼辖临清。万历二十六年十二月,马堂向内库进奉税银8,100两。② 次年三月,马堂向万历帝奏请,增加天津、临清每年税银2万两。③ 为了达到增税目的,马堂公然违背原先颁布的条约,即"杂粮十石以下及小本生意免税",在临清的新城、旧城内遍布税吏,竭泽而渔。凡遇背负肩挑米豆杂粮的小贩,也不放过,以致小商小贩不敢到城里做买卖,小民生计顿时受

---

① 《明神宗实录》卷三一五,万历二十五年十月辛酉。
② 钱一本:《万历邸钞》,万历二十六年戊戌卷。
③ 钱一本:《万历邸钞》,万历二十七年己亥卷。

到很大影响,终于导致万历二十七年四月二十四日爆发的民变。

据山东巡抚尹应元的报告,事变经过大体如此:

万历二十七年四月二十四日未时(午后),有脚夫小民三四千人聚众包围了马堂的衙门,声言:马监丞(马堂)招募来的征税吏役不遵守先前颁布的"杂粮十石以下及小本生意免税"条约,在本州新、旧城,对背负米豆做小生意的人,也尽行抽税,以致贩卖通不进城,小民度日艰难。在人声鼎沸之时,税监衙门内突然冲出一些兵丁,手持弓箭、木棍赶人射打,并捉拿了五六人,关进门内。这时外边高喊:里面杀死人了! 于是众心忿激,一齐冲进门内,放火焚烧,衙门尽被烧毁。在内外互殴及践踏中,死亡三十多人。[①]

据天津巡抚汪应蛟的报告,事变的爆发还有一个导火线:

由于临清太监马堂剥取太滥,商人不堪忍受,相约于四月二十四日举事,共图雪忿。不料二十二日那天,临清守备王炀的差役向马堂禀告地方聚众之事,马堂不分青红皂白,把那个差役斩首,并把首级挂在墙头吓唬外人。见墙外围观者如堵,马堂即下令施放乱箭,射伤无数。群情激愤,冲入衙门焚火,与衙役挺手相搏,打死衙役四十多人。守备王炀见变起萧墙,赶忙前往解救,把马堂从火中救出,安顿在家中。事变后,家家杜门自守,市肆寂然。[②]

临清守备王炀冒死从火中救出马堂,却不料遭到马堂手下官员郑惟明的诬陷。郑惟明为了替马堂掩饰罪行,把导致民变的责任推到王炀身上,向皇上诬告王炀"挟私造谋,陈兵鼓众,烧房抢夺

① 钱一本:《万历邸钞》,万历二十七年己亥卷。《明神宗实录》卷三三四,万历二十七年闰四月庚辰。
② 钱一本:《万历邸钞》,万历二十七年己亥卷。

钱粮"①。从表面上看,是郑惟明因前嫌图谋报复;深入一层分析,极可能是马堂为摆脱罪责授意郑惟明所为。万历帝接到奏报,立即下令把临清守备王炀逮至京师审讯。王炀莫明其妙地成了替罪羊,马堂却逍遥法外。

临清民变是自发的民众哗变,其中"以负贩为业"(即小商贩)的王朝佐起了很大的作用。从《定陵注略》《涌幢小品》的记载中约略可知,王朝佐对于马堂手下的爪牙白昼在通衢大道上横行,籍没富家财产,公然抢夺背负斗粟尺布的佣夫里妇,致使远近罢市,一派萧条景象,怨声载道。在事发当天的凌晨,王朝佐仗马箠挝马堂衙署的大门,请求见面交涉。市民欢呼,追随者有数万人。马堂见势恐惧,不敢出面,命兵丁向外射乱箭,击伤数人。王朝佐攘臂大呼,破门而入,民众纵火焚烧了马堂的衙署。万历帝得知此事后,下令逮捕王朝佐。官府欲将胁从者一并追究,王朝佐说:吾实为首,奈何株及无辜! 七月二十六日,王朝佐被处死,围观者数千人,无不为之叹息泣下。②

临清民变是对万历帝派矿税监聚敛财富的第一次民众反应,对朝廷的震动很大。两个月后,户部向万历帝指出当时形势的严重性:今天下各处饥馑,都门米价腾踊,征税太监项背相望,密如罗网,严如汤火,势必人人裹足,家家悬金。希望皇上敕谕税监,蠲免米麦豆谷诸税。万历帝不得不予以批准,下令:各种肩挑背负的小贩准予免税,其他商贾的贩卖酌量收税。③

---

① 《明神宗实录》卷三三四,万历二十七年闰四月庚辰。
② 文秉:《定陵注略》卷五《地方激变》。朱国祯:《涌幢小品》卷九《王葛仗义》。民国《临清县志》卷一五《人物志·王朝佐》。
③ 《明神宗实录》卷三三九,万历二十七年九月戊辰。

但是,万历帝信任马堂,没有把他调离临清。以后,马堂指使手下号称"十虎"的爪牙,号称"槌师棒手"的打手,白昼攘臂白夺,夜晚放火杀人,致使商贾闭门而逃。[①]江西道御史徐缙芳(字奕开,福建晋江人)向万历帝弹劾马堂九大罪状:

一、马堂原驻天津,今公然扬帆,逾淮、扬而南,蔑视明例,无复畏惮。

二、不闻题请,越疆恣行。

三、天津税务系堂专管,既往扬州,托付何人? 委君命于草莽。

四、势必重坏盐政。

五、益误边输。

六、将来不惟无课,抑且无商。

七、异时临清激变,今且必致地方鼎沸。

八、逋逃之众倚堂为渊薮,喜乱之徒借堂为口实,中都一摇,陵寝震惊。

九、一路动,则诸路动。[②]

万历帝并未把马堂"蔑旨欺君,擅离职守,惊扰地方"当回事,依然信赖如故。就在临清民变过后不久,马堂还向内库进奉银一万四千四百两、马三十匹。[③]从此后的进奉记录来看,马堂不但是天津、临清的税监,而且是兼征淮扬盐务银的盐监了。

① 《明神宗实录》卷三四三,万历二十八年正月己巳。
② 钱一本:《万历邸钞》,万历二十八年庚子卷。张廷玉等:《明史》卷二四八《徐缙芳传》。
③ 文秉:《定陵注略》卷四《内库进奉》。

马堂进奉给内库的税银数量并不大,从万历三十年到三十六年,一共进奉税银不过区区十二万两①,对临清经济的破坏却是无法弥补的。

马堂的胡作非为极大地损害了商人与市民的利益,使临清这个商品集散地受到严重的挫折。据万历三十年(1602 年)户部尚书赵世卿报告,临清原有缎店三十二家,关闭了二十一家;布店七十二家,关闭了四十五家;杂货店六十五家,关闭了四十一家。商业极度萧条,辽东布商几乎绝迹。②

临清只是矿税太监横行的一个缩影。其他各地莫不如此。著名的交通商业重镇河西务,由于税监的过分征敛,商人大幅度减少,原先一百六十家布店,只剩下三十多家。至于七大钞关所征收的关税,因税监的骚扰,不但没有增加,反而大幅度减少。赵世卿说:"曩时关税所入,岁四十余万,自为税使所夺,商贾不行,数年间减三之一。"③万历二十五年(1597 年)各钞关共征税银 417,500两,税监派出以后,税银逐年减少④:

年　　份	各钞关征税银数
万历二十七年	340,549 两
万历二十八年	306,132 两
万历二十九年	262,800 两

① 文秉:《定陵注略》卷四《内库进奉》。
②《明神宗实录》卷三七六,万历三十年九月丙子。张廷玉等:《明史》卷二二〇《赵世卿传》。
③ 张廷玉等:《明史》卷二二〇《赵世卿传》。
④《明神宗实录》三七六,万历三十年九月丙子。

万历二十九年比万历二十五年减少了约 37％。①

从万历三十年到三十二年，临清等七大钞关的关税收入都较前有大幅度亏损②：

钞　关	关税收入亏损额
临　清	亏 148,400 两
淮　安	亏 63,800 两
河西务	亏 43,800 两
浒　墅	亏 18,300 两
北　新	亏 18,080 两
扬　州	亏 10,290 两
九　江	亏 4,000 两
合　计	亏 306,670 两

由此可见，矿税监的派出表面上使宫廷内库每年都源源不断地收到各地进奉的银两，殊不知这是在国库正税收入连年减少的情况下实现的。

与临清民变相比较，湖广民变规模更大、持续的时间更长。

万历二十七年七月，万历帝派御马监太监陈奉到湖广，命他征收荆州店税，兼开兴国矿洞丹砂以及钱厂鼓铸等事。陈奉骤然身领皇命，身兼数职，恣行威虐，鞭笞官吏，剽劫行旅，商民恨之入骨。③ 于是激起荆州民愤，商民数千人在街上聚众哗变，竞相向陈

---

① 以上参看冈野昌子：《明末临清民变考》，载小野和子编：《明清时代的政治和社会》（京都大学人文科学研究所，1983 年）。
② 文秉：《定陵注略》卷四《内库进奉》。
③ 张廷玉等：《明史》卷三〇五《陈奉传》。

奉投掷瓦石,幸亏陈奉溜得快,才未被乱石击中。以后陈奉欲在沙市征税,沙市商民群起驱逐;欲在黄州团风镇征税,又遭镇民驱逐。

陈奉恼羞成怒,无法拿哗变的民众出气,便向皇上诬告襄阳知府李商耕、黄州知府赵文炜、荆州府推官华钰、荆门知州高则巽、黄州府经历车任重等官员,煽动暴乱,阳诬阴害,抗旨挠税。万历帝接到奏疏,未经核实就贸然下旨:逮捕华钰、车任重,贬谪李商耕、赵文炜、高则巽,罢免湖广巡按曹楷。① 为了支持矿税太监的横行,万历帝不惜罢一巡按,贬二知府、一知州,逮一推官、一经历。

为了迎合皇上贪财的心理,腾骧左卫百户仇世亨向万历帝上了一本奏疏,真假不辨地说,湖广二十五府所属州县,各项赋税的存留羡余及遗漏税银、赃罚赎例银、入官空兵饷银、绝户产银、河草场佃价银、鱼税银等,"何止亿万余两,宜委官追查"。他又耸人听闻地说,据兴国州土民漆某等人报告,当地人徐某等"挖黄金万两,内有唐相李林甫夫人杨氏诰命金牌一面,对方二尺,厚二寸,金童一对,乌金炉瓶烛壶……尚有左右金银窖未开"②云云。

这是一个小小百户为邀功而信口胡诌。全国一年缴入太仓的税银不过三四百万两银子,太仓历年积存的银两都未达到"亿万余两"的数目,区区湖广一省何以会有存留税银达"亿万余两"的神话!至于挖出李林甫夫人杨氏墓葬金宝,不过是街谈巷议的子虚乌有之事。

贪婪的万历帝却信以为真,如获至宝,十分顶真地下了一道谕旨,要陈奉带管此事。他说:"这奏内,湖广通省各府州县积贮各项存留羡余等银,约有亿万余两;及兴国州民人徐鼐明掘古坟,黄金

---

① 钱一本:《万历邸钞》,万历二十七年己亥卷。
② 钱一本:《万历邸钞》,万历二十七年己亥卷。

巨万,掩饰事情。且今帑藏匮乏,何不解进济用!着各督理矿税内官陈奉不妨原务带管,督率原奏官仇世亨、原任守备戴烨、土民漆有光,前去会同彼处抚按,并经管有司官员查明。一半留与本省兵饷赈济支用,其一半及金银等件一并解进应用。"发了这道谕旨,万历帝意犹未尽,特地嘱咐司礼监写一道敕文给陈奉:"敕湖广税监陈奉督原奏仇世亨,查理该省积余银两。"①

陈奉接到皇上谕旨及司礼监敕文,立即督查此事。要把原本子虚乌有的财产追查出来,毕竟比制造这种谣言要困难多了。湖广存留税银"亿万余两"之事,一时查无实据,只得搁置一旁;陈奉集中精力追查一笔横财——李林甫妻杨氏墓葬中的金银珠宝。追查的结果,大失所望,原来是漆有光的虚报。陈奉便把徐鼐等人抓起来毒刑拷问,责令他们赔偿。如此巨额古董价值连城,岂是徐鼐等人所能赔偿得了的!不得已,陈奉下令把境内的古墓全部发掘一空,作为抵偿。一时间,湖广民众怨声载道。

巡按御史王立贤阻止这种胡作非为,上疏给万历帝,说明兴国州所发掘的古墓乃元代吕文德妻之墓,并非唐代李林甫妻之墓,此事纯系"奸人讦奏,语多不雠"。因此,他要皇上下旨停罢追查,并且停止挖掘别处古墓。万历帝似乎感到很扫兴,把此疏留中不发,实际是听任陈奉继续胡作非为。②

一年来,陈奉在湖广擅作威福,吓诈官民,僭称千岁。他派出的爪牙向富民豪绅敲榨勒索时,动辄声称"千岁爷爷要行奏请抄没"相威胁,逼迫这些人家拿出大批金银。他的党羽常常闯入民家,奸淫妇女;或者佯称身上藏带金银,逼捉脱衣,肆行奸辱;或掠

———————

① 钱一本:《万历邸钞》,万历二十七年己亥卷。
② 张廷玉等:《明史》卷三〇五《陈奉传》。

入陈奉的税监府内,关押欺凌。

这种种倒行逆施激起武昌、汉阳市民公愤。生员(秀才)王某之女、沈某之妻都遭污辱,众生员愤愤不平,于十二月初二日聚集于湖广巡抚、巡按衙署的大门口,击鼓控诉。武昌、汉阳平日受害的市民万余人一齐涌来,扬言:"甘与陈奉同死!"哭声动地,气势震天。愤怒的人群游行到陈奉的税监府,蜂拥而入,抛砖放火,顿时浓烟四起。要不是巡抚、巡按带领兵丁赶来解围,陈奉此番必死无疑。[①]

南京吏部主事吴中明把此次民变的情况报告了万历帝,指责陈奉胡作非为致使市民公愤,巡抚支可大(字有功,苏州昆山人)曲为蒙蔽,天下祸乱将何所底止![②] 内阁辅臣沈一贯也就此事向万历帝劝谏,说:"陈奉入楚,始而武昌一变,继之汉口,继之黄州,继之襄阳之光化县,又青山镇、阳逻镇,又武昌县、仙桃镇,又宝庆,又德安,又湘潭,又巴河镇,变经十起,几成大乱。"他乞请皇上撤回陈奉,以收楚民之心。[③] 万历帝一概置之不理。

一波未平,一波又起。陈奉派人到谷城县开矿,因事出盲目草率,一无所获。主其事者竟胁迫谷城县官员拿出县衙库藏银两抵充,激怒的本县县民群起而攻之,将这帮凶神恶煞追打出境。武昌兵备佥事冯应京(字可大,号慕冈,凤阳盱眙人)向万历帝弹劾陈奉九大罪状。陈奉则反诬冯应京"挠命""凌敕使"。万历帝大怒,立即降旨:把冯应京贬为杂职,调至边疆地方。给事中田大益(字博

① 文秉:《定陵注略》卷五《军民激变》。张廷玉等:《明史》卷三〇五《陈奉传》。《明史》卷二三七《冯应京传》。
② 张廷玉等:《明史》卷三〇五《陈奉传》。
③ 《明神宗实录》卷三四四,万历二十八年二月庚寅。

真,四川定远人)等言官不服,交章弹劾陈奉,乞求皇上宽宥冯应京。万历帝怒上加怒,不但不宽宥冯应京,反而将冯应京除名,连杂职官也不让他当。[1]

与此同时,襄阳通判邸宅、推官何栋如、枣阳知县王之翰等人,也因为反对陈奉搜刮而遭到陈奉诬劾。万历帝听信一面之词,不由分说地将邸宅、王之翰革职为民,何栋如逮捕入狱。

都给事中杨应文实在按捺不住,上疏申救上述官员。万历帝尚气使性心理再次发作,竟下诏把冯应京、邸宅、王之翰等人一并逮捕入狱。

不久,锦衣卫缇骑抵达武昌。陈奉发布告示,公布冯应京等人罪状,被激怒的数万市民相率痛哭,包围了陈奉的税监衙门。陈奉仓皇出逃,藏匿于楚王府。愤怒的人群抓住陈奉的爪牙六人,投入江中,殴伤前来逮人的锦衣卫缇骑,责骂巡抚支可大助纣为虐、曲护陈奉,焚烧了税监衙署的大门。躲避在楚王府的陈奉秘密派遣随从三百人,引兵弹压示威民众,射杀数人,受伤者不可胜计,局势顿时大乱。

当拘押冯应京的囚车经过大街时,因服坐槛的冯应京顾全大局,劝止示威民众,民众才稍稍解散。

藏匿于楚王府的陈奉慑于民众的威力,一个多月不敢露面,多次向万历帝提出回京的请求。内阁辅臣沈一贯、给事中姚文蔚(字养谷,浙江杭州人)等上疏极言陈奉之罪,请求皇上把陈奉撤回。万历帝犹豫不决。恰逢此时江西税监李道也向皇上揭发陈奉侵匿税银、阻截商贩、征三解一、病国剥民等罪状,万历帝才下决心把陈

---

[1] 张廷玉等:《明史》卷二三七《冯应京传》。

奉召还,由承天府守备太监杜茂代理陈奉之职。万历帝为了安抚
民心,采纳沈一贯的建议,撤消支可大的巡抚官职,派工部侍郎赵
可怀出任湖广巡抚。陈奉在湖广两年,惨毒备至,返京时,随身带
回的赃物金银财宝多得惊人,为防止沿途民众抢掠,由士兵护送出
境,舟车相衔,数里不绝。[①]

以上就是湖广民变的全过程。此外,还有反对苏杭织造太监
兼征税太监孙隆的苏州民变,反对征税太监潘相的江西民变,反对
矿税太监高淮的辽东民变,反对矿税太监杨荣的云南民变,反对征
税太监高寀的福建民变等。其中最具特色的是苏州民变与云南
民变。

万历二十九年五月,织造太监兼征税太监孙隆勒令苏州丝织
业机户,凡织机一架加征税银三钱(银子),一时人情汹汹,讹言四
起,机户们纷纷关门罢织,被雇佣的织工(即所谓"织佣")面临失业
饿死的威胁。六月初三日,丝织作坊的雇佣工人数千人,推昆山人
葛成为首领,发动反对税监的示威游行,击毙孙隆的爪牙多人,指
责吴县知县孟习孔为"阉党"。工人们包围了孙隆的税监衙署,孙
隆越墙逃跑,得以幸免。两天后,当局派兵弹压,逮捕首从人员。
葛成等欣然受狱,从容就义。[②] 这次民变带有其他民变所没有的
特色,它是前近代早期工人运动的前奏,葛成则是当之无愧的早期
工人运动领袖。

万历三十四年(1606年)正月的云南民变,由于地方官员的参

---

① 张廷玉等:《明史》卷三〇五《陈奉传》。谷应泰:《明史纪事本末》卷六五《矿税之
　弊》。谈迁:《国榷》卷七九,万历二十九年三月乙巳。
② 《明神宗实录》卷三六一,万历二十九年七月丁未。崇祯《吴县志》卷一一《祥异(寇灾
　民变附)》。

与,抓住了税监杨荣,处死后投尸烈焰之中,其徒党辐重焚烧殆尽。万历帝闻讯后怒气冲天,竟至绝食数天,直至慈圣皇太后劝解,阁臣上疏安慰,才消气进食,但对于民变仍耿耿于怀,叹息道:"(杨)荣不足惜,何纪纲顿至此!"①

　　鉴于各地民变蜂起,阁部大臣与地方官员的强烈反对,矿税太监已成众矢之的。而派遣矿税太监的决策者万历帝也逐渐意识到问题的严重性。万历三十年当他一度病危,紧急召见阁臣首辅沈一贯时,除了嘱托辅佐皇太子常洛"做个好皇帝"之外,着重提及停止开矿征税之事,流露了他的忏悔之心。他对沈一贯说:矿税事,朕因三殿两宫未完,权宜采取。今宜传谕:各处矿税及各处织造、烧造俱停。② 这一决定泄漏了他内心深处的秘密,为了兴修三殿两宫,内库急需大量资金,派矿税太监四处搜刮,只是一个权宜之计。

　　几年的实践使万历帝本人感觉到这一决策弊端百出,是始料不及的。因此他病危托付后事时,首先想到的便是停止这一弊政。这是他第一次向大臣曲折地承认派遣矿税太监、织造太监、烧造太监骚扰民间的错误。可惜的是,当他病情趋于稳定后,立即反悔,收回了已经发出的谕旨。任凭阁部大臣再三反对,依然我行我素。看来他是明知故犯了,尽管开矿征税是弊政,但为了增加内库收入,以应付日趋庞大的宫廷开支,他仍要坚持。礼科给事中萧近高(字抑之,江西庐陵人)上疏,要万历帝"坚持最初之一念,俯答臣庶

① 钱一本:《万历邸钞》,万历三十四年丙午卷。文秉:《定陵注略》卷五《军民激变》。谈迁:《国榷》卷八〇,万历三十四年三月己卯。
② 《明神宗实录》卷三六八,万历三十年二月己卯。文秉:《定陵注略》卷四《矿税诸使》。

之祈吁,将原传停税、逮系、起废三事一一施行"①,反映了当时言官们的共同呼声。万历帝不但不接受,反而给予罚俸一年的处分。

其后,反对矿税的议论一直不断。

万历三十一年正月,礼部侍郎郭正域上疏,以太祖与世宗的先例说明开矿利官少、损民多,希望皇上以太祖、世宗为法,以百姓为本,勿吝改过。②

不久,漕运总督李三才上"天变人离疏",把反对矿税的理由论述得更加透彻。他指出:

> 皇上每有催征,必曰内府缺乏矣,不知天下百姓更缺乏之甚也。……皇上之所谓缺乏者,黄金未遍地,珠玉未际天耳。而天下百姓之所谓缺乏者,朝夕不一饱,父子不相守。以此较彼,孰乏孰足,孰缓孰急?
>
> 皇上又无谓前日已有停止之旨,遂可以塞人心也。一日不停,则百姓受一日之害;一日不止,则国家酿一日之祸。③

民变与舆论的巨大压力,终于迫使万历帝作出让步。万历三十三年十二月,他下令停止开矿,把开矿太监召回京师。他在给户、工二部的谕旨中,道出了这几年忐忑不安的心情:"朕以频年天象示警,心常兢惕,责己省愆,不遑宁处。"省己责愆的结果,使他感到开矿抽税确实弊窦丛生。为了补偏救弊,他作出如下决定:

---

① 文秉:《定陵注略》卷四《矿税诸使》。张廷玉等:《明史》卷二四二《萧近高传》。
② 文秉:《定陵注略》卷四《矿税诸使》。
③ 文秉:《定陵注略》卷四《内库进奉》。

一、其开矿抽税，原为济助大工，不忍加派小民，采征天地自然之利。今开矿年久，各差内外官俱奏出砂微细。朕念得不偿费，都着停免。若有见在矿银，就着矿差内外官员一并解进，驰驿回京，原衙门应役。凡有矿洞，悉令该地方官封闭培筑，不许私自擅开，务完地脉灵气。

二、其各省直税课，俱着本处有司照旧征解。税监一半，并土产解进内库，以济赏赐供用之需；一半解送该部，以助各项工费之资，有余以济京边之用。

三、其各处奏带员役，止着押解催攒钱粮，行文差用，不许私设关津，指称委官，容令地方棍徒肆行攘夺，致民生不安，商旅不行，反亏国家正课。抚按官还同该监不时访拿治罪。①

万历帝意识到开矿得不偿失，无补于内库，不得不宣布一律停止，开矿太监全部返回北京，回原衙门供职。对于征税太监，他还舍不得撤回，只是就暴露出来的弊端作些改进，诸如各地所征税银一分为二，一半归税监，解进内库；一半归地方，解送户、工二部；禁止私设关津，不得妨碍正常商业，不得使国家正税受损。

万历三十四年（1606年）以后的十多年间，税监仍在各地活动，还在不断地向内库进奉税银，但权力已大受限制，征税权划归地方政府，税监只负责解送。而且数量也明显减少，万历三十五年不过十余万两，三十六年不过二十余万两，以后各年有如强弩之末，仅仅几万两而已。

矿税太监横行浩劫十年之后，才得以制止，他们对社会经济、

---

① 钱一本：《万历邸钞》，万历三十三年乙巳卷。文秉：《定陵注略》卷四《矿税诸使》。《明神宗实录》卷四一六，万历三十三年十二月壬寅。

地方财政的危害及后遗症，却不是一道谕旨可以消除的。万历帝给他的继承人留下了一个难以收拾的烂摊子。

三、辽东战事吃紧

明朝对东北边疆的女真各部采取分而治之的策略，使他们各自雄长，不相统一，以便从中驾驭、控制。到嘉靖、隆庆年间，建州女真日渐强大，使明朝的辽东边防感受到不断增大的压力。

隆庆四年（1570年）九月，辽东总兵王治道战死，副总兵李成梁擢升总兵，从此开始了这位一代名将镇守辽东二十二年的历史。李成梁祖籍朝鲜，高祖李英从朝鲜迁居辽东，当上了铁岭卫指挥佥事，其后裔世代生活于辽东。出生于将门的李成梁，英毅骁健，有大将才干，辽东总兵的岗位给他提供了施展才干的机会。他大修戎备，甄拔将校，召收四方健儿，给以丰厚待遇，从而培养了一批善战的先锋，辽东的军威由此大振。女真各部遭到李成梁的无情打击，一蹶不振。

《明史》说："成梁镇辽二十二年，先后奏大捷者十。帝辄祭告郊庙，受廷臣贺，蟒衣金缯，岁赐稠叠。边帅武功之盛，二百年来未有也。"[1]看得出来，万历帝对李成梁是十分赏识的。正因为如此，李成梁逐渐居功自傲。随着他的地位声望的日益提高，子弟们相继荣升，甚至手下奴仆也莫不显耀。贵极而骄侈无度，必然大量贪

---

[1]　张廷玉等：《明史》卷二三八《李成梁传》。

污军资、马价、盐课、市赏，把全辽商民之利笼入自己腰包。为了稳住在辽东的地位，他把贪污搜刮来的钱财，分出一部分，重贿权门，结纳朝士，朝廷内外要人几乎没有一个不饱其重赇。①

正如万历十九年辽东巡按御史胡克俭所弹劾的那样，"成梁善于结纳，皇上左右皆伊之人。皇上深宫之事，臣在朝数年不知者，成梁一一能诵之，朝发夕知，毫发不爽"。李成梁甚至扬言："太仓王恩府（锡爵）说，渠在位一日，我父子安心做一日。"②朝中有人好做官，李成梁有恃无恐，不再在战事上下功夫，锐意于封拜，往往拥兵观望，甚至掩败为功，杀良民冒级。李成梁功过参半，他稳定了辽东的局势，却激化了外部与内部的双重矛盾。

万历十九年十一月，万历帝无可奈何地罢免了李成梁，以无能的杨绍勋出任辽东总兵。此后十年间，辽东更易八帅，没有一个人的军事才干可与李成梁相匹敌，辽东边备因而日趋废弛，为建州女真的杰出领袖努尔哈赤提供了统一各部，进而吞并辽东的大好时机。

到了万历二十九年，明朝感受到建州女真咄咄逼人的强大威胁，阁臣沈一贯向万历帝提议，收拾辽东非李成梁不行。于是，万历帝重新任命李成梁为辽东总兵。当时他年已七十六岁，大有英雄迟暮之慨了。万历三十四年李成梁与蓟辽总督蹇达、辽东巡抚赵楫，借口宽奠新疆（孤山堡、险山堡、新安四堡等新开拓的八百里之地）孤悬难守，断然放弃，尽徙居民于内地，居民恋家室，则以大军驱迫，死者狼藉。这种对辽东防务丧失信心的举动，遭到兵科给事中宋一韩、辽东巡按御史熊廷弼的弹劾。熊廷弼指责赵楫、李成

---

① 张廷玉等：《明史》卷二三八《李成梁传》。
② 钱一本：《万历邸钞》，万历十九年辛卯卷。

梁有罪:"不能开疆拓土,而反挈数百里膏腴土地拱手奉夷。""不徙
民实塞下,而反劫塞下六万余人以至殍死。"① 由于万历帝一向宠
信李成梁,对宋、熊的奏疏不予考虑,留中不发。辽事从此渐坏。

辽事变坏的另一个原因,是矿税太监高淮到辽东搜刮,搞得民
怨沸腾。

高淮是尚膳监太监,万历二十七年被万历帝派往辽东采矿征
税。他到开原,严剥苛索,激起民变。不久又有金州、复州矿夫哗
变。② 高淮不满辽东总兵马林不为他出力,上疏弹劾,万历帝下旨
罢黜马林。给事中侯先春上疏申救,万历帝索性下旨遣戍马林、贬
谪侯先春。万历三十一年夏,高淮率家丁三百多人,张扬飞虎旗
帜,金鼓震天,声称:"欲入大内谒帝。"给事中田大益、孙善继、姚文
蔚等人指责高淮,吏部尚书李戴、刑部尚书萧大亨等上疏弹劾高淮
"擅离信地,挟兵潜往京师,乃数百年未有之事"。万历帝视若无
睹。辽东巡抚赵楫弹劾高淮"罪恶万端",无故打死指挥张某,万历
帝也不予追究。高淮更加趾高气扬,竟然向皇上提出"镇守协同关
务",妄图插手辽东军政。兵部指责他狂妄,万历帝居然谬称:"朕
固命之矣。"从此,高淮愈加飞扬跋扈,招募死士,出塞射猎,发黄票
龙旗,走朝鲜,勒索冠珠貂马。③

高淮的横行,激起廷臣的普遍反对。阁臣朱赓指出高淮在辽
东,"大小城堡无不迂回遍历,但有百金上下之家,尽行搜刮","识
者谓,天下有难必自辽始"。④

---

① 钱一本:《万历邸钞》,万历三十七年己酉卷。
② 孙文良:《矿税监高淮乱辽述略》,载《明史研究论丛》第一辑。
③ 张廷玉等:《明史》卷三〇五《高淮传》。
④ 陈子龙辑:《明经世文编》第六册,朱赓《论辽东税监高淮揭》。

户科给事中沈凤翔揭发高淮干预辽东军政："露章而陈房事，自颂功德，参预机务。"①

兵科给事中吕邦耀谴责高淮越权："擅行文将领加谨提防，擅会同登城催督各路，擅差千总指挥擅传烽火，沿边房寨踏看，以逞其威……任意猖狂，蔑法欺君，莫此为甚。"②

兵科给事中宋一韩向万历帝指出辽东有三患：高淮、李成梁、赵楫，其危害在建州女真之上。③

兵部尚书李化龙直言不讳地警告万历帝：高淮去则辽东安，高淮在则辽东亡。④

高淮在辽东的骚扰，破坏了辽东战守的经济基础，万历帝却充耳不闻，听之任之。直到万历三十六年（1608年）才下令召回高淮，交司礼监听候处分。到万历帝明白"高淮擅自出巡，骚扰地方，今又扣克军士粮饷，且各边军士卧雪眠霜，劳苦万状，九死一生，何堪虐害"⑤，为时已晚了。

《明史》对辽事大坏有一个精辟的分析："辽三面受敌，无岁不用兵。自税使高淮朘削十余年，军民益困。而先后抚臣皆庸才，玩愒苟岁月。天子又置万机不理，边臣呼吁，漠然不闻，致辽事大坏。"⑥

万历四十六年（1618年）四月十三日，努尔哈赤以"七大恨"告天，控诉明朝对女真的迫害，煽动军民的反明情绪，向明朝宣战。

① 吴亮辑：《万历疏钞》卷二〇，沈凤翔《奸珰擅预兵机渐不可长疏》。
② 吴亮辑：《万历疏钞》卷二〇，吕邦耀《敬因奸珰专权略陈辽左情形疏》。
③ 陈子龙辑：《明经世文编》第六册，宋一韩《直陈辽左受病之原疏》。
④ 《神庙留中奏疏汇要》兵部卷一，李化龙《题为辽左危在旦夕等事疏》。
⑤ 《明神宗实录》卷四四七，万历三十六年六月乙酉。
⑥ 张廷玉等：《明史》卷二五九《李维翰传》。

次日,正值抚顺集市开集之日,扮作赶集商贩的女真士兵混入抚顺城,埋伏在后的精兵在人声鼎沸的混乱中突然袭击,俘获游击李永芳。抚顺城就这样被努尔哈赤轻易攻陷。辽东巡抚李维翰、蓟辽总督汪可受相继向朝廷告急,调兵请饷的奏疏纷纷沓沓送进紫禁城。

四月十五日,万历帝接到抚顺陷落的紧急军情报告,他作出的第一个反应,就是向兵部指示防剿事宜:"狡虏计陷边城,一切防剿事宜,行该地方官相机处置,军饷着上紧给发。其调发应援,该部便酌议具奏。"①

代理兵部尚书薛三才(字仲儒,号青雷,浙江定海人)没有立即调发援兵,而是向皇上大叹缺饷的苦经。辽军缺饷已历三年,户部应发额饷,从去年秋天到今年夏天,拖欠银子五十万两,即使不能全部照发,也应先发一半,以济燃眉之急。兵部自身也拖欠辽东马价银十一万七千八百两,抚赏银三万两,只能先发四万两,还缺十万七千八百两。另外还欠新兵饷银四万七千一百两。至于调兵之事,薛三才只是敷衍说,蓟辽总督汪可受已在选调蓟镇兵六千五百名,刻期援辽;其他各镇多事,征调不便。希望皇上大发内库帑金,由辽东巡抚、总兵自己召募。

显然,身为兵部主管首长的薛三才对此次辽东战局的严重性估计不足,仅仅把它看作先前常有的一般骚扰,没有引起重视。至于万历帝,接到薛三才要他发内帑储金的请求,立即借口"内帑空虚"予以回绝,要兵部与户部尽力措处。不过,他还是比薛三才敏感,意识到辽东事态的严重性,下令要九卿科道研究"大举进剿"

---

① 《明神宗实录》卷五六八,万历四十六年四月甲辰。

事宜。①

四月二十一日,总兵张承胤率军前去救援,被努尔哈赤的主力部队全歼,张承胤本人也力屈战死。② 四天后,努尔哈赤派官员与被擒汉人入关,送来一纸文书,声称为"七宗恼恨"发兵等语,要求明朝派官前往谈判赴贡罢兵。③

薛三才这才感到对方来势不善,向皇上表示"东事殆不忍言"。万历帝立即作出部署:"辽左覆军陨将,虏势益张,边事十分危急。尔部便会推堪任总兵官一员,令刻期到任,料理军务。一应防御驱剿事宜,着督抚等官便宜调度,务期殄灭,以奠封疆。其征兵转饷等事,即遵旨会议具奏。"④

有关部门遵旨会议后,薛三才向皇上报告应对步骤:

一、征调真顺、保河等地壮士,可得三万人。

二、各边废弁家丁,皆许效用军前,可得数千人。

三、山海关为蓟辽门户,须任命一员大将提兵弹压,兼为辽东声援。

四、起用原任总兵杜松驻守山海关,总兵王宣驻守关内。

万历帝一一照准,下令杜松原官起用,星夜赶来赴任。⑤

闰四月初一日,河南道御史熊化向万历帝提议:宜速发粮饷,

① 《明神宗实录》卷五六八,万历四十六年四月甲辰。
② 《明神宗实录》卷五六八,万历四十六年四月庚戌。
③ 《明神宗实录》卷五六八,万历四十六年四月甲寅。
④ 《明神宗实录》卷五六八,万历四十六年四月丙辰。
⑤ 《明神宗实录》卷五六八,万历四十六年四月戊午。

命蓟辽总督汪可受先期率兵数千直抵广宁，相机提调；巡抚李维翰则移驻辽阳，与新任总兵李如柏协力拒守，待援军抵达后徐图进取。兵部与有关官员都赞同这一方案。万历帝批准这一方案，作了一些补充：

一、督臣出关调度，事出创见，似难轻举。尔部既与多官议妥，汪可受着统兵前去，相机进止，务期持重，以保万全。

二、抚臣李维翰着视虏情缓急，再为移镇。

三、顺天、保定巡抚依议移驻山海、易州，互相应援。

四、内地空虚，着速行召募充补。

五、本兵（兵部尚书）黄嘉善着马上差人催他星夜前来，共图安攘，毋再迟延误事。①

以后几天内，万历帝仍觉得不放心，多次向兵部发去谕旨，部署军机。其一说，"尔部便行与督抚各官，沿边将士亟图战守长策，各处城堡都要用心防守，遇有虏警，并力截杀，务挫狂锋。旦夕经略出关，援兵四集，即合谋大张挞伐，以振国威"②。其二说，"今援兵渐集，防剿有资，督抚等官还着用心调度，随宜战守，务在万全"③。

蓟辽总督汪可受奉旨率兵出关，胆怯犹豫，在山海关逗留不前。向万历帝奏报时，寻找借口："初陷臣尝大张声势，称即日发兵数万，今乃与三四原任关将统数千人而往，传于奴虏，先声亦不足畏。"指望等待新任山海关总兵杜松率兵到关，配备兵部新充健马、

① 《明神宗实录》卷五六九，万历四十六年闰四月己未。
② 《明神宗实录》卷五六九，万历四十六年闰四月癸亥。
③ 《明神宗实录》卷五六九，万历四十六年闰四月甲子。

工部新造盔甲，再出关备战。一句话，尽量拖延时间。万历帝对他这种逗留观望态度很不满意，当即下令："蓟镇援兵既集，尔便随宜调发，以资战守，出关调度，还酌量缓急，以为迟速。若贼势已逼，毋得逗留观望，致误军机。"①

为了部署辽东的战略反攻，万历帝命蓟辽总督汪可受出关调度，杜松出任新设的山海关总兵之职，又命熟谙辽事的兵部右侍郎杨镐为辽东经略兼巡抚，将懦弱无能的巡抚李维翰革职听勘，还要都察院速差有魄力的御史一员，代杨一桂出任辽东巡按。②

这两个月，万历帝一改以往万机不理的状态，忙得焦头烂额，既要调兵遣将，又要筹措军饷。辽东反攻的人事安排刚完，内阁元辅方从哲又向他奏讨内库帑金，以为上次所发内帑十万两银子太少，应该再多发一点。万历帝对他作了解释：

> 辽事方殷，军饷不足，朕非不动念，但饷银已经发过，何得又有此奏！户部所进内廷金花银两，祖宗旧制每年进内承运库一百万(两)，以备典礼及各节例进赐各宫与皇太子等，及赏用内外日费，并各衙门奏讨、成造、军职俸银俱不得已之事，该库屡奏拖欠数多，未见补进，每年所进不足一年支用，凑以税银尚且不敷，何以赢余！可传户部，即遵旨上紧多方挪借设处，使军饷不缺。不得借口请帑，致误军机。③

万历帝屡屡声称内帑空虚，拒绝以内帑支援辽饷。其实内帑

① 《明神宗实录》卷五六九，万历四十六年闰四月丁卯。
② 张廷玉等：《明史》卷二三九《杜松传》。《明史》卷二五九《杨镐传》。《明神宗实录》卷五七〇，万历四十六年五月壬子。
③ 《明神宗实录》卷五七〇，万历四十六年五月甲寅。

并不空虚,万历帝死后,儿子常洛即位,当即发出内帑银二百万两解赴辽东及九边,以应急需。可见万历帝是舍不得发内帑,并不是没有银子可发。

多病的万历帝,晚年遇上如此棘手的辽事困扰,不禁精疲力竭,忧心忡忡。不久,旧病又发作了,头晕目眩,不时腹泻,身体发软。但是,对于辽事,却不敢稍有懈怠。病中还叮嘱方从哲传谕兵部,立即行文差人向总督、经略、总兵传达他的旨意:选择精壮军兵,整顿人马器械,各陈方略,相机征剿,务期殄灭,以除边患。[①]

万历帝把辽东战略反攻的希望寄托于经略杨镐身上,根据兵部尚书黄嘉善的提议,他决定特赐杨镐尚方宝剑,以重其事权,总兵以下不用命者,得以军法从事,先斩后奏。以此来激励各总兵立即率兵出关,摆开决战的架势。[②]

这年冬天,四方援兵终于齐集。但是杨镐仍没有发动战略反攻。万历帝接到兵科给事中赵兴邦的奏疏,得知努尔哈赤又进犯会安,辽东仍无动作,很是不满,责问道:"经略(杨镐)任事已久,各处援兵俱集,如何又有会安之失?平时备御无策,事后勘报不明,欺玩如此,镇道诸臣岂得无罪?念用兵之际,姑着策励供职。经略杨镐着严督将吏,设法整理,亟图挞伐,务期剿灭,以奠危疆。再有疏虞,同罪不宥。诸将有退缩不前,并妒功生事的,着遵前旨参来重处。"[③]万历帝迫切希望辽东战事很快出现转机,毕其功于一役,对廷臣是一个很大的压力。

---

① 《明神宗实录》卷五七一,万历四十六年六月癸亥。
② 《明神宗实录》卷五七三,万历四十六年八月己未。
③ 《明神宗实录》卷五七七,万历四十六年十二月乙丑。

内阁元辅方从哲、兵部尚书黄嘉善、兵科给事中赵兴邦等官员，为避免师久饷匮，都以速战速决为上策。其实，这一决策是不现实的。按当时双方的态势，辽东战事的唯一正确策略，应该是稳固防守，伺机反击，逐步收复失地。但是，从皇帝到内阁、兵部都低估了建州女真的力量，以为大兵一到，胜利指日可待，所以接连发出红旗，催促杨镐进兵。

万历四十七年（1619年）正月，经略杨镐与总督汪可受、巡抚周永春、巡按陈王庭等商议决定，二月十一日誓师，二十一日出师，兵分四路：

总兵马林出开原攻北。

总兵杜松出抚顺攻西。

总兵李如柏从鸦鹘关出，趋清河攻南。

东南则以总兵刘綎出宽奠，由凉马佃捣后，而以朝鲜兵协助。

四路人马号称四十七万，实际约十万左右，期于三月二日在二道关会师并进，直捣努尔哈赤的政治中心赫图阿拉。①

这种部署看似气势宏大，其实带有很大的盲目性、冒险性，只要一路失利，便会陷于无可挽回的被动局面。加之天公不作美，从十六日开始，辽东原野上下起茫茫大雪，给大部队行动带来了很大的困难。出发日期不得不从二十一日改为二十五日。② 更为严重的是，不但延误了日程，而且泄漏了军事行动计划，努尔哈赤对于明朝军队的动向了如指掌，集中兵力打击其中一路。双方还未交手，胜负已成定局。

---

① 张廷玉等：《明史》卷二五九《杨镐传》。王民晋：《三朝辽事实录》卷一。
② 《明神宗实录》卷五八〇，万历四十七年三月甲申。

　　杜松想立头功,先期率军从抚顺出发,渡过浑河,抵达南岸的萨尔浒,遭到努尔哈赤埋伏在那里的精锐部队的猛烈袭击,全军覆没。马林率军从三岔儿出发,得知杜松兵败,立即停止进军,结营自固,本想躲避厄运,猝不及防地遭到对方突然袭击,大败而逃。

　　坐镇沈阳的杨镐获悉两路兵败的报告,立即下令李如柏、刘綎停止出击。李如柏奉命不进,刘綎早已孤军深入三百里,虽取得小胜——连克十五寨、斩敌三千余,却铸成大错。杜松、马林兵败的消息,刘綎毫无所知,努尔哈赤集中兵力狙击刘綎,一场激烈的混战,使刘綎这员骁勇善战的大将兵败阵亡。

　　这一战役,明朝方面损失文武将吏三百、士兵四万,损失马匹二万八千。①

　　战败的消息传来,京师大震。内阁元辅方从哲立即报告万历帝,希望皇上在此紧要关头出御文华殿,召见九卿科道等官会议,共图保卫辽东保卫京师的方策,但是并没有引起万历帝的重视。② 第二天,详细的战报传来,万历帝才感到大事不妙,向兵部发去一道谕旨,对杜松贪功轻进,以致丧师,表示痛惜;对马林应援失期,有所不满,要他戴罪立功。③ 次日又传谕内阁,对杜松等出兵违期,贪功不利,殒将丧师,表示愤慨。他还说,文武百官关于辽事的紧急奏疏,待详细审阅后,再作出批示,要方从哲传示各衙门,静候谕旨。④

　　不久,万历帝作出决定,下令逮捕此次战败的主要责任者杨

---

① 张廷玉等:《明史》卷二五九《杨镐传》。王民晋:《三朝辽事实录》卷一。
②《明神宗实录》卷五八〇,万历四十七年三月癸巳。
③《明神宗实录》卷五八〇,万历四十七年三月甲午。
④《明神宗实录》卷五八〇,万历四十七年三月乙未。

镐,将他关入锦衣卫诏狱论死;起用熊廷弼为辽东经略,出来收拾残局。

熊廷弼,字飞白,号芝冈,湖广江夏人。万历三十六年(1608年)巡按辽东时,对巡抚赵楫、总兵李成梁放弃宽奠新疆八百里极为不满。他在辽东数年,杜馈遗,核军实,按劾将吏,不事姑息,风纪大振。后改调为南直隶督学。万历四十七年(1619年)杨镐丧师,万历帝鉴于熊廷弼熟悉辽事,提升他为兵部右侍郎兼右佥都御史,代杨镐经略辽东。

熊廷弼立即走马上任,还未出京,开原沦陷。他上疏分析辽东形势:辽左为京师肩背,欲保京师,欲保河东,开原必不可弃。今开原破、清河弃、庆云掠、辽西围,铁岭、懿路数城居民逃亡。独辽阳、沈阳孤立于河东,难以守御。然而,不守辽、沈,必不能保辽东;不复开原,必不能保辽、沈。他把收复开原看作保卫辽东的当务之急,为此,他请求皇上速遣将士、备刍粮、修器械,不要拖欠军饷,不要从中掣肘,不要交担于臣而不相照管。① 万历帝深以为然,立即降旨:"恢复开原乃御虏安边急务,应用兵马、器械、钱粮、刍豆等项,着各该衙门火速处办,刻期齐备,毋得借口缺乏,致误军机。"并且赐给他尚方宝剑,以重其事权。② 万历帝对熊廷弼寄予很大的期望。

熊廷弼刚出山海关,铁岭又失守,沈阳及各城堡军民一时尽逃,辽阳人心惶惶。八月初,熊廷弼进入辽阳,立即着手整顿,劝逃亡者回归,斩逃将以祭死节将士,杀贪将陈伦,劾罢总兵李如桢,以

---

① 《明神宗实录》卷五八三,万历四十七年六月己卯。张廷玉等:《明史》卷二五九《熊廷弼传》。谈迁:《国榷》卷八三,万历四十七年六月戊寅。
② 《明神宗实录》卷五八三,万历四十七年六月己卯。

李怀信代替,督军士造战车,治火器,浚濠缮城,为长期守御之计。几个月下来,辽阳守备大固。于是,他又向万历帝条陈制敌方略。他深谋远虑地指出:今日制敌方案有三,即恢复、进剿、固守。此时此地漫谈恢复、进剿,显然过于草率。不如以固守为稳着,守正是为了战。

然而,守亦谈何容易!敌军十万,官兵应有十八万,而现在仅有近八万,还在简汰之中,不能作为实数。只有召募、征调二法,予以补充。这十八万军队,分布于瑷阳、清河、抚顺、柴河、三岔儿、镇江诸要口,首尾相应,小警自为堵御,大敌互为应援。不过,十八万军队需要饷银三百二十四万两、米粮一百零八万石、马豆九十七万石,必须保证供给。①

从当时的战略态势来看,熊廷弼不同意恢复、进剿两种方案,而采取固守方案,是唯一正确的抉择。万历帝很快批准了这一方案,批示道:"审度贼势,分布战守方略,颇合机宜。防守既固,徐图恢复进剿,尤是万全之策。所用兵马粮饷着该部多方措处,毋致缺乏。……熊廷弼着益用心经略,副朕倚任之意。"②

在万历帝的全力支持下,熊廷弼经略辽东一年,取得了明显的成效,局势渐趋稳定。辽阳颓城已整修一新,丧胆逃亡的人民纷纷回归,生活安定。原先遭到战争威胁的奉集、沈阳两座空城,如今俨然成为重镇,民安于居,贾安于市,商旅纷纷于途。③

熊廷弼其人,身长七尺,有胆略,精通武艺,能左右开弓。他早年巡按辽东时,就主张以守边为主,现在经略辽东,力挽狂澜,更加

---

① 《明神宗实录》卷五八八,万历四十七年十一月癸卯。谈迁:《国榷》卷八三,万历四十七年十一月癸卯。张廷玉等:《明史》卷二五九《熊廷弼传》。
② 《明神宗实录》卷五八八,万历四十七年十一月癸卯。
③ 王民晋:《三朝辽事实录》卷三。

主张守御为上策。万历帝对此持赞同态度,对熊廷弼信任备至。但熊廷弼有一个致命的弱点,就是《明史》所说的,"性刚负气,好谩骂,不为人下"①,人缘很不好。他一度甚至赌气辞官,万历帝知道后劝阻说:"辽事败坏,皆地方官玩愒所致。熊廷弼一意振刷,恢复封疆,朕深切倚赖。今夷情甚急,岂经略释肩之时,自弃前功! 着益殚忠任事,与诸臣协心共济,毋为人言所阻。"②

在以后几个月中,万历帝虽身患重病,但对熊廷弼仍分外关注,别的奏疏可以不看,唯独熊廷弼的奏疏非看不可,而且无不一一批答,随上随下。③ 万历帝对边事的关切,对熊廷弼的信赖,使熊廷弼能够安于官位,使辽东获得暂时的安宁。

不料,万历四十八年(1620 年)七月二十一日万历帝病逝,熊廷弼失去了强有力的支撑,不久就遭到言官出于党派门户之见的无端攻击,终于导致罢官的下场。辽东局势从此发生剧变,每况愈下,再难以挽回了。

四、最后的岁月

万历帝最后两年的生活,是在辽东战事的忧虑与日益加重的疾病煎熬中度过的。

万历四十六年(1618 年)入夏以来,一直到病逝,万历帝身体

---

① 张廷玉等:《明史》卷二五九《熊廷弼传》。
② 《明神宗实录》卷五九一,万历四十八年二月壬申。
③ 《明神宗实录》卷五九五,万历四十八年六月丁未。

始终不好。六月初六日他对方从哲说:"朕入伏以来,暑湿熏蒸,不时腹泄,头目眩晕,身体发软。见今服药未愈,临御不便。"①不能视朝,还得为辽事操心。这时,他多么需要得力的内阁辅臣为之排忧解难。

自从万历四十五年次辅吴道南丁忧归里后,内阁辅臣只有元辅方从哲一人,而方从哲又偏偏不是一个勇于任事的股肱之臣,当此多事之际畏缩不前。他因儿子方世鸿杀人,遭巡城御史弹劾,索性借此机会乞求皇上罢官。不久,天上出现彗星,京师又有地震,方从哲向万历帝指出,妖象怪征,层见迭出,是他奉职无状的结果,表示要痛自修省,又想辞官不干。② 此举引来朝士杂然哄笑。河南道御史熊化上疏弹劾方从哲佐理无效,私庇辽东督抚。于是,方从哲再次上疏乞罢,称病在家,坚卧不出。万历帝不能没有辅臣,劝慰他不必对言官的弹劾太过于介意,对他说:"方今国事多艰,须卿弘猷匡济,共图化理,岂可以浮言坚欲求去!"③

万历四十七年(1619年)的春节到了。正月初一日,万历帝照例又是免朝,这已是万历二十年以来的惯例了。方从哲还是率文武百官来到午门外举行庆贺典礼,礼毕后,又到仁德门致礼。然后,向长期不见面的皇帝上了一道奏疏,对近年来的朝政缺失——大僚半缺、言路几空,发了一通牢骚。万历帝看了以后,批示道:"览奏,情词恳切,具见忠爱,朕已悉知。所请补大僚、用言官,俟朕详览,陆续简发。其余诸事,朕已知道了。况今国家多事之际,又值履端节届,卿为首辅重臣,宜表率百僚,岂可托疾不出,国事

---

① 《明神宗实录》卷五七一,万历四十六年六月癸亥。
② 张廷玉等:《明史》卷二一八《方从哲传》。
③ 《明神宗实录》卷五七七,万历四十六年十二月庚午。

何赖！"①

从去年十二月以来，方从哲称病在家，逍遥了四十多天，致使内阁大门白昼紧闭，辅臣揆席虚悬，无人理事。② 万历帝不得不派鸿胪寺堂上官前往方府宣谕："辅臣方从哲速出视事！"③几天后，方从哲才声称病痊，出来视事。及至杨镐出师大败的消息传来，礼部主事夏嘉遇以为辽事之坏方从哲难辞其咎，两次上疏弹劾。方从哲唯恐皇上怪罪，吓得不敢到朝房办公。直到万历帝优旨恳留，才放下心来，入阁视事如故。

为了减轻压力，方从哲三月十一日向万历帝提出，希望皇上出御文华殿，召见九卿科道等官会议，共图保辽保京师之策。万历帝派文书官到内阁传谕，向方从哲表明，对杜松等出师不利感到深切警惕；同时对于他不能出御文华殿会见群臣作出解释："朕自三月初一日以来，偶感微寒，头目眩疼，心腹烦懑，又且痰湿注足未愈，见今服药调摄。"④那意思是，因疾病缠身，无法出御文华殿，希望大臣们谅解，不要再伏阙恳请了。

到了四月，方从哲请求从速补充内阁辅臣，为此连上十几道奏疏，甚至在文华门连续候旨六天，才得到皇上寥寥数字的回答："请补阁员，少俟有旨行。"⑤过了两天，万历帝向方从哲作出解释，请补阁员的事实在是由于病得不轻，无法批阅奏章，不得不拖延的。

①《明神宗实录》卷五七八，万历四十七年正月乙酉。
②《明神宗实录》卷五七八，万历四十七年正月己酉。张廷玉等：《明史》卷二一八《方从哲传》。
③《明神宗实录》卷五七九，万历四十七年二月丁巳。
④《明神宗实录》卷五八〇，万历四十七年三月乙未。
⑤《明神宗实录》卷五八一，万历四十七年四月壬申。

万历帝说："朕自前月以来，不时动火静摄。昨偶感雨气微寒，以致腹疼泻痢，头目眩晕，数日未止，见今服药调理未愈。……其枚卜阁员，并补大僚等事，少俟朕稍愈，即旦夕详览简发。"①

方从哲实在沉不住气了，改变以往那种虚与委蛇的态度，批评皇上并无真心实意："臣以枚卜一事，竭诚恳请，无奈吁呼虽切，聪听转高。不曰圣躬未愈，则曰圣体尚须调摄；不曰少俟有旨，则曰旦夕即有旨下。辗转延挨，日复一日，是皇上原无允补之意，不过借此以示羁縻耳。"②矛盾已经尖锐到这种地步，万历帝不便再拖，便对方从哲说："卿今恳请数至，便着吏部会推在任在籍素有才望堪任者六七员来简用。"③

吏部遵旨会推阁员之后，把名单报了上去，万历帝并没有马上点用。方从哲连续奏请，万历帝才简用了史继偕、沈㴶二名，感到不太满意，又将简用阁员的公文压住不发。方从哲接到的仍是这样的谕旨："朕昨入夏以来，天气乍寒乍燠，以致腹痛泻痢，服药稍愈。近又连日阴雨，偶尔中暑，头目眩晕，动履艰难。各衙门章奏未经详览，见今服药调摄，俟朕少瘳，次第简发。"④然而，万历帝的病始终不见好转，一直到他病逝，仍未正式任命史继偕、沈㴶为内阁辅臣。

皇帝疾病缠身，廷臣伏阙吁请无效，朝政处于半瘫痪状态：内阁只有一人，部院堂官只有八九人，科道官只有十几人，中央政府难以运作。这种状况引起言官们极大的不满，内阁元辅方从哲不免成为众矢之的。御史张新诏弹劾方从哲："诸所奏揭，委罪君父，

①《明神宗实录》卷五八一，万历四十七年四月辛巳。
②《明神宗实录》卷五八二，万历四十七年五月癸巳。
③《明神宗实录》卷五八二，万历四十七年五月丙申。
④《明神宗实录》卷五八三，万历四十七年六月辛酉。

诳言欺人，祖宗二百年金瓯坏从哲手。"①御史萧毅中、刘蔚、周方鉴、杨春茂、王尊德、左光斗等，纷纷攻击方从哲。方从哲早就不想干，面对如此声势，立即向万历帝提出"尽夺臣官，放归田里"。

如果真的让方从哲放归田里，内阁无人，政府岂不瘫痪！当此之际，万历帝只能出面承担责任，他说："朕因连日动火，致患目疾，未暇详阅，且批发章疏间有更改，皆朕亲裁独断，与卿何预！"同时又谴责了那批言官"不谙事体，诬蔑辅臣，好生可恶"。② 隔了几天，他又派文书官到方从哲寓所传谕："朕以腹泻痢疾，服温暖之物过多，遂连日动火，致患目疾。足疾未愈，每入冬甚剧……（卿）今杜门不出，国事何赖！"③

方从哲从十一月以后，始因人言，继因患病，连续八次上疏乞休，自谓决无再出之理。今见皇上如此诚恳挽留，既不能脱然径去，又不能晏然苟安，每天到内阁办公，赴文华门恭候票拟，以及简用阁臣之旨，总是落空。

万历四十八年（1620 年）春节过后，万历帝的病情仍不见好转。入春以后，他又有动火眩晕、目疾、脾胃诸症。方从哲以为是借口调摄搪塞，要皇上择日御文华殿，召见文武群臣。两天后，九卿等官员齐集于文华门，联名上疏，请皇上临朝。万历帝派太监到思善门传旨：

朕前因中暑伤脾，又患目疾足痛。昨入春以来又发眩晕。其各项文书繁多，日每查简，俟简出何项文书，即发何项文书。

① 张廷玉等：《明史》卷二一八《方从哲传》。
② 《明神宗实录》卷五八八，万历四十七年十一月甲申。
③ 《明神宗实录》卷五八八，万历四十七年十一月丙申。

卿且回内阁候旨,仍传与大小九卿各官,俱着回原衙门办事,毋得再有渎扰。①

方从哲再次愤然上疏,以病甚乞休。万历帝派太医院医官前往诊视,温旨慰留,并派文书房太监传话给他:"自入春以来动火眩晕,神思恍惚,又目疾足痛,又泻,见今服药调摄。其各项文书日每查简原疏,补阁臣、点大僚管官,俟简出即发行。"②方从哲因从未亲眼目睹,不相信皇上果真病重到"神思恍惚"的地步。万历帝也知道臣下对他是否真病有所怀疑,便对方从哲说:"朕因动火,头目眩晕,身体软弱,又足痛,动履不便,见今服药调摄。且疾病痛楚,是人所乐受否? 真疾非假。所请临朝未便……"③

四月初六日,万历帝的皇后王氏病逝。宫中忙于丧礼事宜。四月十一日,方从哲前往思善门哭临,然后到仁德门恭请皇上圣安,要太监转告亲至御前一睹"天颜"的请求。少顷,太监口传万历帝旨意,召方从哲到弘德殿。方从哲随太监来到弘德殿皇上御榻边,但见御榻东向,皇上侧身而卧。这是方从哲进入内阁八年来第二次见到皇上,他西向行四拜礼后,跪在地上致词:"圣体违和,外间不能尽知。昨闻御医传示,臣不胜惊惧。又值中宫皇后崩逝,圣心哀悼。伏望皇上宽慰圣怀,善加调摄,以慰中外臣民之望。"说完又叩头致礼。

万历帝回答:"朕知道了。国家多事,先生可尽心辅佐。"

---

① 《明神宗实录》卷五九一,万历四十八年二月辛酉。
② 《明神宗实录》卷五九二,万历四十八年三月甲午。
③ 《明神宗实录》卷五九三,万历四十八年四月戊申。

方从哲说："臣蒙皇上厚恩,倘可图报,敢不尽力。"

万历帝说："朕自昨岁三月以来,时常动火,头目眩晕。五月后又中暑湿,肚腹不调,呕吐几次,脾胃受伤。至今不时泻痢,身体软弱。因泻多,下部肿痛难坐。又湿痰流注,右足痛,动履不利。每日文书俱朕亲览,但神思恍惚,眼目昏花,难以细阅。"看来病情确实不轻,且是多病并发。要求一个臀部肿痛难坐,足痛行动不便,眼目昏花,神思恍惚的人,临朝处理公务,批阅公文,显然是不现实的。方从哲亲眼所见,心中不免有点酸楚。

这时,万历帝又对司礼监太监说："都说与先生。"那意思是把病情一五一十全部告诉方从哲。待司礼监太监说完,万历帝昂起头来对方从哲说："先生试看朕容。"还把手腕露出来让方从哲看。

方从哲跪行到御榻前仰视,见万历帝果然消瘦得厉害,便劝慰道："皇上一身百神呵护,但加意调理,自然万安。"说完这些,方从哲抓紧这一难得的时机,把平时积压的问题,简要地当面向皇上提出："如今辽东虏情紧急,又值皇后大礼,阁中只有臣一人,且十分病困,实难支持,望皇上将已点二臣(史继偕、沈㴶)即赐简用。"

万历帝回答："辽东的事,只因文武不和,以致如此。阁臣本已批了,因朕寿节,文书多,不知安在何处,待查出即发。"

方从哲紧叮一句："简用阁臣,乃今日第一要务,望皇上早赐查发。"

万历帝说："待朕体稍安,即行。"

方从哲叩头称谢后,又提出第二个要求："见今大僚科道缺乏至极,当此多事之时,望皇上即赐补用。"

万历帝还是那句话："知道了。待朕稍愈,即为简发。先生可回阁办事,尽心辅理,不要推诿。"

　　方从哲还想再谈第三件事,久病的万历帝支撑不住,闭目就枕,口中喃喃道:"知道了……"渐渐入睡。方从哲只得叩头告辞。①

　　这次皇上在弘德殿御榻前的召见,方从哲受宠若惊,留下了深刻的印象,尤其对皇上的病情有了真切的了解,以前以为皇上装病偷懒,实在有点冤枉了。他返回朝房后,对同僚们谈起皇上的病情时说:"上自言病状甚悉,语多不能尽忆。"又说,皇上目眩头晕日久,耳朵近于失聪,对话时每每回顾内侍,令他们复述,才能听清。② 可见万历帝已经病入膏肓了。

　　帝制时代,皇帝大权独揽,一旦病倒,政府的运作便失灵。对于万历帝这个不肯大权旁落事事独断的人而言,尤其如此。疾病使他不能临朝,亲自裁决大政方针,又不能及时批阅奏章公文,作出批示。方从哲只能一味等待,除了对皇上专意静摄、章奏封束高阁发发牢骚之外,别无他法。③

　　进入七月,万历帝病情恶化,有半个月没有进食。④ 七月十七日,方从哲从御医那里获悉此事,立即上疏安慰。万历帝已无力阅读,听太监转述后,口传谕旨:"朕因脾胃受伤尚未痊愈,昨稍尔劳烦,近又中暑湿蒸,前疾复作,见今服药调摄,神思不爽。其紧要各项文书,俟朕疾稍瘳,即简发行。"⑤病危的万历帝,仍念念不忘痊愈后重理朝政,他自己也没有料到,四天后竟一命呜呼。

①《明神宗实录》卷五九三,万历四十八年四月戊午。
②《明神宗实录》卷五九三,万历四十八年四月戊午。
③《明神宗实录》卷五九四,万历四十八年五月乙酉。
④ 张泼:《庚申纪事》。许重熙:《宪章外史续编》卷一二《泰昌注略》。
⑤《明神宗实录》卷五九六,万历四十八年七月壬辰。

七月二十一日,宫中传出"上疾大渐"的消息。英国公张维贤、大学士方从哲、吏部尚书周嘉谟、户部尚书李汝华、兵部尚书黄嘉善、代理刑部尚书张问达、代理工部尚书黄克缵、礼部右侍郎孙如游等人,慌忙赶到弘德殿,万历帝勉励大臣们"用心办事"。大臣们向皇上致词问安。吏部尚书周嘉谟不失时机地向皇上提出用人的请求,皇上随口答应。待大臣们退出后,万历帝发出了他最后一道给内阁的谕旨:

> 朕嗣祖宗大统,历今四十八年,久因国事焦劳,以致脾疾,遽不能起,有负先皇付托。惟皇太子青宫有年,实赖卿与司礼监协心辅佐,遵守祖制,保固皇图。卿功在社稷,万世不泯。①

发出这道谕旨的当天,万历帝在弘德殿御榻上病逝。他在位四十八年,享年五十八岁。

临死前,他留下了遗诏。在遗诏中,首先表示,对临朝四十八年之久已无可遗憾:"朕以冲龄缵承大统,君临海内四十八载于兹,享国最长,夫复何憾。"接着,他回顾了这四十八年政治生涯,作出了评判:"嗣服之初,兢兢化理,期无负先帝付托。"以后由于身体多病,"静摄有年,郊庙弗躬,朝讲稀御,封章多滞,寮案半空,加以矿税烦兴,征调四出,民生日蹙,边衅渐开。夙夜思惟,不胜追悔"。

看得出,在缠绵病榻之际,万历帝对他的一生作了深刻的反省,很有一点自我批评的勇气,承认了一系列弊政及其危害。基于这样的检讨,他提出了一些补救措施:

---

① 《明神宗实录》卷五九六,万历四十八年七月丙申。

一是"内阁辅臣亟为简任,卿贰大僚尽行推补"。

二是"建言废弃及矿税诖误诸臣,酌量起用"。

三是"一切榷税并新增织造、烧造等项,悉皆停止"。

四是"各衙门见监人犯,俱送法司查审,应释放者释放"。

五是"东师缺饷,宜多发内帑以助军需"。①

显而易见,这些措施对于整顿紊乱的朝政不无小补。然而这一切未免太晚了,难以改变后人对他的看法。

《明史》对他的一生作这样的评价:

> 神宗冲龄践祚,江陵秉政,综核名实,国势几于富强。继乃因循牵制,晏处深宫,纲纪废弛,君臣否隔。于是,小人好权趋利者驰骛追逐,与名节之士为仇雠,门户纷然角立,驯至愍愍,邪党滋蔓。在廷正类无深识远虑,以折其机牙,而不胜忿激,交相攻讦。以致人主蓄疑,贤奸杂用,溃败决裂,不可振救。故论者谓:明之亡,实亡于神宗。岂不谅欤!②

对神宗的这种盖棺论定,虽不免过于苛刻,却并非不实之词。综观神宗一生,可谓功过参半。他亲手缔造了堪称整个明代最为富庶强盛的万历王朝,又亲手加以毁坏。他临朝以来,对边事最为关注,所创造的政绩也最引人注目,却酿成了最为严重的辽东边事,终于由此而导致大明的覆亡。他在临朝初期,对张居正信赖备

① 《明神宗实录》卷五九六,万历四十八年七月戊戌。
② 张廷玉等:《明史》卷二一《神宗本纪》。

至,两人配合默契,联手推行新政,成绩斐然;为了报复张居正的威权震主,竟不择手段,不计后果,使新政逐渐化为乌有。由此而引发的翻案风,开启了官僚社会中的党派门户之争。以后他竭力想予以遏制,却苦于心有余而力不足,终于被党争搞得焦头烂额,为他的两个孙子——熹宗由校、思宗由检——留下了无法摆脱的政治后遗症。他并非庸主,而是一个颇有英才之气的帝王,前半生的励精图治,让人刮目相看。

神宗的致命伤在于酒色财气四字,铸就了后半生的一错再错。他沉迷于酒色,使他从青年时代就疾病缠身,想要躬行亲政,又苦于力不从心;他宠幸郑贵妃,使这个野心勃勃的女子在政治舞台的帷幕后面上窜下跳了几十年,在他死后仍不肯罢休。他的尚气使性,使臣下心灰意冷、离心离德,他又担忧大权旁落,更加容不得谏诤,晚年的朝政几乎趋于半瘫痪状态。他的贪财秉性,驱使他醉心于聚敛财富,把有明一代最为富庶的一段大好时光,搞得民穷财尽,元气大伤。

所谓"明之亡,实亡于神宗"的感叹,大概是由此而发的吧! 正如孟森所说:"熹宗,亡国之君也,而不遽亡,祖泽犹未尽也。""思宗而在万历以前,非亡国之君也,在天启之后,则必亡而已矣。"[①]

五、驾崩后的政治闹剧：红丸案与移宫案

万历帝在逝世前的最后一道谕旨中,嘱托内阁元辅方从哲及

---

① 孟森:《明清史讲义》上册,第 283 页。

司礼监太监协心辅佐皇太子常洛。帝位的交接显得十分平静。然而在这平静中却潜伏着风波,这种潜伏的风波外化为一场接一场的政治闹剧:红丸案与移宫案。表面看来似乎是万历帝的长子常洛、长孙由校的事,祸根却是万历帝生前种下的。

七月二十二日,皇太子常洛以父皇驾崩,到奉先殿告大行皇帝宾天,报讣宗室,令礼部会同翰林院拟议大丧礼仪,令兵部戒备护卫。接下来,尚未即帝位的常洛实际开始行使皇帝职权,传达先帝遗旨,致力于扭转万历朝后期的一系列弊政。

从七月二十一日万历帝逝世到八月一日泰昌帝(常洛)即位前后的几天中,新政措施一一颁布:

一、遵照先帝遗旨,发内帑积储银一百万两,犒劳九边吏卒;发内帑银一百万两,解赴辽东,犒赏辽东将士,以解辽东缺饷的燃眉之急。

二、遵照先帝遗旨,命矿税尽行停止,税监张烨、马堂、胡宾、潘相、丘乘云等尽行撤回。

三、再次考选,散馆、科道官都遵照先帝遗旨一一补用;八月初二日又下达巡按、巡盐、南京巡视等五十多个空缺,擢用新官上任。

四、根据方从哲的请求,把神宗生前已点用的史继偕(吏部右侍郎)、沈㴶(南京礼部右侍郎)正式任命为礼部尚书兼东阁大学士,入阁办事;此外,又点用何宗彦(礼部左侍郎)、刘一燝(礼部右侍郎)、韩爌(礼部右侍郎),各升礼部尚书兼东阁大学士,入阁办事。

五、遵照先帝遗旨,起用建言废弃及矿税忤误诸臣。邹元标为大理寺卿,王德完为太仆寺少卿,孟养浩为太常寺少卿,姜应麟、钟羽正为太仆寺少卿,冯从吾、何士晋为尚宝司少卿等,一时共起用大小官员四十八名。①

由于万历帝多年不视朝,常洛即位后,文武百官骤然上朝,竟然不知所措,随从散漫,人声嘈杂。对于这种现象,常洛非常不满,他传谕内阁,要求整顿朝仪:"以后凡遇临朝,务要十分敬慎。如有仍前肆行违禁、紊乱朝仪者,纠仪官指名参来重治。"②

除了起用建言诸臣外,常洛还注意破格选拔人才,他指示吏部:用人毋拘资格,凡有才能卓异者,即破格擢用,以示激励。③

以上种种,无不显示常洛即位伊始,力图有所厘革,有所作为。万历帝留给他的烂摊子是棘手的,他想补偏救弊,不过一切都是在遵从先帝遗旨的口号下进行的。

常洛三十多年的生活中,感受到郑贵妃的阴影无时无刻不笼罩着他,直到万历帝驾崩,他已登极,仍难以摆脱这个阴影。万历帝在驾崩前曾有遗言在先:"尔母皇贵妃郑氏,待朕有年,勤劳茂著,进封皇后。"④常洛心中明白,进封郑贵妃为皇后,并不妥当,却又难以拒绝。⑤ 常洛不敢违背先帝旨意,也不敢得罪郑贵妃,就在万历帝逝世的第二天(即七月二十二日),传谕内阁:"父皇遗言:'尔母皇贵妃郑氏,待朕有年,勤劳茂著,进封皇后。'卿可传示礼部

---

① 《明光宗实录》卷二、卷三。文秉:《先拨志始》卷上。谈迁:《国榷》卷八四。
② 文秉:《先拨志始》卷上。
③ 文秉:《先拨志始》卷上。
④ 《明光宗实录》卷二,万历四十八年七月丁酉。
⑤ 《宪章外史续编》卷一二《泰昌注略》:"上心知不可,未能显绝。"

查例来行。"①

　　万历帝的皇后王氏在前几天病逝,常洛的生母王贵妃死得更早,进封郑贵妃为皇后,意味着她成为当朝皇帝的皇太后,可以垂帘听政。这是不符合历代典章制度的事。礼部接旨后,由礼部右侍郎孙如游(字景文,浙江余姚人)出面,上疏委婉地表示反对:臣详考累朝典故,并无此例。诞育殿下(当时常洛还未即位)的王贵妃并未进封为后,而将郑贵妃进封为后,必非其心之所安。臣不敢以不忠事主,尤仰冀殿下以大孝自居。② 孙如游的奏疏写得有理有节,对常洛本人的处境也体察入微。但是,常洛却感到进退维谷,只得留中不发,既不表示赞成,也不表示反对,暂时搁置了下来。

　　当时宫闱之中情况相当微妙,郑贵妃唯恐常洛挟前嫌而加祸于她,便勾结常洛最为宠幸的李选侍③,积极活动,为她请封皇后。李选侍则为郑贵妃请封皇太后,以便控制常洛。关于此事,《明史·孙如游传》说:"帝崩,郑贵妃惧祸,深结李选侍,为请封后。选侍喜,亦为请封太后,以悦之。"《宪章外史续编》也说:"时郑(贵妃)踞乾清宫,托保视为名,知李选侍被宠,为请封后结欢,李亦请封郑太后,相引重。"④这使常洛感到很为难。

　　到八月一日常洛即位后,进封郑贵妃的事仍悬而未决。内阁元辅方从哲想出了一个两全之策,请求将进封郑贵妃为皇后之旨藏于内阁,暂时秘而不宣。他说:"事出创闻,例无可据。行之于今

----

① 《明光宗实录》卷二,万历四十八年七月丁酉。
② 《明光宗实录》卷二,万历四十八年七月丁酉。谈迁:《国榷》卷八四,万历四十八年七月丁酉。
③ 太子的正妻称太子妃,其他姬妾依次称才人、选侍、淑女等。
④ 许重熙:《宪章外史续编》卷一二《泰昌注略》。

日,不无越礼;命之于先帝,疑于失言。臣自奉命之始,尊藏阁中,不必传外。庶朝廷无逾制之嫌,臣下无显悖之迹。"①方从哲巧妙地为泰昌帝常洛解决了一个难题。

对于郑贵妃而言,这不啻是一个信号。她一向要为自己的儿子常洵争夺太子的地位,处处排挤打击常洛,如今常洛顺利即位,成了当朝皇帝,而万历帝进封她为皇后的遗旨又遭廷臣阻挠,于是乎,她变更策略,力图使常洛捐弃前嫌。正如《明史·方从哲传》所说:"光宗嗣位,郑贵妃以前福王(常洵)故,惧帝衔之,进珠玉及侍妾八人啖帝。"

常洛有他自身的弱点。册封为皇太子后,郁郁不得志,日渐沉湎于女色,以求解脱。郑贵妃投其所好,送给他美女八人。常洛原本是一个颇有政治头脑的正直青年,即位后一反万历帝的作风,日理万机,要把多年积累下来的朝政加以清理,是十分劳累的。他的身体本来就比较衰弱,一旦当此重任,不胜负荷,郑贵妃又送来美女,内外交困,身体立刻垮了。《先拨志始》说:"光庙(常洛)御体羸弱,虽正位东宫,未尝得志。登极后,日亲万机,精神劳瘁。郑贵妃欲邀欢心,复饰美女以进。一日退朝内宴,以女乐承应。是夜,一生二旦,俱御幸焉。病体由是大剧。"②

八月十日,常洛病倒,召医官诊视。十二日,还是坚持御朝处理政务,群臣见皇上"圣容顿减",大为惊讶。十四日便发生崔文昇进药,使常洛病情加剧的事件。

崔文昇原先是郑贵妃宫中的亲信太监,常洛即位后,提升为司

---

① 谈迁:《国榷》卷八四,泰昌元年八月壬戌。
② 文秉:《先拨志始》卷上。

礼监秉笔兼掌御药房太监。常洛患病后,郑贵妃指使崔文昇以掌御药房太监的身份向皇上进通利药——大黄。常洛服了崔文昇送来的药,一昼夜连泻三四十次,支离于床褥间,顿时趋于衰竭状态。十六日,常洛无法起床视朝,辅臣方从哲等人赶到宫门问安。常洛命内侍传话:"数夜不得睡,日食粥不满盂,头目眩晕,身体疲软,不能动履。"①

皇上服用崔文昇的药病情加剧的消息传出,一时外廷舆论汹汹,都指责崔文昇受郑贵妃指使,有加害皇上的异谋。由此暴露了郑贵妃送美女进而送泻药的阴谋。《明史·崔文昇传》说:"外廷汹汹,皆言文昇受(郑)贵妃指,有异谋。"《明史·杨涟传》说:"都人喧言:郑贵妃进美姬八人,又使中官崔文昇投以利剂,帝一昼夜三四十起。"《明史·方从哲传》说:"时都下纷言,中官崔文昇进泄药,帝由此委顿。"

当时郑贵妃还住在乾清宫,与李选侍相勾结。常洛病倒后,外戚王、郭二家发觉郑、李异谋,遍谒朝中大臣,哭诉宫禁凶危之状,指出:"崔文昇药,故也,非误也。皇长子(由校)每私泣:'父皇体力健,何遽至此?'郑、李谋得照管皇长子,包藏祸心。"②廷臣莫不忧心忡忡。给事中杨涟(字文孺,号大洪,湖广应山人)、御史左光斗(字遗直,号浮丘,安庆桐城人)倡言于朝:"郑贵妃当移宫。"

十六日,吏部尚书周嘉谟(字明卿,湖广汉川人)召集勋戚文武大臣诘责郑贵妃内侄郑养性,向他晓以利害。指出:先朝不早定国本,归罪于你的姑姑。你应该代姑姑坚决推辞进封皇太后之事。

① 谷应泰:《明史纪事本末》卷六八《三案》。
② 张泼:《庚申纪事》。张廷玉等:《明史》卷二一八《方从哲传》。《明史》卷二四四《杨涟传》。

她为什么久居乾清宫？又进奉宝玉美女，萌生非常之念，规求无度，侵欲无厌。一旦事发，郑氏一门后患无穷。郑养性听了这番义正词严的诘责，丧魂落魄而退。[①] 几天后，郑养性果然提请皇上，收回郑贵妃封后的成命。[②]

二十日，杨涟上疏极论崔文昇妄用药物之罪："医者有余者泄，不足者补。上日日万几，茕茕在疚，精神无不越溄，而反投相伐之剂，遂令圣躬转剧。复煽播党与抗言：上为侍御蛊惑，不慎容止。将以自盖奸慝，既益上疾，又损上名，罪不容死。恳检问收摄，解道路纷纷之口。"要皇上将崔文昇拘押审讯，查个水落石出。接下来，杨涟又提及进封郑贵妃的事："其封郑贵妃一事，尤乖典常。尊以嫡母，如大行皇后何？尊以生母，如本生皇太后何？敕处别宫，必先奏闻，然后来朝。上旷然包荒，嘉与维新，以严名分，杜僭逾，对天下之望。"[③]

郑贵妃迫于外廷的强大压力，不得不移出乾清宫，搬往慈宁宫。

八月二十二日，常洛召见辅臣方从哲、刘一燝、韩爌，及英国公张维贤、尚书周嘉谟、李汝华、孙如游、黄嘉善、黄克缵，都御史张问达、给事中杨涟也在召见之列。大臣们见皇上叫来了锦衣卫官校，都担心此番杨涟必定因上疏忤旨而遭廷杖，预先嘱托方从哲从旁劝解。方从哲则劝杨涟主动引罪认错。宁折不弯的杨涟拒绝方从哲的要求，回答得很干脆："死即死耳，涟何罪？""自分穴胸糜骨，必

---

① 张泼：《庚申纪事》。
② 谷应泰：《明史纪事本末》卷六八《三案》。
③ 张泼：《庚申纪事》。张廷玉等：《明史》卷二四四《杨涟传》。谷应泰：《明史纪事本末》卷六八《三案》。

对如初。"①

诸大臣进入后,见皇上虽有病容,却和颜悦色,丝毫没有动怒之意。新任内阁辅臣刘一燝、韩爌首先称名致谢,常洛对他们二人说:"为朕尽心分忧。"他停下来注视了一会儿,又说:"朕旧年七月失调,今年五月方瘁,即位后,罔敢暇豫,病发寝寻,体久不平。"说话的口气平静而和蔼。当孙如游提及封李选侍的事,常洛说:"是事朕有年,颇小心耳。"

方从哲请示皇长子(由校)移宫的日期,常洛说:"朕不忍离。"周嘉谟附和说:"皇长子时侍侧为是,宫可无移。"刘一燝请皇上慎医药、厚自持,常洛表示同意,说:"药无功,却十余日不进。"周嘉谟也说:"医药犹第二义,惟清心寡欲,则勿药有喜。"常洛见已无他事,便对身旁的皇长子说:"哥儿说一说。"皇长子说:"宫中无他事,先生示外人无听流言。"②然后,常洛下令将崔文昇斥逐出宫,收回封郑贵妃为太后之成命。③

不料,一波刚平,一波又起,终于酿成轰动一时的红丸案。

八月二十三日,韩爌、刘一燝入阁办公,适逢鸿胪寺官李可灼说有仙丹要进呈皇上。方从哲鉴于崔文昇的先例,以为向皇上进药宜十分慎重,韩、刘二人便命李可灼离去。李可灼却不肯就此罢休,二十九日一早,他进宫向太监送药,太监不敢自作主张,便报告阁臣:"帝疾已大渐,有鸿胪寺官李可灼来思善门进药。"方从哲等人断然阻止:"彼称仙丹,便不敢信。"

① 张廷玉等:《明史》卷二四四《杨涟传》。张泼:《庚申纪事》。
② 张泼:《庚申纪事》。
③ 张廷玉等:《明史》卷二四四《杨涟传》。谷应泰:《明史纪事本末》卷六八《三案》。

少顷,常洛在乾清宫召见方从哲等十三名大臣。常洛对大臣们说:"朕疾似不可为。"把目光对着阁臣,叮咛道:"国家事三卿尽心。"又把目光转向部院大臣说:"卿等与朕分忧,辅皇长子要紧,必辅为尧舜之君。"然后对身旁的皇长子说:"哥儿说一说。"皇长子便说了一句:"先生劳苦,听父皇言。"①

接着,常洛又问起寿宫之事。显然他自知去日无多,已在考虑后事了,故而在付托辅佐皇长子之后,提及预备寿宫之事。方从哲等人没有一点思想准备,以为皇上提及的寿宫是指先帝(神宗)的安葬事宜(当时神宗还未安葬),便回答:"皇考(神宗)山陵工有次第。"常洛听了立即纠正:"是朕寿宫。"方从哲等人马上劝说:"圣寿无疆,何遽及此!"常洛仍再三强调此事要紧,神情黯伤,大臣们也哽咽起来,不能仰视。

片刻沉寂以后,常洛突然提到:"有鸿胪寺官进药,何在?"方从哲说:"鸿胪寺丞李可灼自云仙丹,臣等未敢轻信。"常洛却对此抱有一线希望,便命内侍宣召李可灼进宫诊视。

李可灼奉召前来,为皇上诊视病情,说了病源及治法。常洛听了很高兴,命他从速进药。方从哲有点不放心,要李可灼与医官们商量后再定。刘一燝对在场的大臣们说,他家乡两人服用此药,损益参半,一损一益,并非万全之药。大臣们面面相觑,都不敢明说究竟该不该服用此药。

中午时分,李可灼调制好了红色的丸药,来到皇上御榻前。常洛命群臣一起进来,看着他服用李可灼的红丸,高兴地对李可灼说:"忠臣,忠臣。"

① 张泼:《庚申纪事》。

　　群臣退至便殿不久,内侍出来传话:"圣体用药后,暖润舒畅,思进饮膳。"大臣们听了欢跃而退。

　　到了傍晚,李可灼出宫,对方从哲说:"上恐药力竭,欲再进一丸。"又说,在旁的御医都以为不宜再服,但是皇上催促很急,只得遵命再让皇上服了一丸。大臣们关切地询问服后情形如何? 李可灼说:圣躬安适如前,平善如初。①

　　谁也不曾料到,服了二粒红色丸药之后,到了次日(即九月初一日)五更,常洛突然死去。当大臣们听到内侍的紧急宣召,急忙赶到宫中,皇上已经"龙驭上宾"了。

　　对于突如其来的噩耗,人们感到惊愕,联系到皇上登极一个月来的遭遇,舆论顿时哗然。《先拨志始》如此概括当时外廷议论的焦点:"宫中(郑贵妃)蛊进美女,上体由是虚损;御医房内阉崔文昇复投相反相伐之剂。给事中杨涟已具疏论其合谋弑逆。至是,以服可灼药,遂至大故。籍籍之口,遂渐不可解。"②这段话抓住了所谓红丸案的要害。

　　其实,常洛之死已由崔文昇的大黄药种下祸种,李可灼的二粒红丸不过加速了死期的到来。所谓红丸,其实是红铅金丹之类,又称三元丹,由红铅、秋石、人乳、辰砂炮制而成。大黄性寒,红铅性热,两者同时用于常洛纵欲过度而虚脱的身体,岂有不一命呜呼之理! 御史王安舜弹劾李可灼的奏疏对此分析得很清楚:"先帝(常洛)之脉雄壮浮大,此三焦火动,面唇赤紫,满面火升,食粥烦燥,此

---

① 以上均见:《明光宗实录》卷八,泰昌元年八月甲戌;张廷玉等:《明史》卷二四〇《韩爌传》;文秉:《先拨志始》卷上;张泼:《庚申纪事》。
② 文秉:《先拨志始》卷上。

满腹火结。宜清不宜助明矣。红铅乃妇人经水，阴中之阳，纯火之精也，而以投于虚火燥热之症，几何不速之逝乎！"①

　　崔文昇、李可灼已暴露在外，人们在寻找幕后指使人，不约而同地集中到郑贵妃与方从哲身上。当御史王安舜上疏追究李可灼"庸医杀人"之罪时，方从哲仅票拟"可灼罚俸一年"，以后又改票为"驰驿回籍"。当御史郑宗周奏请"寸斩崔文昇"时，方从哲却票拟："着司礼监议处。"于是，论者蜂起，以为崔文昇、李可灼罪责难逃，而方从哲千方百计予以回护，难免党同合谋之疑。②

　　郑贵妃进美女，指使崔文昇进药，蛛丝马迹显露无遗，但李可灼是否受她指使，查无实据，人们只是猜疑而已。至于方从哲是否合谋，则更属捕风捉影的风闻之词了。给事中惠世扬就这样指责方从哲："郑贵妃包藏祸心，先帝（常洛）隐忍而不敢言。封后之举，满朝倡义执争，从哲两可其间。是徇平日之交通，而忘宗社之隐祸也。""李选侍原为郑氏私人，丽色藏剑，且以因缘近幸之故，欺抗先圣母（由校生母），从哲独非人臣乎！及受刘逊、李进忠盗藏美味，夜半密约，封妃不得，占居乾清，是视登极为儿戏而天子不如宫嫔也。""崔文昇轻用剥伐之药，廷臣交章言之，从哲何心，必加曲庇？"③云云。

　　礼部尚书孙慎行、左都御史邹元标等有影响力的大臣也纷纷上疏追究方从哲罪责，一时间沸沸扬扬，置方从哲于百口莫辩的境地。

　　幸亏内阁辅臣韩爌上了一个奏疏，把红丸呈进的经过公之于

① 谷应泰：《明史纪事本末》卷六八《三案》。
② 文秉：《先拨志始》卷上。
③ 谷应泰：《明史纪事本末》卷六八《三案》。

众,预闻其事的张问达(新任吏部尚书)、汪应蛟(新任户部尚书)证实了韩爌的说法,方从哲才摆脱了困境。不过,郑贵妃在常洛之死事件中所扮演的角色,始终留在人们的怀疑之中。

一系列离奇蹊跷之事,接二连三地发生在万历帝死后一个月之中,看起来似乎与万历帝无关,其实不然。人们透过历史的迷雾,依稀窥见万历帝的阴魂不散,郑贵妃利用万历帝生前宠幸的特殊地位,摆弄着即位仅仅一个月的光宗皇帝的命运。人们强烈地感受到,常洛虽然登极成了皇帝,却始终未能摆脱笼罩了几十年的厄运。

移宫案虽不同于红丸案,却同样是万历帝留下的政治后遗症。

万历四十八年四月初六日,万历帝的皇后王氏(即孝端皇后)病逝。这时,万历帝也已病入膏肓,颇有心计的郑贵妃抓住时机,借口侍奉皇上,住进了乾清宫。在侍疾期间,她还争取到了万历帝的遗言:进封郑贵妃为皇后。

对于郑贵妃而言,她几十年梦寐以求的目的终于达到,一旦万历帝驾崩,即位的常洛虽不是她的亲生儿子,她却可以皇太后的身份垂帘听政。对于常洛而言,这是他最不愿意看到的现实,然而毕竟是父皇留下的遗言,不能违背。所以就在万历帝驾崩的第二天,就向内阁宣布了万历帝的遗言:进封郑贵妃为皇后。廷臣以不合乎祖宗典制坚决抵制,才使郑贵妃的皇太后梦没有圆成。但是,她仍赖在乾清宫,不肯主动离开。

八月初一日,常洛登极,照例他应该从太子居住的慈庆宫搬到皇帝居住的乾清宫。常洛秉性懦弱忍让,依然让没有名分的郑贵妃住在乾清宫,他自己仍住在慈庆宫。这显然是本末倒置的不合乎礼仪的咄咄怪事。廷臣心中虽不满意,但忙于老皇帝的丧礼、新皇帝的登极,一时无暇顾及。

待到发生了司礼监秉笔兼掌御药房太监崔文昇进药事件后,廷臣忍无可忍,由杨涟、左光斗出面,迫使郑贵妃于八月二十一日从乾清宫搬往慈宁宫。移宫是一种礼仪形式,它意味着某种特权的丧失。郑贵妃在移宫后,便把赌注押在了李选侍身上。

元妃郭氏于万历四十一年(1613年)死后,常洛没有再册封元妃,只有才人、选侍、淑女在旁侍候。其中王氏是长子由校(即天启帝)的生母,万历三十二年进为才人,四十七年死。另有两个姓李的选侍,宫中称为东李、西李(以所居宫室的东西加以区别)。东李位居于西李前,而宠幸不及西李,为人仁慈,寡言笑。由检(即崇祯帝)的生母、淑女刘氏早逝,由东李抚育成人。西李最受常洛宠幸。由校生母王才人死后,万历帝疼爱长孙,命西李抚育。李选侍(即西李)与郑贵妃关系密切,郑贵妃力图为李选侍请封皇后,李选侍则为郑贵妃请封皇太后。因为常洛元妃死后未册封元妃,当他登极后,皇后成了空缺,李选侍急于想当皇后,常洛也有这种考虑。不过得先封为皇贵妃,然后才能进封皇后。

八月初十,常洛传谕礼部:“选侍李氏侍朕勤劳,皇长子生母薨逝后,奉先帝旨委托抚育,视如亲子,厥功懋焉,其封为皇贵妃。”[①]八月二十五日,常洛在病榻前召见阁部大臣,再次提及此事。次日,常洛又在乾清宫召见大臣,催促速封李选侍为皇贵妃。礼部尚书孙如游当即指出:孝端皇后(常洛嫡母)、孝靖皇太后(常洛生母)尊谥,以及加封郭元妃、王才人为皇后的事还未办,册封李

---

① 谷应泰:《明史纪事本末》卷六八《三案》。

选侍为皇贵妃的事只能放在上述四大礼之后进行。①

八月二十九日，即常洛死的前一天，再次召见大臣，仍旧提及册封李选侍为皇贵妃的事。话还没有说完，李选侍掀起帷帏，叫皇长子由校入内，窃窃私语一阵后，由校出帷帏向父皇说："要封皇后！"众大臣一听此话，不禁瞠目结舌，一时不知所措。病危的常洛听了，脸色一变，一言不发。刘一燝对周嘉谟说："帝顾念大臣不已，若不欲委身妇寺者。邀福于天，为万年明天子。彼朱衣人（指李选侍），何无忌惮！"②

如果李选侍的目的达到，那么常洛一死，由校即位，李选侍便是皇太后，郑贵妃便是太皇太后，实行双重的垂帘听政。郑贵妃原先没有得逞的心愿，便可由此而曲折地如愿。

但是，第二天，常洛驾崩，李选侍册封皇贵妃落了空，更不用说当皇后了。照理她应该立即从乾清宫搬出，她仿效郑贵妃的榜样，赖在乾清宫不走。其意图很明显，迫使由校在即位后遵封她为皇太后。于是，郑贵妃与李选侍密谋，把皇长子由校拥留在乾清宫，"欲邀封太后及太皇太后，同处分政事"③。

这时，司礼监太监王安挺身而出。王安，字允逸，号宁宇，保定雄县人，万历六年进入宫中为阉宦，在冯保名下当差。以后长期为常洛的伴读太监。常洛登极后，升为司礼监掌印太监，匡辅秉政，知无不言，在一个月的新政中颇多左右策划之力。④ 常洛死后，王

____

① 谷应泰：《明史纪事本末》卷六八《三案》。
② 谷应泰：《明史纪事本末》卷六八《三案》。张泼：《庚申纪事》。许重熙：《宪章外史续编》卷一二《泰昌注略》。
③ 文秉：《先拨志始》卷上。
④ 刘若愚：《酌中志》卷九《正监蒙难纪略》。文秉：《先拨志始》卷上。

安获悉李选侍与郑贵妃的密谋,出具揭帖,遍投外廷各大臣,揭发"选侍欲拥立东朝(皇太子由校),仿前朝垂帘故事"[①]。

外廷大臣议论纷纷,有人主张把皇长子托付给李选侍,杨涟奋起反对:

> 天子岂可托妇人!选侍无德于储君,有怨于圣母(由校生母)……大行皇帝践祚五日而病,十五日而棘,不一月而崩,即天命有数,乃其故谈之令人愤,不共戴天。李郑连体,兰形棘心,奸宄辐辏,授太阿柄,养虎遗患,我辈无事新主之日。亟请见皇长子,见即呼万岁,导驾出宫。[②]

周嘉谟、刘一燝等都表示赞同。

方从哲率群臣借进宫哭临之际,晋见皇长子,被守门太监挡住。杨涟厉声喝道:"皇上崩,正臣子入临之会,谁敢辱天子从官者!""嗣主幼小,汝等阻门不容入临,意欲何为?"太监们慑于正气,不敢再阻拦。群臣来到乾清宫哭临后,极力请皇长子出阁。

这时皇长子由校被李选侍阻于乾清宫暖阁。王安入宫,扶持由校出宫,诸臣一见,立即叩头,连呼万岁。由校连声说:"不敢当。"然后仓促登上轿子,刘一燝、周嘉谟、张维贤、杨涟等人亲自抬起轿子,走了几步,轿夫才赶到。在一行人拥护下,来到文华殿,群臣先行叩慰礼,即请由校进位,再行五拜三叩头礼。群臣见礼毕,请即日登极,由校不允,答应初六日即位。然后,在群臣拥护下,由

---

① 文秉:《先拨志始》卷上。所谓垂帘听政,并非危言耸听。由校即位后也说:"(选侍)李氏令李进忠、刘逊传言:每日章奏,必先奏看过,方与朕览。即要垂帘听政处分。"(许重熙:《宪章外史续编》卷一三《天启注略》)
② 张泼:《庚申纪事》。张廷玉等:《明史》卷二四四《杨涟传》。

校回到慈庆宫(太子宫)。

九月初二日,尚书周嘉谟等联名上疏,请李选侍移宫。由校表示同意,要李选侍立即移往仁寿宫。李选侍还想拖延时日,御史左光斗上疏说:

> 内廷有乾清宫,犹外廷有皇极殿,惟天子御天得居之,惟皇后配天得共居之。其他妃嫔虽以次进御,不得恒居。非但避嫌,亦以别尊卑也。选侍既非嫡母,又非生母,俨然尊居正宫,而殿下乃退处慈庆(宫),不得守几筵,行大礼,名分谓何?……且殿下春秋十六龄矣,内辅以忠直老成,外辅以公孤卿贰,何虑乏人,尚须乳哺而褓负之哉!……及今不早断决,将借抚养之名行专制之实。武氏之祸再见于今,将来有不忍言者。①

李选侍见左光斗把她比作武则天,勃然大怒,多次派内侍宣召左光斗。左光斗严词拒绝:"我天子法官也,非天子召不赴,若辈何为者!"李选侍更加怒不可遏,派内侍邀由校到乾清宫议处左光斗。杨涟正巧在麟趾门遇上内侍,得知此事,正色告诫内侍:"殿下在东宫为太子,今则为皇帝,选侍安得召?且上已十六岁,他日即不奈选侍何,若曹置身何地?"说罢怒目而视,内侍们只得退回。②

到了九月初五日,李选侍仍无移宫之意。翌日就是由校登极的日子,移宫非今天不可。杨涟与诸大臣会集在慈庆宫门外,要方

① 张廷玉等:《明史》卷二四四《左光斗传》。
② 张廷玉等:《明史》卷二四四《左光斗传》。《明史》卷二四四《杨涟传》。

从哲赶快催促。方从哲以为"迟亦无害"。杨涟反驳说："昨以皇长子就太子宫犹可，明日为天子，乃反居太子宫，以避宫人乎？即两宫圣母如在，夫死亦当从子。选侍何人，敢欺藐如此！"此时太监们往来如织，有为李选侍求情的，杨涟断然表示："能杀我则已，否则，今日不移，死不去。"[1]刘一燝、周嘉谟等大臣也在一旁支持杨涟，声色俱厉，振振有词的话语在宫中回荡。

李选侍经受不住外廷大臣的强大压力，也经受不住宫内太监王安等人的恐吓，终于仓促移宫。她来不及等待侍从，自己手抱女儿（八公主），徒步从乾清宫走向仁寿殿哕鸾宫（宫妃养老处）。[2]

九月初六日，朱由校在皇极殿即皇帝位，下诏以明年为天启元年。

万历帝死后一个多月中，宫中演出了一幕幕光怪陆离的政治闹剧。皇位两次更迭，从他的长子传到他的长孙。红丸案、移宫案中许多隐秘，已无从知晓，只能让后人去揣摩了。

---

① 张廷玉等：《明史》卷二四四《杨涟传》。
② 文秉：《先拨志始》卷上。谷应泰：《明史纪事本末》卷六八《三案》。

第八章

地下宫殿——定陵

一、寿宫的营建

万历帝死于七月二十一日，他的梓宫（棺材）直到十月初三日，才与孝端皇后的梓宫一起葬入定陵。① 不久，常洛的生母、由校的祖母贵妃王氏，在由校即位后，尊谥为孝靖皇太后，迁葬于定陵。②

定陵位于京郊昌平天寿山。这里是明朝从成祖朱棣到思宗朱由检十三代皇帝陵墓的所在地，即所谓十三陵。

明朝开国皇帝朱元璋建都南京，死后，他与马皇后葬在南京钟山，称为孝陵。明成祖朱棣把首都从南京迁到北京，从他开始，以后的明朝皇帝都葬在北京。

朱棣为了在北京附近选择一块风水宝地，作为营建陵墓的地方，煞费苦心。礼部尚书赵羾（字云翰，河南祥符人）推荐江西风水先生廖均卿到昌平县勘察风水，遍阅诸山，相中了昌平东面的黄土山，以为此处风水最佳，便定为吉壤。永乐七年（1409 年）五月，朱棣亲临昌平视察，确实风水不错，背后山峦起伏，仿佛天决定在此营建寿宫，封此山为天寿山。朱棣死后，与文皇后徐氏合葬于此，称为长陵。陵前为总神路，又有门，门外有石刻的文武大臣像、兽石柱及牌楼。南有红门，门内为拂尘殿，外为石牌坊。③

以后的皇帝陵墓都在天寿山：

① 《明神宗实录》卷五九六，万历四十八年十月丙午。
② 张廷玉等：《明史》卷一一四《后妃传》。
③ 《大明会典》卷九〇《礼部·陵寝》。孙承泽：《春明梦余录》卷七〇《陵园》。

仁宗皇帝(朱高炽)陵曰献陵,昭皇后张氏合葬;

宣宗皇帝(朱瞻基)陵曰景陵,章皇后孙氏合葬;

英宗皇帝(朱祁镇)陵曰裕陵,睿皇后钱氏合葬,孝肃皇后周氏附葬;

宪宗皇帝(朱见深)陵曰茂陵,纯皇后王氏合葬,孝穆皇后纪氏、孝惠皇后邵氏附葬;

孝宗皇帝(朱祐樘)陵曰泰陵,敬皇后张氏合葬;

武宗皇帝(朱厚照)陵曰康陵,毅皇后夏氏合葬;

世宗皇帝(朱厚熜)陵曰永陵,肃皇后陈氏合葬,孝烈皇后方氏、孝恪皇后杜氏附葬;

穆宗皇帝(朱载垕)陵曰昭陵,庄皇后李氏合葬。

各陵宝城正前方为明楼,楼前面为石几筵,又前面为祾恩殿、祾恩门,门外为圣迹碑亭,又有神库、神厨、宰牲亭。[①]

万历十一年一月二十三日,万历帝宣布,他将于闰二月去天寿山祭谒祖陵,同时在那里选择自己的寿宫理想地点。当时他还只有二十一岁,就在考虑为自己建造坟墓了。内阁元辅张四维遵旨,预先派礼、工二部大臣偕同钦天监官员、风水先生到天寿山挑选。几天后,礼部把踏勘结果报告万历帝,永陵东边的潭峪岭、昭陵北边的祥子岭、东井南边的勒草洼三处都是可供选择的吉壤。万历帝郑重其事地特命定国公徐文璧、内阁元辅张四维、司礼监太监张宏等前往核勘。结果确认三处吉壤无误。

闰二月十二日,万历帝陪同两宫皇太后前往天寿山谒陵。在

---

① 孙承泽:《春明梦余录》卷七〇《陵园》。

拜谒了祖宗陵墓后,于十五日亲自观察寿宫吉壤,遍阅了祥子岭、阳翠岭、潭峪岭、勒草洼、东山、圣迹山,仍未选定寿宫的理想地点,便把相择寿宫的任务交给了通政司参议梁子琦(字汝珍,号石渠,凤阳寿州人)。梁子琦先后三次前往天寿山相择寿宫:第一次与南京刑部尚书陈道基(字以中,号我渡,福建同安人)前往,两人意见不一致,争执不下;第二次与钦天监官员及风水先生同往,又发生争执;第三次与礼部尚书徐学谟前往,又产生意见分歧。

梁子琦便上疏弹劾徐学谟,还牵涉到申时行。申时行上疏申辩,指出梁子琦三次相择寿宫,都与人发生争执,此次又借口徐学谟与臣(申时行自称)有姻戚关系,诬劾为"附势植党",实在是无中生有之词。万历帝急于选择寿宫,不愿意梁子琦节外生枝,便批示:"梁子琦挟私渎奏,着罚俸三个月。"①

以后,礼、工二部与钦天监官员再次踏勘,呈报了十四处吉壤。经礼部尚书徐学谟、工部尚书杨巍核实后,提出初步意见,以为形龙山、大峪山、石门沟三处最吉。万历帝又派徐文璧、申时行、张宏复核,徐、申、张认为形龙山、大峪山两处最吉。

万历十一年九月初六日,万历帝率后妃一行前往天寿山谒陵。初九日,万历帝巡视了形龙山、大峪山后,最后拍板,点用大峪山。②

此处所谓大峪山,其实本名小峪山,穆宗的昭陵所在地才是大峪山。由于帝王陵寝讳言"小"字,便改称大峪山。③

陵址选定后,万历帝于万历十二年十月初七日,任命了一个庞

---

① 文秉:《定陵注略》卷一《寿宫始末》。
② 《明神宗实录》卷一四一,万历十一年九月丁亥。文秉:《定陵注略》卷一《寿宫始末》。
③ 梁份:《帝陵图说》卷二《定陵图说》。

大的工作班子,负责筹建工作。定国公徐文璧、内阁元辅申时行为知建造事,兵部尚书张学颜、工部尚书杨兆为总督,工部侍郎何起鸣为提督,礼部尚书陈经邦为总拟规划。除了政府的这套班子,万历帝还组建了由司礼太监张宏为总督,太监刘济为提督,张清、王升、马良为管理的内宫班子,双管齐下。经过将近十个月的紧张的土木准备工作,终于在万历十三年八月初一日正式破土动工,营建寿宫。① 这一天,知建造事申时行奉旨前往大峪山主持开工典礼。

　　喜欢无事生非的太仆寺少卿李植、光禄寺少卿江东之、尚宝司少卿羊可立三人,偏偏上疏说大峪山并非吉壤。因为在动工后,钦天监监副张邦垣曾向万历帝报告,在宝城西北角的地下发现大量石块,李植就借此大做文章,说什么"寿宫有石数十丈如屏风,其下皆石,恐宝座将置于石上"②。

　　万历帝对寿宫非常重视,便于闰九月初六日动身前往天寿山,祭谒了长陵、永陵、昭陵之后,于初九日察看了大峪山附近一带地形地貌,发觉李植竟是信口胡言。返回感恩殿稍事休息后,万历帝吩咐司礼监太监张诚召来内阁辅臣申时行、许国、王锡爵、王家屏,强调指出:"寿宫吉壤,断自圣裁。"

　　万历帝将李植等人以为大峪山并非吉壤的奏疏交给申时行,申时行针对疏中有"青白顽石"的词句,便批评道:"李植等说'青白顽石',大不是。大凡石色麻顽或带黄黑者,方谓之顽。若其色青白滋润,便有生气,不得谓之顽石矣。"这是有意在皇上面前揭李植

① 《明神宗实录》卷一六四,万历十三年八月己亥。钱一本:《万历邸钞》,万历十三年乙酉卷。
② 张廷玉等:《明史》卷二三六《李植传》。

的短处，以压制其气焰。

万历帝也知此意，说："李植等原择三地，二处不堪，其宝山一地亦可，着调外任罢！"

申时行马上接口说："圣裁允当。"

就这样，李植、江东之、羊可立三人，原想在寿宫事件上挑起争论，整一下阁部大臣，不料搬起石头砸自己的脚，反而遭到降调外任的处分。①

此后寿宫仍按原方案进行。从万历十三年八月，到万历十八年六月，整个工程持续了约五年时间，耗资八百万两银子。②

万历帝在寿宫营建期间，曾多次前往大峪山工地，视察工程进展情况。万历十六年九月十三日，他到大峪山阅视寿宫工程，感到满意，对参与此项工程的各级官员都给予嘉奖。例如，申时行加禄米五十石，赏银五十两，荫一子升尚宝司司丞；司礼监太监张诚赏银五十两，荫弟侄一人为锦衣卫指挥佥事；太监刘济赏银三十两，荫弟侄一人为百户；太监马良、张清、王升各赏银三十两，加恩二等。③ 原先总督陵工的工部尚书杨兆，于十五年二月病故，由石星任工部尚书代理总督，此时，以陵工有功，加太子少保。原先督治陵工的工部侍郎曾同亨，因节省浮费三十余万两，升为工部尚书，专督陵工。到十八年三月，石星由工部尚书改为户部尚书，曾同亨也于此时从大峪山工地回工部掌事。④ 这时，寿宫工程已近尾声了。

① 《明神宗实录》卷一六六，万历十三年闰九月乙巳。申时行：《召对录》。
② 关于定陵营建的时间，各说不一。例如何宝善等《万历皇帝朱翊钧》说，始于万历十二年十月初六日，终于万历十八年六月；胡汉生《明定陵玄宫制度考》说，始于万历十三年八月初一日，终于万历十四年十月以前。
③ 钱一本：《万历邸钞》，万历十六年戊子卷。
④ 钱一本：《万历邸钞》，万历十六年戊子卷。张廷玉等：《明史》卷一一二《七卿年表》。《明史》卷二二〇《曾同亨传》。

二、地下宫殿——定陵

　　根据万历帝的意图,总拟规制的礼部尚书陈经邦拟定的设计方案是仿照永陵规制营建定陵,力求规模宏大,构造精美。

　　永陵陵园(不计外逻城)的总面积为 92,858 平方米,其中宝城坟冢面积为51,687.2平方米,陵院面积为 41,170.8 平方米。定陵陵园(不计外逻城)的总面积为84,462.4平方米,其中宝城坟冢面积为41,526.5平方米,陵院面积为42,935.9平方米。永陵的总面积虽比定陵大,但定陵的陵院面积却比永陵大。从外观上看,定陵显得比永陵更宽大深邃。[①]

　　定陵仿照永陵规制,在建筑上有许多特色。例如明楼,十三陵其余诸陵的明楼顶部全是木质结构,唯独永、定二陵的明楼顶部(额枋、斗拱、飞子、檐椽)是由青白石雕琢的预制件构筑而成。再如外逻城,一般明陵只有宝城,没有外逻城,永陵加筑了外逻城,定陵仿效此制,也在宝城之外加筑了椭圆形的高厚坚实的外逻城。[②]

　　定陵的地面建筑,都分布在大峪山与蟒山主峰之间的中轴线上。

　　定陵神路跨过三孔桥、金水桥,直抵陵园前的无字碑。

　　外逻城的城门,是定陵的第一道门。有朱门三道,重檐黄瓦,

---

① 何宝善等:《万历皇帝朱翊钧》("十三陵帝王史话丛书"),北京燕山出版社,1990 年,第 85—86 页。
② 何宝善等:《万历皇帝朱翊钧》,第 86—87 页。

墙上镶琢山水、花卉、龙凤、麒麟、海马等图案，门内巨石铺地，两侧有神厨、神库。[①]

定陵的第二道门在外逻城内约五十米处，门有三洞，上有单檐黄瓦、琉璃斗拱的门楼。门的两侧连接紫红色的宫墙。

进入第二道门是祾恩门，进入祾恩门是祾恩殿——祭祀陵寝的享殿，是陵园前部的中心建筑。

祾恩门之后是棂星门，状如牌楼，也称牌楼门。穿过棂星门，是五供石案，后面便是明楼宝城。

明楼建于宝城前的小方城上，全部为砖石结构，额枋正中写着涂金的"定陵"二字。进入明楼，正中石碑上镌刻着"大明神宗显皇帝之陵"几个大字。

宝城是陵园的坟冢部分，由 200 多米的城墙围成圆形。城墙外侧置垛口，内侧置矮墙，顶部铺砖为道。

此外，还有一些附属建筑，如神宫监（提督太监衙署）、神马坊、祠祭署（料理祭祀的机构）、宰牲亭、朝房（祭陵官员休息处）等。

定陵的地面建筑，明末清初迭遭破坏，乾隆年间虽经修缮，1914 年又遭火灾毁坏。现今，神路、三孔桥、无字碑亭、外逻城、朱门、神厨、神库、祾恩殿、祾恩门等，都不复存在，仅可隐约窥其残迹而已。[②]

定陵的地下建筑，称为玄宫或地宫。它是按皇帝生前居住的内廷格式建造的，这种所谓九重法宫规制，大抵是古代帝王陵寝建造的传统。

从总体建筑格局看，定陵的地面建筑，相当于皇宫的外朝部

[①] 梁份：《帝陵图说》卷二《定陵图说》。
[②] 参看何宝善等：《万历皇帝朱翊钧》，第 91—93 页。

分,地下玄宫则相当于皇宫的内廷部分。也就是说,地面建筑中的
祾恩殿、明楼、宝顶,相当于皇宫中的奉天(皇极)殿、华盖(中极)
殿、谨身(建极)殿,祾恩殿两侧的配殿,相当于文华殿、武英殿,祾
恩门则相当于奉天门。地下玄宫的前殿、中殿、后殿,相当于皇宫
内廷的乾清宫、交泰殿、坤宁宫,左右配室则相当于东西六宫。①

定陵的玄宫,是一座规模宏大的石质建筑,通体用青白石和汉
白玉砌成,采用双曲拱券形式,没有一根梁柱。殿室有前、后、左、
中、右五座,殿室与殿室之间有双扇石门相隔。前殿、中殿、后殿的
石门用料考究,还建有精致的门楼。前殿和左右配室的石门外端,
分别建有城砖起券的隧道券,券外有金刚墙封闭入口,并与隧道相
连。前殿的隧道的走向,从明楼右侧的宝城墙隧道门开始,至明楼
之后直通正对前殿石门的金刚墙入口。

前殿是玄宫前部第一座石门内的殿室,平面为纵向长方形,尽
处有石门与中殿相通。前殿的大门是全部石结构的券门,券门上
出檐,椽枋、瓦脊、吻兽全部是汉白玉雕成。券门下是用汉白玉做
成的两扇石门,门高3.3米,宽1.7米。每扇门都是整块石料制成,
洁白无瑕,光润异常。券门内上部,横以管扇(铜制长方形大梁)。
石门内侧,有凸起部分,用以承托自来石(顶门用的石条)。石门关
闭时,自来石上端顶住门内凸起部分,下端嵌入券门地面上的一个
凹槽内。进入石门,是玄宫前殿,东西长20米,南北宽6米,高7.2
米。地面为方形金砖(澄浆砖)铺地,南北二壁用石条砌至券顶。

中殿位于玄宫第二道门内,也是长方形券室,东西长32米,南

---

① 胡汉生:《明定陵玄宫制度考》,载《故宫博物院院刊》,1989年第4期。

北宽 6 米,高 7.2 米。地面用方形金砖平铺,南北二壁用石条平铺
起券。前后有石门与前后殿相通,左右有甬道、石门,与左右两侧
室(配殿)相通。这是通往前后左右四殿室的中枢殿室,室内陈设
着神宗和孝端、孝靖两皇后的汉白玉雕成的御座(宝座)。中央御
座在后殿门前,面东放置,靠背雕四个龙头,伸向两端,两侧扶手也
雕龙头。这是神宗的御座,两边是孝端、孝靖二后的御座。每个御
座前分别设有黄色琉璃制成的五供(香炉一、烛台、花瓶各二),以
及一盏由青花云龙瓷缸做的万年灯(长明灯),内贮灯油,油面有铜
圆瓢,瓢内有灯芯。

　　后殿是玄宫的主室,又称玄堂、皇堂,是安放帝后梓宫和随葬
器物的地方,比其他殿室更为高大宽敞,南北长 30.1 米,东西宽9.1
米,高 9.5 米。四壁全部用石条平砌,地面铺花斑石,磨砌得十分
平滑整齐。殿内设有用汉白玉做成的宝床(棺床)。上开金井三
处,与地面相接,以畅通生气。金井上安置帝后的梓宫,神宗居中,
原配皇后王氏居左,追封皇后王氏居右。神宗的梓宫外有椁,用朱
漆松木板做成,长 3.9 米,大端宽 1.8 米,高 1.8 米。四周散放着九
块玉料和四只梅瓶,椁板上放着木制仪仗幡旌。椁板里面是梓宫
(棺材),用楠木做成,外涂朱漆,大端高 1.4 米,宽 1.5 米,长 3.3
米。梓宫上面有丝织铭旌,写着几个金色大字:"大行皇帝梓宫。"
尸体四周,放置金器、玉器、瓷器、玉带、各种珠宝镶嵌佩饰,另外还
有被褥、袍服、冠冕等。孝端皇后、孝靖皇后的梓宫在神宫梓宫两
边,棺椁形式、作法与神宗大同小异,只是尺寸稍小一些。[①]

　　帝后梓宫内都有衣服随葬。神宗的梓宫内有龙袍、中裤(中衣

① 胡汉生:《明定陵玄宫制度考》,载《故宫博物院院刊》,1989 年第 4 期。长陵发掘委
　员会工作队:《定陵试掘简报》,载《考古通讯》,1958 年第 7 期。

袍)、道袍、中衣等。神宗尸体下面,整齐密集地排列了一层织锦,共六十九匹,此外还放了金元宝七十九锭,还有大量金器散放在尸体上下和两侧,计有金脸盆、漱盂、箸、碗、盘、匙、爵等日常生活用品。神宗的谥册装在朱漆箱内,上面写道:

> 维万历四十八年岁次庚申九月乙亥朔初四日戊寅,孝子嗣皇帝臣常洛稽首百拜上言,臣惟圣人久道勤年,承巩固之基……皇考大行皇帝乘乾御天,包元建极,允文允武,禀上略以宜民,乃圣乃神,抚灵机而应物……至德与神功并茂,操有周之八柄,宽不弛严,辟虞舜之四门,近能烛远……扫夜郎而平银夏,声灵尤震乎百蛮,制化陶甄之上,而纲举目张,凝神旒厦之间,而民安吏称……①

这是常洛以"孝子嗣皇帝"的身份对其父的"盖棺论定",通篇是溢美之词。令人惊讶莫名的是,九月初一日常洛已死,这篇谥文却公然写着九月初四日"孝子嗣皇帝臣常洛稽首百拜上言"。这种官样文章原本写给死人看的,故而一起葬入定陵,不料三百多年后会被发掘出来,公诸于世。

三、定陵的发掘

1955年10月,中国科学院院长郭沫若、文化部部长沈雁冰

① 长陵发掘委员会工作队:《定陵试掘简报》(续),载《文物参考资料》,1958年第10期。

（茅盾）、历史研究所第三所所长范文澜、全国人大常委会副秘书长张苏、人民日报社社长邓拓、北京市副市长吴晗等文化界名流，联名上书国务院，提出发掘明成祖朱棣的陵墓长陵的请求。经国务院批准，组成了长陵发掘委员会，组成人员除了上述六名发起人之外，还增加了考古研究所所长夏鼐、文化部文物局局长郑振铎、北京市副市长王昆仑等人，下设一个专业的发掘工作队。

鉴于长陵规模较大、发掘工作艰巨复杂，长陵发掘委员会决定选择定陵试掘，以积累经验。1956 年 5 月，发掘工作队进驻定陵，开始试掘工作。

然而试掘定陵亦谈何容易！虽然明知定陵的地下玄宫就在半径 110 米的圆形宝城地下，但它的地下通道——隧道的入口处极其秘密，要不加破坏地进入玄宫，难度是很大的。

考古人员对定陵进行细致勘察后，终于在定陵的宝城外东南面砖墙上，发现几块砖头脱落，露出了砖砌的券门。这是一个重要的线索。1956 年 5 月 19 日试掘开始，首先在宝城内侧——正对发现券门的地方，开一条探沟。接着，在宝城内侧正对券门的石条上发现刻凿的"隧道门"三字，以后陆续在墙内侧石条上发现"金墙前皮""右道""宝城中""左道"等字迹。表明第一条探沟是成功的。不久，在宝城内侧露出了券门——隧道门，这门与宝城外侧所发现的券门相连。隧道门两侧各有大墙一道，连接券门，这就是隧道——由地面进入玄宫的通道。隧道略具弯度，向北延伸，通向明楼西面。它原本是露天的，梓宫运入后才用黄土填没。

第二条探沟开在明楼西面。这条探沟，揭露了砖隧道的尽头。1956 年 9 月 2 日，在隧道尽头发现了一块小石碑，上面刻着这样的字句："此石至金刚墙前皮十六丈深三丈五尺。"这是一个重要发现,它准确无误地揭示了玄宫的入口处。发掘的结果,发现了一条长长的用大条花斑石砌成的石隧道。隧道是斜坡状的,越走越深。1957年5月19日,发现了石碑所说的金刚墙。

金刚墙是一堵大砖砌成的玄宫围墙,位于隧道尽头,墙顶部有黄色琉璃瓦檐,底部用大石条垒成。金刚墙中央有一处砖块露出动过的痕迹,像是三角形的门——金刚门。它虽经过巧妙的伪装,但掩饰不住暴露出来的痕迹。砖墙灰浆掉落处的缝隙里,吹出不小的风来,表明里面是一个巨大的空间。毫无疑问,拆去此处的墙砖,可以进入玄宫。发掘人员担心,里面是否会有毒气,或翻板机关,或弩箭、千斤石之类,致人于死地? 人们判断,即使有这些设施,过了三百多年也早该朽坏了。金刚墙的砖一块块往下拆,绘图、照相、拍电影,忙个不停。考古人员仅凭一只大型手电筒、一盏汽油灯,攀着绳索进入墙内。里面没有什么机关,地上铺着结实的石块。这是一间方形的大屋子,顶部是砖砌的拱券,四壁则用石头砌成,它一头连接玄宫,一头连接隧道。这就是隧道券,是隧道的最后一段,也是玄宫外面的第一室,长宽各7.9米,高7.3米。

隧道券的西壁,便是玄宫的第一道大门。这是石结构的券门,紧紧关闭着,从门缝望去,它被巨大的石条顶住。原来,石门内侧有凸起部分,门洞地面上有凹进去的石槽,顶门的石条立在石槽内,稍向石门倾斜,石门向外关闭时,顶门的石条自动倾斜下来,顶住石门内侧的凸起部分。考古人员用粗铁丝从门缝内把自来石套住,又用一块薄板从门缝内推动自来石,玄宫的第一道石门带着嗡嗡的沉重声响被轻轻地推开了。

石门打开后,进入地下宫殿。它由五个极其高大宽敞的殿堂连接而成,全部石结构,没有一根梁柱。前殿的地面上铺着方木条,仔细察看,木条上有车轮轧过的痕迹,显然这是梓宫进入时留下来的。

穿过中殿进入后殿,触目便是三个朱漆棺椁(梓宫)。棺床上下布满了朱漆箱子,长时间的受潮,大半已经朽坏,里面的东西暴露在外,有镶满珠玉的盔甲、宝剑,有闪烁发光的金银器皿,有谥册、宝印,有木马木俑,有精致的凤冠,有小巧的房屋模型……①

深藏于地下的定陵地下玄宫,终于真相大白于天下。

定陵的发掘堪称二十世纪五十年代中国考古界的一件大事。然而定陵洞开后的风风雨雨,却是今天的人们难以想象的。1991年出版的《风雪定陵——地下玄宫洞开之谜》,向世人披露了许多鲜为人知的令人震惊的消息。下面不妨摘引其中一些段落,以飨读者。

正当发掘人员忙于清理的关键时刻,一场反右政治风暴在席卷广袤的城乡之后,又沿着曲折的山道,刮进定陵这片阴阳交汇的世界。

已经贴在有机玻璃上,并作过简单技术处理的织锦品,经过空气的侵蚀,慢慢变硬、变脆、变色。深藏在棺椁中的皇帝尸体,会怎么样呢? 消息传到了北京,夏鼐来到了定陵。

仓库打开了。昏暗的屋子里,一股腐烂发霉的气味扑鼻而来,一块块有机玻璃靠墙排列着,上面粘贴的织锦,早已失去了往昔的华姿丽彩,不管原先是鹅黄、淡青,还是绯红,都变成了乌黑的云朵。翘起的部位经手一触,便哗啦啦掉到地上。

---

① 以上三页描述均见:长陵发掘委员会工作队:《定陵试掘简报》,载《考古通讯》,1958年第7期。长陵发掘委员会工作队:《地下宫殿定陵》,文物出版社,1958年。

面对几十匹树皮似的织锦,夏鼐带着无尽的悲愤和无可奈何的哀叹,当日返回北京。

不久,消息又从北京传回定陵,清理工作在停止半年之后,终于重新开始。最紧迫的任务,就是迅速打开万历皇帝的棺椁。

这个宽高均为 1.8 米,通长 3.9 米的巨大棺椁,依然悠闲自得地稳坐在玄堂中央。

夏鼐亲临现场指挥,发掘人员撬动棺盖,锈蚀的铁钉在缓缓晃动,厚重的棺盖露出了缝隙,随着喀嚓一声闷响,朱红色的棺盖被高高撬了起来。队员们用手把住棺盖,憋足力气,随着夏鼐一声喊,厚重的棺盖倏然而起,然后摇摇晃晃放在了棺床上。

大家欢呼着拥向这位大行皇帝的梓宫,只见里面塞满了各种光彩夺目的奇珍异宝。一床红底绣金的锦缎花被,闪着灿灿荧光,护卫着各色的金银玉器、锦织龙袍。

掀开锦被,里边露出了形态各异、色彩不同的道袍、中衣、龙袍等。

在各类袍服、衣料的下层,深藏着一件稀世珍宝,这就是万历皇帝的缂丝十二团龙十二章衮服龙袍。衮服是皇帝在祭祀天地、宗庙、社稷、圣节和举行大典时所穿的礼服,是龙袍中最为珍贵的精品。这件十二章福寿如意缂丝衮服,应算中国所见到的唯一的缂丝衮服珍品。直到 1983 年,定陵博物馆委托南京云锦研究所复制,该所花费整整五年时间,才织造完成。

当发掘人员清理到第十一层,发现一条两边对折的锦被。打开锦被,万历帝的尸骨显露出来。经中国科学院古脊椎动物与古人类研究所对尸骨进行复原,得出结论:"万历帝生前体形上部为驼背。从骨骼测量,头顶至左脚长 1.64 米。"

在万历帝头骨右侧,放置着一个不大的圆形盒子。一经开启,几乎令人目瞪口呆:小小盒子内,竟是一顶金光闪烁、富丽堂皇的翼善金冠!翼善冠的珍贵,除质地全为金线之外,还在于整体的拔丝、编织、焊接等方面的高超技艺。它的出现,标志着中国古代金属镂织工艺已达到了登峰造极的境地。

定陵的发掘,从 1956 年 5 月破土动工,到 1958 年 7 月底清理工作基本结束,历时两年零两个月。

1958 年 9 月 6 日,新华社向全世界播发了消息。这条封锁了将近三年的消息,一经公开披露,立即引起了世界考古界的震动。与此同时,定陵出土的随葬品,登上故宫神武门城楼,向公众展出。

神武门展览之后,定陵博物馆筹建人员加速了修补、保护、复制随葬器物的步伐。首先要修补复制的自然是三具尸体。

三具尸体送往中国科学院古椎脊动物古人类研究所修补,同时找了两位从事雕塑的艺人做万历帝后的石膏模型。由于万历帝在他们心目中是封建地主阶级的代表,模型的制作自然要按地主的形象进行艺术加工。两个月后,万历帝后的三具人体石膏模型送往定陵。只见万历帝头戴瓜皮金丝小帽,横眉怒目,鹰钩鼻子下挂着一张血盆大口,手握皮鞭,侧身站立。两个皇后则穿红着绿,涂脂抹粉,头戴鲜花首饰,妖冶而凶残,一副典型地主婆形象。

经过一年的努力,定陵的出土文物基本修补、复制完毕。1959年 9 月 30 日,定陵博物馆正式宣告成立。一经开放,游客蜂拥而至。

遗憾的是,在这深达 27 米的地宫深处,他们看到的只是一座空荡荡的洞穴。后殿的棺床上,尽管摆着三口巨大的棺椁,却不是金丝楠木的原物,而是用白灰和水泥复制的。原棺原椁到哪里去了？颇具戏剧性的是，它的消失和定陵博物馆的成立，竟是在同一天。

1959 年 9 月 30 日晨，有关部门指示："既然复制的棺椁已经做好，原来的棺椁就没有用处了。……把那些棺木抬出来，好迎接……检查。"于是宫中的棺木抬了出来。三具巨大的金丝楠木棺椁一块块掀下，哗啦啦滚入山沟。

一个星期后，定陵棺木被扔的消息传到夏鼐耳中。他气得全身发抖，脸色煞白，马上打电话让博物馆重新捡回棺木。可是空荡荡的山谷早已不见了棺木的踪影。据说被附近的村民拾去制成了两具棺材、两个躺柜。

1966 年，"文化大革命"开始了。定陵博物馆也未能幸免。先是红卫兵冲进地宫来了一番"横扫"和"砸烂"，紧接着博物馆内部人员起来"造反"，向帝后尸骨进军，造反派向仓库冲去。

箱子被打开，只见万历帝和皇后的尸骨完整地躺在里面。三具尸骨摆到定陵博物馆大红门前的广场上，进行批斗。除尸骨外，还有一箱帝后的画像、照片也作为罪证，摆在一旁。

1966 年 8 月 24 日下午，在"打倒地主阶级头子万历"之类口号声中，十几个大汉抱起石块猛烈向尸骨投去。随着一声噼哩啪啦的响动，三具尸骨被击得七零八落，一片狼藉。"点火烧了他们！"一声令下，烈焰腾起，广场上一片火海。木柴伴着尸骨，在烈火中叭叭作响，烟灰四散飘落，纷纷扬扬，空气中散发着刺人肺腑的气味……①

---

① 以上三页描述均见：岳南、杨仕：《风雪定陵——地下玄宫洞开之谜》，解放军文艺出版社，1991 年。并参看《中外书摘》杂志 1992 年第 3 期，《面对沉重的遗产——定陵洞开后的风风雨雨》一文。

　　定陵的发掘,以及它所遭到的政治风云影响,毕竟是当时历史条件下的产物。这本万历帝的传记,之所以要写到这些情节,无非是让读者对传主有一个更具历史纵深感的了解,并无意追究个人责任。

　　历史的偶然性常令人捉摸不透。定陵的发掘,使万历帝的知名度大增,人们在参观了定陵之后,迫切希望揭开这个皇帝的神秘面纱,这也许是本书写作的动机之一吧!

跋

涉足史坛三十年,酷爱明清史,有所著述,多偏重于社会经济方面。间或写点人物传记或评论,不过是些短小的篇什,从无写长篇历史传记的奢望。大约是 1990 年吧,人民出版社约我写一部万历皇帝的传记。坦率地说,要写好这部传记,不是一件易事。最使我畏难的是,关于万历皇帝的资料实在太多,除了洋洋洒洒五百九十六卷的《明神宗实录》以外,还有《万历起居注》《万历邸钞》《万历疏钞》《万历会计录》《万历武功录》《定陵注略》《神庙留中奏疏汇要》以及《明史》《明会典》之类,都是篇幅庞大的巨著,还得兼顾文集、野史、笔记、方志,简直让人有一种无法穷尽的感觉。如果要做一点案头准备工作,花上三年五载时间也不会嫌多。

出版社方面希望能够早日交稿,而我当时正客串为上海社会科学院历史研究所一个科研项目撰稿。这样一来,我从阅读、摘抄资料到起草、修改、定稿,始终是紧张而匆忙的。我曾多次在信中和本书责任编辑张维训先生谈起,这期间每天都有一种负重远行的感觉。

严格说来,这是一个急就篇。不过我还是精心结撰,从构思到谋篇布局，都煞费了一番苦心，力图使内行认为值得一看，也使外行有兴趣看下去。现在看来，似乎雅得有余而俗得不足。历史著作要真正做到雅俗共赏，并不容易。能够有现在这个样子，全靠责任编辑张维训先生一丝不苟的严格要求，从总体思路到局部结构，他都提出了许多重要意见，有些章节几经修改，才差强人意。

我特别要向远在东瀛的友人森正夫、滨岛敦俊两位教授致谢，1991年11月我短期访日时，他们为我搜集资料提供了热情的帮助。这种学者朋友之间的情谊，我将永志不忘。我还要感谢定陵博物馆馆长何宝善先生为我提供了珍贵的图片，使本书增色不少。

路漫漫其修远兮，吾将上下而求索。在奉献给读书界第三本专著之后，我的下一个目标将会是什么呢？尽管有点茫茫然，但总是会有第四本或第五本的，我想。

1992年11月于沪上凉城书斋

"中华版"后记

　　将近三十年前的旧作,得以重印,心中颇多感慨,不知从何说起。不妨由近及远,长话短说。

　　我的五卷本《重写晚明史》,已由中华书局出齐。从2015年推出《晚明大变局》,到2018年推出《重写晚明史——新政与盛世》和《重写晚明史——朝廷与党争》,2019年推出《重写晚明史——内忧与外患》和《重写晚明史——王朝的末路》,前后持续四年之久。对于年逾八十的老人而言,绝不是一件轻松的事情。其中有辛苦,也有欢乐,准确地说是欢乐压倒了辛苦。为什么这样说呢?因为我的付出得到了读者们的肯定。《晚明大变局》出版后,新闻界与读书界好评如潮,该书多次被评为"年度好书""十大好书"。2018年12月26日《中华读书报》刊登专栏报导,题为《年度学者樊树志:晚明可爱亦可叹》。读着当日报纸,感动与喜悦之情难以言表,多年的辛苦早已烟消云散。一本学术著作成为畅销书,发行十多万册,大大出乎我的预料。《晚明大变局》的畅销带动了《重写晚明史》其他各卷的热销,掀起了一个晚明史浪潮。如今中华书局拟推出五卷一套精装本《重写晚明史》满足读者的需求,本人也谨以此套书向读者表达深深的谢意。

认真说起来,本人对晚明史的研究,起步于二十世纪九十年代初《万历传》的写作。1990年,人民出版社编辑张维训先生约我写一本万历皇帝传记。我花了两年时间,于1992年交稿。人民出版社把此书作为"中国历代帝王传记"丛书之一,于1993年出版。人民出版社是响当当的品牌,保证了这套丛书的较高水准,受到各方广泛关注。1996年,台湾商务印书馆出版了此书的繁体字版,没有任何文字改动,只是把每页的脚注集中移到每章的末尾,似乎是照顾一般读者的阅读习惯,对注释没有兴趣完全可以略过不看。2010年,江苏凤凰出版社重印此书,书名改为《万历皇帝传》,也把脚注移到每章末尾。

虽然有过几次重印,仍不能满足读者的需求,我多次接到读者和编辑的电话,希望重印此书。最近,中华书局有意再版《万历传》,我欣然同意。此次再版基本保持初版样式(保留页下脚注),除了少许文字改动,总体维持原样,我戏称为"修旧如旧"。为了提升阅读的舒适度,适当拉开行距,减少每一页的行数,字数基本没有变化。

三十年弹指一挥间,我由"五零后"变成了"八零后",回首重读当年的旧作,它经得起时间的检验,仍有再版的价值,令我颇为欣慰。

需要说明的是,三十年前的旧作,反映当年的水平。人的学识涵养是与时俱进的,我对于这段历史的理解也有逐步深化的过程。读者诸君如果想要了解我现今的看法,请看《重写晚明史》之《新政与盛世》和《朝廷与党争》。正是基于这样的考虑,我没有对《万历传》作大的修订，基本以原貌呈现。

今后如有新作问世，希望一如既往，喜闻乐见。

樊树志

庚子仲夏于沪上蒲溪